Karl August Varnhagen von Ense

Blätter aus der preussischen Geschichte

Karl August Varnhagen von Ense

Blätter aus der preussischen Geschichte

ISBN/EAN: 9783742869678

Hergestellt in Europa, USA, Kanada, Australien, Japan

Cover: Foto ©ninafisch / pixelio.de

Manufactured and distributed by brebook publishing software (www.brebook.com)

Karl August Varnhagen von Ense

Blätter aus der preussischen Geschichte

Aus dem Nachlasse Varnhagen's von Ense.

Blätter
aus der preußischen Geschichte

von

K. A. Varnhagen von Ense.

Erster Band.

Leipzig:
F. A. Brockhaus.
1868.

Vorwort.

Man glaubt zu träumen, wenn man das merkwürdige Gemälde betrachtet, welches die vorliegenden Blätter uns enthüllen! So viel wir heute noch zu fordern, zu wünschen haben, so können wir doch immerhin mit Freude auf den Fortschritt, die Errungenschaften, die allgemeine Entwickelung blicken, die uns seit jener Zeit zu Theil geworden. Die Kämpfer für das Wohl der Menschheit, wenn sie einen Vergleich ziehen zwischen der Vergangenheit und der Gegenwart — dieser freilich auch noch traurigen Gegenwart, die aber erhellt wird durch die Verheißung einer bessern Zukunft — dürfen sich sagen, daß sie nicht umsonst gestritten, nicht umsonst gearbeitet haben.

Welch eine andere Welt als die gegenwärtige, welch ein anderes Preußen als das heutige, tritt uns aus diesen Aufzeichnungen entgegen! So oft wir seufzen mögen über die Langsamkeit, mit der das Gute sich Bahn bricht, so dürfen wir doch bekennen, wenn wir das Auge fünfzig, vierzig Jahre zurückwenden, daß die Geschichte einen raschen Schritt geht.

Niedergehalten von Willkür, eingeengt von Polizeimauern, sehen wir das Leben der damaligen preußischen Nation matt und überall gehemmt dahinschleichen. Was damals alles nicht erlaubt, alles verboten, alles strafwürdig, alles gefürchtet war, erscheint uns heute wie ein Mährchen! Und gleichfalls wie mythische Fabelwesen erscheinen uns die Zensoren, die Helden des damaligen Polizeistaates, die Gebieter der geknechteten Presse! Bücher, Schriften, die Monate-, auch Jahrelang, in ihren Klauen liegen bleiben, tausend Aufsätze und Artikel, die von ihrer Scheere unbarmherzig zertrümmert werden, wie die Fahrzeuge von den Klippen bei stürmischer See! — Und kein Telegraph, der blitzartig die Nachrichten von auswärts brächte, keine Eisenbahn, welche die Menschen rasch zusammenführte! Stille, einsame, mit Paß- und Zollschikanen wohlverzierte Landstraßen nur, auf denen die geschwindesten Schnecken noch die Kouriere sind, welche den Regierungen geheimnißvoll ihre Stafetten überreichen. „Welche Nachrichten haben sie gebracht? Was ist vorgefallen?" fragt fieberhaft gespannt das Publikum. Ach, die Neuigkeiten, wenn sie endlich, nach langem Aufschub, mit allerhöchster Erlaubniß in die Zeitung kommen, sind im besten Falle veraltet, und gewöhnlich — nicht wahr! — Es ist so viel leichter die Wahrheit zu entstellen, wenn keine freie Presse, kein Telegramm Euch schonungslos ein Dementi in's Gesicht schleudern kann! Und die Diplomatie, immer groß in diesem Handwerk — wenn auch oft nur in diesem — übt es also ungehindert aus. So nimmt die Lüge ungeheure Dimensionen an, aber der Zeitgeist läßt sich doch nicht bezwingen, und die ängstliche Thätigkeit der Diplomaten- und Polizeiseelen ist umsonst. Was man nicht durch die Oeffentlichkeit erfährt, erfährt man endlich auf Privatwegen, und flüstert es sich von Mund zu Munde zu. Die Guten im Lande nehmen Antheil an den verfolgten Patrioten, an den wegen sogenannter Umtriebe eingekerkerten Studenten; sie blicken mit heißer Vorliebe, die sich zu glühender Begeisterung steigert, auf die Meteore, die auswärts aufblitzen: auf die Freiheitsbewegungen der Neapolitaner, der Griechen, der Spanier und Portugiesen. Die Regierung unterdessen zittert vor den glühenden Funken, die, von daher sich verbreitend, sie treffen, und ihr ganzes Gebäude in Brand stecken könnten; sie hat immer reichlich soviel Furcht als sie Macht besitzt. Endlich, endlich, kommen mahnende Zeichen aus Frankreich! Die immer freiheitsfeindlicher werdende Regierung Karl's des Zehnten, welche die preußischen Ultra's entzückt, läßt die Einsichtigen und Aufgeklärten eine nahe bevorstehende Krisis voraussehen: Varnhagen verkündigt schon lange voraus eine neue Freiheitserhebung der Franzosen, und daß die Bourbons wohl bald wieder würden „wandern müssen". Und siehe da, es entzündet sich plötzlich in Paris, einem prachtvollen Feuerwerke vergleichbar, die Juli-Revolution, und mit ihr bricht eine neue Zeit an. Dieses große Ereigniß bildet den dramatischen Abschluß der vorliegenden Blätter.

Aber kehren wir zurück zu den inneren preußischen Verhältnissen! Inmitten der künstlichen, gewaltsamen

Ruhe des berliner Lebens nimmt der Hof und seine Um=
gebung, das Gewirre der Diplomaten, Beamten, und der
aristokratischen Gesellschaft einen großen Platz ein. Wir
sehen einen naiven König, mit Zügen der Gutmüthigkeit
und Gemüthlichkeit sogar, die ihm hin und wieder die
Liebe des Volkes erwecken, der aber nicht Einsicht
genug besitzt, um die Anforderungen des Zeitgeistes be=
greifen zu können. Zwei Liebhabereien beschäftigen ihn
fast ausschließlich: die neue Liturgie, die er um jeden
Preis einzuführen sucht, und seine Tänzerinnen, die jedoch
tugendhafte Tänzerinnen sein müssen. So, immer in
Anspruch genommen von Kirche und Ballet, sonst etwa
noch von Paraden und Revuen, vom Gesang der
Henriette Sontag, von Spontini's Opern, und von bür=
gerlichen Schau= und Lustspielen — denn das höhere
Trauerspiel haßt er — führt er ein Dasein, das, mit dem
vieler anderer gekrönter Häupter verglichen, immer noch
ein unschuldiges zu nennen ist. Natürlich hat er weder
die Kraft, noch den Willen, der preußischen Staatsmaschine
eine neue Richtung zu geben; die überläßt er den Wittgen=
stein, den Schuckmann, den Kamptz, den Alten=
stein, den Ancillon 2c. 2c.! Wir lernen alle diese
Staatsmänner, diese Ritter von der traurigen Gestalt
genau kennen; aber auch nicht minder das geistige Leben
Berlins, welches neben dem des Hofes sich immer siegreich
geltend macht in Wissenschaft und Litteratur und Gesell=
schaft: Alexander von Humboldt, Schleiermacher,
Eduard Gans, und noch viele andere namhafte Persön=
lichkeiten treten auf, wie denn keine der Berühmtheiten

der damaligen Epoche in dem bunten Bilde fehlt. Wir sehen alles wie in einem Zauberspiegel, mit einer Klarheit und Deutlichkeit, wie wenn wir wirklich in jene entschwundene Zeit zurückversetzt würden.

Gewiß hat Varnhagen in diesen Aufzeichnungen viele bisher noch verborgen gebliebene politische Thatsachen niedergelegt, was ihnen allein schon einen bleibenden Werth giebt; was hier über die preußischen Verhältnisse, über Metternich, über den Kaiser Nikolaus von Rußland, über den Kurfürsten von Hessen ꝛc. mitgetheilt wird, ist noch nirgends gedruckt. Was aber außerdem Varnhagen's Schilderungen des Lebens, der Karaktere, der Gesellschaft, der Sitten, wie sie hier enthalten sind, einen besonderen Reiz verleiht, das ist nicht bloß sein anerkanntes Talent der Auffassung, der Darstellung, der prägnanten Bezeichnung, in dem ihn niemand übertreffen kann, sondern es gehörte auch dazu die Gewissenhaftigkeit und Genauigkeit, die tiefe Redlichkeit und Unpartheilichkeit seines Karakters, dem die Wahrheit über alles ging; es gehörte dazu neben dem scharfen Geist sein aufrichtiges Herz, welches gegen Freund und Feind Gerechtigkeit walten läßt, und endlich sein kühner, vorurtheilsloser Blick, welcher seiner Epoche voraneilte und sie übersah. Er war im vollsten Sinne ein Priester der Wahrheit, der mit treuem Eifer die Denkwürdigkeiten seiner Zeit in die Tafeln der Geschichte einschrieb.

So nehmt sie denn hin, diese lehrreichen Blätter, die dem Vaterlande zu übergeben mir die ehrenvolle Pflicht zu Theil geworden; in ihnen ist vor allem die

Gewähr enthalten, daß wir unaufhaltsam einer Zukunft entgegeneilen, die so verschieden sein wird von unserer heutigen Gegenwart, als jene Vergangenheit von dieser!

Florenz, im Juni 1868.

Ludmilla Assing.

1819.

Berlin, den 16. November 1819.

Der Minister von Brockhausen hatte mich wissen lassen, er wundre sich, daß ich ihn als alten Bekannten nicht besuchte. Ich ging hin. Er nahm mich ungemein freundlich auf, rieth mir Besuche zu machen, öffentlich zu erscheinen, aufzutreten; ich hätte schon zu lange gesäumt. Er ließ sich meine badenschen Sachen erzählen und meinte, daß Berstett's Ränke mir geschadet hätten, doch wären die Beschuldigungen wohl schon größtentheils wieder in ihr Nichts zerfallen. Er äußerte, Graf Bernstorff wolle die Einheimischen drücken und entfernen; aber der Kanzler behalte noch ganz das Heft; so z. B. sei er es, der den Grafen Goltz in Frankfurt, den jener schon habe fallen lassen, noch stütze. Er sprach mit Verachtung vom Grafen Goltz in Paris, „bumm", könne keine Ansicht fassen, keine Depesche schreiben; sein Stil sei aus der Unzahl französischer Romane entlehnt, die er gelesen. Entschiedener Tadel der Karlsbader Sachen; Skandal wegen des Bernstorff'schen Zirkulars in französischen Blättern, Graf Goltz müsse es doch unvorsichtig mitgetheilt haben. Schimpf und Schande von allen Seiten; einem gutgesinnten Preußen zum tiefsten

Herzensjammer! Sehr verächtlich von Herrn von Küster, dessen Art und Benehmen, „ohne Geburt und Rang", hätte er zur Gesandtschaft nach dem Haag nicht getaugt, seine Person sei lächerlich, er tauge an keinen Hof. Freundschaftliche Ermahnung, nicht bescheiden und zurückhaltend zu sein. Lob des Herrn von Humboldt, er hätte am besten an den Bundestag gepaßt; Scharfsinn, Fleiß, Beredsamkeit, übrigens manche Fehler. Gentzens Redensarten reichten nicht mehr aus.

Den 20. November 1819.

Stägemann eine lange Erklärung mit dem Staatskanzler gehabt; dieser könne ihm doch nicht verbergen, sagte jener, daß die jetzigen Maßregeln in seinem Geiste seien, daß er liberaler sei, und sie innerlich mißbillige; der Kanzler gerührt. Die Staatszeitung wird unter Zensur stehen, Stägemann muß sie daher abgeben, da er selbst in das Zensurcollegium nicht ernannt worden, weil „er für einen Liberalen gelte", sagte der Kanzler.

Den 25. November 1819.

Die russische Konstitution wird allgemein getadelt in den höhern Zirkeln; man schimpft auf das Beginnen, und es soll nun doch nur für bloße Täuschung, für bloßen Schein gelten. „Solche Konstitution mag auch was Rechtes sein!" Man sollte sich doch für das eigne Werk den Maßstab nicht so sehr verderben; will man denn so viel Besseres liefern?

Man sagte, der Kronprinz, der schon Staatsminister sei, könne ja vielleicht auch, wenn der Fürst Hardenberg einmal stürbe, Staatskanzler werden; „o, dann würde er ja nachher nie mehr König werden wollen".

Vom Staatskanzler sagte man im Scherz: Seine Majestät der Staatskanzler, auch der Fürst Regent.

Preußisches Adelsmilitair, viel Zusammenhang und Einfluß. Gneisenau, Müffling, Grollmann, Schack, Röder, Clausewitz, Pfuel, Canitz, Willisen, Gerlach u. s. w. — Humboldt's Verhältniß dazu. — Ancillon, Steffens, Adam Müller, Schleiermacher. — Knesebeck, Boyen, Altenstein. Eichhorn. — Benehmen der ablichen Offiziere in Betreff der bürgerlichen, klug und gemessen, in der Sache anders als im Schein.

Städteordnung, Gemeindeverfassung auf dem Lande, Gewerbefreiheit, Ablösung der bäuerlichen und gutsherrlichen Verhältnisse.

Die bürgerlichen Oberpräsidenten Sack und Merkel.

Der General Graf York sprach mit dem Könige von der Zerrüttung der Finanzen in ziemlich dreisten Worten. Der König sagte verdrießlich: Habe nicht gewußt, daß Sie sich um Sachen bekümmern, die Sie nichts angehen. — Verzeihen Ew. Majestät, erwiederte der General, sie gehen mich wohl an, denn sind die Finanzen schlecht, so ist auch die Armee schlecht, und für die muß ich doch wohl sprechen? — Der König wandte sich von ihm weg.

Der Präsident von Schönberg in Merseburg sagte zum Könige: Wenn Ew. Majestät Ihre neuen Unterthanen nicht anders aufnehmen, so werden Sie ihre Liebe nicht gewinnen.

Herr von Wülknitz *) auf Lanke, möchte gern Oppositionsmann sein, wagt es aber nicht.

---

*) Derselbe, der im Jahre 1807 als landständischer Deputirter den französischen Kaiser, an den er mit mehrern Kollegen nach Dresden

Berlin, den 26. November 1819.

Ich sah Achim von Arnim beim Buchhändler, er redete mich grüßend an; ich fragte ihn, was er auf dem Lande treibe, ob er dichte? Er antwortete: seine ganze Zeit nehme die Wirthschaft hin, er sei ganze Tage mit Branntweinbrennen beschäftigt, und thue fast nichts anderes. So hatten mir auch schon früher Leute gesagt. Unwillkürlich drängte sich mir der Gedanke auf, in den Krieg ist Herr von Arnim nicht mitgegangen, als Gewerbe und Lebensunterhalt treibt er Branntweinbrennerei, wo soll ich denn da noch den Edelmann finden? Und gerade ein edler Mann ist er gewiß!

Die tapfere Schrift des alten Voß gegen Stolberg bringt sie alle entsetzlich auf; sie nennen es eine Schmähschrift, einen Klatsch; immerhin! Das Verhältniß der Bürgerlichen im Umgang, in Freundschaft und jeder andern Verbindung zu Adlichen ist und bleibt durch jene Schrift in's Bewußtsein gerufen. Die Schrift wirkt unberechenbar, sie schneidet tief in's Leben. Wer hätte geglaubt, daß nach den Karlsbader Beschlüssen der erste Gegenstreich von dieser Seite, daß der alte Voß auf dem Walle erscheinen würde? —

Den 27. November 1819.

Ich hörte, Herr von Schütz sei hier, suchte ihn auf,

---

geschickt war, aufforderte, doch lieber die Mark Brandenburg noch mitzunehmen und von Preußen zu trennen. Die übrigen Deputirten, obgleich empört über diesen Antrag, wagten doch nicht zu widersprechen; Napoleon achtete der Rede nicht. Unser König aber hat dem Herrn von Wülknitz diese Treulosigkeit nicht vergessen.

er kam zu mir als der herzliche alte Freund. Der sanfteste Aristokrat, der liebreichste Frommdeutsche! Er will auf Gesinnung und Handlung sehen; die Wohlmeinenden und Redlichen hofft er vereint zu sehen; Denkart und Ansicht, meint er, sollten nicht trennen. Er tabelt heftig die neuesten Maßregeln, besonders den Preßzwang. Er war diesen Sommer in Karlsbad; Friedrich Schlegel, Pilat und selbst Metternich wollten die Presse frei wissen; Metternich befragte sogar des anwesenden Schelling's Meinung, um sich durch Autoritäten zu stärken; aber Gentz, ängstlich und zaghaft, besonders auch persönlich üble Behandlung in den Tagesblättern fürchtend, drang und wandte alles auf Zwang und Hemmung hin. Ihm, glaubte Schütz, verdanke man diese Unseligkeit zumeist. Schütz sieht viele Vornehme als Verfechter ihnen willkommen. Seine Schwester, kaum geadelt, hat doch wieder einen Bürgerlichen, den Kaufmann Pietsch, geheirathet. Die Vornehmen sehen alle die jetzige Regierung als revolutionair an, schimpfen auf dieselbe, sprechen mit der größten Verachtung von den Ministern, und schonen kaum den König, alles, weil der Adel nicht unbedingt befreit, gehegt und zur Herrschaft gestellt ist. Ganz in diesem Sinne hörte Rahel vorigen Abend bei Frau von Humboldt sprechen, wo Herr von Voß, Herr von Hedemann u. a. verworren ihre Meinungen äußerten, ganz klar aber die staatsgesellschaftlichen Ansprüche des Adels; der Adel soll alles sein, zwischen Volk und König stehend, unabhängig von diesem und herrschend gegen jenes. „Solche saubere Verfassung werden wir doch nicht haben sollen, wie die baierische und badische?" rief Herr von Voß. „O nein, solche gewiß nicht", erwiederte Frau von Humboldt ganz preisgebend; daraus kann man sehen, wie die Sachen genommen werden;

Frau von Humboldt vertheidigte denn doch ein wenig den alten Voß und seine obenerwähnte Schrift.

Den 28. November 1819.

Schütz sandte mir sein Buch über das Stourdza'sche Memoire; kam nachher selbst, fand Abr. Mendelssohn, der von dem französischen Ministerwechsel als einer traurigen Begebenheit erzählte. Pasquier, Latour-Maubourg und Roy statt Dessolles, Gouvion S. Cyr und Louis; die deutschen Maßregeln von Karlsbad wirkten wieder störend wie vor 30 Jahren die von Pillnitz auf Frankreichs und der Freiheit Gedeihen ein, Deutschland sei verfinsternd in Europa. Von Ancillon's Buch wurde gering gesprochen; er will vor den Reichsständen erst Kreis- und Provinzialstände, in Frankreich wolle man zu der Deputirtenkammer ergänzende Departemental- und Munizipaleinrichtungen, uns empfiehlt man, was man den Franzosen zum Vorwurf macht. Schütz mußte Manches anhören, was ohne Absicht vorkam; er stimmte in Vieles billiger ein, als seine Denkart erwarten ließ. Er sagte, sein Buch würde jetzt unter der Zensur schwerlich durchgekommen sein; der Unterbrückung sei das Thor geöffnet; die Legitimität solle durch illegitime Mittel vertheidigt werden. Ueber Gefahr der Revolution. — Graf Hessenstein gesprochen.

Nachmittags besuchte ich Herrn von Cruikschank. Starker Tadel der Karlsbader Sachen, des Berliner Lärms; die Regierungen allein hätten den Nachtheil davon; sie müßten einlenken; bloße Gesinnungen seien durch Gesetze nicht zu erreichen. Ungerechte Verunglimpfung des Großherzogs von Weimar durch blinde Ultra's, als könne er Revolution wünschen oder gar veranlassen! Cruikschank sagte vom Adel, daß es keine Anstalt gebe, um die zur Schwäche herabgesunkene Stärke bei den Vorrechten und der Macht der wirklichen Stärke zu erhalten. Ueber den Adel in England, seine Vorrechte sind lediglich Majorate und Pairskammer, keinerlei Steuerfreiheit und Regierungsrechte. Ueber Badens Stände und Herrn von Berstett's elende Rolle dabei.

Abends im österreichischen Beobachter die Widerlegung der französischen Angriffe auf die Karlsbader Beschlüsse gelesen. Gentz begeht die Albernheit, die Angriffe erst recht bekannt zu machen; sein Aufsatz ist hochfahrend und leer; sehr armselig und schlecht für die Lesewelt berechnet, die sich so leicht nicht mit hohlen Redensarten abfinden läßt. — Gesellschaft.

Mlle. Maaß sagte mir, sie habe in der Rolle der Phädra sehr den Beifall des Königs gehabt, aber der Intendant der Schauspiele frage danach nichts; was der König wolle, was dem König gefalle, das geschehe ja in allen Dingen am wenigsten.

Den 29. November 1819.

Vormittags kam Herr Dehn, und las uns die Antwortbriefe auf Bernstorff's Zirkular im Constitutionnel; fürchterlich! Dehn sagte, man habe ihm schon seit drei Jahren nicht glauben wollen, wenn er behauptet, daß Ancillon nicht schreiben könne, nun sei die Geschichte an Tag gekommen. Merkwürdige Beispiele der Zerrüttung; Kabinetsbefehle widersprechen den Verfügungen des Staatskanzlers, die Behörden wissen nicht wem zu folgen sei.

Finanzminister Graf Bülow läugnete das Defizit nicht, das man jetzt verstecken will; ungefähr elf Millionen jetzt. Alle Minister arbeiteten gegen den Kanzler; auch der König sei oft aufgebracht. Die Leute seien alle verblendet, verständen keinen Rath mehr, und müßten rettungslos zu Grunde gehen. Graf Bernstorff habe weder Kopf noch Fleiß, er könne gar nicht arbeiten, und der Kanzler fühle sich mit dem vornehmen, hochgebornen und betitelten Manne, den er dem Könige hinstellen gewollt, überall verlassen; dabei sei Bernstorff unausgesetzt dänisch, mehr als dem preußischen Staatsmann je geziemen könne; „dites à ce ministre danois", lautete eine Depesche des Königs von Schweden, voll starker Stellen gegen Bernstorff. Bernstorff hatte Herrn von Werther den Posten in London zugesagt, unvermuthet wird ohne sein Wissen Clausewitz ernannt, man sagt durch Humboldt's Verwendung; andere meinen durch Gneisenau's, dem Frau von Clausewitz darum angelegen. — Humboldt's Zurückgezogenheit soll auf künftige Erhebung vorbereiten, er will jetzt nicht an noch geringer stehende Erscheinung gewöhnen. — Herr von Werther sehr aufgebracht, will nun nicht nach Kassel, wenn er nicht 16,000 Rthlr. Gehalt bekommt, will sonst lieber nach Madrid zurück; ein arger Ultra, heißt es allgemein. — Das neue französische Ministerium soll sich nicht zwei Monate halten können, sagt man. — Dehn hat allen Briefwechsel eingestellt, wegen des Aufbrechens.

Pradt über den Karlsbader Kongreß wird in Berlin mit Bewilligung der Zensur neu gedruckt; Bailleul ist auch nicht verboten. Dohm's Denkwürdigkeiten, 4. und 5. Theil, sind auch eben erschienen, beziehungsreich in dieser Zeit!

Schleiermacher soll gestern wieder eine merkwürdige

Predigt gehalten haben; voller Kühnheiten; deren politische Deutung leicht werden mußte.

Herr von Arnim Abends nahm heftig die ehemaligen Vorrechte des märkischen Adels in Anspruch; jede Konstitution sei besser als keine, eine schlechte würde sich schon zur bessern hinaufringen durch Kampf; Bürger und Bauer könne ja dem Zeitgeiste nach auch an den ständischen Einrichtungen theilhaben. Die jetzige Verfassungsarbeit in Preußen werde nichts liefern; bloßer Schein. Auch Schütz wollte die landständischen Vorrechte des märkischen Adels nicht ungültig, obwohl verletzt, nennen; fürchtete halbe Maßregeln in den Konstitutionssachen, sagte das ernste Wort: er sehe bedenklich in die Zukunft und fürchte in der großen Verwirrung unabsehbaren Gewaltskampf, neuen dreißigjährigen Krieg; die Regierungen hätten sich durch die Karlsbader Sachen ganz in das Gebiet der Willkür gestellt, das Gebiet des Rechts verlassen, daher gewinne der Geist der französischen Revolution wieder volle Anwendung gegen sie; die französische Revolution habe Recht gehabt in allen ihren Richtungen gegen die Willkür, nur in Hinsicht auf Positives seien ihre Grundsätze zu tadeln gewesen. Er sprach lebhaft für Preßfreiheit, auch Goethe habe ihm beigepflichtet, daß sie gerade jetzt am größten sein müsse. Er schreibt ein neues Buch über diese Sachen, das Reimer im Auslande zum Drucke fördern will. (Ist 1821 in Baiern erschienen.)

Frau von Crayen sprach nicht blos scherzend von dem Unglücke, das wir als deutsche Emigranten zu erleiden haben könnten.

Den 30. November 1819.

Generalin von Helwig bei der Hofräthin Herz gegen den alten Voß geschimpft; Herr von Göckingk ihn vertheidigt als braven Protestanten; Koreff in Betreff des Adels eingestimmt. Was für Ereignissen gehen wir heute entgegen? wurde auch hier bedenklich gefragt. Die vornehmern Zirkel unterhalten sich gern mit Geschichten von der gefallenen bonapartischen Familie, wodurch diese gering oder lächerlich erscheinen soll. Graf Keyserling gesprochen; Krieg.

Den 1. Dezember 1819.

Besuche bei den Ministern gemacht; Graf Bülow den Verfall des preußischen Ansehens beseufzt, jeder Preuße, der über die Gränze gekommen, erzähle Schreckliches davon, selbst Schwarzburg-Rudolstadt biete uns Trotz, sogar wo wir Recht hätten. Der Handel müsse fallen, das Ansehen unserer Flagge könne nicht von dem Handelsminister geschafft werden, 1200 Kauffahrer verfaulen, die Schiffsrheder gehen zu Grunde, man ergreift keine von den Maßregeln, die uns helfen können. In Wien wird nichts vom freien Handelsverkehr vorkommen, obwohl die Karlsbader Beschlüsse darauf hingewiesen. Minister Boyen sagte, es sei Mode geworden, den Ständen recht viel Böses nachzusagen; Erkundigung nach den badenschen Verhandlungen; ob die Verfassung auch dem eigentlichen Volke schon werth geworden?

Den 2. Dezember 1819.

Herrn Dehn besucht. Schilderung des Zustandes, allgemeines Verderben, lauter Mißverhältnisse, wenig

Karakter. Fürst Wittgenstein vor dem Aachener Kongreß den Herrn von Jordan irregeführt. General Clausewitz nach London ernannt, allgemeine Unzufriedenheit der Bernstorff'schen Seite. Meine Sache. — Greuhm; Rother.

Geheimrath Kohlrausch beklagt den Preßzwang, üble Maßregeln führen zur Revolution, Unterordnung unter Oesterreich sei schrecklich, die Leute seien ganz blind. Voß habe Recht gegen Stolberg.

Den 3. Dezember 1819.

Beyme flüchtig gesehen. Abends bei Stägemann, Voß wird ziemlich unter den Leuten getadelt. Gentzens Vertheidigung gegen die französischen Blätter schlecht gefunden. Die Schrift la vérité sur les sociétés secrètes von Theremin in Paris. Das Zirkular von Bernstorff soll durch Schöll in's Publikum gekommen sein, Ancillon sehr betroffen.

Den 4. Dezember 1819.

Koreff schildert den ganzen Zustand; Kanzler mit Bernstorff, dagegen feindliches Triumvirat von Humboldt, Beyme, Boyen, mit diesen keine Sühnung möglich. Der Kanzler will die Verfassung fördern, sei der liberalste; Anführung von Einzelheiten, die das Gegentheil beweisen. Ministerialkrisis in wenigen Monaten, möglich, daß der Kanzler abtritt, welches ein ungeheures Ereigniß wäre. Der König sehr schwierig. Alle Regierungen bewilligen, sagte Koreff, allenfalls noch die Sachen, aber die natürlichen Folgen derselben sollen dann bekämpft werden! Feinde und Gegner werden nur immer für dumm und schlecht erklärt. Koreff selbst sehr befangen. — Gegen Mittag Geheimrath Wolf: „die Gelehrten sollen öffentlich bekannt machen, daß sie binnen fünf Jahren nichts drucken lassen wollten"; Die Regierungen sollten sich statt Zensoren lieber „Saupacker" zum Widerlegen halten; Friedrich II. habe schon einmal von der Universität Halle verlangt, der Saupacker soll eine Schreibpension erhalten, um diejenigen, „die ihre Schweigpension schlecht benutzen", gleich anzufallen. Beide könnten sich verabreden u. s. w. Wolf sehr gegen Voß, aber ebenso sehr gegen das, was Voß angreift. — An Gräfin Schlabrendorf geschrieben. Graf Kalkreuth auf Siegersdorf übt sich schon im Reden für die Stände, deren Zusammenberufung er noch diesen Winter hofft; will die Minister fürchterlich verarbeiten, nimmt sich's vor, schonungslos, ernst. — Abends Assemblée bei Schuckmann. Fürst Wittgenstein und General Knesebeck mich vermieden, beide doch gesprochen; General Gneisenau artig, doch kurz im Gespräch. Seltsames Bekanntwerden mit Herrn von Kamptz, und lange Unterredung. Graf Lottum. Kamptz sehr unzufrieden, daß die Umtriebe vor die Justiz gekommen, so sei es nicht gemeint gewesen, von Strafe hätte gar nicht die Rede sein sollen, sondern blos vom Einstellen der Ungebühr, die Regierungen hätten es jetzt schlimm. — Ancillon.

Hofräthin Herz sagte mir Vormittags: Humboldt habe immer schon nach Ansehen und Einfluß mit planmäßigem Ehrgeize gerungen, aber nie nöthig geglaubt, daß er Anhänger um sich sammle, und sich eine Parthei bilde. Dieses sei auch noch sein Irrthum. Koreff tadelte auch die russische Konstitution als ein geringes Machwerk; man hört davon, daß sie dafür gelten soll; der Eindruck der Nachricht war unbequem, daher soll er geschwächt werden.

Den 5. Dezember 1819.

Mendelssohn über das französische Ministerium; die Fonds sind gefallen. — Abends Herr von Arnim über die bäuerlichen Verhältnisse, die Edelleute verlieren nichts oder wenig; Scharnweber sagte ihm, nicht dem Edelmann, sondern dem Bauer habe anfangs der ganze Boden gehört, es sei also noch sehr nachsichtig gegen erstern, daß er nur den halben abgebe. — Friedrich Tieck gegen Papismus. — Prediger Nicolai starke politische Predigt.

Den 6. Dezember 1819.

König von Würtemberg in Karlsruhe! Beachtet man dergleichen hier genug? Die Diplomatiker wissen und erfahren nichts! Von Ancillon's Schrift viel verkauft, desgleichen von Prabt. Die Buchhändler achten noch nicht auf die Zensurgesetze. Auf dem Casino werden eifrigst Stimmen gesammelt, den Constitutionnel und den Libéral zu halten, an die bisher niemand gedacht.

Abends beim Minister Bülow. Gneisenau. Natzmer. — In Preußen ist eine Militairuniform über alles. — Graf Egloffstein gesprochen; Herrn von Ompteda über Reden und römischen Hof.

Den 7. Dezember 1819.

Bei Minister von Brockhausen gespeist; viele höhere Staatsbeamte dort. Er lobte die Minerve, besonders Constant's und Etienne's Aufsätze; Lameth ist auch über Bernstorff's Zirkular hergefallen. Rhediger kennen lernen. Stägemann erzählt mir, daß ich für ein Haupt der Liberalen

gelte, Herr von Werther hat es neuerlich der Frau von
Horn gesagt, diese sich bei Tische verschnappt. — Klagen
über Preußens gesunkenes Ansehen, man haßt uns als
ob wir herrschten, und doch lassen wir überall Haare, wo
wir einen Vertrag schließen, selbst mit den kleinsten Staa=
ten! — Ueber süddeutsche Assoziation.

Herr von Arnim erzählte Vormittags von seinem Auf=
enthalt in London; der Gesandte Jacobi=Klöst sprach laut
gegen die Erwerbung Sachsens, die Zeitungen haßte er
und wollte sie nicht bearbeitet wissen, so nöthig und leicht
dies gewesen wäre; die Stimme der Opposition wuchs,
aus Wien kam keine Weisung noch Antwort, endlich Nie=
buhr's Schrift zum Uebersetzen, aber um so mehr zu spät,
als auch die Sache gleich darauf ausgemacht war.

Den 8. Dezember 1819.

Oberst Rühle bei mir, auch das Morning Chronicle
schreit gegen Bernstorff. Verblendung der Obenstehenden,
alles ist den Ereignissen rettungslos überlassen. — Gegen
Clausewitzens Ernennung wird äußerst kabalirt, niemand
weiß woran er ist. — Fürst Metternich soll gefragt worden
sein, ob ihm an Graf Goltzens Stelle in Frankfurt Herr
von Jordan oder Graf Solms=Laubach recht wäre? —
„In den Sachen kann man ohnehin nichts thun, man
muß also nur sorgen, sich selber frisch zu erhalten". —
Lameth in der Minerve gelesen. Englische Parlaments=
sachen bedeutend. — Wir haben niemanden in Schwaben,
um uns jetzt Nachricht von dort zu geben; Küster wäre
er auch ein Kopf, ist in Wien.

Den 9. Dezember 1819.

Morgens Herr von Kamptz bei mir, mit Rahel gesprochen. Geh. Kämmerier Timm ebenfalls. In der Stadt viel Gerüchte von Ministerialveränderungen, Klewitz an den Rhein, Rother Finanzminister u. dgl. m. — Auf dem Casino die Zeitungen gelesen, Anfänge baierischer und anderer Opposition in der Allgemeinen Zeitung und im Oppositionsblatte. — Mendelssohn schickte mir die Rede des Königs bei Eröffnung der Kammern in Paris. — Mittags Koreff bei uns; über Niebuhr, Savigny u. s. w. ungünstig geäußert, gut über Bartholdy. — Bei Erhard gewesen, Briefe im Constitutionnel von Bernstorff. Bei Canitz Abends die Ultra's loben hören, die Liberalen tadeln; die Einrichtungen in England besser als in Frankreich, glückliche Majorität der Minister jetzt in London gepriesen. Herr von Wilken, kurhess. Legationssekretair, behauptet dagegen, wenn das Wahlgesetz geändert würde, so sei viel Unheil zu erwarten. Herr von Martens soll an Gruner's Stelle nach Bern; Herr von Hänlein, der Sohn, einstweilen in Kassel bleiben, später der Posten eingehen. Man findet die Ministerassembléen langweilig, und zieht sich zurück. Jeder Minister erhält diesen Aufwand mit 4000 Thlr. ersetzt.

Den 10. Dezember 1819.

Der Staatskanzler gestern krank geworden; Koreff gesucht; heute die Mittagstafel abgesagt. Der wahre Grund soll Verdruß sein, den er beim Könige gehabt, die Hindernisse sollen sich ihm jetzt häufen. — Clausewitz ist noch ungewiß, seine Bestimmung noch nicht bestätigt. — Abends bei Stägemann; Graf Spiegel hatte die Nachricht, daß Friedrich

Stolberg am 4. gestorben, er hatte gerade eine Antwort
an Voß im Werke; Voß sein Sand! Frau von Stägemann meinte, Voß hätte früher schon das Verhältniß rich-
tiger einsehen sollen; allerdings, erwiederte ich, er hätte
gleich auf der Universität beachten müssen, daß jener ein
vornehmer Graf und er ein armer Schulmann sein würde,
ὀδὰξ ἐν χείλεσιν. Ein Graf Alvensleben meinte, Stolberg's zweite Frau solle, selbst nach den Aeußerungen von
Bernstorff's, nicht viel Werth haben. Die Jugend ist immer am unbefangensten! — Graf Spiegel viel über Wessenberg gesprochen, er denke mit ihm gleich, ihr Briefwechsel
habe aber aufgehört. Schwierigkeiten der katholischen Kirchensachen, die protestantischen Regierungen verstünden es
nicht, auch hier in Preußen hätte man keine Einsicht davon. — Graf Flemming soll von Rio Janeiro zurückkommen
und den Posten in Kassel erhalten, der bis dahin unbesetzt
bleibt. — Herr von Kampz wird wohl im Stich bleiben; der
Kanzler will die Untersuchung der demagogischen Sachen
dem von Magdeburg herberufenen Oberpräsidenten von
Bülow übertragen, der mit mehr kaltem Blut dieselbe
Gesinnung hat wie Kampz. Staatsrath Daniels hat
sein Gutachten in der Konstitutionssache abgegeben: kein
Mensch weiß, was mit der Sache wird, das Wann und
Wie ist ganz dunkel. Man ist in Berlin ziemlich gleichgültig, man hegt keine besondere Erwartung, prophezeit
Unheil bei künftigen Ereignissen, und läßt es dabei bewenden. Von keiner Seite große Kraft und freie Denkart
gezeigt. Militairgesetz und Beamtenbrüderschaft in wechsel-
seitiger Gunst und Nachsicht. — Dr. Förster bei Stägemann.

Den 11. Dezember 1819.

Morgens bei Frau von Kalb über St. Martin und Mad. Guion gesprochen, auch hier Aristokratie an Religiosität gebunden, beide von edlerer Art, und geistvoll, dabei Abscheu vor Adelstolz und Scheinheiligkeit. — Abends in der Assemblée bei Schuckmann; Graf Gneisenau mich nach einigem Zögern angeredet. Herrn und Frau von Ompteda gesprochen, Graf Hugo Hatzfeldt, Herrn von Voß, Graf Podewils u. s. w. Wittgenstein blos gegrüßt. — Zu Hause Gesellschaft gefunden; Dr. Rödiger gestern abermals verhaftet, man weiß die Ursache nicht. Schleiermacher's leben ganz einsam und verlassen; Gneisenau ladet ihn nicht mehr ein, besucht auch Reimern nicht mehr; die Verläugnung sei unnütz, denn die Briefe Gneisenau's an Reimer sind mit des letztern Papieren in den Händen der Polizei. — Die Briefe im Constitutionnel sollen von Alexander Humboldt sein, sind beim Minister Humboldt mit Wohlgefallen gelesen worden. — Schleiermacher ist in der Sache für den alten Voß, in der Form mehr gegen ihn. Rühle fand die Schrift nicht zum Lesen.

Den 12. Dezember 1819.

Herr von Maltitz bei mir; über die russische Konstitution, der Kaiser die Stütze der Liberalität. — Mittags bei Dr. Erhard, tiefgeistige Reden von ihm über Physik. Er findet den natürlichen Realgrund des Adels in stärkerem Gedächtniß (praktischem, in Bezug auf das Handeln), und in leichterer Ertragung körperlichen Schmerzes; wer beides besitze, müsse bald den Andern voraus sein, sie beherrschen oder doch überwiegen; Pöbelansicht könne und

wolle Verstand und Ehrlichkeit nie zusammen glauben; der
Ruf vieles Verstandes sei in Staatsgeschäften oft am ge=
fährlichsten, gegen ihn vereinigen sich alle Ränke, er müsse,
um sich zu wehren, auch schlecht werden. Cardinal Richelieu
und seinesgleichen hätten im Grunde doch wohl lieber bei
ihrem großen Verstande nicht schlecht gehandelt, aber oben
bleiben konnten sie nicht anders. Beschränktheit konzentrirt
die Wirkungskraft, je reicher an Kenntnissen und Bildung,
desto zerstreuter der Geist. — „Wenn Englands Konstitution
fällt, und eine Autokratie entsteht, so macht sich die ostindische
Kompagnie unabhängig, und Ostindien wird ein eigenes
Reich", bedeutendes Wort! — Zu Hause Gesellschaft. —
In der letzten Sitzung des Staatsraths starker Streit
zwischen Ribbentropp und Boyen, Abschaffung der Land=
wehr und Vermehrung des stehenden Heeres beschlossen gegen
Boyen's Meinung, Ribbentropp dessen Vorwürfen gut be=
gegnet „er habe zwar die gegebenen Nachweisungen als
Mitarbeiter im Kriegsministerium, aber er würde sie als
Staatsrath, wenn er sie nicht gehabt, zu fordern berechtigt
gewesen sein". Gneisenau ihm beigepflichtet. Ich fürchte,
die gute Meinung Ribbentropp's ist auf irrem Wege, die
durchgesetzte Veränderung dient und taugt am Ende den
Ultra's. — Tauentzien soll Feldmarschall werden (Gneisenau
nicht), Boyen Gouverneur der Marken; Witzleben Kriegs=
minister. Man sagte, dann würde Gneisenau noch ein
ärgerer Ultra werden, oder wieder ein Liberaler. — Herr
Dehn viel bei Gräfin Luckner. — Dr. Koreff in des Kanzlers
Hause wieder zu Hause. — Auch der Kronprinz habe, sagt
man, Hep gerufen; Prinz Albrecht zum kleinen Felix Men=
delssohn es gesagt; der Vater will deshalb Berlin ver=
lassen und nach Paris ziehen. Der König hat der Familie
Beer über das Trauerspiel Klytemnestra des Michel Beer

durch Graf Brühl sehr Verbindliches sagen lassen. Der König haßt die Hetzgeschichten außerordentlich.

Den 13. Dezember 1819.

Prinz Wilhelm, Sohn des Königs, soll an Boyen's Stelle zum Kriegsminister ernannt sein; das neue Militairsystem schwächt Preußen, das Boyen'sche ist zugleich die größte Kraftentwickelung und ganz national und bürgerlich, darum wollten es die Ultra's geändert. — Einladung zu Graf Lottum. Abends Assemblée bei Graf Bülow. — Nachricht aus Paris, durch Goltzens Depesche, daß der König in der Kammer nach seiner Rede ausgepfiffen worden, daß siebzehn liberale Abgeordnete sitzen geblieben, als er wegging u. s. w. Decazes als Jakobiner geschildert; Sturz der Bourbons und Krieg gegen Frankreich als nah erscheinend. Die preußischen Offiziere wünschen Krieg, man scherzt über den nahen Besuch in Paris. Graf Goltz berichtet ganz im Sinne der Ultra's, und sie leiten Ansicht und Benehmen der Kabinette mittelst der diplomatischen Fäden unbedingt. Und bei der Aussicht auf Krieg schafft man die Landwehr ab! General von Stockhorn sagte mir, daß auch Hessen-Darmstadt sie nun abgeschafft habe. — Prinz August bei Bülow. — Koreff sagt, der Staatskanzler sei von dem katarrhalischen Fieber, das ihn befallen, wieder hergestellt. — Eine Menge Leute gesprochen. — Mit dem Briefe de Wette's an Sand's Mutter ging es folgendermaßen zu; der Brief war nicht hier eröffnet worden, sondern Sand's Mutter theilte ihn einem großen Kreise von Bekannten mit, die baierische Regierung wurde aufmerksam und verschaffte sich eine Abschrift, die sie dann freundschaftlich der preußischen Regierung nach Berlin mittheilte.

Den 14. Dezember 1819.

Dräseke's Predigten werden noch verkauft; Stockung in den litterarischen Neuigkeiten. — Abends bei Stägemann, wo Graf Bernstorff, nicht der Minister, war, der sehr gegen die französische Regierung loszog, als welche eigenmächtig und gegen die Stimmenmehrheit der bisherigen Ständeversammlung neue Stände in zwei Kammern berufen habe, ohne vorherige Einleitung oder Bekanntmachung, auf welchem Boden, nach welcher Richtung und zu welchen Wirksamkeiten neue Ständemitglieder gewählt werden sollen; die Bestimmung wegen Bentheim und Stolberg — wenn sie ihre Besitzungen eingebüßt haben werden, wozu die Regierung selbst nie einwilligt — sei ein Epigramm, wie es die Willkür der Machthaber gegen die Machtlosen nur immer machen könne. Er klagt auch, daß der märkische Adel die Hauptstadt meidet, daher auch alle Paläste in geringe Hände kämen, das Sacken'sche Palais z. B. sei von Buchhändlern (Reimer), Aerzten u. s. w. bewohnt, das möchten gute Leute sein, aber da gehörten sie doch nicht hin! — Des Geh. Raths Schmedding Brief an auswärtige katholische Staatsbeamten, daß es hier mit dem Protestantismus schlecht stehe, Altenstein ein beschränkter Kopf sei, und der Katholizismus Gottlob wachse, ist in unrechte Hände gefallen und hier bekannt geworden. — Bei Dümmler im Buchladen zwei junge Leute: „Haben Sie denn Voßens Schmähschrift gegen Stolberg gelesen?" — Schmähschrift? Ich möchte es nicht geschrieben haben, aber wahr ist, was er sagt, wahr, sehr wahr!

Den 15. Dezember 1819.

Abends bei Graf Lottum in der Assemblée. Herzog von Cumberland mich angesprochen; Fürst Wittgenstein dort u. s. w. — Man sagt, Graf Kleist von Nollendorf solle Kriegsminister werden, weigere sich aber. Das Gerücht von Abschaffung der Landwehr macht großes Aufsehen, die Gesandten berichten eifrigst darüber. General Knesebeck wird für den Anführer der gegen Boyen gerichteten Plane gehalten. — Herr von Meyern, gefragt, ob die hiesigen Angelegenheiten ihm klar seien, erwiedert: „So viel wisse man, daß keine Einheit vorhanden, sondern die verschiedenartigsten Richtungen im Spiele und abwechselnd herrschend wären, dies sei auch schon genug zur Sprache gekommen." — Geh. Rath Wolf hatte zu Humboldt gesagt, „eigentlich hätten die Herren Minister, nach dem Zensuredikt, sogleich gemeinsam ihre Entlassung eingeben müssen", Herr von Humboldt zuckte die Achseln und meinte, er habe wenigstens keinen Antheil an der Sache. Ueber Voß; ob solche Kleinigkeitskrämerei erlaubt sei? ob es nicht unwürdig sei, dergleichen nur zu behalten? Es kommt auf die Bedeutung an; eine Handbewegung, ein scheinbar geringfügiger Umstand ist oft das Wichtigste. Was kann Voß dafür, daß seine Sache in so kleine Züge verflochten, nicht an Schlachten= und Thronenwechsel geknüpft ist? Letztere sind nur zu oft an die Sache geknüpft, auf die es hier ankommt!

Den 16. Dezember 1819.

Ministerwechsel steht noch immer bevor; es muß mehreres baldigst zum Ausbruch kommen, an Boyen halten Beyme, Humboldt und auch Eichhorn fest. — Verfassungs=

sache schleppt, es ist kein Halt, keine Grundlage und kein
leitender Geist darin. — Koreff besucht, und er späterhin
bei uns. — Preußen ein armes Land, Berlin eine arme
Stadt; Mad. Milder vergleicht dagegen Wiens Fülle und
Glanz. Auch in den Geistern ist eine verzweiflungsvolle
Armuth und Stockung; hier unerträglicher als anderswo,
weil nichts anderes da ist. — Herr von Weyher: im Jahre
1813 sagte man von manchen Leuten, sie hätten einen
Gewerbschein auf den Patriotismus gelöst, jetzt treiben es
die Vornehmen auf ähnliche Art mit dem Attachement an
die allerhöchste Person und das königliche Haus, dies sei
die Redensart des Tages. — König streng gegen das
Militair, den Generalen oft unangenehme Dinge sagend; viel
mit religiösen und liturgischen Dingen beschäftigt; soll
mehrere Gebete eigen verfaßt haben. — Abends bei Frau
von Kalb; General Clausewitz über die Ungewißheit äußerst
betroffen. — Die Justizkommission hat sich gegen den Ausdruck
„demagogische Umtriebe" als einen schwankenden und unhalt=
baren erklärt. Frühere Tugendbundverhältnisse sind nicht
mehr mit Sicherheit zu entwickeln. — Professor Erichson. —
Auf der Bibliothek wird die Minerve française gehalten
und fleißig gelesen; die Nemesis schön gebunden, jetzt!
Hofrath Wilken gesprochen. — Würtembergische Stände zum
Januar berufen.

Den 17. Dezember 1819.

Gesellschaft bei Magnus. Gerücht, daß Humboldt seinen
Abschied gefordert habe; bezweifelt. Ernennung einer
neuen Untersuchungskommission über demagogische Umtriebe;
Rücktritt Hoffmann's und von Gerlach's aus der Justizkom=
mission; Dr. Rödiger soll nach Mainz gebracht werden; neue

Gründe zu seiner Verhaftnehmung sollen nicht vorhanden sein, daher die Maßregel als bloße Willkür angesehen wird; Unzufriedenheit und Mißstimmung deshalb, und nachtheiliges Licht, in welchem die Regierung erscheint. — Geh. Rath Formey über Dräseke's Predigten. — Man will bei der Post sehr bedeutenden Unterschied in Betreff der Briefeinnahme seit den neuesten Beschlüssen wahrnehmen, daher Ausfall in dem Ertrage.

Den 18. Dezember 1819.

Bestätigung der gestrigen Nachricht wegen des Austritts zweier Mitglieder der Justizkommission, wegen der neuen Verhaftung Rödiger's; Unwillen aller Justizmänner über die Verletzung aller Justizbehörde hiebei; Herr von Gerlach will sich durch bloßes Zurücktreten nicht befriedigt halten, sondern einen besondern sehr stark ausgedrückten Bericht erstatten; strenger, unabhängiger und daher kampfbereiter Karakter dieses Mannes, der zugleich, wie die ganze Familie, ein erklärter Gegner des Kanzlers, übrigens aber ein Ultra ist. Außerordentliche Unzufriedenheit mit dem Gange der Sache, an deren neuer Verwickelung vorzüglich der Oberpräsident von Bülow Schuld sei, auf Antrieb Wittgenstein's, der den Herrn von Kampz nicht fallen lassen will. — Der neue Abdruck von Gentzens Brief an Friedrich Wilhelm III. erschienen, noch nicht verboten, beißendster Spott auf die Gegenwart! — Hitzig gesprochen und Andere. Frau von Bardeleben. — Clausewitzens Ernennung so gut wie zurückgenommen, sein bisheriger Posten inzwischen an Menu zugesagt. — Ein Major sagt: „Napoleon's guter Freund sei er schon, vielleicht werde er auch noch sein eifrigster Anhänger, unsern Regierungen sei das möglich!" Er selbst war einer der entbranntesten Franzosenfeinde. — Boyen's Austritt aus dem Ministerium stets gewisser; über seinen Nachfolger alles schwankend; sein Gegner der Herzog Karl von Mecklenburg; den Haupteinfluß wird der General Witzleben haben, auch wenn General Hacke, was man für das Uebelste halten will, Kriegsminister würde. Der Unterschied von Linientruppen und Landwehr sei gehässig und habe schon beide einander feindlich entgegengesetzt, das eine sei gleichsam die Truppe des Fürsten, das andere die des Volks; man sollte alles Landwehr nennen, der schönste Name! Aber das thue man gewiß nicht, und die mißtrauische Abschaffung blos der Landwehr werde einen höchst unangenehmen Eindruck machen. Dies alles Urtheile von Offizieren. — Ob Verfassung, sonst wünschenswerth und nothwendig, nicht Preußens Kriegsstärke mindere, wird gefragt und verschieden beantwortet. — Auch andere Ministerveränderung im Werke; Graf Bülow soll oberster Chef des Postwesens werden, Klewitz Handelsminister, und die Finanzen würden dem Grafen Lottum wieder beigelegt. Man spricht von Humboldt's Austritt, es wäre doch schade, meinen die Meisten, man bedürfe seiner. — Fürst Wittgenstein soll Herrn von Humboldt entschieden hassen. — Humboldt's Verhältniß zum Kanzler auf's äußerste gespannt, zum Reißen, vielleicht binnen acht Tagen; Humboldt entschieden angreifend; der Kanzler heftig und will wenig anhören, was man ihm vorstellen möchte: sich an die Ultra's anschließend, und doch mit ihnen zerfallen; man findet allgemein, daß jetzt eine große Krisis ist. — Der heutige Artikel in der Staatszeitung über die Partheien in Frankreich ist aus dem Bureau des Kanzlers zum Abdruck gegeben worden. — In München, ist berichtet worden, sind zwei Partheien, Rehberg (und König) im Sinne von Karlsbad, Wrede, Lerchenfeld und Kronprinz dagegen; letztere wollen blos Baiern sehn und dasselbe gegen Wien, Berlin und Frankfurt unabhängig erhalten. — Im Haag Verhaftungen gegen altholländische Verschworene verfügt, die den Prinzen von Oranien schon jetzt auf des Vaters Thron setzen gewollt. — Bedenkliche Nachrichten aus Frankreich, noch mehr aus England. — Aus Wien verlautet nichts, man beobachtet das größte Geheimniß: „Wenn man es nur niemals zu erfahren bekommt, desto besser!" — Der Satirenschreiber Friedrich hat sich zu Hamburg in die Elbe gestürzt, mit Hinterlassung eines Briefes, daß ihm der Jammerzustand des Vaterlandes und der Druck der Schlechtigkeit unerträglich geworden. Der Vorfall wird unheimliche Gedanken erregen. — Graf Bernstorff hat die im Constitutionnel erschienenen Briefe wirklich zuerst handschriftlich an seine Person gerichtet zugesandt erhalten. — Ancillon verliert an Gunst bei der Hofparthei wegen seiner neuesten Schrift. — Viele Leute gesehen; Gesellschaft bei Stägemann; Koreff versäumt. — In Würtemberg alles sehr vergnügt, Brief von dort.

Den 19. Dezember 1819.

Die Ritterschaft dreier Kreise der Kurmark hat eine Eingabe an den König eingereicht, worin sie bittet, der König möge keine Konstitution geben, der einzige Landrath von Pannwitz hat erklärt, er sei ein alter Mann und liebe alles Alte, aber er glaube, daß diese Zeit doch neuer Institutionen bedürfe. — Aeltere Eingabe des schlesischen Adels erwähnt, um Wiedereinführung der Erbunterthänigkeit u. s. w. Man schließt hieraus, daß die Aristokraten schon die Verfassung, die sie nach Ancillon's Schrift erwarten, nicht

aristokratisch genug finden, und daher lieber keine wollen. —
Neumann gesprochen. Minister von Brockhausen bei mir;
Krisis wegen Humboldt, es sei diesem gewiß Ernst, wenn
er seinen Abschied verlange. Graf Bernstorff's Ernennung
habe allen Preußen vor den Kopf gestoßen, der König
könne dies kaum wieder gut machen; selbst die Bauern in
Pommern und in der Mark hätten darüber geredet. Man=
gelhaftigkeit Bernstorff's, üble Stellung desselben. Witt=
genstein und Ancillon haben ihn hierher eingebracht, der
Kanzler blos eingewilligt, der König von Dänemark ihm
auf die erste Anzeige gleich den Abschied geschickt, ehe das
preußische Verhältniß schon richtig war. Boyen und Hum=
boldt unentbehrlich. Kein Minister sei unabhängig, keiner
wolle Stelle und Gehalt missen, jeder lasse sich lieber auf
die Füße treten, auf den Bauch sogar u. s. w. So sei
Graf Bülow mit dem kleinsten seiner Bureaus zufrieden
geblieben; die Gräfin Bülow habe zum Abschiede gerathen,
„auf den Nasenstüber folge die Ohrfeige", und die sei auch
unmittelbar darauf gekommen. Humboldt müsse das ganze
Ministerium des Innern haben; Schuckmann habe seit drei
Jahren nichts gemacht. — Werther habe voreilig den Posten
von London zu haben geglaubt, tauge auch dafür nicht.
Wegen Kassel alles noch schwankend. — Herr von Arnim
will von einer neuern Adelseingabe an den König nichts
wissen, wohl aber gedenkt er einer solchen vor zwei Jah=
ren, worin die märkische Ritterschaft verlangte, daß bei
künftiger Konstititution auch die verletzten Rechte des
Adels wieder hergestellt würden. — Schrift in Kiel gegen
Harms. — Der Fürst von Solms=Lich erörtert. — Viele
Leute gesehen. Graf Gneisenau vorgefahren. — Hofrath
Heun soll an Stägemann's Stelle die Staatszeitung be=
sorgen, heißt es.

Den 20. Dezember 1819.

Assemblée beim Minister Bülow, ziemlich leer. — Es wird erzählt, Boyen habe schon seinen Abschied, mit 6000 Thlr. Pension; das Gouvernement am Rhein soll er ausgeschlagen haben. Dem General von Hacke ist das Kriegsministerium angetragen. — Dr. Förster soll nun auch verhaftet sein; Dr. Rödiger wie ein Verbrecher gehalten, übler als beim ersten Verhaft, ohne neuen Grund, auf Befehl des Kanzlers, weil Herr von Kamptz aus dem Hoffmann'schen Berichte, worauf Rödiger freigelassen worden, den Beweis gezogen haben will, daß er wieder verhaftet werden müsse. — Nachrichten aus Wien, Bernstorff sehr wenig zufrieden mit den dortigen Dingen, höchst betroffen über die Bekanntwerdung und das Aergerniß seines Zirculars. — Schöll ist der Verfasser des gestrigen Artikels in der Staatszeitung über Frankreich. — Ancillon ist wegen seines Buches höchst anrüchig geworden, die Ultra's schreien über ihn; er könne darüber seine Stelle verlieren, sagt man. Wunder über Wunder! Nicht blos die Revolution, auch der Ultraismus frißt wie Saturn seine Kinder! — Prinz Karl soll neulich gesagt haben, es gäbe vier Hauptumtrieber, Gneisenau, Grollmann, Schleiermacher und Savigny, Schleiermacher aber sei der ärgste. In seine Predigten werden Polizeihörer geschickt. Gneisenau dürfte leicht zur Untersuchung gezogen werden; in den vornehmen Gesellschaften wird er gemieden oder übersehen, wenigstens nicht so behandelt wie sonst; seine Freunde und Anhänger hat er durch seine Zweideutigkeit entfernt, sie nennen ihn geradezu treulos und feige; Spottnamen „Marschall Seitwärts". — Herr von Humboldt setzt sich allen schnöden Maßregeln entgegen, man lobt sein Benehmen außerordentlich, es sei in jedem Schritte richtig und kraft-

voll; man nennt ihn und Boyen das edle Zweigespann
der Wahrheit und des Rechts, wobei Beyme als dritter
auf der Wildbahn mitlaufe. — Humboldt hat zu Eichhorn
gesagt, fordern wolle er seinen Abschied nicht, aber er
wolle sich dem Schlechten unausgesetzt so gründlich ent=
gegenstemmen, daß er die Gelegenheit nicht meiden werde,
den Abschied zu erhalten. — Der Kanzler hat den Geh.
Legationsrath Eichhorn gar nicht mehr in seiner nahen
Umgebung. — Savigny soll zum Druck einer Schrift eifrigst
gerathen haben, die sehr übel genommen wird, und man
dürfte ihm jenes sehr zum Verbrechen machen; man weiß
nicht, welche Schrift gemeint ist. — Herr von Ancillon
soll in der ersten Sitzung des Oberzensurkollegiums sehr
freisinnig gestimmt haben. — Die Verfassungskommission
ruht wieder ganz. Die Verwirrung wird immer größer. —
Reimer gesehen.

Den 22. Dezember 1819.

General Grollmann hat auch den Abschied gefordert;
man sagt Humboldt und Beyme würden ihn erhalten.
Clausewitzens Ernennung nach London schon so gut wie
rückgängig. — Dr. Förster ist nicht verhaftet. — Der Kanzler
und Humboldt auf's bitterste feind gegen einander, letzterer
folgt den Einladungen des erstern zum Speisen nicht mehr;
auf alle Weise geht er in seinen Eingaben, Denkschriften,
Voten u. s. w. gegen den Kanzler an. Dieser, sagt man,
wird siegen, aber mit Hülfe derer, die ihn allgemein ver=
haßt machen, und die obenein seine Feinde sind, die
Ultra's! — Fürst Wittgenstein, hört man sagen, verläugne
seine frühere Zaghaftigkeit und zeige sich unverhohlen mächtig;
er bringt täglich mehrere Stunden beim Kanzler zu; dieser
ist sehr verstimmt. — Der Oberpräsident von Bülow soll an

Kircheisen's Stelle Justizminister werden, dann würde Beyme sich von selbst zurückziehen. Man vernimmt Gerüchte von einer Menge anderer Veränderungen. — General Kalkreuth ein Sendling des Fürsten Wittgenstein. — Durch Dehn erfahren, daß ich auf dem Casino nicht aufgenommen worden; Graf Hardenberg aufgebracht deshalb; General Pirch II. — Mehrere Generale hatten dem Könige Denkschriften gegen die Landwehr eingereicht, unter andern General Kleist von Nollendorf; eines der Argumente soll gewesen sein, diese Einrichtung würde binnen einem Jahre einen Volksaufstand zuwege bringen. — Ueber des Grafen Flemming kaltes und abgebrochenes Vernehmen zum Staatskanzler; Flemming's Erzählung von des Kanzlers liederlicher Wirthschaft, von Koreff's üblem Benehmen u. s. w. an Gräfin Custine in Fervaques, Brief der Gräfin an Koreff, Koreff's Abgabe desselben an den Kanzler, dieser zeigt ihn seiner Familie; der Graf Hardenberg von Grohnde ersucht Herrn von Humboldt um Vermittelung. — Graf Bernstorff hat geschrieben, er würde nicht so lange in Wien bleiben, als er anfangs vermuthet; lobt den baierischen Reichsrath Zentner. — Graf Golz aus Paris schreibt, daß Decazes sich nicht halten würde. Graf Golz hat wegen des abgedruckten Zirkulars von Bernstorff viel Verdruß. Marquis de Bonnay darüber angegangen, ebenso Dessolles, aber beide sollen keine Schuld haben. — Gestern und heute viele Leute gesehen, Gesellschaften, Herrn Dehn, Dr. Koreff, Stägemann, Staatsrath Nagler, Crelinger, Offiziere u. s. w.

Den 23. Dezember 1819.

Beim Geh. Rath Rother zu Mittag. Der Geh. Rath Heim zieht grimmig gegen Gentz und Adam Müller los,

„schändliche, infame Kerls", es wird eingestimmt, niemand nimmt sich ihrer an. Er erzählte von Gesandten und vom Fürsten Wittgenstein, „der ist aber ja kein Gesandter". „Nun freilich nicht", erwiederte er, „aber" — mit bejammernder Vertraulichkeit — „nicht viel besser!" Der Einfall war sehr zum Lachen. — Bemerkenswerth, daß der Geh. Kämmerier Timm von Wittgenstein ausdrücklich sagte, derselbe sei ein sehr guter Mensch; auch Koreff hatte früher Aehnliches einmal geäußert. — Minister Beyme, sagte mir Stägemann, sei sehr unmuthig gestimmt. — Herr von Humboldt wurde als vortrefflicher Kopf gerühmt; ich sagte, sein Kopf sei ihm schon wie ein Werkzeug, das er gebrauchen könne wie er wolle. — Von Gentz war gesagt worden, aber ein heller Geist sei er, „ja, ein heller Obskurant", sagte ich. — Zu Graf Gneisenau eingeladen.

Den 24. Dezember 1819.

Herr von Humboldt und Herr von Beyme werden in wenig Tagen den Abschied bekommen; man ist darüber sehr bestürzt, und meint, Herr von Humboldt werde eine ungeheure Popularität und die größten Vortheile der Zukunft mit seinem Abschiede davontragen, da ihn die Meinung als ein Opfer der guten Sache und seines beharrlichen Karakters erheben wird; doch weiß man bei seinem Benehmen keinen andern Rath, als die Opposition ganz zu beseitigen. — Mit Herrn von Beyme soll unterhandelt werden, da dessen Austritt in mancher Hinsicht noch unangenehmer wirken könnte. — Der Kanzler soll gegen Herrn von Trütschler große Unzufriedenheit geäußert haben. — Dem Grafen von Bülow bestimmt man das Postdepartement; Herrn von Schuckmann wieder das ganze Ministerium des Innern. — General

Grollmann hat seinen Abschied: General Boyen zieht sich auf's Land zurück.

Den 25. Dezember 1819.

Mittags bei Gneisenau, der Präsident von Trütschler und Oberpräsident von Bülow dort, beide sehr artig gegeneinander. Bülow erzählt eine Menge Geschichten von dem bösen und unordentlichen Geiste in Magdeburg, woraus nur hervorgeht, daß er und seine Familie dort äußerst gehaßt sind, von dem Oberbürgermeister und Rektor an bis zum geringsten Volke. Graf Bethusi neben mir, als Abgeordneter aus Schlesien gegen die neuern Branteweinsordnungen. Bülow schimpft auf die Altdeutschen, auf die ungezogene Jugend, auf den jungen Menschen, der in Pumphosen mit bei Tische gewesen, „das war der Graf Reventlow, Graf Bernstorff's Neffe". „So? und mag er sein wer er will, so ist er ein ungezogener Lümmel!" — Weitere Besuche gemacht; Abends bei Frau von Helwig; Gneisenau, Rühle u. s. w. dort. — Ueber Boyen's Abschied und Grollmann's; Generals Hacke Berufung; man fürchtet, er hat nicht Klugheit genug — „um die Sache zu führen? nein, gewiß nicht" — um sie abzulehnen, meinte man! — Grollmann's Entschluß wird sehr groß gefunden.

Den 26. Dezember 1819.

Gneisenau ist vor einiger Zeit vom Minister Kircheisen vernommen worden, um Auskunft über die Umtriebsachen zu geben. — Humboldt war gestern gegen Koreff ungemein zuvorkommend, Beyme schickte ihm ein Buch zurück mit einem verbindlichsten Schreiben. Bedeutet das etwas? —

Das Gerücht spricht von Humboldt's und Beyme's Abschied. — Stellung der Dinge giebt man so an: der Kanzler ist des Königs nicht sicher ohne Wittgenstein's Beistand, daher bedarf er dessen, und muß den Augenblick wahrnehmen, wo er dessen versichert ist; er würde lieber Herrn von Humboldt noch eine Weile gewähren lassen, aber ungewiß ob er denselben späterhin noch wie jetzt hinausdrängen können würde, wie er es jetzt kann, so muß er es jetzt thun. Fürst Wittgenstein ist nur auf des nachgiebigen Kanzlers Seite, nicht auf der Seite des selbstmächtigen, alleinwaltenden. In dieser angenommenen Schilderung ist aber wohl viel Uebertriebenes. Auch in folgender Ansicht, die auch aufgestellt worden; es gäbe keine Partheien, es liege nichts tief und sei daher nichts tief zu suchen; die Schwierigkeiten liegen nicht in den Personen, nur in den Sachen, und diese seien auch noch zu bezwingen; die Hauptsache sei Deckung des Defizits, durch Reduktionen kann das geschehen; an Verfassung würden wenige denken, ohne den Kanzler hätte man nicht daran gedacht, und er allein treibe es noch hin und wieder damit vorwärts. — Des Kanzlers Persönlichkeit ist alles werth; Herrn von Humboldt fehlt der praktische Sinn, er erlangt seine Zwecke nicht, und erwirbt kein Vertrauen, schon mehrmals ist er ganz gescheitert! Boyen ist ein großer Verlust. Grollmann's Abschied ist übereilt. — Wilhelm Schlegel in Bonn soll auch den Abschied genommen haben; Eitelkeit! was braucht er vorzutreten, da es Arndt und Welcker nicht zu thun brauchen? — Die andern Minister, Schuckmann, Bülow u. s. w. sind des Kanzlers Feinde, sie können die austretenden nicht ersetzen, auch den Kanzler nicht, er selbst muß die Lücke ausfüllen, und keine neuen Minister machen. In seiner Umgebung fehlt es jetzt; es ist nur Schöll da;

Rother, Eichhorn und Stägemann stehen entfernter. — Des Grafen Bernstorff Berufung hat der alte Blücher als Werkzeug vermittelt, schon im Januar 1818 war die Sache entschieden. — Graf Bethusi und Graf Stolberg haben aus Schlesien über 2000 Unterschriften gegen Blasenzins u. s. w. gesammelt. Sind diese gehäuften Unterschriften erlaubt? man weiß es nicht; den Koblenzern sind sie verwiesen worden. — Viele Leute gesehen; unter andern Chamisso, und einen Augenblick Koreff, und flüchtig Beyme.

Den 27. Dezember 1819.

Assemblée bei Minister von Bülow; Fürstin und Fürst von Carolath dort gesprochen, die Schlesier bringen nur immer kurze Zeit in Berlin zu. Herrn von Arnim (Crivener) wiedergesehen; über die bäuerlichen Verhältnisse, die Edelleute verlieren für den Augenblick keineswegs, aber andere Nachtheile werden gerügt; Graf Bülow meint, der ganze Bauernstand ginge dadurch zu Grunde, durch Erbschaft ginge das Grundeigenthum in immer kleinere Theile, die Bauern verarmten und würden, indem der Gutsbesitzer den Boden wieder an sich kaufe, zum Tagelöhnerstande herabgebracht. Sollte dies wohl sehr zu befürchten sein? Der Karakter unsrer Bauern muß hier entscheiden. — Herr von Arnim sagt, die Unzufriedenheit über die Unordnung in der Verwaltung und über den Druck der Abgaben sei außerordentlich, in Berlin wisse man das nicht so wie in den Provinzen, die Ministerregierung werde allgemein verwünscht. — Früher Dr. Koreff gesprochen; man will die Erziehung umgestalten; Adelsschulen errichten u. s. w. Umriß seiner eignen Ansicht, und Bestimmung des Punktes, wo er seine Hand abzieht und lieber zurücktritt. Var-

tholdy's Brief beklagt die verlorne Preßfreiheit. — „Gnei=
senau hat kein politisches Talent, ist gar kein Staatsmann,
um dies zu verbergen, hat er nur morgue zu Gebote; il
vole au secours du plus fort." — „Altenstein sehr unbe=
deutend und ohne alles praktische Geschick." — Herrn Dehn
gesprochen. — Herr von Beyme findet, daß der Judensturm
leicht heftiger wiederkehren könne; die Zinsen der vielen
Anleihen kämen fast ganz in die Hände der Juden, die
Abgaben zu ihrer Aufbringung würde das Volk bald als
um der Juden willen gemachte ansehen u. s. w.

Den 29. Dezember 1819.

Fürst und Fürstin Carolath bei uns, Major von
Weyher, Herr von Maltitz. — Assemblée bei Graf Lottum;
Minister von Lützow. — Man sagt, es soll eine Klassen=
steuer eingerichtet werden, die sieben Millionen tragen und
von einer Art von Provinzialständen besorgt werden soll;
„will man die ganze Finanzkraft, statt allgemeinen Stän=
den, lieber den Provinzen geben? Will man Preußen zu
einem Bundesstaate machen, aus Provinzenstaaten be=
stehend?" — Boyen statt 6000 nur 3000 Thlr. Pension,
Grollmann den Abschied; man lobt beide im Publikum sehr
wegen ihrer Entschlossenheit. — Defizit von elf Millionen
ganz gewiß. Anleihe durch Crelinger im Werke. — „Warum
werden Graf Bethusi und Graf Stolberg mit ihren 2000
Unterschriften nicht schnöde abgewiesen, wie die Koblenzer?
wie unfehlbar auch Bürger aus Breslau abgewiesen wür=
den, wenn sie eine Adresse gebracht hätten?" — Man sagte,
Clausewitzens Ernennung sei noch immer nicht bestätigt,
würde es aber vielleicht bald, es hänge diese Sache viel=
leicht mit der von Jahn mehr zusammen als man glaube. —

Graf Pückler gesprochen. — Humboldt's und Beyme's Entlassung soll ganz gewiß sein. — Herr von Krone, Rittmeister, hat eine Bürgerliche geheirathet und wird nicht mehr eingeladen.

Den 30. Dezember 1819.

Graf (Fürst) Pückler besucht uns; "Seit wir preußisch sind", sagte er, "habe ich schon 8000 Thlr. Einkünfte weniger; Sachsen wird schrecklich behandelt, eine wahre Anarchie, jede Regierung thut was sie will; alte Steuern gelassen und neue eingeführt, keine Hypothekenordnung; gegen sechzig Familien blos wegen dieser Unordnung bankrott; jetzt wird die Landwehr wieder geändert, im Prinzip ist die Sache gewiß gut, das Härteste war überstanden, man war damit versöhnt und sah das Gute ein; fürchtet man etwa die Waffen des Volks? ganz mit Unrecht, denn ein konstitutioneller König, endlich muß es ja doch zur Repräsentativ-Verfassung kommen, hat vom Volke nichts mehr zu fürchten, sondern alles von ihm zu hoffen, dagegen eine bloße Armee nach alter Art immer wieder ihr Jena zu erwarten hat. Man scheint erproben zu wollen, wie viel ein Staat aushalten kann, denn mit diesem stellt man alles verkehrt an; es ist, als ob das Schicksal die Dinge vorbereite, um manchen Sturz herbeizuführen, den es einmal in seine Bücher eingeschrieben hat. In Bonaparte's Katastrophe war auch solch Verhängniß deutlich zu erkennen. Alles löst sich auf, und zuerst entweicht alle Lebensfreude." Graf Pückler sah sehr wohl aus, Haltung und Gesetztheit hatte er mehr als je, verständiges Benehmen, guter Ton; fuhr zu Kircheisen, zur Parthie mit der alten Goloffkin. Der Schwiegersohn des Staatskanzlers!

Den 31. Dezember 1819.

Humboldt's und Beyme's Entlassung noch immer bevorstehend, Rother sehr des erstern Freund. Die Sache wird großes Aufsehen machen, die Liberalen werden darin einen Stoß gegen ihre Sache sehen wollen; vieles wäre in dieser Hinsicht zu berichtigen, aber niemand nimmt sich diese Mühe, niemand will sie nehmen sehen. — Koreff's gutes Wirken in Betreff der Anstalten und Sammlungen; Graf Hoffmannsegge's Insekten; unentgeltliche Benutzung aller Sammlungen. — Herr von Schuckmann wünschte Goethe'n hierher kommen zu lassen, spricht davon beim Kanzler. Fürst Wittgenstein sagt ihm leise: „Hören Sie, das mit Goethe lassen Sie lieber bleiben, mit dergleichen empfiehlt man sich beim Könige nicht." — Rühle's Werk über die Preßfreiheit soll nächstens bei Perthes erscheinen, Widerlegung und Beschämung des Herrn von Gentz darin. — Boyen's Abschied sehr ungleich beurtheilt; einige sehen unziemlichen Trotz, die meisten edle Karakterstärke darin. — Endlich habe ich auch einmal eine lobende Stimme unsres Zollwesens vernommen! — Herr von Humboldt hat, sagt man, wenigstens ein Vermögen von 350,000 bis 400,000 Thlrn. (600,000 Rthlr. hinterließ er); seine Dotation beträgt, durch Rother's Fürsorge, das Doppelte des Anschlags; an der englischen Anleihe hat er 70,000 Thlr. gewonnen; Humboldt wird für einen Millionair gehalten. Rother sehr reich. Herr von Jordan gesteht ein, daß er gegen 300,000 Thlr. besitze. Geh. Rath Krull hat ungeheuer in Paris mit Mendelssohn gewonnen.

1820.

Den 1. Januar 1820.

Beyme und Humboldt empfingen gestern wirklich ihre Halbentlassung, nämlich bloße Dispensirung mit ganzem Gehalt, aber ohne Tafelgelder. Die ganze Sache hauptsächlich wegen des neuen Steuergesetzes, wo man ihre Opposition zu sehr fürchtete. Humboldt äußerte, er habe es nicht so schnell erwartet. — Stägemann behält die Staatszeitung in Aussicht; Witz mit der Nennung der Redaktion. Merkwürdiger Artikel heute über die Landwehr. — Urtheile des Publikums; man sagt, die Fremden seien behalten, die Eingeborenen weggedrängt, die Männer von Geist und Karakter; was man nun von den Uebriggebliebenen denken solle? die müßten gewiß in keiner Art taugen. Auch von Graf Lottum's Zurücktreten wird einiges gesagt. Ueber die vermeinte Aufhebung und Unterstellung der Landwehr ist Morgens in Weinhäusern trotzig die Frage von Bürgern aufgeworfen worden, ob man das denn leiden dürfe? — Ueberhaupt scheint man die steigende Macht der Stimmung ganz zu verkennen, und sie immer gefährlicher anzuregen; dies hat mit den Umtrieben nichts zu thun, welche nur ein Schatten sind. Man hört nichts von den Untersuchungen. General Gneisenau ist wirklich wegen zu gebender Auskunft vernommen worden; er scheint etwas thätiger zu werden, wenig=

stens hat er dem Staatskanzler wegen der Abschaffung der Landwehr abwehrend geschrieben. — Daß Humboldt und Beyme auch vom Staatsrath dispensirt sind, also das Vertrauen des Königs verloren haben, fällt am meisten auf; man findet, daß damit die Aussicht, sie könnten nach der Abmachung des Steuerwesens wieder eintreten, schlecht vereinbar sei. — Die Ritterschaft des Züllichau'schen Kreises, Fürst Reuß, die Herren von Oersdorf u. s. w. bitten den König in einer Vorstellung um Beibehaltung der unumschränkten Regierungsform, ohne Konstitution u. s. w. Der König antwortet trocken und kurz. — Nachrichten aus Wien; über den 13. Artikel ausgemacht, daß jeder Staat nach seinem Bedürfnisse die Sache leiten möge, nur dabei das souveraine (statt monarchische) Prinzip ungefährdet bleiben solle; den süddeutschen Souverains ist erlaubt, aber nicht geboten, ihre Konstitutionen in dieser Hinsicht zu ändern. N. B. Sonderbare Folgerungen, da in den freien Städten der Souverain das Volk ist! Dergleichen Gegenstand wäre besser unberührt geblieben! — Abends bei Stägemann's große Gesellschaft, Staatsrath Rehbiger, General Helwig, Friedrich Tieck, Schulz, Graf Pückler, Herr von Cruikschank, Major Eichler, Dr. Förster u. s. w. — Brief von Oelsner aus Paris. — Vor einigen Tagen noch hat Fürst Wittgenstein sehr auf die Uebelgesinnten geschimpft, welche das Gerücht von der ganz unwahren Entlassung der beiden Minister verbreiteten! — Die russische Gesandtschaft hat einen Kourier mit den Ministerneuigkeiten abgesandt.

Den 2. Januar 1820.

Die Ministerialveränderung macht großen Eindruck. Der König in Potsdam. — Es wird behauptet, man habe mit der Landwehr viel größere Aenderungen im Sinne gehabt, allein man habe sich gescheut, da schon Boyen's und Grollmann's Abschiedsgesuch solche Theilnahme erweckt. Die Absicht sei auch bei der jetzigen Veränderung noch immer die Unterordnung der Landwehr unter die Linie, die Beseitigung der bürgerlichen Offiziere, aber es sei weniger an den Tag gelegt. Die Veränderung der Achselklappen wichtiger als man denkt. — Staatsrath Ribbentrop will seinen Posten verlassen, soll Gesandter in Kassel werden. — Minister Kircheisen soll dem Oberpräsidenten von Bülow den Platz räumen, jener sei ein zu ungelenkes Werkzeug, und würde sich auch zu manchen Justizveränderungen nicht hergeben wollen. — Die Provinzialbehörden schreiben in unerhörtem Tone an die Ministerien, werfen diesen kranke Ansichten, Unbedacht u. s. w. vor; man meint, der Oberpräsident Merkel werde es nicht lange mehr machen; Andere sagen, alle Oberpräsidenten würden bei einer neuen Organisation eingehen. Die Ministerien sind den Regierungsbehörden in keiner Art mehr gewachsen, und von oben ebenfalls gelähmt. — Wiederholtes Gerücht, daß Graf Lottum abgehen würde. — Sollten nicht die Schritte der Ritterschaft in Züllichau u. s. w. auch die Thätigkeit der Andersdenkenden aufregen? wird gefragt; selbst in der Mark und in Berlin sei dergleichen gar nicht so gering, als man vielleicht glaube. — Nachrichten aus Wien, der Bremer Senator Smidt dort so übel aufgenommen, alle Thüren verschlossen, er selbst gemieden, zu den Konferenzen nicht zugelassen. — Alles Gehässige und Drückende der Landwehr, worüber man geschrieen und das zum Vorwande gedient, scheint zu bleiben; die Bürger stecken sehr die Köpfe zusammen und sagen nur ihre Ehre und Wirksamkeit sei dabei beschränkt worden. — Es werden noch große und viel=

fache Beamtenentlassungen erwartet. — Mendelssohn sehr betroffen; Dehn, Neumann und Andere gesehen. — Predigt von Schleiermacher gehört. — Oberst von Rühle. — „Alle Gedanken und Empfindungen verfinstern sich in Ernst, alles richtet sich auf Regierung und Gemeinwesen; man amüsirt sich nicht mehr, schlimmstes Zeichen! denn was fangen nun die Kräfte alle an?" — Die französischen Zeitungen sollen verboten werden, doch kaum zu glauben. — Wird man wegen des Defizits nicht Papiergeld machen müssen? — Der Kanzler soll dem Staatsrath Nagler sich zu nähern suchen. — Herr von Otterstedt schreibt verketzernde, anklägerische Berichte. — Professor Steffens soll in Breslau seine neuen Vorlesungen mit Weinen eröffnet haben, bekennend und bejammernd, daß er zu dem jetzigen Unheil so sehr Mitveranlassung gewesen. — Wilhelm Schlegel soll nach Paris gegangen sein. — Der König höchst mißgestimmt und übel zu sprechen. — Grollmann soll 1500 Thlr. Pension abgelehnt haben. Gneisenau, der Gouverneur, soll unter Polizeiaufsicht sein! — Allgemeine Verstimmung wegen des Ministerwechsels; Humboldt hat mehr die allgemeine Stimmung für sich, wenige entschiedene Anhänger, Beyme mehr entschiedene Freunde, weniger öffentliche allgemeine Stimme; dies mag kommen, weil Beyme mehr Karakter, Humboldt mehr enzyclopädische Art des Geistes besitzt. — Frau von Kalb, Dr. Fichte u. A. gesehen.

Den 3. Januar 1820.

Die drei Oberpräsidenten, von Schön, von Vincke und Merkel, sollen ihre Entlassung erhalten; sie werden als Freunde des Herrn von Humboldt und als die besten Köpfe unter den höhern Beamten angesehen. — Der dicke

Fürst Alexander von Solms-Lich, der einige Jahre in Paris und am französischen Hofe gelebt, spricht mit Entzücken von der Herzogin von Angoulême und den Prinzen; der König Ludwig XVIII. aber gilt ihm als der erste Jakobiner, und er schimpft auf ihn, trotz der Legitimität, wie Herr von Reden auf den Großherzog von Weimar! — Gestern wurde auch noch gesagt, der Kronprinz von Baiern und der Minister von Lerchenfeld hätten den Grafen von Rechberg, weil er den Karlsbader Beschlüssen beigestimmt, des Hochverraths beschuldigt, und deswegen sei er nicht nach Wien geschickt worden. — General Clausewitz bei mir, seine Sendung nach London ist ihm noch ungewiß.

Den 4. Januar 1820.

Geschichte der Professoren Bekker und Brandis auf der Durchreise in Straßburg; Berstett's Bericht darüber hieher, nach Aussagen des badenschen Legationssekretairs, und Pfister's Berichterstattung in Mainz, die sogleich in französischen Blättern erscheint; Bekker hat aus Paris deshalb an Schleiermacher geschrieben, Hofrath Wilken erzählte es mir, Schleiermacher es Rahel'n bei Humboldt's. Bekker kennt keine Demagogen, als die von Athen und Rom. Pfister meinte, da die Leute in guten Gasthöfen wohnten, so müßten sie Geld aus einer Verschwörungskasse erhalten. — Nees von Esenbeck und Andre aus Bonn haben an Koreff geschrieben, die Studenten besuchten ihre Vorlesungen nicht, blos allein deshalb, weil sie, diese Professoren, für Begünstigte und Angestellte des Kanzlers und Koreff's gälten! Koreff hat diese Briefe dem Kanzler mitgetheilt, damit er glauben lerne, wie weit die Stimmung gehe. — Herr von Humboldt hat an den König geschrieben, es sei ihm die Beziehung seines Gehalts bei der erst kürzlich empfangenen Dotation doch Anlaß zu einigem Bedenken. Herr von Beyme hat geschrieben, er habe die Kabinetsordre mit unterthäniger Ehrfurcht, aber auch mit zerrissenem Herzen empfangen und befolgt, und er wünsche nach Steglitz zu gehen, wie schon früher in ähnlicher Gelegenheit; Humboldt hatte ihm gerathen gleich die Besoldung abzulehnen, Beyme meinte aber, dazu sei noch nach vier Wochen Zeit, und er wolle jeden Anschein von Trotz meiden; übrigens wisse er wohl, daß Viele ihm dies verdenken würden, aber er thue ebenso wenig etwas als Partheimann, denn als Höfling, und wolle so wenig der Menge als der Gewalt fröhnen. Von allen Seiten drängt sich die Meinung herbei, selbst vom Hofe kommen Zeichen des größten Antheils, es ist ordentlich erschreckend, wie sehr die Aufforderung, sich zum Partheihaupt zu erheben, den Abgesetzten von allen Seiten aufgedrungen wird. Man sagt die ärgsten Dinge, Humboldt besonders wird als Held der guten Sache verehrt; er zeigt sich gelassen und will in Berlin bleiben. „Man hat schon oft Ministerveränderungen dieser Art gesehen, aber dann trafen sie diejenigen, die das Heft in Händen hatten, und mit denen man unzufrieden war; diesmal aber treffen sie solche, die nicht an der Spitze standen, mit denen man in ihren nächsten Wirkungskreisen grade am meisten zufrieden ist, während man mit den Hefthaltern oben allgemein unzufrieden ist." — Verordnung wegen der niederländischen Zeitungen; man findet sie kompromittirend und nutzlos. — Herr von Altenstein sehr niedergeschlagen; man glaubt nun, daß Herr von Bülow aus Magdeburg das Ministerium des Kultus bekommen soll, und nicht das der Justiz. — Die Schrift von Brenneke über die Lebensjahre Jesus ist verboten, nachdem die erste Auflage verkauft worden, und ein großer

Theil der zweiten. — Die Akademie der Wissenschaften
hat debattirt, ob sie bekannt machen solle, der nächste Band
ihrer Verhandlungen werde nach fünf Jahren erscheinen?
es ging aber nicht durch. — Gneisenau wird sehr getadelt,
daß er sich habe verhören lassen, und nicht lieber dem
Könige seinen Kolberger Degen eingesandt. — Von des
Kanzlers Denkwürdigkeiten: Betragen seines Sohnes, seiner
Tochter, die Bernadotte's Kundschafterin gewesen sein soll;
des Kaisers Alexander, der ihn nicht in Riga haben wollte
u. dgl. m. sollen erst nach dem Tode erscheinen. — Erhard
bei uns gesehen; Geh. Staatsrath Ladenberg bei Beyme. —
Das neue Finanzprojekt wird gar nicht ausführbar sein, die
Noth ist dringend, Provinzialstände noch gar nicht da, pro-
visorische nicht hinlänglich, die Vertheilung der Forderungen schwierig, und bisjetzt nach einem Grundsatze vorgeschlagen, der die Provinzen höchst ungleich treffen würde.

Den 5. Januar 1820.

Die Klage Jahn's gegen Kampz ist durch ein Reskript
Kircheisen's an das Kammergericht niedergeschlagen; das
Reskript hat deutliche Spuren Kampzischer Abfassung, un-
preußische wetzlar'sche Justizwörter. — Kircheisen soll den
schwarzen Adlerorden erhalten. — Staatsrath Schulz verweigert dem jungen Lieber die Immatrikulation, und äußert
sich darüber gegen Reimer zu dessen größtem Befremden;
er billigt im Ganzen alle neusten Maßregeln. Schleiermacher hat einen Zimmermann, der sich bei ihm zu den
Vorlesungen meldete, abgewiesen; wird von Reimer getadelt. — Die Justizkommission über die Umtriebe ist
noch ohne Antwort auf ihren Bericht, man wirft ihr in
Betreff der Wiederverhaftung Nödiger's vor, daß sie nicht

genug Kraft zeige. — Heftiger Tadel Herrn von Beyme's wegen der Annahme der ihm belassenen Besoldung, aber sehr heftig! — Lächerliche Geschichten wegen der Umtriebsverhöre; Jahn's Musikliebe „Amphion hat das doch gethan!" Verschwörungen „die Katilinarische, die Pulververschwörung, die Bluthochzeit!" Arndt schreibt „Grüß mir den lieben Eichhorn". Der Kanzler ist sehr aufgebracht, daß Arndt und Welcker sein Schreiben in der Allgemeinen Zeitung haben abdrucken lassen. — „Wenn nur erst der Graf von Limonade unser erster Minister sein wird", sagte Achim von Arnim, „dann wird's herrlich sein!" Er war gestern bei Humboldt's, Pitt Arnim ist zurück, und spricht nur von Verfassung (aus der Ukermark zurück). Der Adel in der Mark ist in der Regel gegen Verfassung. — Reimer lobt die Grundlinien des neuen Steuerprojekts, das Provinzielle und die Selbstbeschaffung. — Graf Solms-Laubach in Köln will den Abschied nehmen, weil man ihm die Kuratorstelle der Universität Bonn genommen. Minister Ingersleben gestorben (?). — Der Kanzler hat zu Stägemann gesagt, er bedaure, daß dessen Gesinnungen auch als allzu frei angeschrieben wären, er solle sich in Acht nehmen, die Obskuranten seien hinter ihm her! — Reisende, die aus Schlesien kommen, berichten, in allen Schenken sprächen die Bauern Politik, und versichern gehört zu haben, daß Bauern sagten, „der König hebt die Landwehr auf, fürchtet er sich denn vor uns, daß er uns keine Waffen in Händen wissen will"? Satyrische Blätter erscheinen. Man spricht sich laut aus, in Berlin über die Ministerveränderung mit einer Stärke, die ich doch so nicht erwartet hatte! Große Erbitterung, viel Gährungsstoff; Vergnügen und Lustbarkeit fassen nicht, Schnee wie selten so reichlich, aber keine Schlittenfahrt! — Leute, die sich für Humboldt's Seite erklären, sprechen keck, es würde binnen drei Monaten mit dem Kanzler wanken, er könne sich nicht halten; dagegen habe ich den größten Zweifel. — Mit Hofrath Weitzel war unterhandelt, er sollte die rheinischen Blätter in Bonn zensurfrei fortsetzen, und dafür 1000 Thlr. Gehalt haben; wegen Einführung der Zensur ist die Sache rückgängig, weil Weitzel diese veränderte Bedingung nicht annehmen wollte. Reimer'n, Achim von Arnim gesehen. Pückler'n besucht, Gneisenau'n, Rother'n, Weyher'n u. s. w.

Den 6. Januar 1820.

Auch General Borstell soll seinen Abschied haben; man sagt, er habe gewisse Befehle wegen der Umtriebssachen nicht befolgt, sondern die ganze Geschichte für dummes Zeug erklärt, er habe nämlich seinen Offizieren in dieser Beziehung eine Mittheilung machen sollen. — Der Prof. Lichtenstein, welcher von einer wissenschaftlichen Reise aus England und Frankreich zurückgekommen, soll von dem Regierungsbevollmächtigten Staatsrath Schulz einen Bogen mit Fragen erhalten haben, die er gleich beantworten müßte, wen er da und dort gesprochen, was er gegen diesen und jenen auf seiner Reise über den preußischen Staat geäußert? u. s. w. Man will Otterstedt beschuldigen, in dieser Art Angeberei stark zu sein. — Herrn von Jordan's Wohnung, — er ist hier aus Dresden angekommen — bekommt der Geh. Kabinetsrath Albrecht als Dienstwohnung. — Man sagt, Staatsrath Schulz beschäftige sich ganz mit der Universität, mische sich in alles, berathschlage mit der Polizei u. s. w. mit größtem Eifer, man müsse seiner schon vorher sicher gewesen sein, ehe er ernannt worden; er habe übrigens ein mißliches Amt. — Ueber Beyme's und Humboldt's Entfernung aus den Geschäften wird fortwährend keck gesprochen. General Kalkreuth sagt, er habe dem Fürsten Wittgenstein schon gesagt, daß man ihn allgemein für den Urheber der Dinge halte, die jetzt geschehen, dieser protestire dagegen auf gewohnte Weise, daß er sich ja in nichts mische u. s. w. — Nolte findet die Synodalverfassung, die betrieben wird, sehr unangemessen, und auch die Kirchenvereinigung unausführbar; erstere komme zwar dem Gedanken nach von dem Könige selbst her, sei aber in einer Monarchie gefährlich und ganz demokratisch, und der Minister des Kultus hätte dies frühzeitig einsehen und dem Könige vorstellen müssen. — Geh. Rath Wolf bei mir gewesen; Herrn von Stägemann, Nolte'n u. s. w. gesehen.

Den 7. Januar 1820.

Herr von Humboldt sollte nicht aus dem Lande reisen, sagte man ihm, „Mein Schatz, nicht aus der Behrenstraße gehe ich weg!" erwiederte er. Man erzählt, daß Humboldt scherze, Beyme aber weine; er soll wirklich geweint haben. Beiden mag es damit nicht so arg sein, weder mit dem Scherzen noch mit dem Weinen. — Hofrath Beckedorf gewinnt Boden, Fürst Wittgenstein beschützt ihn, der Kanzler zieht ihn an sich. — Geh. Rath Schöll soll mehr zu Privatsachen gebraucht werden. — Der Fürstin Hardenberg hat der König vor zwei Jahren in Karlsbad ein Wittwengehalt von 6000 Thlr. festgesetzt. — Unordnung in den Finanzen, man sehe noch gar nicht klar, was fehle; alle Abgabensysteme würden nur anprobirt; die neuen

Maßregeln würden das Defizit nicht decken. Schlechte Beamte in großer Zahl, Erbitterung derselben gegen einander, offener Behördenkrieg. — Haß der Leute gegen Koreff, er könne noch einmal eine Katastrophe erleiden, wenn etwa der König stürbe; warum weiß man doch nicht recht zu sagen, aber Koreff sei so unbedacht und vorlaut! — Vier Oberpräsidenten, heißt es, werden den Abschied erhalten, von Schön, von Vincke, Merkel und Sack, als Freunde des Herrn von Humboldt, letztere noch als Bürgerliche, die man schon längst ungern in so hohen Posten gesehen. Humboldt hatte darauf gedrungen, daß die Oberpräsidenten zum Staatsrath einberufen würden, der Kanzler gerade dies am eifrigsten verhindert, „dann wäre die Revolution gleich fertig", soll er gesagt haben. — Wegen Lichtenstein noch nichts Sichres. — Koreff weiß, daß er so sehr gehaßt ist. Gutes Werk wegen der öffentlichen und unentgeltlichen Benutzung der Anstalten und Museen. (Nicht bewirkt — Kabinetsordre darüber vom Kanzler selbst verfaßt.) Herr von Altenstein schwankt. — Mit Dr. Fichte über Adel gesprochen; er stößt sich mehr an Geldstolz und Beamtendünkel, aber mit Unrecht, denn hier ist doch eine Art von Stoff dahinter, und keine so zwingende Form wie beim Adel. — Die Haller'sche Gesellschaft ist hier ein Verein von Anhängern Haller's, der zahlreiche Mitglieder, besonders junge Leute, zählt, die Herren von Gerlach, von Voß, Stuhr u. s. w., die Freunde Fouqué's sind allenfalls dahin zu rechnen.

Den 8. Januar 1820.

Herr von Humboldt giebt zu verstehen, er habe sein Schreiben an den König und seine Ablehnung der 6000 Thlr.

nach der besondern Rücksicht eingerichtet, daß man nicht sagen solle, er wünsche von Herrn von Beyme recht abzustechen. Großmuth und Zartheit von Reineke! Er will die 6000 nicht ganz fahren lassen, und auch den Hof sich offen halten, so viel als möglich. (Er bezog das Geld wirklich nicht.) Meine Ansicht bleibt, daß man dem Könige nicht zu trotzen vermag, ohne im voraus dabei auf seine Gnade zu rechnen, der Trotz daher immer unangemessen sein muß. — Man spricht noch von General Borstell's Abschied. — Merkwürdige Geschichte Humboldt's mit der alten Direktorin Hübschmann wegen 18 Thlrn. (bei einer Zinsenrechnung); er küßt ihr die Hände und begleitet sie bis vor die Hausthüre! — Ernste Betrachtung der Zeit: „Lenkt eine höhere Absicht die Dinge? man muß es glauben! Drängt nicht alles auf Revolution hin? Gerade die Männer, die man jetzt wegschiebt oder verfolgt, sind doch, man muß es gestehen, die einzigen, die fähig wären, eine Revolution noch abzuwenden." — Das Militair erhält häufiger als je Verweise, und klagt darüber; General Natzmer meint, er habe sonst in einem Jahre nicht so viel Tadel bekommen, wie jetzt in einem Tage.

Den 9. Januar 1820.

Man sagt, Savigny und Eichhorn würden auch aus dem Staatsrathe scheiden. — Unglücklicher Eindruck der Gegenwart überhaupt in Bezug auf die Zukunft. „Was soll daraus werden?" fragt man allgemein. „Was wird Graf Bernstorff von Wien erst mitbringen?" Man giebt hier allgemein Gentzen ein großes Gewicht, man sagt spottend, wir schickten wöchentlich nach Wien einen Kourier an ihn. — Herrn von Jordan besucht. Andere Besuche.

Den 10. Januar 1820.

Koreff lobt den Fürsten Wittgenstein, den Grafen Bernstorff, Herrn von Ancillon; ersterer sei sehr gutmüthig, und habe noch niemanden geschadet, sei aber der schlauste und versteckteste Mensch unter der Sonne; Graf Bernstorff wolle sich mit gescheuten Leuten umgeben, Ancillon sei schon einer davon. — Koreff hat an Wilhelm Schlegel mahnend geschrieben, noch zu guter Zeit einzulenken, und sein Abschiedsgesuch ignoriren zu lassen. — Herr Beckedorf arbeitet viel; er hat Theil an großen Arbeiten über das Erziehungswesen, die eine große Reform in einem gewissen Sinne bezwecken, und hauptsächlich vom Fürsten von Wittgenstein beschützt und angeregt werden; diese Arbeiten kommen nächstens zum Vortrage beim Staatskanzler, da wird sich manches näher zeigen. — Heute wenige Personen gesehen; aber einige. — Kälte 22° unter Null.

Den 11. Januar 1820.

Dr. Nödiger ist am Freitage zum zweitenmal freigelassen; er hatte an den Staatskanzler geschrieben: er wolle sich eiblich verpflichten, nicht aus Berlin zu gehen, dies wurde angenommen. Er ist seit seinem zweiten Verhaft gar nicht verhört, noch in irgend etwas neu beschuldigt worden. Daraus könne man sehen, sagt man, wie leichtsinnig und ohne Grund die Behörden zu ihrer eigenen Beschämung arbeiteten. — Der Kanzler hat dem Könige das Finanzbudget übergeben; man will eine neue Steuer machen, 2 Millionen neue Tresorscheine, und ein Anlehn von 30 Millionen Thaler, welches alles dreies zu viel auf einmal. Die ganze Staatsschuld, soweit man sie übersieht, soll 230 Millionen betragen, (späterer Angabe nach nur 180 Millionen).

Den 13. Januar 1820.

Beruhigung in der Staatszeitung wegen der Verfassungskommission, daß ihre Arbeiten auch nach Humboldt's Abgehen fortdauerten, da jedermann weiß, daß dieselben seit Monaten ruhen. — Savigny und Eichhorn sollen aus dem Staatsrath dispensirt werden, welches man doch wieder bezweifelt. — Die Entlassung mehrerer Oberpräsidenten wird unterbleiben, weil man den Eindruck der letzten Ministerentlassung, den man nicht so groß erwartet hatte, nicht vermehren will. Welchen Anhalt Herr von Humboldt sich verschafft hat, wird erst jetzt offenbar; man liest alle Briefe, und findet mehr, als man wünscht. Prinz Wilhelm, Bruder des Königs, Prinz August und Prinzessin Radziwill sind ganz für Humboldt, fast alle Oberpräsidenten, viele Offiziere, ein Theil des Adels, viele Gelehrte; er genießt der größten Popularität. Wird er diese behaupten? Das ist eine andere Frage. — Herr von Altenstein wird sehr schwach und gering befunden, schon das Zusammensein von sechs Studenten findet er nicht zu gestatten; er wagt nicht, seine eigene Meinung zu sagen. — Die Finanzprojekte sollen vom Könige genehmigt sein; die Kaufleute stutzen; man sagt, die Anleihe würde schwer werden, bei der letzten habe sich die Regierung gegen Rothschild verpflichtet, binnen drei Jahren keine neue ohne Zuziehung dieses Hauses zu machen. — Bei der neuen Steuer ist der gefahrvolle Versuch nicht zu übersehen, daß man Provinzialstände ad hoc provisorisch hervorrufen will. Man kann nicht wissen, was daraus entsteht. — Während so allgemein hier von der Unzufriedenheit der Rheinprovinzen gesprochen wird, daß die Zaghaftern schon an die Möglichkeit eines Aufstandes glauben, erzählt ein preußischer General, der von dort zurückkommt, die Rheinländer hätten die aus Preußen gekommenen Beamten lieb, und haßten nur die eingeborenen! — Man schimpft entsetzlich auf Koreff, der „Jude beim Kanzler" sei an den letzten Sachen meistens Schuld! — Herr von Jordan gefällt sich nicht in Dresden, Oelssen nicht in Potsdam. — Ob der Kanzler wohl Herrn Nagler in seine Nähe nimmt? Altenstein soll seinen Schwager, sonst erklärter Feind des Kanzlers, wieder mit ihm versöhnt haben. Die Freunde des Kanzlers fürchten, daß er sich Nagler'n aneignet, der nie sein Freund sein werde; so habe er auch in den entfernten Ministern weniger persönliche Feinde, als in den beibehaltenen, jene seien Gegner der Sache gewesen, unter diesen aber seien die Meisten Gegner seiner Person. — Reimer sagt, sein Haus in der Wilhelmstraße habe ihm gewiß den meisten Haß zugezogen in den aristokratischen Kreisen; Gräfin Goltz jammerte, als er es kaufte, daß nur ein Buchbinder solches sich unterstehe. — Frau von Ompteda fragte Herrn Friccius, der sie besuchte, wo er angestellt sei? „Bei dem Revisionshofe für die rheinische Justiz." — „Ach, bei dem revolutionairen Gericht?" rief sie aus. Dergleichen ist bezeichnend! — Ribbentropp soll nicht als Gesandter nach Kassel, wie man nur daran habe denken können, der Mann sei ja ein bloßer Kriegskommissair gewesen! Andere meinten, die Belohnung habe er doch verdient, weil er gegen den Kriegsminister Boyen gearbeitet. — General Borstell hat blos Urlaub auf sein Abschiedsgesuch erhalten. Minister Ingersleben

ist nicht todt. Man sagt noch immer, Herr von Klewitz
würde Gouverneur am Rhein. — Man sagt, kein Mensch
sehe bis jetzt klar in den Finanzzustand, es fehle an
Daten, kein Minister habe die nöthigen Anzeigen beisammen;
die Geldnoth ist schon in den Kassen fühlbar, und die
Hülfe kann nicht schleunig genug kommen; man wird selbst
auf das Anlehn Vorschüsse negoziren müssen. — Der König
ist nach Potsdam; Redoute und Ballet daselbst. — Herrn
Dehn, Fürsten und Fürstin Carolath, Graf Meuron, Frau
von Barbeleben, Herrn von Beyme und mehrere Andere.
Fürsten Wittgenstein und Minister von Brockhausen besucht.

Den 14. Januar 1820.

Mittags in der spanischen Gesellschaft gegessen. Ein
Wunder, daß man diese Art von Klubs, die sehr mannich=
facher Art hier sind, bestehen läßt. Staatsrath Rhediger,
Oberstlieutnant von Hedemann, Staatsrath Borsch, Geh.
Rath Beuth, Herr von Bredow u. s. w. Einige Angriffe
auf das öffentliche mündliche Gerichtsverfahren wurden
siegreich widerlegt, alle Stimmen vereinigten sich über
die politische Wichtigkeit dieser Einrichtung, bei einer
Konstitution sei sie unentbehrlich. Herr von Hedemann
suchte lange den Zweifel zu behaupten, ob der König
jeden Beamten ohne weiteres zu entlassen befugt sei? es
blieb aber dabei, daß das Landrecht nur die Justiz=
beamten feststelle, und auch bei diesen die Regel oft genug,
z. B. in der Müller Arnold'schen Sache, gebrochen worden.
Konstitution wurde gepriesen, gleiche Rechte und gleiche
Lasten; die meisten Rittergüter sind noch jetzt frei von
Grundsteuer, was Viele nicht wußten. Einer rief aus:
„Es ist ein Unglück für Preußen, daß im Laufe des

vorigen Jahrhunderts ein paar große und geistvolle Männer seine Regenten waren, sonst hätten wir längst eine Konstitution." Baiern, hieß es auch, sei jetzt der erste Staat in Deutschland, wie sehr stehe Preußen dagegen zurück, es sei eine Schande für uns! wir dürften an 1813 gar nicht mehr denken. „Was machen jetzt alle die, so noch vor kurzem schrieben oder lasen?" Gewiß nur Schlimmeres, wenn es ihnen Ernst war, und war es ihnen Spaß, so schadete auch jenes nicht. — Es waren lauter ernste Männer, ehrenfeste Staatsleute, in der Gesellschaft. — Abends bei Frau von Barbeleben, die Generalin von Boguslawski, Frau von Gröben, Frau von Helwig u. a. dort; Langeweile am Hofe, überhaupt im geselligen Leben, die Politik habe alles verdorben. Herr von Henning (der sieben Wochen in Verhaft gewesen) und Herr von Brederlow kamen. Die Polizei habe erfahren, erzählte letzterer, daß die Burschenschaft sich noch in einem Hause in der letzten Straße bei verschlossenen Thüren versammle; Lecoq habe es angezeigt, und Befehl erhalten, sie zu überfallen; indeß würde es wohl nichts weiter sein, als der Fechtsaal, der den Studenten von der Behörde ja gestattet worden. — Das Kammergericht hat gegen die Niederschlagung des von Jahn gegen Kampz erhobenen Prozesses Einwendungen gemacht, das Kammergericht müsse dem Kläger seine Genugthuung bewirken, und seine eigne Befugnisse vertheidigen. — Die Justizkommission hat den Jahn nun ebenfalls freigesprochen, als keines Verbrechens überwiesen oder verdächtig, und man glaubt, daß derselbe nun auch bald losgegeben werden müsse. — Man macht sich über Fouqué's Ritterwesen lustig. Herr von Brederlow spricht gegen die aristokratischen Tendenzen, Volk und Fürst hätten dasselbe Interesse. Lob der badenschen Stände, des

Winter'schen Berichts. Auch ohne Sand's That, sagt man, würden die jetzigen Maßregeln erfolgt sein, nur vielleicht langsamer, der Grund sei in Aachen gelegt worden, und seit Richelieu's Entlassung hätten die einseitigen und verfinsternden Berichte, die Herr Schöll aus Paris an den Staatskanzler geschrieben, bei diesem Eingang gefunden. Die Franzosen aber hätten jetzt Recht, und würden Recht behalten; die Rheinländer wollten wieder französisch werden, die Tiroler baierisch u. s. w. Lob der niederländischen Stände wegen ihrer Kraft und Festigkeit. — Frau von Helwig über Schweden; Durchbruch der Litteratur daselbst und ungeheuere Wirkung davon; Lob des Kronprinzen Oskar. Was soll in Schweden die Legitimität der vorigen Dynastie bedeuten, da jedes Kind in Schweden weiß, daß Gustav Adolf IV. ein Sohn Munk's sei, mit dem seine Mutter förmlich verheirathet gewesen? Scheidungsurkunde und Ehekontrakt seien in des jetzigen Königs Händen, die damalige Königin habe auf diesen Formalitäten bestanden, sich von dem Könige scheiden und mit Munk trauen lassen, alles im größten Geheimniß, doch vor den nöthigen Zeugen, durch den Erzbischof. Der Königin Friederike sagte bald nach ihrer Ankunft das Hoffräulein Vietinghof unbesonnen von den Gerüchten, daß der König ihr Gemahl nur ein Sohn Munk's sei, und wurde deshalb nach Schonen verbannt, von Karl XIII. aber zurückberufen und zur Staatsdame gemacht. Die Schweden hätten sich in der letzten Zeit recht geläutert in Gesinnung und Einigkeit, würden sich nie gutwillig unter russische Herrschaft bringen lassen. — Staatsrath Faber, russischer Emissair, ist nach Straßburg gegangen von Frankfurt, wahrscheinlich wegen dem Gerüchte vom Zusammenfluß deutscher Gelehrten u. s. w.!

Den 15. Januar 1820.

In den Kassen ist Geldmangel, die Gehalte werden nicht pünktlich auf den Tag bezahlt. — Abends bei Graf Pückler, wo Pitt Arnim vorliest; Koreff, Hoffmann, Schinkel, Graf Putbus, Graf Nostiz, Dr. Muhr, dort. Graf Nostiz, ehemals Blücher's Adjutant, erzählt eine Erbärmlichkeit des Duc d'Aumont, und lobt den General Grouchy. Man schimpft auf Hudson Lowe wegen seiner grausamen Behandlung Napoleon's; dieses ganze Verfahren der Engländer mit Napoleon sei überhaupt ein Schandfleck; es sei wirklich wahr, daß Napoleon grausam behandelt werde. Die Vornehmen beklagen sich über die langweiligen Hoffeste, „wenn doch dieser Frohndienst im traurigen Karneval erst vorüber wäre"! Die Stellen in Arnim's Schauspiel, wo auf Adel u. s. w. angespielt ist, werden lebhaft aufgefaßt. — „Ob man die Gesandtschaften nicht erblich machen sollte, so gut wie das Amt eines Landmarschalls? Klänge es nicht gut: Königlich Preußischer Erbgesandter am Hofe zu Rio-Janeiro? wenn auch der Mann nie aus der Mark ginge, er könnte ja einen Sekretair auf der Pfründe halten." — Fouqué wird Don Quixote genannt, nicht de la Mancha, sondern de la Marcha.

Den 16. Januar 1820.

Herr von Jordan besuchte mich. Die preußische Diplomatik fast ganz durch Militairpersonen besetzt. Clausewitzens Ernennung doch immer noch ungewiß. Die erledigten oder zur Veränderung bestimmten Posten werden wohl erst nach Graf Bernstorff's Rückkehr besetzt werden; diese ist zu Ende Februars gemeint, dürfte aber wohl erst zu Ende März erfolgen; bis dahin sind alle Bemühungen der Bewerber ganz vergeblich. Mit Graf Goltz in Frankfurt ist man sehr unzufrieden, er imponirt nicht und redet nicht einmal, wenigstens sollte er die ihm befohlene Beistimmung zu den österreichischen oder andern Boten durch neue Gründe zuweilen motiviren; auch ist während Graf Buol's Abwesenheit nicht Graf Goltz, sondern Herr von Martens mit dem Präsidium beauftragt worden; wahrscheinlich wird Herr von Küster an den Bundestag versetzt, d. h. aus dem Regen, weil die Nässe unangenehm, in die Traufe! — Geh. Legationsrath Himly hat gar keinen Styl, seine Berichte sind fürchterlich und fast immer ohne Resultat. — In Wien mag man sehr wünschen und fördern, daß Küster nach Frankfurt kommt, er ist den andern gerade recht. — Billet vom Staatskanzler erhalten.

Den 17. Januar 1820.

Briefe aus Wien erhalten. — Der König hat die Finanzvorschläge des Staatskanzlers bei weitem nicht alle genehmigt; vieles an den Staatsrath verwiesen; er soll außerordentlich mißgestimmt sein, und gleicherweise der Staatskanzler, welcher Mühe haben wird, durchzubringen. Die große Anleihe erschreckt alle Welt; man hat schon Herrn von Rothschild herbeschieden. Die Gegner des Kanzlers regen sich. Bemerkenswerther Umstand wegen des Zeitungsartikels, der vor sechs Wochen eingereicht, und erst gestern genehmigt an mich zurückgesandt worden zur Einsendung an die Allgemeine Zeitung, wo er jetzt, nach der Ministerialveränderung, in ganz anderer Farbe erscheint! — Der König war gestern beim Polonaisenball sichtbar übler Laune, und ließ ihn eine halbe Stunde früher, als bestimmt war, endigen. — Der König soll gegen Frau von Fouqué gesprochen haben wegen ihrer Darstellungen aus der Berliner Gesellschaft. — Man weiß noch nicht, ob morgen am Ordensfeste neue Verleihungen von Orden geschehen werden. — Man sagt, der Kanzler müsse in den Umtriebssachen schon einer andern Richtung folgen, als seine eigne sein würde; man habe den König sehr aufgeregt. Des Kanzlers Umgebung erscheint allgemein unzulänglich, und er selbst fühlt den Mangel. — General Pirch bringt in die Militairanstalten einen Geist, der nicht gefällt, sein Vorgänger wird gelobt. — Herr Beckedorf wird wegen seiner Schrift über Kotzebue's Ermordung und wegen einer andern über die Bauern, als ein Mensch publicae infamiae vorgestellt, Studenten haben diesen Ausdruck gebraucht. De Wette's Brief an Sand's Mutter wird dagegen sehr getadelt, man findet ihn so schlecht als unbesonnen. — Mehrere Besuche gehabt, Herr Dehn, Pitt Arnim u. s. w. Vormittags bei Lautz und Dr. Fichte gewesen; Abends bei Neumann, Herrn von Stägemann u. s. w.

Den 18. Januar 1820.

Ordensfest. — Man ist begierig auf den Ausgang des Streites zwischen dem Kammergericht und dem Justizminister in der Jahn'schen Injuriensache; ersteres hat dem letzteren gleichsam den Gehorsam aufgesagt, wie heute die Sache benannt wurde. — Viele Leute finden den Brief de Wette's ganz unschuldig, und sagen, dem Manne sei großes Unrecht geschehen. — Der Finanzplan erregt große Besorgnisse, man will das Publikum in den öffentlichen Blättern darüber beruhigend anreden. — Die meisten der preußischen Beamten sind so unthätig als unwissend, unter dem Heere von Staatsdienern sind nur wenige, die eigentlich die Arbeit thun, und diese sind alle überladen. Es fehlt in allen Zweigen an geschickten, brauchbaren Leuten, nicht an und für sich, aber in der relativen Stellung der Beamten-Hierarchie. Fouqué will auch für Stolberg als Ritter auftreten und seine Sache vor dem Publikum feierlich übernehmen, vergebens rathen ihm die Freunde ab. Kein Buchhändler will mehr Fouqué'sche Schriften verlegen. — Neumann, Chamisso, Graf Hatzfeldt u. s. w. gesprochen.

Den 19. Januar 1820.

Assemblée beim Minister Bülow; der König scheint heiter und wohl, um 9 Uhr fort. — Ribbentropp sagte mir, er habe wohl gewünscht, als Gesandter nach Kassel zu gehen, es sei ihm aber gleich abgeschlagen worden. Greuhm hat sich in Philadelphia verheirathet.

Den 20. Januar 1820.

Königliche Verordnungen wegen der Staatsschulden; — Rother an die Spitze gestellt. Große Sensation, im Ganzen noch ziemlich gute. Die Leute sehen zwar in der Seehandlungsdirektion eine Hinterthüre für das übrige Finanzwesen, fragen, ob man alle Versprechungen wird halten können, behaupten, das neue Anlehn von 30 Millionen sei schon in die alten Schulden untergerechnet, allein im Ganzen ist der Eindruck nicht so übel. Man sagt, der Kanzler habe die Verordnungen selbst aufgesetzt, ein Anderer könne nicht so fein und geschickt schreiben; er ist allerdings ein Meister im Aufsetzen, bündig, treffend, gewandt, und immer ganz wie er es gewollt. Der König war beim Ordensfeste sehr gnädig gegen Rother, und ließ durch ihn dem Kanzler sagen, er habe ganz recht gethan, daß er nicht gekommen, er möge sich schonen. — Greuhm aus Philadelphia will nicht in's Departement, sondern nach der Schweiz; Hänlein der Sohn bleibt einstweilen in Kassel; Herr von Werther könnte wohl auch Bundesgesandter werden. Ueber den Fürsten Wittgenstein. Dem Kanzler mag es schon leid thun, den Grafen Bernstorff in's Ministerium gezogen zu haben, es war früher an Graf Goltz gedacht worden. Schöll hat wenig Vertrauen eingeflößt; Ancillon arbeitet geschmacklos „le talon d'Achille pour la Russie", es fehlt durchaus an brauchbaren Talenten. — Oberst von Rühle, Dr. Erhard, Herrn Dehn, mehrere Damen und Herren im Laufe des Tages gesehen.

Den 21. Januar 1820.

Man schimpft mitunter auch auf die neuen Verordnungen, und gerade solche Leute, die sonst alles billigen, was von der Regierung kommt. Der Humboldt'sche Anhang regt sich. — General Hacke ist krank aus Furcht vor dem Kriegsministerium. — Man sagt, Graf Gneisenau habe auf Antrag des Kanzlers vom Könige eine Denkschrift Humboldt's gegen den Kanzler zur Prüfung bekommen, und als unpartheiischer Beurtheiler ganz für den Kanzler entschieden; daher, heißt es, das Supplement zu seiner Dotation. — Dr. Erhard sagt, Beckedorf's Erziehungspläne würden nichts unterdrücken, das Lesenlernen würde er doch für das Volk nicht ausschließen, und wer lesen kann, der ist ein Freigelassener, der kann zu allem gelangen. — Graf Meuron bewirbt sich auch um den Gesandtschaftsposten in der Schweiz; er ist ein Neuchateller und hat gute Versprechungen. — Die Herzogin von Köthen (Gräfin Brandenburg) hat an ihrem Hofe die steifste Etikette. Der König sagt: „Bei mir hat sie das nicht gelernt." Der König möchte gern angenehme und freie Gesellschaft bei sich haben, und sieht bei gebildeten Damen gar nicht auf Geburt, aber die Hofleute scheinen ihn davon abzuhalten, und allerlei Ränke zu machen, um die Umgebung des Königs nach ihrem Vortheile zu gestalten und blos Abliche hereinzuziehen. Auch zum Lesen läßt man dem Könige so wenig als möglich in die Hände kommen; leiht ihm einmal jemand, z. B. Gräfin Luckner, ein angenehmes Buch, so schreibt er die verbindlichste Danksagung, und bezeigt durch das ganze Aufheben, das er davon macht, wie werth und wie selten ihm dergleichen ist. — Des Kronprinzen Scherz und Witz; Frau von Crayen erzählt davon.

Den 22. Januar 1820.

Aufsatz vom Kanzler zurückerhalten und an Cotta befördert. — Urtheile über die Finanzverordnungen; man sieht die schwachen Seiten ziemlich allgemein, zum Theil mit großem Scharfsinn, ist aber doch gerecht für die guten Seiten; der Abschluß gefällt; die Summe dünkt nicht zu groß, die Reichsstände spannen die Erwartung. Die Sache mit der Seehandlung erregt am meisten Gegenrede; auch wegen der neuen Steuer hat man Besorgnisse. — Herr von Jordan hat gestern einen unglücklichen Fall gethan. — Major Willisen aus Breslau beklagt die Veränderung mit der Landwehr, Major Canitz beruhigt ihn. Canitz sagt auch: „Ich habe auf den Ministerwechsel gar keine besondere Wichtigkeit gelegt, so lange der Kanzler bleibt, ist mir einerlei, wer mit ihm ist; Herr von Humboldt aber kann nicht mehr in's Ministerium treten, wenn nicht der Kanzler austritt." — Graf Hugo Hatzfeldt scherzt über die Finanzsachen. — Man ist mit General Goltz'ens Berichten aus Paris mehr und mehr zufrieden, man lobt seine Gesichtspunkte, seine Darstellungen, d. h. er ist jetzt ganz Ultra; mit Decazes soll es nach ihm schlecht stehen; Pozzo di Borgo hat sich an die Royalisten anschließen wollen, aber diese haben nicht gewollt. — Hofrath Beckedorf hat seinen Studienplan nunmehr sehr geändert und gemildert, und die Sache kann nun doch gehen. — Schulz (Theaterschulz) hatte vor 1½ Jahren den Auftrag des Kanzlers Bibliothek zu ordnen; er fand unter den Büchern in großer Unordnung auch Papiere zerstreut; unter andern einen Brief des Fürsten Wittgenstein an den Kanzler vom Jahre 1811 oder 1812, des Inhalts: „Lieber Baron, ich muß Sie baldigst um eine Unterredung bitten; sie betrifft den Leichtsinn des Mannes (Stägemann), dem jetzt die Finanzen untergeordnet sind. Herr Geh. Staatsrath Niebuhr hat mir gestern darüber große Klagen mitgetheilt u. s. w." Bald darauf wurde Stägemann's Stellung verändert. — Herrn von Canitz, Herrn Schulz, Minister Brockhausen, Graf Hatzfeldt, Geh. Rath Koreff u. v. A. gesprochen.

Den 23. Januar 1820.

Herr von Humboldt äußerte gegen Koreff, er habe ja eigentlich gar keine feindliche Berührung mit dem Kanzler gehabt, und nichts gegen denselben unternommen. Humboldt hält es mit den Aristokraten, die den Kanzler hassen. — Herr von Beyme soll die Rückberufung in das Ministerium nahe glauben. — „Man muß sich jetzt mehr hüten als je unvorsichtige Aeußerungen auszustoßen, die Leute sind aufmerksam, und nachdem sie einmal alle Scham bei Seite gesetzt, werden sie auch leicht grausam werden." — Bei den Maskenbällen geht es schlimm her; die jungen Offiziere haben neulich gegen 14 Personen aus dem Saale hinausgeschafft, die ihnen aus irgend einem Grunde nicht gefielen, besonders mehrere wegen weißer Strümpfe; es sollen mehrere Duelle deshalb bevorstehen; die Fürstin C. war in Mannskleidern, Prinz August und mehrere Offiziere glaubten ein leichtes Mädchen in dieser Maske entdeckt zu haben, drängten sie, kniffen sie, und ängstigten sie so sehr und lange, daß sie sich hinsetzte und weinte, und niemals wieder solchen Ort zu besuchen betheuerte; mit Mühe brachte General Natzmer sie endlich fort; einige behaupten, sie sei gleich anfangs von mehreren ihrer Verfolger recht gut erkannt worden. — Der König soll neulich in sehr harten Ausdrücken die jungen Offiziere, die nicht an's Tanzen wollten, und Gleichgültigkeit oder Stolz affektirten, gefragt haben, ob sie versteinert wären? — Die badensche Instruktion für die Universitäts-Aufseher ist ein Machwerk zum Gespötte; Buttmann, Wilken, Spiker reden davon. — „Was wird denn aus den Demagogen?" fragt man, „sollte man nicht für das Beste der Regierung wünschen, daß noch einige Schuld gefunden würde?" Es wird vielleicht noch eine Weile gesucht werden. — Schöner Tag, viel Spazierengehen, viel Leute gesehen. Abends Herr von Maltitz bei uns; von russischer Verfassung will noch nichts öffentlich erscheinen.

Den 25. Januar 1820.

Das Staatsministerium arbeitet jetzt sehr fleißig, um mit den ihm aufgetragenen Gegenständen fertig zu werden. Es ist schon in Vorschlag gebracht, die Ministerzahl zu verringern, drei Oberpräsidien und drei Regierungen eingehen zu lassen. — Die Aristokraten ziehen heftig gegen die letzten Verordnungen los, es mißfällt ihnen auch, daß Rother dabei eine so wichtige Rolle spielt. Wie schon früher, so lassen auch hier wieder die Bürgerlichen sich den Tadel auch da auflisten, wo ihr Interesse ihn keineswegs hervorruft! Diese Erscheinung ist sehr häufig. — Man sagt, es wären nicht für 10 Millionen, wie angegeben worden, unverzinsliche Staatsschulden da, das Ministerium habe sich in allem ungefähr noch gegen 60 Millionen zu freiem Spiel vorbehalten. — Der Staatskanzler soll es hart empfinden, daß der König die Sache wegen der neuen Steuer nicht auch gleich genehmigt, sondern vorher zur Berathung gegeben. „Was sie auch anfangen, es kann und wird nicht mehr geholfen ohne Stände; unaufhaltsam geht alles auf Verfassung hin, Zutrauen und Geschicklichkeit kehren nur in dieser Form hinreichend zurück!" Jetzt ist nur ein Wechsel von Verlegenheiten. So urtheilen alte abliche Beamte, deren Stimme noch viel gilt. Humboldt und sein Anhang stimmen gern damit ein. Ueber die Domainen und die Zivilliste wird viel gesprochen; manche thun schon, als ob die Krone in Noth gerathen, und man sie vor Mangel retten müsse. — Man glaubt, die Staatsschuldscheine werden doch fallen. — Herr von Goldbeck, von Knobelsdorf u. s. w.

Den 26. Januar 1820.

Herr Buchhändler Brockhaus besucht mich; Klage über den Preßzwang, Firma von Amsterdam, muthiges Entgegengehen; neuestes Stück von der Zeitschrift Hermes. Adam Müller hat von dem Wiederabdruck der Gentzischen Schrift gesagt, Gentz sei wüthend, und dieser Streich solle dem Brockhaus theuer zu stehen kommen! Die Isis kommt noch in Rudolstadt ohne Hinderniß aus der Presse. „Adam Müller ist dasselbe für Oesterreich, was Kotzebue für Rußland war; ein litterarischer Spion, der unendlich Schaden thut." „Im Hermes ist er hart angegriffen; es muß aber noch besser kommen!" — Der märkische Adel verhandelt lebhaft die Frage, ob es besser sei, daß zum Sitz in der künftigen Pairskammer ein Majorat von 10,000 Thlr. Einkünften, oder blos eines von 5000 Thlr. gefordert werde? Der Adel möchte gern die Pairie für seine Zwecke so zugänglich und zahlreich als möglich haben. Immerzu; er weiß nicht, daß er damit auch die Deputirtenkammer nothwendig zu einer höheren Zahl steigert, und ihr, wenn auch sonst keine, doch diese Macht erlaubt. Die gesellschaftlichen Verhandlungen in den Adelskreisen sind einflußreicher auf die künftigen Gesetzesbestimmungen, als man gewöhnlich meint; sie schleichen auf tausend Wegen in die Nähe des Königs, der Prinzen, der Minister u. s. w. und gewinnen im voraus äußeres Ansehen, ehe noch die Gegenstände von den Staatsbehörden entschieden werden. Die Gegenseite muß schweigen, wo und wie soll sie reden? — Der Adel ist aufgebracht, daß Graf Schulenburg die Stelle in der Finanzkommission angenommen hat, der Landrath von Pannwitz hat sie ausgeschlagen; der Adel ruft nach seinen Privilegien. — Zwei abliche Damen sind gestern im Laden bei Beschütz wegen Diebstahls angehalten worden. Das Volk hat sich sehr kräftig und auffallend bei dieser Gelegenheit ausgesprochen, gleichsam als würden diese Damen, als vornehme, ohne Strafe bleiben, da doch arme Leute, die aus Noth stehlen, hart gestraft werden. Das Volk versammelte sich in großer Menge und lärmte sehr laut, bis die Damen abgeführt waren. Der Verdacht soll aber nicht haben erwiesen werden können. Dieser Umstand wird einen neuen Anstoß geben, da das Volk gerade hierin wieder nur die Schonung der Aristokratie wird sehen wollen. — Pitt Arnim Abends bei uns.

Den 27. Januar 1820.

Professor Behr über den deutschen Bund und dessen Beschränkung in innern Angelegenheiten. Die Renommée spricht von Konstitutionen à la Bernstorff, und von esclavage de l'Allemagne! An öffentlichen Orten fängt man hier jetzt an, französische und deutsche Oppositionsblätter zu halten. — In der philomatischen Gesellschaft den Abend zugebracht; über Luxus und Reichthum; Dr. Erhard führt den Etesius an, der behauptet, jeder Reiche sei ein Ungerechter oder der Erbe eines Ungerechten; die mildeste Erklärung für die Erwerbung großen Reichthums, sagte Erhard, ist diese, daß einer seinen Fleiß so ungeheuer viel höher anschlage, als den Fleiß der Andern, die sich's doch auch sauer werden lassen! — Von unsrer Kriminaljustiz wird nicht viel Rühmens gemacht; man sagt scherzend, sie sei nur dazu da, daß die Spitzbuben von den rechtlichen Leuten nicht zu sehr beunruhigt würden.

Man meint, der Kaufmann Beschütz würde den Frauen, die ihn bestehlen wollten, wohl gar noch Abbitte thun müssen, wie ehemals dem Prälaten von Dieze geschehen. Eine Menge Kaufleute regen jetzt ältere Vorfälle an, die sehr zur Last der Beschuldigten gereichen; sie klagen allgemein über die Vornehmen, die lauter Schaden bringen, öfter als man glaubt Verdacht auf sich laden, mit Gewalt borgen, nie bezahlen u. s. w. Fräulein von Altrock, eine Verwandte des Fürsten von Blücher, ist neben der Wolfart'schen Geschichte ja auch wegen Diebstahl in Untersuchung.

Den 29. Januar 1820.

Bauernaufstand in Ungarn. Unruhen in Spanien unter dem Kriegsvolk. — Heftiger Luftstreich (von Schöll) in der Staatszeitung gegen den Redakteur der Spener'schen Zeitung, die heute von freien Stücken genügende Aufklärung ertheilt. Man fragt, warum denn nicht der Zensor angegriffen wird? es wird ja nichts ohne Genehmigung gedruckt. — An Pannwitz' Stelle der Herr Geh. Rath von Schütz ernannt. — Lob der bäuerlichen Auseinandersetzung in der Spener'schen Zeitung, von Potsdam her. — Man spricht von großen Einschränkungen in dem Verwaltungspersonale; die Beamten werden unruhig. — Mit den neuen Finanzverordnungen ist das Publikum fortwährend im Ganzen wohl zufrieden; aber es erwartet nun auch die ferneren Schritte und besonders Erfüllung wegen der Verfassung. — Gestern bei Frau von Helwig die Frau von Fouqué.

Den 30. Januar 1820.

Der Minister Brockhausen sagt mir, in Wien seien Baiern, Baden und auch Würtemberg nun als völlige Ultra's aufgetreten, besonders in Betreff der Wirksamkeit des Bundestages, der sie den größten Umfang ertheilen wollten; Graf Bernstorff habe schon mäßigend und zurückhaltend einwirken müssen; von Baden sei die Sache nicht zu verwundern, denn Herr von Berstett sei der wüthendste Obskurant, aber von Baiern bliebe es auffallend, der Hof müsse wohl Angst bekommen haben wegen der unruhigen Köpfe in Franken, wo es sehr zweideutig aussehen solle; auch der Kronprinz von Baiern müsse von dieser Angst etwas ergriffen worden sein. Ich erkläre mir die Sache anders und fürchte, die Kleinen spielen in Wien den Großen eine journée des dupes; denn wenn sie den Bundestag stärken, so geschieht es in der Voraussetzung, daß sie dabei die Mächtigen sein werden, und für ihre schon bewiesene Stimmenmehrheit brauchen sie in der That einer strengeren und deutlicheren Form, diese wird nun bereitet, und nicht die Mittlern und Kleinen, sondern die Großen werden in Frankfurt gebunden sein. Baden handelt unbewußt, aber der König von Würtemberg steht auf der Höhe der Einsicht, und die baierischen Staatsmänner sind wachsam und schlau. — Der letzte Subskriptionsball war wieder leer und niemand wollte tanzen; der König über beides ungehalten. Kein fremder Gesandter war dort, obwohl es nicht unbekannt ist, daß der König gern hat, wenn es voll ist. Der Herzog Karl erschien in weißen Strümpfen, um zu zeigen, daß der letzte Streit darüber nicht gebilligt werde. — Alle Zweifel, die von jeher gegen eine Konstitution vorgebracht werden, sind auf's neue rege unter den höheren Beamten und adlichen Militairs; niemand weiß aber Rath, wie die Sache mit Ehren und ohne Gefahr zurückzunehmen sei. Man tadelt den Kanzler wegen der Verordnung vom 22. Mai 1815. — Die neuesten Finanzverordnungen behaupten sich doch ziemlich in der Meinung, und der Tadel findet nicht rechten Eingang; das Publikum sieht einen guten Anfang, der freilich auf dem angezeigten Wege fortgeführt werden muß, und sich nicht wieder ohne Ziel verlieren darf. — Von den Einschränkungen in der Verwaltung hofft man wenig, wenn man nicht das Heer vermindern will. — Man sagt, Graf Bernstorff habe gar keine Stütze, und schwebe ganz in der Luft; Fürst Wittgenstein würde nichts zu dessen Sicherstellung wagen, und sei für sich selber oft ganz voll Angst und Sorge; der Kanzler stehe noch immer ganz allein als wahrhaft bedeutend da, und behalte sich alle Macht vor. — Die Vorfälle in Ungarn und Spanien machen einen großen Eindruck und beunruhigen die Vornehmen; man sieht, daß auch Soldaten unsicher sind. — „Gnädige Frau Diebin", rief das Volk höhnend, als die Damen aus dem Laden von Beschütz auf die Polizei gebracht wurden. Die Vornehmen erklären sich hochfahrend für die Beschuldigten. — In Spanien ruft das Militair die Konstitution der Kortes aus, es scheinen die größten Ereignisse im Anzuge. — Der General von Thümen ist pensionirt worden. — Ueber die Einschränkungen in der Verwaltung: „die preußischen Staatsbeamten gleichen schiffbrüchigen Seefahrern, die unter sich freundschaftlich berathen, welche von ihnen zum Opfer für die andern fallen sollen." — Vormittags spazieren; Abends bei Stägemann und Robert.

Den 31. Januar 1820.

Morgens bei Graf Pückler; Gespräch über Pairie u. s. w. — Geh. Rath Wolf besucht; die vornehmen Kreise, besonders die Damen, lassen wieder merklich von Herrn von Humboldt ab, überhaupt war es den Meisten, wie es scheint, nur darum zu thun, mit ihm an die erste Stelle zu rücken, und da seine Sache mißglückt ist, so lenken sie wieder zu dem Sieger ein. — Fräulein Altrock ist so gut wie verurtheilt; der Berliner Witz nennt die Frau von Colmar jetzt Frau von Neurock. — Abends Frau von Crayen bei uns, viele Beispiele des dummen Stolzes und der abnehmenden Lebensart. — Herr Brockhaus.

Den 1. Februar 1820.

Die Staatszeitung in der Spener'schen scharf zurechtgewiesen und verhöhnt; große Beschämung für Herrn Schöll. Man sieht recht die Unzulänglichkeit der Zensur. — Das Oberzensurkollegium hat viele Geschäfte, und hält wöchentlich eine Sitzung, die meist sehr lange dauert; die Freisinnigen haben die Oberhand, auch der „Hermes" vom Jahre 1820, der doch die stärksten Sachen enthält, ist erlaubt worden. „Ich bin begierig", sagt Prof. Wilken, „zu sehen, wie lange man uns die Sachen noch so liberal treiben läßt!" — Die Nachrichten aus Spanien erwecken Besorgnisse. Aus Frankreich erwartet man auch neue Wendungen der Dinge; ich sage, Graf Decazes läßt die Vorschläge gern wieder fallen, mit denen es ihm doch nicht rechter Ernst gewesen, aber er selbst muß gezwungen scheinen, wenn er sie aufgiebt. — Herr von Werther meint, das Wahlgesetz habe lauter Jakobiner in die Kammer gebracht; man bestreitet das, aber die Reden, meint er, seien doch ganz jakobinisch. — Herr von Küster muß von dem Könige von Würtemberg hier eine so schwarze als unwahre Schilderung gemacht haben, da am hiesigen Hofe die Meinung galt, diejenige Prinzessin, die ihm wieder vermählt werden solle, sei äußerst bedauernswerth. — Abends bei Stägemann's, Graf Pückler dort u. s. w.

Den 2. Februar 1820.

In der Renommée vom 19. Brief aus Berlin, voll starker Züge, ohne Scheu vor Namen, doch zumeist gegen Hardenberg. — Günstige Meinung für den Kanzler, die selbst alle Angriffe gegen ihn und alle Mißstimmung überlebt. „Er ist unter den Ministern, was Ludwig XIV. unter den Königen." „Wenn man jetzt schon so viel an der Staatsführung auszusetzen findet, was fände man erst, wenn statt Hardenberg etwa Herr von Humboldt seit 1810 Staatskanzler gewesen wäre?" „Wer unter den bekannten Männern solcher Laufbahn und Stellung, vielleicht nur Stein noch ausgenommen, würde die Sachen denn besser gemacht haben?" — Die Nachrichten aus Spanien beschäftigen das Publikum ungemein. — Dr. Fichte streitet gegen den Kaufmannsstand, für die Grundbesitzer und an das Land geknüpfte Vaterlandsliebe; wo das hinaus will, ist klar genug: die Aristokratie, die Aristokratie! in tausend Kanälen treibt sie als Ansicht, Vorliebe u. s. w. ihr Gift um! Fichte meint es ganz unschuldig, kennt nur die Welt noch nicht genug, und läßt sich bedeuten!

Den 3. Februar 1820.

Brief an den Kanzler nebst Aufsatz. — Die Aktenstücke über de Wette's Dienstentlassung sind gedruckt erschienen, und werden sehr gekauft; der Regierung wird die Schrift leicht mißfallen, mögliche Folgen für Schleiermacher, Neander und Marheinecke. De Wette wird im Publikum sehr gemißbilligt wegen seines ersten Briefes, aber die Regierung auch hart getadelt wegen des Gewaltschritts. — Ueber die Rechtspflege in Preußen; man behauptet, daß täglich der Rechtsgang gestört werde durch Niederschlagung von Prozessen und Untersuchungen, besonders genössen Abliche und Hofleute, z. B. neulich der Kammerherr von Sydow, solcher Gunst, und man stelle bei ihnen oft das Verfahren in Fällen ein, wo es bei Bürgerlichen streng fortgesetzt werde. — In der Oper, wo doch bezahlt wird, ist ebenfalls dem Adel und den hohen Staatsbeamten der Vorzug gegeben, daß für sie bis zuletzt die Logen vorbehalten, und erst die von jenen nicht erfüllten den übrigen Leuten zur Benutzung überlassen werden. — Mancherlei wird über monarchische Verfassung gesprochen; der König von Würtemberg Friedrich I. angeführt. — Abends Herrn Mendelssohn, Neumann u. s. w. gesprochen.

Den 4. Februar 1820.

Große Bestürzung, auch unter den Kaufleuten, wegen der Nachrichten aus Madrid, der König soll schon nach Pampeluna abgereist sein; gegen ihn hört man auch hier, und fast von allen Partheien, nur Haß äußern. Man meint, die preußische Verfassung könne durch die spani=

schen Ereignisse beschleunigt werden, alle sonst Trotzigen, jetzt Aengstlichen, möchten jetzt nur schnell eine Konstitution hervorzaubern, als worin sie einzig, wie sie nun dringend bekennen, Sicherheit und Heil für die Staaten sehen. Diese Angst ist wirklich jammerhaft anzuschauen, manche Leute thun als dürften sie sich recht ärgern, daß die Regierung noch nicht durch freisinnige Institutionen jede ähnliche Gefahr unmöglich gemacht; unter den Adlichen ist besonders viel Geschrei nach Konstitution. Vielleicht ändert sich das wieder mit den nächsten Nachrichten. — Auch auf den Gang der Kammern in Paris sieht man mit großer Spannung. — General Graf Gneisenau soll seinen Abschied verlangt haben, und man glaubt, er werde ihn erhalten. Herr von Kampz soll ihn entschieden für das Haupt der demagogischen Verschwörung angegeben haben. — Ein junger Mensch, Namens Michaelis, ist verhaftet worden, weil er in einem Briefe nach Breslau gesagt, der Kanzler sei ein arges Vieh! — Görres hatte freies Geleit zu seiner Rückkehr verlangt, um sich gerichtlicher Untersuchung zu stellen; man behauptet, es wäre dieserhalb hier in Berlin bei kundigen Männern eifrigst erkundet worden, ob Görres nach rheinischer Gerichtspflege wohl möglicher Weise unverdammt davonkommen könne, und da diese Möglichkeit bejaht worden, so habe man ihm das freie Geleit abgeschlagen. — Die Verhöre in den demagogischen Umtrieben dauern immer fort; es sind noch folgende Männer verhaftet: Jahn, Jung, Bader, Asverus, Follenius, Mühlenfels. — Die Havelbergische Ritterschaft ist auf ihr Gesuch um Beibehaltung des jetzigen Zustandes von dem König abschläglich beschieden worden, es müsse bei der Bestimmung wegen künftiger ständischer Verfassung unabänderlich sein Bewenden haben; die Aufschrift war nicht an die Ritterschaft, sondern an die Gutsbesitzer von Briest, von Bredow, von Rochow und Konsorten, an welche Benennung diese Herren sich sehr gestoßen haben. — Die neuesten Staatsschuldenanordnungen werden noch immer sehr gelobt, von Reimer u. s. w. — Zahlreiche Geschichtchen und Lächerlichkeiten von den demagogischen Umtrieben, von dem blinden Eifer, der ungeschickten Härte und der Verlegenheit der von Herrn von Kamptz aufgehetzten Polizei. — Herrn Geh. Rath Wolf, Nolte, Ideler gesprochen. Nolte sagt sehr treffend: „Die Spanier ohne Amerika werden ganz andre Grundlagen ihres Bestehens haben müssen, die Bedingungen ihres Volksdaseins werden ganz verändert, daher ihr Karakter umgeschaffen werden müsse; sie werden auf eigne Kraft und Thätigkeit, und daher auf eine Rolle, wie vor Ferdinand und Isabella, angewiesen; hiezu wird ein ganz andrer, und viel fürchterlicherer Umschwung und Krampf und Drang nöthig sein, als selbst der Umschwung der Franzosen in der Revolution gewesen." — Herr Geh. Rath Ancillon zeigt sich in der Oberzensurbehörde ganz vortrefflich liberal, und bekämpft stets mit Eifer Herrn Schöll.

Den 6. Februar 1820.

Brief an Tettenborn. — Nachricht vom Tode des Königs von England. — Fernere Beunruhigung wegen Spanien; bedenkliche Aussichten; Frankreich scheint sich für's erste nicht einmischen zu wollen, Kordon an der Gränze. — Ob die heilige Allianz sich berufen glauben wird? Alle Staatspapiere fühlen den Schlag, die französischen, österreichischen, niederländischen und preußischen. Am hiesigen Hofe herrscht große Besorgniß; man hört in vor-

nehmen Kreisen immer stärker die Vortheile und die
Sicherheit von Konstitution anrühmen; im Volke wird
laut gesagt, warum warteten die Könige auch so lange,
bis es zu spät wäre! — Aber es giebt keine Erfahrung,
Napoleon in Elba, Ludwig XVIII. in Gent, diese frischen
Beispiele, jetzt Ferdinand VII., alles ist nur einzeln für
sich Folge, und nicht allgemein Warnung für Andere. —
„Man muß jetzt, um Zeitgemäßes zu lesen, nur in
Gottesnamen das Manifest des Herzogs von Braun=
schweig wieder vornehmen!" Einige sagen dies im höh=
nenden Scherz, andere aber, horribile dictu, im bittern
Ernste! — Mittags bei Mendelssohn. Abends gemischte
Gesellschaft. — Man erzählt, Prof. Welcker in Bonn soll
in seinen juristischen Vorlesungen eine allgemeine neue
Ackervertheilung angepriesen haben. Hofrath Thibaut in
Heidelberg nennt das römische Recht nur immer eine alte
Scharteke, und bringt auf neue Gesetzgebung. — Artikel
in der Renommée über die ausgeschiedenen preußischen
Minister: „Humboldt so liberal qu'un baron allemand
peut l'être."

Den 9. Februar 1820.

Die Studenten feiern den Jahrestag des König=
lichen Aufrufs zum Kriege 1813, wie schon früher ein=
geführt; Rede, Gastmahl. Man sagt, es werde näch=
stens wegen der demagogischen Umtriebe eine allgemeine
Amnestie ausgesprochen werden. Damit werden die Be=
schuldigten nicht alle zufrieden sein; die Beschuldiger auch
nicht; jene werden Genugthuung verlangen, diese auf neue
Blößen der Jugend und Schriftsteller warten. — Tod des
Königs von England bewirkt Auflösung des Parlaments. —

Artikel aus Berlin in der Allgemeinen Zeitung. Ungeschickte Artikel der Staatszeitung gegen die Liberalen. — Der Staatskanzler theilt mir im Vertrauen seinen ausführlich entworfenen Plan zur Reorganisation Preußens, wie er ihn im Jahre 1807 von Riga eingesandt, mit. Darin ist „Freiheit und Gleichheit" als Wahlspruch aufgestellt und „demokratische Grundsätze in einer monarchischen Regierung" als die „angemessenste Form des Zeitgeistes". — Wilhelm von Schlegel besteht darauf, Bonn und Preußen zu verlassen; der Staatskanzler möchte ihn halten, und hat Koreff die ausgedehnteste Vollmacht dazu ertheilt. — Von Spanien nichts Zuverlässiges. — Graf Gneisenau geht auf seine Güter.

Den 10. Februar 1820.

Die Meinung wegen einer Amnestie erhält sich; man glaubt, sie werde durch den Wiener Kongreß ausgesprochen werden, um Preußen den Schritt leicht zu machen. „Und die Mainzer Kommission?" Die mag ausgelacht nach Hause gehen! — Was wird aus den Bundessachen, wie sie in Wien bearbeitet werden, für Preußen folgen? Wichtige Frage! die wohl zu erwägen ist. Man wollte die andern binden, und bindet nur sich selbst. Die Karlsbader Beschlüsse, wenn sie ausgeführt werden, vernichten die Souverainität des Königs. Gegen die Ausführung dieser Beschlüsse, welche dem Staatsministerium zum Gutachten vorgelegt worden waren, haben die Minister von Boyen, von Beyme und von Humboldt, jeder eine Denkschrift eingereicht, die Nachtheile erschöpfend aufgezählt; die Lage der Dinge vollständig entwickelt, ohne Verabredung, die Herr von Beyme ausdrücklich abgelehnt, in der Hauptsache sehr übereinstimmend; Herr Graf von Bernstorff hatte auch eine Denkschrift gebracht, fand aber einen harten Stand, und zog in größter Verlegenheit ab; der Kronprinz war erst für die Karlsbader Beschlüsse, wurde aber bei Vorlesung der Denkschriften sehr aufmerksam, und sagte späterhin, die Schuppen seien ihm von den Augen gefallen. „Preußen löse sich", sagte man, „in Deutschland auf; Baiern gehe einer großen Rolle entgegen, wir dagegen ständen nicht still, sondern gingen rückwärts u. s. w." — Heute wurde auch gesagt, der Kanzler sei wie Penelope, er verspreche die Verfassung, sobald die Organisation fertig sei, in der löse er aber immer wieder auf, was er früher gemacht, und so werde er freilich nie fertig damit. — Dem König im Thiergarten begegnet, später dem Kronprinzen. Fouqué gestern gesprochen. — Görres' Bildniß ist zu haben. — Rezension des Voßischen Aufsatzes im Sophronizon durch die Leipziger Litteratur-Zeitung ganz für Voß, spricht von „aristokratischen Umtrieben". — Man erwähnte mit Widerwillen im Gespräch der hiesigen Haller'schen Gesellschaft, zu welcher alle drei Herren von Gerlach gehören.

Den 14. Februar 1820.

Neue Nachrichten aus Spanien sehr bedenklich für den König: Sage von seiner Flucht; Proklamation der Insurgenten. Jedermann, auch eingefleischte Anti-Konstitutionelle, gönnt dem Könige sein Unglück, den Spaniern Freiheit. Herr Schöll ist vielleicht der einzige hier, der der spanischen Regierung noch eine Lobrede hält. — Dem Kanzler gefallen die Artikel in der Allgemeinen Zeitung, er hat sie der Staatszeitung zur Berücksichtigung empfohlen. Seltsamer und ungeschickter Aufsatz für die Staatszeitung über die demagogischen Umtriebe, worin Aussprüche, Lieder u. s. w., deren Inhalt und Verbreitung verbrecherisch heißt, wieder abgedruckt werden sollen. — Man mißbilligt sehr das Verfahren der Regierung in Herrn Dr. de Wette's Sache; was die Staatszeitung darüber gesagt, hat große Verschweigungen; es wird behauptet, man habe von Karlsbad aus einen Freund der Sand'schen Familie abgeschickt, um zu erforschen, ob der Inhalt des de Wette'schen Briefes auch von der Art sei, daß man darauf ein Verfahren gründe, erst nachdem jener falsche Freund seinen Bericht erstattet, habe man die Aufforderung an die baierische Regierung erlassen. Man sagt, die preußische Regierung sei mit Arglist und blinder Härte verfahren; dabei vertheidigt man de Wette'n nicht. Professor Wilken tadelt an ihm, daß er sich mit Studenten zu sehr eingelassen, daß diese ihn zu einer Lobrede auf Sand aufgefordert und ihn sehr aufgeregt hätten; jetzt soll de Wette sich sehr gesetzt und würdig benehmen. Man vergleicht seinen Brief dem berüchtigten Briefe des Herrn von Stein, beide seien gleich unnütz und gehaltlos gewesen, blos mäßige Geschwätzigkeit des Schreibens. — Von Wien erwartet man doch sehr üble Dinge, Beschränkungen, Unterdrückungen u. s. w. aller Art. Auf den Fürsten Metternich wendet sich gefährlicher allgemeiner Haß; Studenten sollen den Sand getadelt haben, daß er nur Kotzebue'n gewählt; doch will man auch jetzt den Studenten gern alles Böse aufbürden. — Herr von Oelssen soll den Gesandtschaftsposten in Kassel erlangt haben, und durch Herrn Ribbentropp in Potsdam ersetzt werden. — Nachricht von Gruner's Tode am 8. in Wiesbaden. — Krankheit des Königs von England Georg's IV.

Den 15. Februar 1820.

Legationssekretair Kolster in Hamburg gestorben. Der Kanzler hatte schon in Dobberan entschieden gewollt, daß Graf Grote Hamburg verließe und nach Hannover ginge, er hatte mit dem Fuße gestampft, daß es so sein solle, und Grote blieb doch und ist noch dort! — Große Ersparnisse sollen eintreten, Anzeigen in den Zeitungen wegen einzuliefernder Angaben über die Wartegelder und Diäten. Im Kriegsministerium sollen drei Millionen erspart werden, im Kultusministerium 300,000 Rthlr., man weiß noch nicht wie. — Herr von Rothschild aus London wird hier erwartet. — Graf Meuron und Herr von Martens werben um den Gesandtschaftsposten in der Schweiz sehr eifrig. — Fouqué'n besucht, er rühmt, daß so wenig, als er selbst, Herr Ancillon liberal sei, auch bei der Zensur nicht, er habe ihm selbst gesagt, daß er zwar vieles durchgehen lasse, aber durchaus ohne es zu billigen; im Ganzen sei Ancillon streng historisch und wolle dahin zielen und daran halten, er verdiene den Vorwurf des Liberalismus im geringsten nicht. Fouqué schimpft auf Jahn als einen rohen gemeinen Kerl; er tadelt Wilhelm Schlegel, daß ihm die jetzige Ordnung der Dinge nicht gefalle.

Den 17. Februar 1820.

Jean Paul hat vorigen Herbst in Löbichau bei der Herzogin von Kurland, in Gegenwart deren Töchter und vieler Gäste an der Mittagstafel, in den allerderbsten, ja ungezogensten Ausdrücken gegen die Karlsbader Beschlüsse geredet. So kann also eine Stimme des Publitums fast unmittelbar mündlich an den Fürsten von Metternich gelangen! Dr. Fichte war in Löbichau. Es wurde viel vorgelesen, Schink als Dichter gekrönt.

(Blatt aus dem Jahre 1820.)

Wer verkennt die Zeichen? Sind wir denn wieder vor den Tagen von Jena? Nicht nach den Tagen von Lützen und Leipzig? Worauf stützt sich der Abliche, wenn er behauptet besser zu sein? Auf seine Treue? Die Kurfürsten von Brandenburg haben sie erfahren, und unser König hat sie erfahren, als die ritterschaftlichen Abgeordneten der Mark vor Napoleon standen! Auf seine Kriegstauglichkeit? Wer waren denn die feigen elenden Anführer im Felde, die nichtswürdigen Verräther der Festungen im Jahre 1806? Sind ihre Namen, obwohl am Galgen zu lesen, auch noch der Stolz ihrer Söhne und Nachkommen? Allerdings, meinen sie! Aber nein, Kameraden, diese Junker sind nicht dazu gemacht, uns ungestraft zu drücken und zu scheeren, wie große Lust sie auch dazu haben. Obiges Beispiel mag uns ein Zeichen sein, was uns bevorsteht, was wir zu thun haben. Laßt uns sorgfältig meiden, was ... aber wenn trotz allem diesen ein Junker sich erfrecht ... wenn er auch nur eine Miene verzieht, so fahre ihm der Säbel über seinen Hirnschädel, so sause ihm die Kugel vor die Stirne ...

Den 18. Februar 1820.

Bei dem gestrigen Leichenbegängniß der Prinzessin Ferdinand hat das Volk lustig gelärmt, die Soldaten haben mit den Fackeln herumgetanzt, späterhin auf dem

Domplatz schrieen sie mit dem Volke zusammen Vivat! Der Lärm und die Ausgelassenheit waren unmäßig. Man hatte sonst gegen die Prinzessin nichts, aber auch nicht die geringste Theilnahme für sie, man wußte, daß sie sehr stolz gewesen, und da sie selbst den Leichenzug in ihrem Testamente angeordnet, so machte sich das Volk um so eher darüber lustig. Man will den Vornehmen wenig Uebung ihrer Vornehmheit mehr zugestehen, der Geist der Zeit läßt selbst die Vornehmen hierin ihr Interesse verkennen, sie glauben nur in der Mode und klug zu sein, wenn sie über den Hof und über eine alte Prinzessin spotten, und sind eigentlich darin Demokraten. Andrerseits verkennt auch der Bürger mit großer Blindheit seine Sache; den wahren Inhalt des Streites zwischen Voß und Stolberg wollen die wenigsten Leute einsehen! Dr. Körte schreibt gegen Voß. Bemerkenswerth ist auch hiebei, daß ohne Gegner und Gegenschriften die Wichtigkeit der Voßischen Sache nicht so herausgehoben würde, daher gewissermaßen die Gegner doch für ihn wirken. — Die Nachrichten aus Spanien noch immer zweifelhaft, aber durchaus kein guter Anschein für den König. — Auch Dr. Cramer sehr entbrannt gegen Voß, macht diesem unter andern den Vorwurf, gegen den Grafen nicht höflich genug gewesen zu sein, ja sich Bauernstolz zu rühmen, im Lehnstuhl sitzen geblieben zu sein, als jener hereingetreten. — Man spricht noch von Amnestie aus Wien.

Den 19. Februar 1820.

Aufsatz in der Staatszeitung über die Demagogischen Umtriebe; Zweckwidrigkeit der Mittheilungen, sie erregen Reiz und Gefallen bei vielen Lesern, statt des beabsichtigten Abscheu's, die jungen Leute lesen mit Begierde die leidenschaftlichen Aeußerungen der Beschuldigten. So reizte mich der Geist der Schlegel'schen Schule zuerst in den von Kotzebue zur Verhöhnung derselben angeführten Stellen im hyperboräischen Esel. — Geheime Nachrichten aus Paris, die selbst Graf Golz dort nicht wisse, also vielleicht eine Ultrakorrespondenz? Decazes soll in arger Verlegenheit sein, die fremden Gesandten, mit denen er konferirt, sehr unzufrieden mit ihm; sie bilden sich ein, ihn durch ihr Ansehen zu leiten, und meinen, ihre Vorwürfe hätten ihn ganz außer Fassung gebracht; er will nun Veränderungen des Wahlgesetzes vorschlagen, die niemand befriedigen; Villele will sich auf keine Unterhandlungen mehr einlassen, sondern verweist auf die Rednerbühne, wo man ihn finden werde. Sollte wirklich Decazes hier der Narr im Spiele sein? Die fremden Diplomaten in Paris jagen sie denn so großes Schrecken ein? Richelieu's Scheitern ist eine große Warnung! — Der Aufsatz in der Staatszeitung ist von Herrn von Kamptz, die Fortsetzung enthält noch ärgere Dinge. — Ueber das Benehmen des Volks und der Soldaten bei dem Leichenzuge wird allgemein gesprochen, mit wenig Ehrerbietung für vornehme Personen, die dabei erschienen sind. — General Carnot wird in Magdeburg sowohl von dem Oberpräsidenten als von dem Gouverneur mit größter Auszeichnung behandelt, und bei jedem Anlaß eingeladen. Er hat deutsch gelernt, und liest Goethe und Schiller. Er macht viel französische Verse. Zu seiner Lebensbeschreibung hat er dem Dr. Körte viele wichtige Angaben geliefert. — Es heißt, man habe über Spanien schon entschiedenere Nachrichten, aber man verheimliche sie noch, welches doch zu nichts helfe. — Vorgestern Gesellschaft bei uns, gestern bei Stägemann's; Rahel heute bei Hum-

boldt's, wo unter andern Gräfin Bernstorff und Bettina
von Arnim waren. — Dr. Cramer sprach von Fouqué's
Adelsthuerei, läßt aber das Adelswesen von Stolberg
gelten. Stolberg's Schrift gegen Voß will nicht viel
sagen. — Die hiesige Post liefert die französischen Blätter
unregelmäßig. — Professor Steffens hat wirklich, wie man
versichert, von der Regierung ein Geschenk und Gehalts=
zulage empfangen; seine Umstände sind bedrängt.

Den 20. Februar 1820.

Nachricht von Ermordung des Herzogs von Berry;
sie kam schon gestern an Herrn von Rothschild, der sie
aber verheimlichte. Allgemeine Bestürzung. Die französische
Gesandtschaft thut noch, als wisse sie nichts. Tausend
Vermuthungen über die Sache. — Der Regierungsbevoll=
mächtigte zu Bonn, Herr Nehfues, hat an den Geh. Rath
Koreff geschrieben, der Staatskanzler möchte persönlich auf
seiner Hut sein, damit ihm nichts widerfahre, Koreff hat
den Brief dem Kanzler mitgetheilt. — Man hört vielfältig
äußern, unser König habe unrecht, sich im Thiergarten
und in den Straßen so unbefangen unter die Leute zu
wagen. — Es wird behauptet, Jahn würde nie loskommen,
wenigstens nicht so lange als der Kanzler zu sprechen
habe. — Die Justizkommission ist bedeutet worden, sie habe
nur ihre Meinung zu sagen, ob Grund zu peinlichem Ver=
fahren sei, die Loslassung der Verhafteten gehe sie nichts an,
darüber hätten die Minister zu entscheiden, d. h. die Kom=
mission, die aus dem Staatskanzler, dem Fürsten Wittgen=
stein, dem Minister von Schuckmann und dem Geh. Staats=
rath von Bülow besteht. Hiedurch ist für die Zukunft
bedenklichen Dingen die Bahn eröffnet! — Beckedorf's

Erziehungsplan ist schon dem Könige vorgelegt; Koreff arbeitet an einem Gegenplane. — Man kann den obersten Beamten keine Warnung, keine Nachricht und Anzeige mehr mittheilen, sie leiden's nicht; selbst der beste Wille der ihnen Nächststehenden wird in solchem Falle verkannt; Unmöglichkeit, die den Gutgesinnten verzweifeln macht! — Abends bei Mendelssohn. Unsichre Grundlage des Staatenkredits. Konstitution die einzige Rettung.

Den 21. Februar 1820.

Nähere Nachrichten über Berry's Ermordung. Unsinniges Geschwätz der Ultra's darüber; sie möchten Bonaparte'n die Schuld geben; dann sind alle Liberale aller Länder mitschuldig, und alle Völker haben zu viele Freiheit; alle Geschichte, voll von solchen Unthaten, ist vergessen. Die Bestürzung ist aber sehr groß, ihr gleicht nur die Rathlosigkeit der Meisten. — Es heißt wieder, der Geh. Staatsrath von Bülow werde Herrn von Altenstein's Stelle erhalten. Herr von Bülow ist in seiner Oberpräsidentenschaft sehr gehaßt, und haßt dieselbe wieder; mit seinem Bruder dem Minister steht er schlecht. Dieser letztere äußert sich sehr frei über den Verfall der Staatsmaschine. — Verbot des Turnwesens in den Zeitungen; man fragt, ob man ein Wesen verbieten könne? — Herr Geh. Rath Schulz war in Dornburg bei der Großfürstin von Sachsen-Weimar auf der Durchreise zu Gaste; bei der Tafel waren noch der Großherzog, die Gräfin Henkel und Gräfin Egloffstein, die Bedienten waren hinausgeschickt; man sprach von den Umtrieben und den Berliner Untersuchungen. Schulze äußerte sich darüber, wie jedermann es thut, der sich im vertrauten Kreise glaubt. Nach seiner Rückkehr wird er zu Herrn von Altenstein gerufen, der ihn hart vernimmt, man wisse alles, was er gesagt und angehört habe, nur aus besonderer Rücksicht solle er diesmal noch so durchschlüpfen, aber er solle sich künftig hüten. Schulze schreibt die Sache nach Weimar, die Großfürstin ist außer sich über das Geklatsch in ihrem vertrautesten Kreise; eine der beiden Hofdamen, vielleicht beide, müssen die Sache nach Berlin geschrieben haben. Die ganze Sache macht das allermißfälligste Aufsehen; die kleinen Höfe glauben sich mit Aufsehern und Kundschaftern umgeben, die Folge ist zunehmende Erbitterung gegen die großen Höfe. — Herr Dr. Cramer lobt die braunschweigische Stände-Verfassung, der es nicht an liberalen Grundlagen fehle; die ersten Verhandlungen werden nun gedruckt. Diese Sache geht ihren Gang in Deutschland. Er sagt auch, die Länder jenseits der Elbe und die diesseits der Elbe verhielten sich wie Licht und Schatten, so viel regsamer, einsichtsvoller und reifer sei dort das Volk für politische Einrichtungen. Die Minister verstünden nicht mehr das Volk, noch weniger die Stände, zu behandeln. Alles wende sich zum Unheil; wo das hinaus wolle? jeder Gutgesinnte möchte doch so gerne Unglück verhüten, aber wie solle er es anfangen? — W. von Schlegel's Brief an Koreff ist vom 19. Januar, und sehr guten Inhalts. — Man hat vorgeschlagen, die Gendamerie künftig nur unter die Zivilobrigkeit zu stellen. — Aus Spanien klingt es unsicher; es scheint, die Engländer haben Verhältnisse mit den Rebellen. Es sollen mehrere Gefechte vorgefallen sein, die man verheimlicht, weil die Insurgenten gesiegt haben. — Die Nachricht von Berry's Ermordung kam zuerst an Herrn von Rothschild, dieser behielt sie für sich bis nach der Börse, dann theilte er sie dem Geh. Rath Rother mit,

dieser dem Kanzler, der aber bis heute früh alles verheim=
lichte und verläugnete. — Schlimme Urtheile über Frank=
reichs Lage; die Ultraansichten herrschen unbedingt an
allen Höfen, man häuft alle Schmach auf Decazes, sagt
von ihm, er sei der Geliebte des Königs; sein neuestes
Projekt mit der Kammer der Deputirten wird auch von
den Ultra's angefeindet, und sie führen sogar liberale
Gründe — schlau genug, aber doch durchgeschaut — da=
gegen an. Niedrige Adresse der Deputirten wegen Berry's
Ermordung, man glaubt, daß ernstlich von manchen Sei=
ten an Suspendirung der Charte gedacht wird. „Frankreich
hat nun auch seinen Sand, und zwar einen, der nicht
in Jena und überhaupt gar nicht studirt hat." — „Jetzt
bekommen die Ultra's erst wieder recht Oberwasser." —
Zank des Ministers von Schuckmann und des Geh. Raths
Färber im Staatsrath; soll an den König kommen. — Grob=
heiten zwischen Herrn von Schuckmann und Herrn Direktor
Gerhard, desgleichen zwischen jenem und Geh. Rath Heim,
„Sau und Kuh, Ochse." — Geh. Staatsrath Bülow soll
nicht an Altenstein's Stelle, sondern an Beyme's kommen;
der Kultus wieder an Schuckmann fallen. — General Graf
Gneisenau soll an Georg IV. die Glückwünsche zur Thron=
besteigung bringen. — Herr von Beyme bei mir gewesen,
Herr von Dehn; unter den Linden alle Welt gesprochen.
Alles sehr ergriffen von den Ereignissen der Zeit. — Große
Noth droht uns baldigst in den Finanzen!

Den 22. Februar 1820.

Mir scheint, die Engländer sind nicht ohne Ein=
verständniß mit den spanischen Insurgenten; diese sollten
ihnen Kadix liefern, und haben es vielleicht deshalb nicht

genommen. Der Staatskanzler gesteht, daß schon Gefechte
vorgefallen, wobei die Königlichen schändlich davon gelau=
fen seien. Der Kanzler bekennt auch, daß er die Roth=
schild'sche Nachricht über Berry's Ermordung während
24 Stunden nicht geglaubt habe, bis die Bestätigung
eingetroffen; die russische Depesche lieferte die ausführlich=
sten und bestgefaßten Nachrichten. — Alles schreit über den
unbegreiflichen Fehler, die Auszüge aus den Umtriebs=
akten in der Staatszeitung abdrucken zu lassen. — Viele
Leute sind wegen ihrer Besoldungen und Pensionen
besorgt, man fürchtet besonders für die kleinern; die
Einziehung der erst vor kurzem errichteten Regierungen
giebt ebenfalls viel Unbehagen und Besorgniß; man tadelt
die ganze Organisation, nach welcher die Regierungskolle=
gien schon jetzt am meisten durch ihre unförmliche Beamten=
masse schwerfällig und den Arbeiten nicht mehr gewachsen
seien; durch Zutheilung der Arbeiter aus den aufzuheben=
den Regierungen würden die übrigbleibenden daher nur
noch schwerfälliger. — Vormittags im Thiergarten spazieren
gewesen, den König und die Prinzen gesehen. Abends bei
Herrn von Stägemann, später bei Robert's.

Den 23. Februar 1820.

Der König hat über den Mord in Paris geäußert,
man könne nicht genug über dies Unglück trauern, das zu
weitaussehenden Beobachtungen Anlaß gebe, „viel zu den=
ken gebe". — Herr von Cölle soll nach Paris geschickt
werden, um den dortigen Zustand anzusehen, und darüber
zu berichten. — General von Langenau in Wien hat dem
Herrn Grafen von Bernstorff große Abneigung gegen
den General von Wolzogen beigebracht, der den Oester=

reichern nicht gefällt, und daher von den Geschäften Preußens entfernt werden soll; man glaubt, er könne als Gesandter nach Kassel geschickt werden. — Der Marquis de Bonnay hat schon Nachricht von großen Veränderungen, die in den konstitutionellen Statuten Frankreichs vorgehen sollen. — An alle preußischen Zeitungsschreiber und Zeitungszensoren des preußischen Staates ist eine von Herrn Schöll verfaßte geheime Instruktion ergangen, in welcher ausführlich und für jeden Staat und jede Richtung vorgeschrieben ist, was mitgetheilt werden soll, und was nicht. Man liest alte Zeitungen zur Ergötzlichkeit, da die neuen schaal werden. — General von Kalkreuth soll an des verstorbenen Generals Goltz Stelle nach Koblenz gehen. Ob General von Clausewitz noch nach London geht, weiß kein Mensch. — Man sagt, der Herzog Karl von Mecklenburg und der Fürst von Wittgenstein hätten gegen den König geäußert, man müsse die demagogischen Sachen strenger nehmen als je, und selbst den Gedanken, Blut zu vergießen, nicht scheuen (?). — Man verbreitet, der König werde noch eine besondere zweite Leibwache für seine Person errichten; vielleicht aus lauter Adlichen; Herr von Weyher meint mit gerechter Entrüstung, daß nur Uebelgesinnte solche Gerüchte ausbreiten können. — Ueber Herrn Schöll spricht man entschieden als „schlechten Kerl", man giebt ihm vielerlei Schuld, man tadelt den Geh. Rath Koreff, daß er sich von jenem oft bestimmen oder ungewiß machen lasse. — Die Meinungen äußern sich überhaupt mit größter Dreistigkeit über Personen und über Verhältnisse; man hört Ansichten und Richtungen aussprechen, die sonst nie vorkamen.

Den 24. Februar 1820.

Man sagt, Reimer solle auch vorgeladen und vernommen werden; Zweifel wegen der Umtriebssache, ob Amnestie oder neuer Eifer eintreten werde. — Uebler Eindruck, den die Mittheilungen in der Staatszeitung machen; man sagt, die Jugend zeige sich in jenen Aeußerungen so schlecht nicht; es sei edle Gesinnung in ihren Verirrungen, die mitgetheilten Briefe seien alle erst nach dem Aufsehen der Verhaftungen geschrieben; diese Jünglinge seien höchstens Verführte, wo nun die Verführer seien u. s. w. Viele Scherze über die Polizei, Mißgriffe und Mißverständnisse derselben. — Herr von Brederlow, Dr. Meyer, Major von Hansen. — Staatsrath Hufeland vertheidigte Kotzebue'n, Dr. Meyer schimpfte heftig gegen diesen, ihn unterstützten Andre öffentlich.

Den 25. Februar 1820.

Nachrichten aus Paris. Angriffe der Ultra's auf Decazes. Preßfreiheit. Vorschlag eines neuen Ministeriums Richelieu, Lainé, Villele. — Studentenunruhen in Göttingen. Unfug in Halle gegen Professor Jakob's Töchter. — Ueber den politischen Zustand Deutschlands; Herr von Maltitz meint, es werde sich einmal ein Fürst an die Spitze der Liberalen stellen, und dann das Andre nehmen; Preußen könne das, aber auch ein kleinerer Fürst dürfe es wagen. — Der spanische Gesandte sagte zum französischen Legationssekretair, Ferdinand VII. könne noch König von Frankreich werden. — Reimer, Dr. Meyer, Herr von Brederlow u. A. finden die Behandlung, die Napoleon erfährt, schändlich und empörend. — Dr. Cramer aus Halberstadt. — Der Staatskanzler fährt täglich im offenen Wagen spazieren; neben ihm sitzt der Oberpräsident von Bülow. — In den weggenommenen Papieren, aufgefangenen Briefen ꝛc. ist meist sehr unehrerbietig von dem Kanzler gesprochen. Mündlich sagt man ihm viel Uebles nach, er sei ganz erschöpft, furchtsam ꝛc., man äußert sich mit großer Erbitterung. — Man behauptet, Jahn habe trotz aller Vorkehrungen von Seiten der Polizei ununterbrochene Verbindung aus seinem Gefängniß mit Freunden, und erhalte jedesmal sogleich Nachricht von den Aussagen, die ihn betreffen.

Den 27. Februar 1820.

Keine Nachrichten aus Spanien und ungewisse aus Frankreich. In den obern Kreisen führt man die ärgsten Ultrareden, schimpft auf die Liberalen, die man nur noch Jakobiner nennt, findet die Aufhebung der Charte nöthig, zieht gegen Decazes los. Der Marquis de Bonnay zeigt doch Entrüstung über das ärgerliche Benehmen der Ultra's, die das Ministerium so toll anfallen. Präsident von Grollmann tadelt die französische Regierung, daß sie die Formen, die kaum Bestand gewonnen, wieder umstoßen wolle, daß lettres de cachet eingeführt werden sollen u. s. w. — Graf Golz in Paris glaubt, er habe nebst den übrigen Gesandten Einfluß auf die dortige Regierung, hält sich ganz an die Ultra's, berichtet streng in ihrem Sinne, und macht seine Mittheilungen hier geltend; man lobt seine Berichte ungemein; auch er hat einen derben Haß gegen Decazes. — Neue Auszüge aus den Umtriebsakten; die Sache hat eine sehr ernste Seite; die Mittheilung in der Staatszeitung ist einer der folgenreichsten

Mißgriffe; die meisten Leser loben die jungen Leute, andre verlachen sie; die Regierung erscheint in unvortheilhaftem Lichte! In Wirthshäusern hört man sagen, die jungen Leute hätten ja doch recht, man lobt ihre Reinheit. Ueber den Tod des Herzogs von Berry hört man hin und wieder lautes Vergnügen äußern; selbst Offiziere und Adliche bezeigen Freude über den Untergang der Bourbons, schimpfen herabwürdigend gegen das ganze Haus. Dagegen soll in andern Kreisen Berry nur als Muster aller Tugenden, als halber Heiliger erwähnt werden, nichts von allem, was so reichlich über ihn schon früher in Umlauf war, darf geglaubt werden. Unser König hat geäußert, die That Sand's sei in ihrer Art doch viel grausenhafter und ärger, als die von Louvel, weil jener den Wahn und die Kraft der Frommheit mit in das Verbrechen verwendet habe. Der Eindruck ist sehr groß, man nennt die Leute, die sich nach solchen Beispielen am meisten für gefährdet halten dürften. — In den Militairsachen, besonders bei der neuen Anordnung des Landwehrwesens, ist große Verwirrung; ein geheimes Komité, dessen Kern Herr von Witzleben ist, bereitet die Sachen in der Stille vor, aber tausend Schwierigkeiten finden sich immer erst in der Ausführung. Die eigentlich letzte Ursache, die Herrn von Boyen zum Abschied bestimmte, soll der Vorfall sein, den ein Oberst von Grabow in Frankfurt a. d. Oder hatte, wo er auf der Oderbrücke die Schildwache, die ihn langsam fahren hieß, und dann auch den wachthabenden Unteroffizier mißhandelte; er eilte in der Nacht nach Berlin, und sprach mit Witzleben, der dem Könige die Sache mildernd vortrug; man sagte, die Gemeinen wären so übermüthig und achteten die Offiziere nicht mehr, es wäre demokratischer Geist u. s. w. Der König befahl die Sache

niederzuschlagen, Boyen wollte sie vortragen und trug sie
vor, es blieb aber babei. — Große Parade unter den Lin=
den; herrlicher Anblick, die schönsten Truppen! Die Sol=
daten sehen jetzt alle wie individuelle Menschen aus, es
spricht Geist und Karakter aus den Gesichtern, man sieht
keine Exemplare von Maschinen mehr; so ein Mann ist
nicht mehr ein Grenadier, ein Husar, dem Wesen nach,
sondern er ist erst Der und Der, und dann nachher neben=
her auch Soldat. Durch und durch ist das Heer von
selbstständigem Geiste durchdrungen, die Truppen auch sind
in sich frei geworden und demokratisirt, man gesteht es sich
nur nicht recht ein. Die Gemeinen sprechen mit den Offi=
zieren ganz gebildet, die Soldaten sind mit den Bürgern
ganz höflich, auch im Dienste. Reicher Gegenstand zu
vielfachen Betrachtungen! — Hofrath Beckedorf gesprochen,
er klagt über den Atheismus der gemeinen Franzosen
und Engländer, der Radicals u. s. w. — Große Gesellschaft
bei Herrn von Weyher. Unter den Linden sehr belebt.
Gesellschaft bei uns. Geh. Rath Koreff, Oberst von Rühle,
Minister von Brockhausen, Dr. Cramer gesprochen ꝛc. ꝛc. —
Herr von Klewitz soll in arge Rechnungsfehler gerathen sein;
Unzulänglichkeit der Beamten, aller Geist zurückgesetzt, rohe
Routine vorgezogen. — „Ob der Staatsdienst noch viel
Vortheil gewähre? Er sei gewissermaßen gefährlich, in
Gunst und Beförderung zu sein habe ungefähr dieselbe
Bedeutung, wie im Jahre 1812 bei den Franzosen gut
zu stehen; die Klugheit verbiete, sich dem herrschenden
System anzuschließen, weil es nicht lange mehr stehen
könne." Egmont ein Bild der Zeit. Alles muß sich ab=
spinnen, wie es eben kann, Vernunft und Gesinnung sind
schon in die Unmöglichkeit gebracht noch in die jetzige

Wendung einzuströmen. — Herrn von Rothschild gespro=
chen. — Studentenunruhen in Heidelberg.

Den 29. Februar 1820.

Ministerialveränderung in Paris. Die Aristokraten
sehr unzufrieden mit dem Erfolg. Arge Klagen über
die hiesige Aristokratie, deren Wirkungen auch in For=
men und Gängen, wo man sie nicht suchen sollte, sich
zuletzt entdecken. — Herr von Jordan klagt sehr über den
Aufenthalt in Dresden, alle Gesellschaft ist dort vernichtet,
fast kein Umgang mehr übrig. Wohin strengen sich die
Kräfte, die sich sonst leicht in der geselligen Regsamkeit
aufrieben? — Schlimme Lage des Kanzlers; er hat im Au=
genblick des höchsten Ruhmes abzutreten versäumt, er hat
Konstitution verheißen und neue Erwartung erregt, die
Dinge schritten schneller als seine Meinung war, er ist
durch den Geist und das Bedürfniß der Zeit überflügelt,
inzwischen haben Andre ihm den Zugang zur höchsten
Wirksamkeit umsponnen, und er kann nicht mehr, was er
früher gekonnt und gewollt; abtreten jetzt in der größten
Verwirrung ist unmöglich, zu einem Ruhe= und Wende=
punkt muß er die Dinge nun weiter bringen, also um
jeden Preis jetzt nur vor der Hand seinen Posten behaupten,
deshalb nachgeben und sich Richtungen aufdrängen lassen,
die nicht die seinigen sind, und von denen er am wenig=
sten eingestehen darf, daß es nicht die seinigen sind! — Die
Mittheilungen in der Staatszeitung über die Umtriebs=
sachen sollen zunächst auf den König berechnet sein, daher
die andern wohl auch nicht entgangenen Rücksichten schwei=
gen mußten. — Der König soll gesagt haben, die Mordthat
Louvel's sei wohl nur ein isolirtes Faktum; man glaubt,

daß diese Ansicht von manchen Leuten auch nur als eine isolirte gestattet werden dürfte; es sollen durchaus Verbindungen und Verschwörungen zum Grunde liegen! — Fr. Köppen über Universitäten, in Landshut weggenommen, hier verkauft; Beweis, wie unzulänglich auch die neusten Formen des Preßzwanges noch jetzt sind.

Den 2. März 1820.

Ganz Berlin von dem Gerücht erfüllt, daß Ludwig XVIII. Paris verlassen habe; im gemeinen Volke hieß es sogar, der König von Preußen reise nach Wien! — Es scheint durch mancherlei Gerede absichtlich auf das Volk gewirkt zu werden. — Der Regierungsbevollmächtigte Schulz hat die Studenten Ulrich und von Wangenheim hier verhaften lassen; er sagt, er müsse die Strenge vorkehren, die jungen Leute setzten ihre sträflichen Verbindungen fort, hielten geheime Berathungen, reizten sich einander auf, und was das Schlimmste sei, sie ließen sich auf keine Weise dahin bringen ihr Unrecht einzusehen. — Nolte sagte mir heute, all das Uebel in der Jugend käme doch eigentlich von Fichte her, der habe durch seine Reden an die deutsche Nation den Geist sehr aufgeregt. — Geh. Legationsrath Ancillon gesprochen; Tadel der badenschen Stände; die Regierung müsse die Initiative zu behalten trachten. Unsre Gesandtschaften jenseits des Weltmeers wissen und berichten nichts über die Kriege in Amerika und über die neuen Staaten. — Der bairische Justizminister verbietet den Gerichtsbehörden, einer Ladung der Mainzer Kommission zu genügen, da die Konstitution vorschreibt, daß niemand seinem ordentlichen Richter entzogen werden darf. Sehr wichtig! — Man spricht von Aufstellung eines

Beobachtungskorps am Rhein, wegen des bedenklichen Zustandes in Frankreich. — Herr von Weyher, von Stägemann, von Rühle u. v. A. gesprochen. — Herr von Oelssen sagt, der Kanzler habe ihm die Gesandtschaft in der Schweiz zugesichert.

Den 5. März 1820.

Herr von Oelssen küßte früherhin dem Staatskanzler zuweilen nach dem Essen wohl gar die Hand, aus Uebermaß der Ehrerbietung! Den König von Sachsen redete er aus Schmeichelei mit „cher roi catholique" an. Ersteres erzählte Herr von Jordan, letzteres Graf von Einsiedel. — Den Posten in der Schweiz ist Herr von Chambrier einstweilen angewiesen wieder zu übernehmen. — Graf Bernstorff richtet seine Depeschen aus Wien unmittelbar an den König, der Staatskanzler bekommt sie erst nachher. Auch wenn er hier ist, hat Graf Bernstorff unmittelbar Vortrag beim Könige, alle Donnerstage, doch in Beisein des Kanzlers; man meint auch nicht, daß jener durch diese Einrichtung das Uebergewicht erlangen werde, welches ein andrer daraus nehmen könnte. — Humboldt sagt von Rother, er kenne keine Schwierigkeiten. Man fürchtet, die Finanzsachen seien noch gar nicht in so guter Ordnung, Rother würde nicht herauskommen, oder doch bald die Verlegenheit erneuert sehen. Herr von Klewitz, heißt es, hat einen Malchus'schen Bock geschossen; einen Fehler von 1 Million Thaler gemacht. — Der Kanzler sehr empfindlich über die Angriffe fremder Blätter; man meint, Herr von Humboldt stecke mit darunter, und könne durch diese Vermuthung wohl gar eine Verweisung von Berlin erfahren! — Man

spricht sehr ungünstig von Herrn von Beyme, man nennt
sein Betragen eigennützig und karakterlos; die Adlichen sind
ihm alle feind. Er hatte einen Etat von drei Räthen und
Kanzleipersonen für die beibehaltenen Revisionsgeschäfte
eingereicht, der Kanzler hat ihm aber alle gestrichen bis
auf einen Kanzellisten, dagegen 4000 Thlr. zur Disposition
gestellt für Gutachten, Gratifikationen ꝛc. Auf diese Be=
handlung, sagt man, hätte er ganz abtreten müssen. — Prin=
zessin Radziwill ist für Herrn von Humboldt sehr thätig; des=
gleichen der Herzog und die Herzogin von Cumberland. —
Graf Tauentzien soll nach London und Paris Gratulation
und Kondolenz bringen. — Mit Minister von Brockhausen
spazieren gegangen; Abends bei Humboldt's, Herrn von
Humboldt endlich auch gesehen. Schreiben von Harden=
berg und Wittgenstein erhalten. — Ueber die Versiegelung
von Gruner's Papieren in Wiesbaden, durch Herrn von
Otterstedt geschehen, eine von Herrn von Humboldt nicht
ohne einige Sorge gemachte Frage.

Den 6. März 1820.

Hochamt in der katholischen Kirche für den Herzog
von Berry; fliegendes Blatt mit der Geschichte seines Todes,
hier auf den Straßen ausgeboten. — Rezension in der Je=
naer Allgemeinen Litteratur=Zeitung über Voß gegen Stol=
berg. — Besuch bei Fürst Wittgenstein; er spricht klug und
gar nicht zaghaft; „an die Zukunft", sagt er mir, „muß
man gar nicht so viel denken, damit muß man sich lie=
ber gar nicht beschäftigen, sonst verliert man alle Lust
und Kraft; zu ändern ist da doch nichts, und da ist's am
besten, man genießt wenigstens die Gegenwart". Er lehnt
die Meinung von seinem Einflusse gar nicht entschieden

ab, wie sonst; er verspricht, mit dem Staatskanzler sprechen zu wollen. Fragen über Baden, Berstett, Polier, Kosloffsky; über Schweden und den jetzigen König, über Tettenborn. — Nachricht wegen entdeckter Verschwörung in England gegen die Minister. — Graf Goltz dürfte wohl, nach Fürst Wittgenstein's Worten, in Frankfurt als Gesandter bleiben.

Den 9. März 1820.

Man fürchtet für Schleiermacher, da der König sehr aufgebracht ist über die de Wette'sche Schrift, und besonders über das Schreiben der theologischen Fakultät; er hat sich die Akten aus dem Ministerium gefordert, jenes Schreiben ist von Schleiermacher's Hand abgefaßt, das des akademischen Senats vom verstorbenen Solger. Der Staatsrath Schulz soll Ankläger Schleiermacher's geworden sein; er hat den Verhafteten Wangenheim verhört, und unter andern auch zu wissen verlangt, was Schleiermacher bei der und jener Gelegenheit für Toasts ausgebracht u. s. w. — Staatsrath Nicolovius thut sehr besorgt. — Mahler Cornelius rühmt laut Baiern, dort sei man frei und glücklich, und wisse von solchen Geschichten nicht, wie sie hier an der Tagesordnung seien. Frauen seufzen über den gespannten Zustand, die inquisitorische Auflaurung, die Unsicherheit aller Verhältnisse ꝛc., es sei nirgends so schlimm wie in Preußen, wie Preußen gesunken sei u. s. w., u. s. w.

Den 10. März 1820.

Der Geh. Rath Schulze läugnet nicht, daß Schleiermacher, vielleicht auch Neander und Marheineke, in Gefahr sind. Die ihn betreffende Geschichte von Weimar ist in den wesentlichen Zügen wahr; er befand sich im Oktober v. J. in Dornburg auf der Durchreise mit dem Großherzog im Gespräch, die Großfürstin war dabei, sonst niemand, auch war es im Garten und nicht bei der Tafel; er steckte es nachher hier dem Herrn von Cruikschank, und die erste Schuld fiel immer auf den Großherzog; die Großfürstin zerfiel aber darüber mit der Gräfin Henkel (Gräfin Egloff= stein war es), die wahrscheinlich das im Vertrauen Wieder= erfahrene hierher berichtet hat. — Man ist sehr erbittert gegen den Staatsrath Schulz, der sich auch mit dem Universitäts= richter Scheffer entzweit hat, so daß dieser seine Entlassung verlangt; Schulz wird als der ärgste Despot geschildert, der alle seine ehemaligen Freunde ohne Bedenken zer= treten möchte. — Die Universität von Berlin dürfte leicht einen Stoß erleiden, ganz aufgehoben oder verlegt werden. Ueber Beckedorf's Studienplan; man will davon noch nichts wissen, Herr von Altenstein würde entgegenwirken, er habe schon den Mann aus seinem Ministerium abgelehnt; man zeiht aber Herrn von Altenstein der größten Schwäche und Feigheit, und meint, er werde sich in alles fügen. — „Das ist auch eines der Uebel zerrütteter Regierung, daß die Sachen nicht von den Leuten, die von Amtswegen damit beauftragt sind, sondern von anderweitig Zugezogenen, nach Umständen und Zufall, oft im Dunkel und Geheim, neben dem Amte her besorgt werden." — Welches ist Beckedorf's Anstellung? Keine fest ausgesprochene, er ist gleichsam als Privatkonsulent hier, öffentlich nur Mit= glied der obersten Zensurbehörde; sein Einfluß aber soll sehr groß sein. — Jahn will gegen die Mittheilungen der Staatszeitung, als unredliche und entstellte, rekla= miren; sein Aufsatz wird schwerlich aufgenommen werden. —

Ueber den Oberpräsidenten von Bülow wird hart los=
gezogen, man erwartet auch gar nichts Gutes von ihm.

Den 11. März 1820.

Herr von Brederlow ist Landrath in Preußen ge=
worden; sein dreistes Reden hat bewirkt, daß man ihn gern
auf eine ihn befriedigende Weise von hier entfernt. Da=
gegen versichert man, daß die Stimmung in Preußen eine
gefährliche Unabhängigkeitsrichtung äußere, und man sich
wohl vorsehen müsse, wen man dorthin sende. Der Graf
von Dohna sehr beobachtet; alle seine Briefe eröffnet; er
hat an Schleiermacher geschrieben, daß, Falls ihm oder
einem seiner Freunde ein Unfall begegnete, das Dohna'sche
Haus der ganzen Familie als Zuflucht offen stünde. — Geh.
Rath Koreff gesprochen, Herrn von Weyher, Geh. Rath
Wolf. — Die Franzosen wehren sich mit Erfolg gegen die
großen Einschränkungen, die ihnen angedroht waren. — Prof.
Fries in Jena suspendirt. — Präsident von Neck soll als
Präsident der Kommission nach Mainz; macht aber Schwie=
rigkeiten, die der Kanzler zu beseitigen hofft; der Geh.
Rath Grano soll auch in Mainz bleiben; Oesterreich hat
aus besonderer Gefälligkeit zugegeben, daß Preußen die
Präsidentenstelle besetze. Kurze Geschichte der Mainzer Kom=
mission: sie wurde in Karlsbad beschlossen, um Preußen
seine Umtriebsgeschichte abzunehmen; als Jahn und die
Andern nebst der ganzen Untersuchung dorthin abgeliefert
werden sollten, stutzte der König und wollte nicht, der
Kanzler mußte die Kommission daher ohne Arbeit lassen;
und die andern Regierungen schwiegen zu dem Benehmen,
das aber genug gefühlt wurde; als der Student Sichel
von Bonn in Untersuchung kam, dachte man der Mainzer

Kommission endlich einen Brocken zuzuwenden, und auf Befehl des Kanzlers wurde der Verhaftete sogleich nach Mainz geschleppt; hier aber erklärte Herr von Schwarz, er finde keinen Gegenstand für die Kommission, die Sache gehöre vor die Landesbehörde, und da übrigens kein Gefängniß zu Gebote stand, so wurde Sichel zurückgeschickt. Der Kanzler, sehr betroffen, dachte nun auf Aenderung, und Herr von Schwarz soll abberufen, das Präsidium aber von Preußen geführt werden. — Herr von Küster hat an Herrn von Jordan geschrieben: Graf Bernstorff halte nun auch für das Beste, daß Graf Golz in Frankfurt bleibe; er ist den Oesterreichern dort ganz lieb, und ihr Einfluß bewirkt sein Bleiben. Herr von Küster wünscht den Posten in der Schweiz. General Clausewitz soll nun definitiv nach England ernannt sein. — Prediger Wilmsen hat auch Verdruß wegen der Aeußerungen, die ein Tertianer über ihn geschrieben, und die vom Kanzler und von Herrn von Altenstein sehr hervorgehoben worden. — Das Gendarmerie-Edikt vom Jahre 1812 enthält sehr gute Bestimmungen über die Kreisverwaltung, allein gerade diese Punkte hat man nirgends gewagt auszuführen, weil sie den Adel nicht berücksichtigen; in dem einzigen Regierungsbezirk Frankfurt a. d. Oder ist das Gesetz vollständig befolgt worden, weil der Präsident seine Schuldigkeit gethan; hier zeigt sich die beste Wirkung, die Sache geht vortrefflich; aber die Ritterschaft der Neumark nimmt gerade hiervon Anlaß, dem Könige eine Beschwerde einzureichen, daß sie die einzige sei, welche die Ausführung jener gesetzlichen Bestimmungen erdulden müsse, sie verlange, daß wie in den übrigen Provinzen auch bei ihr das Gesetz unbefolgt bleibe! Der König hat sie abschläglich beschieden; aber man hätte Anlaß nehmen sollen, die auf diese Art offenkundig gewordene Vernachlässigung des Gesetzes in den übrigen Regierungen mit Schärfe zu ahnden. — Der Adel des Kreises, in welchem Herr von Brederlow Landrath geworden, hat an der Wahl der Kandidaten zu dieser Stelle keinen Antheil genommen, aus Trotz über den Antheil, den die Bürgerlichen dabei gesetzlich haben und ausüben. — Prof. Zeune kennen lernen. — Man versichert, der Kanzler selbst sei Verfasser eines neulichen Artikels in der Allgemeinen Zeitung, der gegen Humboldt, Boyen und besonders gegen Beyme gerichtet ist.

Den 12. März 1820.

Der Kammergerichtsrath und Universitätsrichter Scheffer soll auf sehr würdige Weise und mit Anführung triftiger Gründe seine Entlassung begehrt haben. Der Staatsrath Schulz hat gegen ihn geäußert, Herr von Kampt habe nicht nur in allen Stücken ganz recht, sondern nehme die Sachen noch lange nicht streng genug.

Den 13. März 1820.

Gerücht von der Ermordung des Königs von Schweden, wird von den Meisten nicht geglaubt, von Vielen aber gern aufgefaßt; gestern Abend sprach man beim Marquis de Bonnay allgemein davon. — Bedenkliche Nachrichten aus Spanien. — Herrn Ancillon gesprochen; er hat Briefe vom Grafen Bernstorff, die dessen Ankunft aus Wien hier im Anfange Aprils melden; er wundert sich höchlich, daß man den Grafen Goltz nun doch in Frankfurt läßt „auf unserm wichtigsten Posten, wo alles durch geistiges Uebergewicht und persönliches Ansehen des Gesandten gemacht werden muß", gesteht, daß Herrn von Küster's Persönlichkeit noch schlimmer gewesen wäre, meint auch, daß Herr von Humboldt am besten dazu getaugt hätte, aber jetzt sei es damit wohl zu spät. Herr von Küster dürfte wohl den Posten in der Schweiz, Herr von Werther den in Stuttgart erhalten. Es kommt eine Supplementarakte zur Bundesakte heraus, worin alles sehr geschont ist, die gegebenen Verfassungen sind unangetastet, die zukünftigen ungebunden. Warum man über Sand kein Urtheil spreche? Die badenschen Minister hätten Unrecht gehabt mit dem Adelsedikte, und mit der Vertagung. — Man versichert, die Einziehung der Regierungen und Oberpräsidien werde entweder unterbleiben, oder sehr langsam geschehen, in Jahren. Noch immer große Verwirrungen in den Finanzen, man muß allerlei Hülfen schon jetzt anwenden. Der König soll höchst betroffen sein über die große Schuldenlast seiner Regierungszeit, sich mehrmals vor die Stirne geschlagen haben u. s. w. Das Anerbieten der Berliner Stadtverordneten (von denen sieben zugleich mit dem Magistrat nicht einzustimmen erklärt haben) soll von oben her durch Herrn Schickler's Dazwischenkunft veranlaßt worden sein, um dem Könige einen bessern Eindruck zu geben. — Fürst Kosloffsky ist von Stuttgart abberufen, wahrscheinlich weil sein freimüthiger Bericht zu Gunsten der süddeutschen Ständeverhandlungen in St. Petersburg mißfallen hat. Konstantin Benkendorf ersetzt ihn. — Dr. Röbiger hatte vor 14 Tagen an den Kanzler geschrieben, er wünsche seiner eidlichen Verpflichtung, nicht aus Berlin gehen zu wollen, entbunden zu sein, oder Falls er bleiben müsse, die nöthigen Unterhaltmittel zu empfangen; darauf erhält er vor zwei Tagen die Antwort, er sei jenes Eides entlassen, und habe bei Strafe der Festung binnen 14 Tagen den Preußischen Staat zu verlassen, hingegen eidlich zu versprechen, daß er in Jahresfrist nicht aus Deutschland gehen wolle. — Früherhin hatte sich Reimer beim Kanzler beschwert über die Umtriebskommission, und den Kanzler zu sprechen verlangt, dieser hatte auf letzteres gar nicht, und auf ersteres geantwortet, er habe der Kommission keinerlei Vorschrift zu geben, und müsse ihn mit seiner Beschwerdeschrift an die Kommission selbst weisen; schon vor mehreren Monaten. — Präsident von Reck soll abgelehnt haben nach Mainz zu gehen; man versichert, wir hätten das Präsidium bei der Kommission daselbst nur gegen bedeutende Opfer in dem dortigen Militairverhältniß von Oesterreich eingetauscht. — Die Aristokraten schimpfen mit größter Heftigkeit gegen Herrn Ancillon, der ein schändlicher Liberaler geworden sei. — „Herr Beckedorf, ein herberufener Diätarius, ist Winkelminister des Kultus, Herr von Bülow, Oberpräsident von Magdeburg auf Diäten herberufen, ist Winkelminister für die Geschäfte, die von Rechtswegen dem Justizministerium anheim fielen, und so geht es in den meisten Dingen." — Dumpfe energische Stille in den jungen Leuten, sie verschließen und verstellen sich mit größter Kraft.

Den 15. März 1820.

Die Nachrichten aus Schweden unbegründet, Kaufmannsgerüchte; aber der üble Wille vieler Leute ist an den Tag gekommen; diese Ermordung hätte ihnen richtig gedünkt, und sie verhehlten ihre Freude nicht. — Die tolle Dreistigkeit des Weihbischofs von Droste in Münster, worüber die Hamburger Zeitung das Nähere mittheilt, macht großes Aufsehn; der Kanzler will streng gegen ihn verfahren laſſen; aber von Feſtungsſtrafe iſt wohl nur die Rede; daß die preußiſche Regierung es dahin kommen laſſen, auch in dieſer Richtung alles gegen ſich aufzubringen, iſt ſehr ſchlimm; bald ſind ihr auf allen Seiten alle Gemüther entfremdet! Die Ultra's ſondern ſich auch von den Gewalthabern immer mehr als Oppoſition ab, die Liberalen ohnehin ſind ſchon als Oppoſition aufgeregt. — In Preußen bilden die Grafen Dohna einen eigenen Kreis politiſcher Geſinnung und beſondern Anhangs. Sie hatten den General von Diericke wegen einer ſeiner Aeußerungen in der bekannten Adelsſchrift verklagt; auch den Statiſtiker Hoffmann wegen einer Aeußerung in der Staatszeitung; kurz, ſie ſind regſam und muthig, dabei haben ſie alle Haltung ſtrenger Frömmigkeit, man hält ſie für Gichtelianer. — Präſident von Neck hat wirklich abgelehnt, nach Mainz zu gehen, man hat den Präſidenten Kniſenberg berufen, der wahrſcheinlich auch ablehnen wird; je mehr ablehnen, deſto ſchwerer wird annehmen. — Aus Spanien wollen durchaus keine zuverläſſige Nachrichten eingeſtanden werden; man will nicht glauben, daß ſie gänzlich fehlen, aber man erwartet nun deſto entſcheidendere Wirkungen auf Einmal bekannt werden zu ſehen. — Im Publikum glaubt man durchaus nicht, daß noch an Konſtitutionsarbeiten gedacht wird, man lächelt zu der Verſicherung; der König wolle wohl, heißt es, aber ſo lange der Staatskanzler lebe, ſei nicht daran zu denken. Wenn man den Staatskanzler entſchuldigen will, er denke beſſer, als er es jetzt zeigen könne, ſo erhält man zur Antwort: gerade die ſeien die Schlimmſten und Strafbarſten, die das Beſſere wüßten und kennten, und doch verläugneten. — Von Herrn von Altenſtein will man gar nichts mehr hören. — Vormittags ſpaziren; den Geh. Kämmerier Timm geſprochen.

Abends große Gesellschaft bei Herrn von Stägemann. Herr Fränkel glaubt versichern zu können, daß Gruner's Privatpapiere geborgen und nicht mit versiegelt sind.

Den 17. März 1820.

Der Staatsrath Schulz hat eine förmliche Anklage gegen Schleiermacher als Verführer der Jugend dem Ministerium eingereicht, wobei auch andere Professoren, so wie der Geh. Legationsrath Eichhorn und Universitätsrichter Scheffer beschuldigt werden; sie hätten um die geheimen Verbindungen der Studenten, heißt es, gewußt, dieselben beschützt und geleitet, und stets für die Burschenschaft Parthei genommen, deren Mitglieder begünstigt und andere Studenten mit Härte behandelt; auch der politische Zweck dieser Dinge sei ihnen recht wohl bekannt gewesen. Man ist sehr begierig auf die Wendung dieser argen Sachen; für Schleiermacher fürchtet man sehr. — Steffens Schrift für die Universitäten; hat starke Stellen. — Herr von Vincke und Herr von Gagern hier. — Klagen über den Verfall der Hofstaaten, Knickerei und Armseligkeit; Rücksichtslosigkeit, Härte und Unkunde fürstlicher Personen; der Hof trägt durch seine Bestandtheile und sein Benehmen am meisten dazu bei, daß der Zauber verschwindet.

Den 18. März 1820.

Kabinetsbefehl, welcher allen Staatsdienern und allen vom Staate besoldeten das Tragen altdeutscher Kleidung verbietet; ist blos an die Behörden ergangen. — Anderer Kabinetsbefehl, welcher das Konsistorium zu Breslau, (Merkel, Wachler, Gaß u. s. w.) suspendirt, und dessen

Wirksamkeit dem Regierungsbevollmächtigten bei der dortigen Universität, Neumann, überträgt. Das Kultusministerium weiß nichts von der ganzen Sache. Am Ende, meint man, dürfte selbst Herr von Altenstein einmal bös werden, und lieber ein Ministerium verlassen, dessen Gegenstände doch ohne sein Zuthun und Mitwissen abgemacht werden. — Die Nachrichten aus Spanien lauten mißlich genug, Navarra und Galicien scheinen ganz in Aufstand. Große Bewegungen in Irland.

Den 19. März 1820.

„Wen grüßen Sie denn da?" — Den Herzog Karl von Mecklenburg. — „Ei, wissen Sie denn nicht, der wird ja nicht gegrüßt?" — O, ich grüß' ihn immer! — „Nun, da sind Sie der Einzige in der ganzen Stadt!" — Heute Vormittag war der König im Lustgarten bei der Parole, viel Volk stand umher, der König bemerkte mißfällig, daß man die Hüte nicht abgenommen habe; der Herzog Karl und der General von Natzmer fielen auf einige Leute los, und schlugen drein, und da sich eine bedenkliche Bewegung äußerte, so ließen sie durch Unteroffiziere die Volkshaufen ganz auseinander treiben. Heute Nachmittag standen eine große Menge Menschen vor des Königs Palais und sahen hinauf; Leute, die den Vorfall von heute Vormittag wußten, dachten gleich an etwas Aehnliches, allein es zeigte sich bald, daß es wegen eines Hufeisens war, das vor einiger Zeit von dem Hufe eines Pferdes losgeschlagen und bis in den Speisesaal des Königs geflogen war, und das der König zum Andenken oben hat einmauern lassen. — Vor einiger Zeit gab Graf Lottum eine große Mittagstafel dem Staatskanzler, den Ministern, den Gesandten u. s. w.

Humboldt, Beyme und Boyen waren auch dort, der Kanzler sprach mit allen dreien freundlich; man glaubt, daß das Zusammentreffen nicht von ungefähr gewesen. — Es heißt, Prof. von Savigny werde alle seine Aemter niederlegen, um der Entlassung, die zu befürchten sein dürfte, so sagt man, zuvorzukommen. — Ueble Nachrichten aus Spanien. Wie die Portugiesen diese spanischen Sachen ansehen? — Aus Paris schreibt man, daß man eine Verschwörung im französischen Militair befürchte, die, wenn das Wahlgesetz abgeändert werde, zum Ausbruch kommen solle; das wissen die Leute, und wollen doch das Wahlgesetz ändern! — Vormittags unter den Linden, große Fülle von Menschen; Nachmittags und Abends Besuche.

Den 23. März 1820.

Gerüchte von Vorfällen in Breslau; ein Gymnasiast soll einen Professor angefallen haben; ungegründetes, aber nicht unbedeutendes Gerede, daß Prof. Steffens ermordet sei! — Dr. Schleiermacher schwebt noch in Gefahr; man sagt, daß ohne die schlimmen Nachrichten aus Spanien vielleicht schon rascher gegen ihn verfahren wäre. — Der gewesene Universitätsrichter, Kammergerichts=Rath Scheffer, ist krank vor Aerger. — Der König hat durch eine Kabinetsordre dem Kammergericht befohlen, den Prozeß Jahn's gegen Kampz einzustellen; des Justizministers Befehl hatte das Kammergericht nicht abgehalten, eine neue Vorladung ergehen zu lassen. Der Sachwalter Jahn's will nun in einer Vorstellung den König bitten, er möge gestatten, daß in dieser Sache die Gerechtigkeit gesetzlich ihren Gang nähme. — Dr. Nödiger ist nach München abgereist. — Herr von Kampz hatte in einem der zur Untersuchung gekom=

menen Briefe die härtesten Aeußerungen über sich selbst
gefunden, und Bestrafung des Schreibers verlangt, die
Kommission fand darin keine Staatssache, und verwies an
die gewöhnliche Behörde, diese hat erklärt, es seien keine
Injurien vorhanden, da der Brief ein vertraulicher ge=
wesen, und nicht in's Publikum gekommen sei. Der Streit
gegen die Justiz wird immer lebhafter, das Publikum rühmt
und preist die Gerichtsbehörden! — „Könnte ich dem Könige
alle Wahrheiten sagen, die ich über den Zustand der
Dinge auf dem Herzen habe, auch alles Unangenehmste
und Härteste, ich bin überzeugt, er nähme es wohl auf,
und dankte mir meinen guten Willen, und drückte mir
vielleicht die Hand dafür; aber am andern Tage würde
ich gewiß arretirt." — Von Stuhr ist ein Buch gegen Görres
erschienen; man findet es allgemein unschicklich und gemein,
jetzt gegen eine Schrift hervorzutreten, die verboten und
deren Verfasser flüchtig ist; solche Theilnahme und solchen
Takt hat das Publikum schon für die Behandlung öffent=
licher Angelegenheiten. — „Ob wir auf dem Wege der Re=
volution sind? wir gehen ihn, wie Spanien; langsam und
träge, aber unvermeidlich." — Es sind vier neue Geheime
Legationsräthe ernannt; man sagt, Philipsborn, Humbert
und Balan seien es nur um Zyka's willen geworden, der
eine natürliche Tochter des Kanzlers zur Frau hat, man
wollte ihm Gehalt und Titel erhöhen, und schob, damit
es nicht so auffallend wäre, die Andern mit; damit Einer
bekomme, haben also Vier bekommen.

Den 25. März 1820.

Die Staatszeitung legt plötzlich über Spanien das
überraschendste Bekenntniß ab! Alle Leute lachen über den

Sprung, den sie in ihrem Benehmen gemacht. Was ist nun mit dem Verhehlen und Läugnen gewonnen, als eine neue Kleinlichkeit der Behörde an's Licht gezogen, und dem Spotte preisgegeben. Halb Berlin äußert sich auf diese Weise. — In allen Zweigen der Verwaltung treten große Ersparungen ein; der ganze Eifer fällt auf die kleinen Gehalte und auf die Unterbeamten, hier wird ohne Schonung gestrichen, während in den obern Kreisen wenig der Art vorkommt. Auch im Militair kündigt sich viel Nachtheiliges für die Subalternen an. Allgemein steigt hieburch die Unzufriedenheit. — Man sagt, der Hofhalt könne unmöglich mit 2½ Millionen bestritten werden, diese und andere solche Annahmen seien übereilt und müßten verändert werden. Schon der Besuch des Kaisers von Oesterreich, der diesen Sommer hier eintreffen soll, müsse einen Ausfall machen. — Frau von Colmar ist ab instantia freigesprochen und in die Kosten verurtheilt; ihre Mutter freigesprochen. — Von der spanischen Konstitution der Cortes hört man fast allgemein sagen, sie beschränke den König zu sehr, vernichte das monarchische Prinzip fast ganz, und müsse deshalb verändert werden; eifrige preußische Liberale äußern dies.

Den 27. März 1820.

Es giebt folgende geheime Mittheilung über die Art, wie der Kanzler die gegen ihn gerichteten Absichten der drei abgetretenen Minister erfahren habe: Vier Wochen vor Neujahr ungefähr hielten die drei Minister Herren von Humboldt, von Boyen und von Beyme eine geheime Zusammenkunft am dritten Orte, bei einer Dame, deren Wohnung dem einen von ihnen so wie die Bewohnerin selbst hiezu bequem dünkte. Ohne daß sie es wußten, stand aber die Dame hinter einem Fenstervorhang versteckt, und hörte die ganze Verabredung, deren Zweck allerdings auf den Sturz des Kanzlers ausgegangen sein soll; die Verbündeten äußerten ihre Meinungen ganz ohne Hehl und Schonung, und trennten sich in dem eifrigen Vorsatz, ihren wohlüberdachten Angriffsplan in's Werk zu setzen. Die Dame blieb unentdeckt, sie erwog das, was sie vernommen hatte, und da sie die Wichtigkeit davon erkannte, so theilte sie das Ganze einem jungen Manne mit, den sie begünstigte, und dem sie durch solche Entdeckung den Weg des Glücks zu eröffnen hoffte. Der junge Mann gab dem Kanzler von allem Nachricht, und der Inhalt seiner Aussage selbst bestätigte deren Richtigkeit. Der Kanzler konnte nun also zu rechter Zeit seine Gegenanstalten machen, wie auch geschehen. — Man sagt, der König habe kürzlich mehrere Unterredungen mit Herrn von Humboldt gehabt, und denselben äußerst gnädig behandelt. — Graf Goltz, heißt es wieder, soll doch nicht in Frankfurt bleiben, es ist von Herrn von Altenstein die Rede. — Der Oberpräsident Herr Merkel hat seinen Abschied begehrt. — Herr von Vincke ist an die Spitze der Kommission für die Gemeindeordnung gestellt; man billigt diese Wahl im Publikum. — Herr Hofrath Beckedorf ist zum vortragenden Rathe beim Kanzler bestimmt. — Man ist in den obern Kreisen wüthend über die Wendung der spanischen Sachen, und ärgert sich so sehr über die vorausgesetzte Freude der Liberalen, daß man sich vorgenommen, den ersten besten, der seine Freude darüber zu erkennen giebt, ohne Ansehen der Person, um ein Beispiel zu geben, beim Kragen zu nehmen, man wünscht nur die Gelegenheit. Die Freude äußert sich aber unumwunden in der ganzen Stadt, unter allen Klassen; jeder neue Umstand, den man erfährt, setzt die Leute in Enthusiasmus, und an Nutzanwendung fehlt es auch nicht. In Hamburg war an der Börse eine allgemeine Freudenbezeigung, der ganze Handel schien aufzuleben. — Die heilige Allianz erklärt dem Könige von Spanien, ihr Zweck gehe seine Händel nicht an, sie hätten sich bloß zum Glauben an Jesum Christum verbunden. Dagegen soll Spanien als ein angestecktes Land behandelt werden, man will die Gesandten abberufen, niemand soll Gutes davon sagen; diese Ansicht kommt von Paris, sie ist vorgestern als hiesige nach Wien befördert worden. — Der Staatsrath Schulz sagt in seinem Berichte über den verhafteten Studenten Ulrich, man könne schon deshalb seine Gesinnungen staatsgefährlich nennen, weil sie in Widerspruch mit der geoffenbarten Religion stünden. Herr Oberpräsident von Heydebreck tadelt sehr das tumultuarische und unkluge Betragen des Staatsraths Schulz. — Es heißt der General Graf Tauentzien werde in London eine Kabinetsordre finden, daß er als Gesandter dort bleiben solle. — Herr von Werther, der als gewesener Gesandter in Spanien die dortigen Angelegenheiten mit Autorität als sehr geringe Wirkungen einzelner Bösewichter dargestellt hatte, ist sehr beschämt über den Ausgang. Ein Anderer, der eben so gesprochen hatte, sagte mit dreister Gelassenheit, er habe ja von Anfang gesagt, daß die Sachen dieses Ende nehmen würden! — Herrn Oberst von Rühle's Werk über die Preßfreiheit ist erschienen. — Der Kaiser von Oesterreich soll im Mai, gegen den 18. hier eintreffen, man glaubt nun, daß auch der Kaiser von Rußland kommen werde. — Der Präsident von Knisenberg ist nach Mainz abgegangen. — Bei dem Aachner Kongresse haben von den Juden zur Begünstigung ihrer Angelegenheit der Graf Ernst von Hardenberg 1000 Dukaten, Herr von Gentz 800 Dukaten und Herr von Humboldt zwei Vasen, jede zu 1800 Thalern geschätzt, empfangen. — Herr von Werther ist nun wieder bestimmt nach Spanien zurückzukehren; wenigstens auf eine Zeitlang; man will dem Könige diplomatischen Beistand anbieten!

Den 28. März 1820.

Herr von Wülknitz sagte laut bei Jagor, es sei die größte Despotie, den deutschen Rock zu verbieten, er sehe nichts Unschickliches in dieser Tracht, er habe nie Lust gehabt, einen solchen Rock zu tragen, aber jetzt bekomme er sie erst. Auch mehrere Offiziere halten sich über den Befehl auf. — In einer Gesellschaft vornehmer Damen wird laut gejubelt über die spanischen Sachen, Alle nehmen den eifrigsten Antheil an der Volkssache. Mit der Konstitution würde sich schon das Rechte finden. — Der König erfährt alles was gesprochen wird, auch der Kanzler das Meiste. — Herr von Humboldt soll über zwei Stunden mit dem Könige gesprochen haben. — Der Herzog von Cumberland wirkt durch seine Reden sehr ein; auch der Kronprinz ist sehr oft bei ihm zu Tische. — Börne in Frankfurt verhaftet.

Den 30. März 1820.

Zwischen Herrn von Humboldt und dem Fürsten von Wittgenstein soll eine Annäherung stattgefunden haben. Die Sage von Herrn von Humboldt's Unterredung mit dem Könige geht durch die ganze Stadt. Herr von Humboldt hat gegen einen Freund geäußert, er würde keine

andere Stelle mehr annehmen, als eine ganz bedeutende.
Dabei schleicht ein Gerücht umher, der Kanzler werde
abtreten. — Fortwährende Bestürzung über Spanien; die
ersten Kortes von Cadix sollen nur Lumpenkerle gewesen
sein, ohne Beruf und Vollmacht; die Konstitution taugt
nichts, behauptet auch Herr von Henning. — Die Ka=
binetsordre gegen den deutschen Rock, sagen die Berliner
(recht berlinisch), sei vom Schneider Freytag kontrasignirt
gewesen. — Die Adlichen und Vornehmen im Casino
haben sich zu den auf Subskription eingerichteten Mittags=
essen einen Tisch besonders vorbehalten und etwas abge=
sondert, um die Ehrenplätze und ihren Rang zu behaupten;
Herr Generallieutenant von Pirch I. betreibt das; Herr
von Buch und Herr von Ompteda helfen. Gestern kam
die Sache zur Sprache, man stritt, blos Herr von Alopäus
setzte sich zu den Bürgerlichen, er wolle, sagte er, seine
Nachbarn wählen, nicht sich geben lassen. Durch ein ver=
fälschtes Protokoll (acht Stimmen wurden auf der einen
Seite weggelassen, vier wurden auf der andern Seite eigen=
mächtig zugefügt) haben die Adlichen auch den letzten Bür=
gerlichen, der sich unter den Direktoren befand, den Geh.
Rath Labaye, ausgeschafft; nun sind lauter Adliche
an der Spitze. Viel andere dergleichen Junkerwirth=
schaft thut sich auf! — Herr von Heydebreck ist mit der
churmärkischen Landschaft in Verlegenheit; die Delegirten
wollen die Kassen nicht verabfolgen, sie seien nur Diener
des Instituts, und dürften nichts verfügen; man scheut
sich Gendarmen zu schicken und Gewalt zu brauchen; die
einzelnen Mitglieder der Landschaft sagen, sie vermöchten
als Einzelne gar nichts zu sagen, man sollte die Stände
einberufen, und dann mit ihnen die Sache abmachen; aber
dazu hat man gar keine Lust. Man sieht wohl, welche

Wendung dergleichen nehmen könnte! — Hofprediger Theremin gesprochen. — Geschichte im Gymnasium zwischen Waldenburg und Eckartstein, und Briefe Bernhardi's und der Frau von Waldenburg darüber. — Allgemeiner Jubel über Spanien, und doch Zweifel an der Dauer der Konstitution. — „Dem Könige kann's im Grunde einerlei sein, ob seine Minister, oder die Kortes dumme Streiche machen, bei jenen hatte er nur noch die Ehre davon."

Den 1. April 1820.

Der Buchhändler Winter in Heidelberg auf preußisches Ansuchen verhaftet (auf Ansuchen der Mainzer Kommission zunächst); wahrscheinlich ist deshalb der General Graf Tauentzien über Karlsruhe gereist; Winter soll Briefe von Burschen u. s. w. befördert haben. — Jahn's Frau hat an den Kanzler geschrieben, das Gerücht sage allgemein, die Kommission habe ihren Mann freigesprochen, sie selbst und ihre Kinder gingen zu Grunde, sie bäte daher die Loslassung ihres Mannes möglichst zu beschleunigen. Darauf kam Polizei zu ihr, und drängte ihr mit vielen Fragen, Quälen und Drohen endlich das Geständniß ab, daß Dr. Meyer ihr gesagt, die Kommission habe so gesprochen; dieser kam gerade dazu, als die Polizei noch im Hause war, vernahm das Vorgegangene, sagte: ja, er habe es auch gesagt, verfluchte das schändliche Verfahren gegen die Frau, und verhieß den Urhebern den verdienten Lohn in diesem oder in jenem Leben, und ging stürmend wieder ab. Niemand hat ihn weiter gefragt. Eigentlich hat man wohl gehofft, ein Mitglied der Kommission habe der Frau Jahn das Geheimniß verrathen, und so hätte man diesen Grund zu neuem Wüthen trefflich benutzen können, denn

gegen die Kommission ist man heftig aufgebracht; Herr
von Bülow hat schon gesagt, eigentlich müsse man das
Kammergericht selbst ebenso zur Untersuchung ziehen, wie
die Umtrieber. Dieser Kampf gegen die Justiz wird täglich
schlimmer; alle Menschen, die Vornehmsten und Geringsten,
beklagen diese Wendung der Dinge, der Kronprinz, Fürst
Radziwill, Minister von Brockhausen; nur Herr von Bülow
nicht. — Die Servisangelegenheit ist der städtischen Be=
hörde genommen und dem Kriegsministerium beigelegt;
sehr übler Eindruck. — Man behauptet, das Kriegsministe=
rium solle für's erste gar nicht besetzt werden; Herr Ge=
neral von Witzleben wolle sich dasselbe, da er noch nicht
ganz bereit dazu sei, offen behalten. — Herrn von Alten=
stein's Austritt aus dem Ministerium kündet man zu über=
morgen an; man rügt seine gänzliche Schwäche und Ge=
schäftsunkunde, seine armselige Rolle als Präsident im
Staatsrath u. s. w. Es heißt wieder, er solle Bundes=
gesandter werden. — Man spricht von Einziehung der
Gesandtschaftsposten von Darmstadt und Nassau. Fürst
Hatzfeldt wünscht an Graf Goltz Stelle nach Paris. — Der
Kanzler hat sich alle Personal= und Geldverfügungen in
Graf Bernstorff's Departement ausdrücklich vorbehalten;
die Minister, heißt es, seien ganz tief heruntergestellt, ohne
Ansehn und Wirkung, es sei keine Behörde im Staate,
die nicht glaube den Ministern trotzig begegnen zu dürfen. —
Herr von Humboldt hat den König nur am dritten Orte
gesprochen, und nur zufällig. — Der König von Frank=
reich soll sehr krank sein. — Der Mahler von Kügelgen ist
in Dresden von Räubern ermordet worden. — Herrn
von Brockhausen besucht; den Mahler Cornelius, Geh.
Rath Wolf, Herrn Dehn, Herrn Reimer gesprochen.
Schöne Frühlingstage, große Fülle unter den Linden.

Abends bei Frau von Helwig, General Gneisenau dort, Frau von Savigny u. s. w. Ueber Herrn von Savigny ist in Heidelberg Verhör gehalten worden bei Studenten, an die von Andern geschrieben worden: „Unser Bruder Savigny stopft uns diesen Winter mit Pandekten voll u. s. w." Unsere Diplomatik, bekennen Staatsmänner ohne Hehl, sei erbärmlich bestellt, sie mache uns nur Schande und Spott! — Wenn Herr von Bülow Kultusminister wird, ruft man aus, dann wird erst alles durcheinander gehn! — Hofrath Janke ist Konsistorialrath geworden. Knisenberg hat den rothen Adlerorden dritter Klasse erhalten. — Die Lehrer am Kadettenhause werden abgeschafft; Militairpersonen werden als solche angestellt.

Den 4. April 1820.

Große Parade unter den Linden; sehr schön! — Zwei Edelleute (durch Johanniter=Orden der eine kenntlich) hörte ich sagen: „Unsere Garde dü Corps sind schön, aber noch keine spanische!" — „Leider noch nicht!" — Es ist zum Erstaunen, welch freie Reden man sich erlaubt, und am meisten bei solchen Gelegenheiten. Als der König wieder vorbeiritt, behielt wieder alles Volk die Hüte auf, und es wurde davon gesprochen, daß der König dies übel nehme, und es doch geschehe. — Große Beförderung im Militair. — Alles ist voll von beabsichtigten Veränderungen in den Ministerien und in andern hohen Posten; vielfache Gerüchte und Behauptungen über die diplomatischen Bestimmungen. — In Wien neue Opposition der Süddeutschen, man findet tausend Schwierigkeiten; man glaubt daß Würtemberg im Vertrauen auf geheimen Rückhalt Rußlands handle, ein Brief des Kaisers Alexander nach Wien scheint dies zu bestätigen. — Herrn Geh. Raths Beckedorf Anstellung macht fortwährend den schlimmsten Eindruck auch bei den gemäßigten Leuten; im Bureau des Kanzlers ist er noch nicht; er erhält 3000 Thlr. Gehalt. — Noch immer heißt es, Herr von Bülow würde Kultusminister werden. Herr von Altenstein beschuldigt nunmehr den Staatsrath Schulz übereilten Verfahrens, und dieser soll voll Aerger den Abschied nehmen wollen. — Gegen den an Scheffer's Stelle gekommenen einstweiligen Universitätsrichter Nagel protestirt die Universität, weil er die nöthigen Eigenschaften nicht besitze; er ist wegen Liederlichkeit sehr verrufen, und auch blos Referendarius. Auch gegen die unrichtige Verhaftung, die an Ulrich und Wangenheim nun in die sechste Woche fortbauert, beschwert sich der akademische Senat. Man will die genannten beiden Studirenden von hier verbannen, findet aber die Behörde nicht, um es zu bewerkstelligen. — Herr von Otterstedt sendet Gruner'sche Papiere ein; der Kanzler hat heute Herrn von Stägemann selbst einen Brief wieder eingehändigt, den dieser im Jahre 1814 an Gruner geschrieben hatte; dieser eine Brief ist unverfänglich, aber wo sind die vielen spätern? — Höchst merkwürdig ist eine Aeußerung, die der Kanzler dieser Tage, man kann sich ungefähr denken vor welchen Leuten, gemacht hat; er erinnerte „an die schlimme Zeit im Jahre 1813, da er in Schlesien in der Nothwendigkeit gewesen, sich an die Spitze der Jakobiner zu stellen". — Dr. Körte's Schrift gegen Voß ist sehr schlecht. — Herr von Jordan dürfte doch Bundesgesandter werden, obgleich er meinte, es sei das letzte, was er wünschen könnte. Die ehemaligen Untergebenen Jordan's, z. B. der Geh. Legationsrath Balan u. A. machen ihm jetzt, da er nicht mehr, sie aber wohl noch im Departement sind, lauter

Verdrießlichkeiten. — Die altdeutschen Röcke werden häufig abgelegt.

Den 5. April 1820.

Spanien, Spanien, hallt in allen Reden der Leute mächtig durch; auch der Kampf der französischen Liberalen gegen die Ausnahmegesetze erweckt ernste Theilnahme; junge Leute, welche die Renommée beim Kuchenbäcker lesen, bezeugen einander jauchzend ihre Freude, wenn kräftige Stellen in den Reden der Deputirten vorkommen. — Das Oppositionsblatt wagt ein Wort über die Umtriebsakten in der preußischen Staatszeitung. Hier ist man dreister; mit Verachtung spricht man von dieser Zeitung. „Ist sie nicht das allererbärmlichste Blatt in Europa?" — „Die Regierung macht in der Staatszeitung den Andern den Vorwurf, daß sie über die Annahme des Grundsatzes, der Zweck heilige die Mittel, berathschlage; aber die Regierung zeigt ja, daß sie selbst diesen Grundsatz anerkenne und durch die That aufstelle, denn entschuldigt sie nicht die schändlichen Mittel, in die Geheimnisse der Menschen einzudringen, vertraute Briefe zu erbrechen und zu durchwühlen, ja sogar drucken zu lassen, entschuldigt sie dies nicht alles mit dem Zwecke des Staatswohles?" — Herrn Geh. Raths Schöll Reklamation im Journal des Débats wird sehr elend und unnütz gefunden; auf diese Art, sagt man, könnten noch hundert Einzelne kommen, und auch ihr Zeugniß geben, sein Wort durch das ihre bestätigend. — In den Finanzen sieht man wieder die schlechteste Vorbedeutung sich gestalten; man wird die im Januar aufgestellten Angaben in Kurzem wieder alle zu bloßen Luftgebilden machen, hinter denen nirgends eine Wirklichkeit ist. — Entsetzliche Arbeitslast im Kultusministerium, die lauter Akten und wenig Resultate erzeugt. Herr von Altenstein ist dem Ganzen durchaus nicht mehr gewachsen. — Den Konsistorialrath Bernhardi, Dr. Fichte und Dr. Erhard besucht, Herrn Cornelius, Geh. Rath Koreff, Geh. Rath Schulze, Herrn von Weyher u. s. w. gesprochen. — Graf Blankensee's Trauerspiel „Karlo" wurde so gut wie ausgepocht; man sagt, wenn er nicht Graf wäre, würde er es gar nicht zur Aufführung gebracht haben, aber Graf Brühl, Graf Blankensee u. s. w.

Den 7. April 1820.

Mir wird erzählt, daß sich in den untern Klassen die Meinung verbreitet, Jahn könne wohl, da man nicht wisse, was mit ihm zu machen, einen Gifttrank zu fürchten haben; er soll sehr leidend sein; „und ist nicht", fragen Andere, „schon der Kerker ein langsames Gift?" — Dr. Börne in Frankfurt ist nach den Zeitungen wieder frei. — Herr von Otterstedt hat auch Briefe des Generals von Gneisenau an Gruner aus des letztern Nachlasse hieher eingesandt; auch Papiere von noch andern Personen, aber es schwebt noch ein Dunkel darüber. — In französischen Blättern stand, daß in Magdeburg ein Aufruhr wegen Konstitution gewesen sei; die Sache ist falsch, aber dergleichen Nachrichten sind immer nicht angenehm. — Preußens Rolle und Vertreter am Kongresse zu Wien werden auch in französischen und englischen Blättern übel durchgenommen. — Die Darmstädtische Konstitution erregt Gelächter; wenn die Stände bewilligen, ist's gut, wenn sie nicht bewilligen, so geschieht's doch: ist das nicht, fragt man, wie der Jude, der auf alle Fälle nach Leipzig reist? — Herr

Major von Canitz ein großer Royalist und doch Oppositionsmann, tadelt in harten Ausdrücken unsere Minister, und will doch, daß Andere sie verehren; er hat seinen Kummer über Spanien nicht hehl, hofft aber, es werde dort schlecht gehen und Statt der Freiheit nur Gewalt und Zerrüttung herrschen; „Schade ist es nur", sagt er, „daß die schöne edle Sprache nun zu all den revolutionairen Reden mißbraucht wird".

Den 8. April 1820.

Noch immer liefert die Staatszeitung Akten über die Umtriebe! Das Publikum findet immer mehr Geschmack an den jungen Leuten. — Der Adel regt sich wegen Verfassung; die Aufhebung der churmärkischen Landschaft giebt dazu den Anlaß; Herr Graf von Itzenplitz widerspricht mit Eifer, auch viele Andere; es kommen Eingaben und Vorstellungen deshalb an den König; der Kanzler läßt die ungebärdigen Berufungen und Ansprüche auf Privilegien möglichst abfertigen. — Landrath von Wedel im Magdeburgischen ein Häuptling der Aristokraten. Glücklicherweise stoßen diese zunächst an den Kanzler selbst und an die Finanzmänner, sonst möchte es doch in manchen Stücken übel aussehen! — Die zahlreichen Tischgesellschaften und Klubs in Berlin unterhalten eine wohlthätige Mischung der Stände und Bekanntschaft der Personen mit einander, auch manche politische Regung in den Köpfen. Dieser Gesellschaftsverkehr ist in Berlin auf's Höchste gestiegen; heute waren z. B. in der gesetzlosen Gesellschaft unter etwa neunzig bis hundert Gästen mehrere Generallieutenants, ein Gesandter, der Kammergerichtspräsident, der Geh. Rath Ladenberg, Generalprokurator Eichhorn, die Uebrigen

Geheime Räthe von allen Zweigen, Offiziere, Professoren, Kaufleute u. s. w.

Den 9. April 1820.

Die Stadt ist voll des Geredes, der Staatskanzler würde eine neue Dotation und den Titel eines Herzogs von Schwedt erhalten; es wird von höheren Beamten aus der Nähe des Kanzlers nicht sehr bestimmt widersprochen. — In der letzten Woche war ein ernstlicher Streit im Voigtlande (im Invalidenhause), wobei Soldaten von Handwerksburschen geschlagen und selbst die Thorwache gefährdet wurde, es waren gegen 1500 Menschen im Getümmel; der Streit hieß Landwehr und regulaire Truppen. — Ueble Nachrichten über Geist und Stimmung am Rhein, man verhandelt allgemein Gegenstände von Gewalt, Mord u. s. w. — Herr von Stägemann wird sehr geneckt wegen der Staatszeitung, Geh. Rath Formey sagte ihm, man sähe es manchem Artikel an, daß er Bauchgrimmen darüber bekommen haben müsse, bevor er ihn zur Druckerei befördert. — Bei Herrn von Rothschild zu Mittag, Herr Geh. Rath Rother, Herr von Stägemann u. s. w. alles frei und munter, besonders Geh. Rath Formey; Herr Geh. Rath Krull äußerte sich entschieden zutreffend über Herrn von Otterstedt. — Abends in Gesellschaft.

Den 10. April 1820.

Veränderungen in den Militairgouvernements. Man sagt, Herr Graf von Tauentzien sei mit Fleiß nach Paris und London geschickt, um unterdessen in Berlin um die Hälfte seines Gouvernements zu kommen. Herr von Jaski, ein höchst verdienter Offizier, ist nicht in seiner Reihe mitbefördert worden, „freilich ist er so zusammengeschossen, daß er die Schärpe nicht mehr so ganz fest anziehen kann", die andern Generale und Stabsoffiziere, darunter vorzüglich die Beförderten, die ihn, wie z. B. Herr General von Bloch, übersprungen haben, sind mit starken Worten darüber laut geworden, und haben gegen seine Zurücksetzung mit Absicht sehr heftig gesprochen, damit der König es erfahre. — Graf Bernstorff, sagt mir Herr von Ancillon, wird nun erst zu Ende des April von Wien zurück erwartet. — Man sagt, die Zerrüttung des Staates, die falschen Schritte der Regierung würden zu arg, es sei Zeit, und es wäre eigentlich Pflicht, daß man dem Könige die Augen öffne, und wer könne mehr dazu berufen sein, als der Kronprinz? Ob dieser sich denn nicht endlich als Stützpunkt für die bessere Gesinnung aufstellen müsse? Die Ereignisse von Spanien locken diese und ähnliche Gedankenverbindungen jetzt häufiger hervor. — Prinz Wilhelm, Bruder des Königs, steht in Ungunst, weil er für die Unzufriedenen oft zum Ziel der Blicke dienen soll; er und die Prinzessin haben keinen Einfluß auf die Angelegenheiten; sie sind unverschüchtert und frei in ihren Aeußerungen. — Graf Blankensee's Dichterunglück ist dem gesammten Adel nicht ersprießlich; es regnet Witzworte und Bemerkungen, welche die Anmaßung des Adlichen und des Dichters gemeinschaftlich treffen.

Den 16. April 1820.

Man hat wirklich gegen den Grafen Toreno als spanischen Gesandten hier Einwendungen gemacht, und, er wird nicht kommen. — Gefährlicher Aufruf in Glasgow.

Ueble Zeichen in Frankreich; Wogen in Spanien. — Die Geschäfte in Wien sollen plötzlich wieder im größten Schwanken sein; neue Hindernisse, süddeutsche Opposition; Reise des Königs von Würtemberg nach Weimar. — Aergerniß durch den 7. Band der Correspondance inédite de Napoléon Bonaparte; Prinz Wilhelm u. s. w. — Wieder ist ein Student verhaftet worden. Der neue Universitätsrichter, Herr Kammergerichtsrath Brassert soll auch schon wieder den Abschied gefordert haben. Es werden immer neue Stöße Briefe und Papiere an die Umtriebskommission eingesandt; ein Student neuerdings verhaftet. Herr Geh. Legationsrath Eichhorn meint, wenn Gruner gelebt hätte, würde er der Untersuchung nicht entgangen sein. Was Herr von Otterstedt von Gruner's Papieren eingesandt, will noch nicht recht klar werden. — Der König hat wegen des Militair=Medizinalwesens eine eigene Kommission niedergesetzt, deren Präsident Herr Graf von Gneisenau ist; der Kanzler wußte kein Wort davon, und will nun Einsprache thun. — Große Gesellschaft bei Herrn von Stägemann.

Den 18. April 1820.

Man will wissen, der Kanzler habe von der Ernennung der Medizinal=Kommission wohl Kenntniß gehabt, es sei ihm nur bequem gewesen, dies gegen den Geh. Rath Koreff zu verläugnen. — Ein Herr von Jasmund in Pommern hat an den König eine Eingabe voll Haller'scher Redensarten geschickt; der Kanzler äußerte, man habe dem Manne eine trockene Abfertigung zu geben, „Sie haben ganz recht", sagte er zu seinem vortragenden Rathe, „der Kerl ist ein verfluchter Ultra". — Es wird viel davon gesprochen, daß das Militair sehr unzufrieden sei, besonders auch wegen der vielen Verkürzungen, die aus Ersparniß Statt finden. Soviel ist gewiß, seit dem Beispiel von Spanien sieht jeder Soldat sich selber mit neuen Augen an. — Herr Ancillon rühmt mir fortwährend die Einigkeit bei den Verhandlungen in Wien, nur Würtemberg habe seine Grillen, die sich aber auch geben würden. — Herr Graf Meuron ist auf halben Sold gesetzt. — Unsere Zeitungen läugnen, daß Herr Winter in Heidelberg auf preußisches Ansuchen verhaftet worden.

Den 19. April 1820.

Der Großfürst Konstantin läßt sich scheiden, heirathet eine polnische Gräfin, und verzichtet auf die russische Thronfolge; man vermuthet, daß der Kaiser die Scheidung um so eher gestatte, als er für sich selbst den gleichen Gedanken hege. — Die schlimmsten Nachrichten aus Portugal bei der hiesigen portugiesischen Gesandtschaft, alles deutet dort auf nahen Aufstand gegen die Engländer; Herrn Klindworth, Hausgenosse des Herrn Lobo, gesprochen; ein portugiesischer Legationssekretair, hier zum Besuche, ist des Schreibens unkundig; er ist in Portugal erzogen. — Die Umtriebssachen sind an das Oberlandesgericht zu Breslau zum Spruche gewiesen; die Kammergerichtskommission trägt wiederholt auf Jahn's Freilassung an; seine Verwandten dürfen ihn jetzt besuchen, auch Andere gelangen zu ihm, er ist so gut wie gar nicht bewacht, ein Gendarme sitzt bei ihm im Vorzimmer, und meldet sich, wenn er zum Essen geht „Ich gehe jetzt weg, Herr Professor!" Man sagt, daß es gern gesehen würde, wenn Jahn entspränge. Er möchte in's Bad reisen, hiesige Bürger wollen für ihn

einstehen. Herr von Weyher hat ihn besucht. — Der
Kammergerichtsrath Brassert hat gleich nach den ersten
24 Stunden seinen Abschied als Universitätsrichter gefor=
dert; er versieht die Stelle nur bis zur Ernennung seines
Nachfolgers und ohne Gehalt. Die Justizbeamten halten
sich fest und würdig. — Die Gemeindeordnung wird näch=
stens aus dem Staatsrath hervorkommen. — Der König
hat durch Kabinetsbefehl die strengste und schleunigste Unter=
suchung der neulichen Vorfälle im Invalidenhause an=
befohlen; das Kammergericht hat aber die Sache nicht für
höhere Staatsgefährde erkennen wollen, sondern als Privat=
schlägerei an das Stadtgericht gewiesen; dies erregt neue
Unzufriedenheit bei den jetzigen Oberleitern des Ministe=
riums. Die Wache ist damals allerdings überwältigt
worden, und gegen 6000 Menschen waren versammelt.
Es wurde auch geschrieen: Es lebe die Freiheit und Na=
poleon! — Herr von Jordan reist morgen wieder nach
Dresden ab, ungern, es scheint ihm nicht gelungen, sich
hieher in seine gewünschte Stellung zu bringen, obgleich
Graf Bernstorff's Abwesenheit seinem Anschlage günstig
schien. — Ob Herr General von Clausewitz denn wirklich
nach London als Gesandter geht, ist abermals ganz un=
gewiß. Graf Goltz soll nun zuverlässig in Frankfurt er=
setzt werden, aber man weiß noch nicht durch wen. — Herr
von Humboldt sucht durch Geh. Rath Koreff noch einige
Fäden mit dem Kanzler zu erhalten, er spricht gut von
diesem, und giebt zu, daß Herr von Beyme mit zu großer
Feindschaft verfahren habe. Diesem letztern wirft man nun
vor, daß er am Rhein ganz als der Mann des Volks
aufgetreten sei. — Herrn Minister von Brockhausen ge=
sprochen, Herrn von Jordan, und viele Andere. — In
Schöneberg bei Chamisso im botanischen Garten gewesen. —

Preußen hatte an Ludwig XVIII. in der Emigration 3 Millionen Thaler geliehen, ganz insgeheim, die preußischen Minister wußten nichts davon; die Verschreibungen waren einem Geh. Ober=Finanzrath in der Stille vertraut worden, niemand wußte mehr etwas davon, als im Jahre 1813 dieser Mann starb, und man die Papiere in seinem Nachlasse fand; die Summe ist wiedergefordert und auch richtig gezahlt worden. — In unserer Unglückszeit hatte Ludwig Bonaparte eine Anleihe, die uns von Napoleon in Holland verweigert wurde, aus seinen Privatmitteln für uns bewerkstelligt; vor Kurzem fragte er bescheiden an, ob er auf diese Summe oder einen Theil derselben noch rechnen dürfe? Der König hat befohlen, das Kapital nebst Zinsen sorgfältig abzutragen.

Den 22. April 1820.

Die Schlägerei vor Ostern war am Invalidenhause und Oranienburger Thore, die Thorwache konnte wenig Widerstand leisten, eine ganze Kompagnie des 2. Garderegiments mußte anrücken; die Handwerksbursche hatten Pfähle aus einem Zaun gerissen, und schlugen damit; ein Uhlane ist an seinen Wunden gestorben, viele Verwundete von beiden Theilen liegen noch in der Charité, auch dadurch verzögert sich die Untersuchung. Man macht aus dem ganzen Vorfalle dem König ein Schreckbild, und gewiß mit großem Unrecht. — Der König von Frankreich ist sehr krank nach den Nachrichten, die mit dem gestrigen Kourier gekommen sind. — Gestern wurde der letzte Rest des Turnzeugs von dem Turnplatze nach der Stadt durch das Halle'sche Thor eingebracht. Der Turnwart Eiselen erhält noch seine Besoldung. — Gestern Fanny Tarnow gesehen,

sie kommt von Hamburg, dort geben Viele dem General
Gourgaud in seinem Handel mit Stockfleth recht, und
letzterer war gezwungen, sich endlich jenem zum Zweikampf
anzubieten. — Heute Gesellschaft bei Herrn von Stäge=
mann. — Zu Jahn darf jetzt jedermann, der die Erlaub=
niß von Herrn von Trütschler dazu einholt.

Den 24. April 1820.

Herr Oberpräsident Merkel hat seinen Abschied bewil=
ligt erhalten. — Am Freitage im Staatsrath erhob sich Herr
von Vincke gegen das Auflegen einer neuen Steuer, jetzt
dergleichen einführen wollen, sagte er, heiße Revolution
wollen, und setzte sich sogleich wieder, ohne weitere Gründe
anzugeben. Der Präsident Herr von Altenstein verwies
ihm seine Aeußerung mit dem Bemerken, darüber sei hier
nicht der Ort zu reden. Sogleich erhoben sich der Kron=
prinz und, mit Ausnahme des Prinzen Wilhelm, alle
Prinzen, und sprachen gegen Herrn von Altenstein, beson=
ders fragte der erstere mit Lebhaftigkeit, wo denn die Rede
davon sein solle, wenn nicht hier? Hierauf hielt Herr
Ancillon eine lange Rede, deren ganzer Inhalt gegen den
Staatskanzler gerichtet gewesen sein soll, er fragte, ob man
die neue Steuer mit Bajonetten eintreiben werde, und auf
welche Bajonette denn in jetziger Zeit mit Sicherheit zu
zählen sei? Herr von Heydebreck führte an (was nicht
sehr geschickt gefunden wurde), daß auch Friedrich der
Große einmal wegen einer neuen Steuer in Schlesien auf
das Volk mit Kartätschen habe schießen lassen, und darauf
sei alles in Ordnung vor sich gegangen, wie man es ge=
wünscht. Herr Graf von Gneisenau nahm sich des Kanz=
lers an, doch vermißte man die Sachkenntniß, die dazu

nöthig gewesen wäre. Alle Minister, mit Ausnahme des Herrn von Klewitz, der weniges sprach, schwiegen ganz still, auch Fürst von Wittgenstein. Herr Geh. Rath Rother wollte verzweifeln, und eilte zum Kanzler, es sei nichts anzufangen, er wolle fort u. s. w. Der Kanzler war in größter Entrüstung über Herrn Ancillon, der verdient habe, auf die Festung gesetzt zu werden; über Herrn von Altenstein, der den Vorsitz so schlecht führte, über die Minister, die alle nicht das Maul aufgethan hätten und verdient hätten entsetzt zu werden. Die Besorgniß steigt ungemein. Man sieht hinter allem eine weitausgedehnte Mine gegen den Kanzler, dem der Kronprinz, der Herzog Karl von Mecklenburg, die Prinzen insgesammt, und besonders Herr Ancillon, als welcher das Zeug hergiebt, feindlich entgegenstehen, vielleicht ist auch Herr von Humboldt mit im Spiele, der nebst seinen Anhängern schon längere Zeit Herrn Ancillon rühmt. Der Kanzler hat lauter Nullen zu Ministern, und die unpopulairsten Menschen zu Räthen, Bülow, Schöll, Beckedorf, Hoffmann ꝛc. Doch ging beim Stimmen die Sache noch glimpflich ab, aber für die Folge ist keine Sicherheit, da eine ernstere Opposition sich zeigt, als die im Anfange des Jahres gesprengte gewesen ist.

Den 26. April 1820.

Gestern ein russischer Kourier aus Paris hier durch. Stürmische Sitzung der Deputirten wegen eines neuen Wahlgesetzes. — Auch Herr Staatsrath Ladenberg war im Staatsrath bei der Opposition. Man meint, Herr von Humboldt habe auch die Hand im Spiele, und es könne leicht geschehen, daß er aus Berlin und der Umgegend verbannt würde. — Herr Graf von Egloffstein, Obermundschenk,

soll als Gesandter nach Kassel gehen; man ist in den obern
Kreisen sehr dem Grundsatze zugewendet, alle solche Stellen
in Zukunft mit vornehmen Adlichen zu besetzen.

Den 29. April 1820.

Man hört häufig in Gesellschaften den Vortrag des
Kronprinzen im Staatsrathe preisen, man hört Aeußerun=
gen, der Kronprinz müsse an die Spitze der Staatsgeschäfte
gesetzt werden, man bemerkt große Verstimmung gegen
den Kanzler und seine Räthe, gegen Herrn von Klewitz
und Herrn Präsidenten Rother insbesondre; des letztern
Güterkauf in Schlesien wird unter sehr nachtheiliger Be=
leuchtung gezeigt. Man spricht mit großen Worten von Herrn
von Humboldt, und von dem Oberpräsidenten Herrn von
Schön, der Finanzminister werden müsse, der es aber nur
unter Bedingungen werden würde, die der Verfassung för=
derlich wären. — Herr von Stägemann wird immer mehr be=
dauert, wegen seiner Rolle mit und in der Staatszeitung. —
Herr von Bülow ist Stägemann's entschiedener Feind; er
scheint zu wissen, daß dieser mit Herrn von Zerboni bi
Sposetti im Jahre 1813 einen Verhaftbefehl gegen ihn
dem Fürsten Repnin zur Unterzeichnung vorlegen wollten,
weil Herr von Bülow nicht im Sinne der Franzosenfeinde
genugsam thätig sein wollte, und bei Zensur= und andern
Sachen sich zweideutig benahm; allein Graf Golz hatte
schon den Fürsten Repnin im voraus zur Nachsicht ge=
stimmt, und jene unterließen den Schritt. — Würtemberg
hat in Wien nachgegeben, man erwartet nun bald den
Herrn Grafen von Bernstorff hier zurück. — Neuer spanischer
Legationssekretair hier.

Den 1. Mai 1820.

Herr von Greuhm hat in Strelitz die neuen Wiener Abschlüsse gelesen, man sieht darin eine neue Deklaration der Bundesakte, ohne viel neuen Gewinn, die Widersprüche sind nicht gelöst, die Schwierigkeiten durch allgemeine Redensarten umgangen; die ständischen Verfassungen sollen auf historischen Grundlagen errichtet werden, heißt es in Betreff des 13. Artikels der Bundesakte, und in demselben Augenblicke, wo Preußen dies in Wien unterschreibt, zerstört es hier in der Landschaft den letzten historischen Ueberrest jener Art in der Mark. — In den Wiener Protokollen ist des Prof. List als eines professeur affamé erwähnt; die Handelsgesellschaft hat durch ihn für Aufhebung aller Binnenzölle den deutschen Regierungen 30 Mill. Gulden zu zahlen angeboten, ist aber abgewiesen worden. — Man spricht noch immer von dem politischen Auftreten des Kronprinzen. Der Kanzler soll ausgerufen haben: „Noch ist er nicht König, und noch ist Herr Ancillon nicht dirigirender Minister!" — Der Generaladjutant des Königs, Herr von Witzleben, wird jetzt als der einflußreichste Mann angesehen, nicht blos in Militairsachen, sondern in allen Sachen. Herr General von Natzmer geht eigentlich deshalb von hier fort. — Herr General von Clausewitz in peinlicher Lage, noch immer nichts Bestimmtes. — Man glaubt, daß Herr von Altenstein am Ende doch den Herrn Grafen von Goltz in Frankfurt ersetzen wird. Herr von Werther sehr ungeduldig; London, Madrid, Stuttgart, alles ist ihm ungewiß; man glaubt, er habe in irgend etwas gegen den Kanzler gefehlt. — Man spricht von Merkel's Abschied.

Den 4. Mai 1820.

Herr von Altenstein ist endlich im Staatsrath auch grob geworden, und hat einige Opponenten, unter andern Herrn Ancillon, angefahren, es komme hier bei Finanzsachen auf gründliche Kenntniß und feste Zahlen, nicht auf allgemeine Redensarten an. Man meint, das neue Steuergesetz werde nun keine großen Hindernisse mehr finden. Im Publikum ist eine unangenehme Stimmung deßhalb, man erwartet mit Sorge, was da kommen soll. — Herr Präsident Knisenberg ist noch in Frankfurt, und noch nicht nach Mainz gegangen, weil Herr von Schwarz noch nicht weichen will. Ueberhaupt herrscht in der Mainzer Kommission solche Uneinigkeit, daß dies allein schon ihr alle Bedeutung nimmt. — Die ostpreußischen Stände, unter Vorsitz des Herrn Grafen von Dohna, haben auch in einer Vorstellung an den König der Konstitution erwähnt, aber keinen bestimmten Bescheid erhalten. Einrichtung und Wirksamkeit dieser Stände, die sich so oft versammeln, als es ihrem Direktor gut dünkt, und die ohne Zwischenbehörde mit Umgehung aller Minister sich in allen Dingen geradezu an den König zu wenden befugt sind. — Man sagt, Herr Geh. Rath Koreff soll wieder an Einfluß gewonnen haben.

Den 5. Mai 1820.

Die Hamburger Zeitung enthält die Ukase wegen Scheidung des Großfürsten Konstantin; vor Kurzem hatte die hiesige russische Gesandtschaft die ganze Sache noch für unmöglich erklärt! Ueber die Verordnung wegen nöthiger Ebenbürtigkeit zum Rechte der Thronfolge sagt man: „der

Kaiser erkläre sich selbst für unrechtmäßig" wegen Katharine I. des Mädchens von Marienburg. — Prinzessin Wilhelm läugnet, daß sie die Worte gesagt habe, die Herr von Steigentesch von ihr angeführt hat (Correspondance inédite de Napoléon). Man ist am Wilhelm'schen Hofe über diese und ähnliche Sachen sehr verstimmt. — Herr Ancillon erstattet dem Könige Berichte aus den Zeitungen, der politischen Litteratur; theils mündlich, vorlesend und empfehlend, theils schriftlich. — Man sagt, unser Kronprinz würde vielleicht nie heirathen; die baierische Prinzessin verweigere die Religionsveränderung. — Spaziergang, Gesellschaft.

Den 6. Mai 1820.

Aus Paris wird geschrieben, das jetzige englische Ministerium stehe schlecht; der König sei aufgebracht über die Nachgiebigkeit in Betreff seiner Gemahlin; — ferner: die Liberalen in Frankreich und Spanien stünden in Verbindung, es würde ihnen lieb sein, wenn französische Truppen an der Gränze zusammengezogen würden, es könnte dann aus diesem Kern eine Bewegung hervorgehen. — Unruhige Gerüchte über Portugal, die unsre Staatszeitung läugnet. — Man spricht von einem Kongresse in Pest, von Rüstungen Neapels, von Verlangen der Polen nach Türkenkrieg. — Viele junge Offiziere wollen Herrn Ancillon zu Leibe, weil er im Staatsrathe schlecht vom Geiste des Militairs gesprochen haben soll, sie haben schon den Grafen Gneisenau und General von Knesebeck darüber befragt, die aber läugnen, so etwas im Staatsrathe gehört zu haben. Die Offiziere behalten indeß ihre Erbitterung.

und sprechen von „alle Knochen im Leibe zerschlagen" u. s. w. — Gesellschaft.

Den 7. Mai 1820.

Es ist ganz ausgemacht, daß Graf Tauenzien als Gesandter in London bleibt; der Prinzregent hatte Herrn von Humboldt gesagt, wenn ihm ein Nachfolger gegeben werden sollte, so wünschte er, es möchte Tauenzien sein; Herr von Humboldt hatte diesem aber nicht die Ehre gegönnt, sondern blos berichtet und nachher mündlich wiederholt, der Prinzregent wünsche einen Militair, und späterhin glaubte er durch den Vorschlag des Generals von Clausewitz die Sache glücklich nach seiner Ansicht beendigt zu haben. Allein dem General von Clausewitz waren hier mehrere Personen entgegen und leisteten ihm üble Dienste, der Prinzregent sollte einige Fragen gemacht haben u. s. w. Er läugnete, daß er einen Militair gewünscht habe, er habe Tauenzien's einmal erwähnt, aber sonst sei ihm auch ein Andrer und ein Zivilist recht u. s. w. Durch den Herzog von Cumberland entdeckte sich hier der ganze Hergang. Alles dies hat Herr von Ompteda erzählt, Andre sagen, die Gräfin Voß habe etwas gegen Frau von Clausewitz, und bei Cumberland's die Sache in Zug gebracht, auch Herr von Werther und der Herzog Karl sollen ihr Theil dabei gehabt haben. — Der Marquis de Bonnay macht in seinen Depeschen nach Paris ein schlechtes Bild von Preußen, das Militair sei unverläßlich u. s. w. — Drei Offiziere in Koblenz, worunter Herr von Ernsthausen, die einem dortigen Bürger nächtlich aufgepaßt und ihn mißhandelt hatten, sind vom Könige sogleich ohne Abschied entlassen worden. — Man sagt, der Herr Geh. Kämmerier

Timm sei seit drei Tagen in Ungnade, man wisse nicht warum. — Es sind Generale, z. B. Herr von Pirch, die davon sprechen, daß man an Herrn Ancillon Rache nehmen müsse ꝛc. — Rezension der Ancillon'schen Schrift in der Hallischen Allgemeinen Litteratur-Zeitung, März. — Spazieren in Bellevue. Eine Menge Bekannte unter den Linden gesprochen.

Den 9. Mai 1820.

Kriegesgerüchte von England und Rußland, wobei Frankreich mit ersterem, Preußen aber mit letzterem verbunden sein sollte. — Einige behaupten, Herr General von Wolzogen sei als Gesandter nach Kassel bestimmt, weil ihn Oesterreich bei der Militairkommission in Frankfurt, als zu eifrig auf Preußens Interesse bestehend, nicht mehr wolle. — Der Kaiser von Oesterreich soll nun nicht hieher kommen. — Dr. Lappenberg, Hamburgischer Minister-Resident, erhält hier keine besondre Audienz beim Könige, der Kanzler schreibt ihm, es sei hier für Ministerresidenten nicht der Gebrauch; den Hamburgern ist dies unangenehm und unfreundlich, in Wien, St. Petersburg, Madrid ꝛc. geht es ihnen besser. — Herr von Humboldt reist mit seiner Familie auf die Güter. — Herr von Stägemann soll Verdruß beim Staatskanzler gehabt haben, wegen eines Aergernisses, das sein Feind der Oberpräsident von Bülow recht hervorgehoben. — Herr Prof. Oken soll wirklich nach Ostindien gehen wollen, unter sehr guten Bedingungen. — Gesellschaft bei uns, Fräulein Tarnow, Hofräthin Herz, Herr Beer, Herr General von Rühle, Geh. Rath Koreff u. v. A.

Den 11. Mai 1820.

Der mecklenburgische Staatsminister von Plessen ist seit dem Karlsbader Kongresse so zu Ruhm gekommen, daß man sich um ihn reißt; Oesterreich, Baiern und auch Preußen haben ihm Dienste und zwar die Gesandtschaftsstelle am Bundestage angeboten; bisjetzt hat er noch alles ausgeschlagen, und will in Mecklenburg bleiben, wo er allmächtig ist und große Veränderungen vor hat, deren aristokratische Richtung sehr gefürchtet wird. — Herr Geh. Leg. Rath Balan geht zum Unterhandeln eines Konkordats nach Rom. — Herr Geh. Leg. Rath Klüber wird ungemein bewundert wegen eines weitläuftigen, tiefgelehrten Entwurfes zur Regulirung der preußischen Mediatisirtensachen: „Man wird hinter dem Bewundern die eigne Unfähigkeit dergleichen zu machen oder auch nur zu verstehen verbergen wollen." — Herr General von Wolzogen soll als Gesandter nach Kassel gehen; in der Militairkommission will er selbst nicht mehr bleiben. — Graf Bernstorff's Abwesenheit wird nun doch bis Ende Mai dauern. — Nachricht aus Paris von einer entdeckten Verschwörung der Gardes du Corps gegen die Häupter der Liberalen. — Herr Geh. Kämmerier Timm ist nicht in Ungnade. — „Das Volk ist hier ruhig, es nimmt an wenigen politischen Vorgängen Theil, ob Jahn mit Recht oder Unrecht in Verhaft ist, das rührt die Menge nicht, sie theilt sich zwischen Arbeit und Vergnügen, und an beidem fehlt es nicht. Aber es denkt allgemein gering von der Regierung; es äußert Verachtung gegen die höchsten Staatsbeamten einzeln, wie gegen die Staatsverwaltung im Allgemeinen. Unzufrieden, zum Theil aufs Aeußerste, sind nur die Staatsbeamten selbst, und die Vornehmen, in Berlin; in den

Provinzen häufig auch das Volk, entschieden unzufrieden am Rhein." — Herr von Vincke hatte die Aufhebung aller Oberpräsidenten angeregt; mehrere Regierungen gehen ein.

Den 13. Mai 1820.

Aengstliche Nachrichten aus Frankreich. — Krieges=
rüstungen in Brasilien und Nordamerika, allgemeiner Haß der Portugiesen gegen England, Palmela, Lobo ꝛc. Große Kolonisation für Brasilien, alle Gesandtschaften haben Auf=
träge, reichliche Geldmittel ꝛc. — Verlegenheiten des eng=
lischen Ministeriums. — „Man ahndet hier von allem nichts, man hat gar keine Gesichtspunkte für die große Weltlage." — Herr Geh. Rath Schöll ist von der Buch=
händlermesse aus Leipzig zurückgekehrt; er hat beim Kanz=
ler die Leitung der französischen Sachen ganz ausschließlich und unbedingt. Sein Verhältniß ist sehr vertrauter Art; er kommt alle Morgen um 7 Uhr zum Kanzler, und hat viel zu thun. — Schlechtes Gerede über die Operationen der Seehandlung und über die Geschichte mit den Aner=
kenntniß=Scheinen, das öffentliche Zutrauen werde ganz zu Grunde gerichtet, sagt man, es sei Mißbrauch und Betrug ohne Hehl geübt. — Der König will im Anfange Juni's nach Pommern reisen. — Manöver. Uebermorgen Parade.
— Humboldt's morgen nach Dresden.

Den 16. Mai 1820.

Der Kanzler war gestern sehr krank, er hatte seinen Husten, der die Lunge lähmt, er konnte weder lesen noch schreiben. Er war schon Tags vorher krank, mußte aber ungewöhnlich (Sonnabends) von Glinicke hereinfahren, um

den König zu sprechen, und wurde davon schlimmer. Koreff
sagte gestern, der Zufall sei wieder gehoben, er dürfe aber
nicht öfters wiederkehren, sonst sei es einmal plötzlich zu
Ende. — Man sagte, es sei ein österreichischer Kourier
angekommen, und gleich wieder abgefertigt worden. — Es
wird gesagt, in Hofkreisen sei man mit Herrn Grafen von
Bernstorff und seinen Arbeiten in Wien wenig zufrieden.
Die höheren altpreußischen Beamten sind alle ihm feindlich
gesinnt. — Herr Geh. Rath Schöll war nicht in Buch=
händlergeschäften, sondern, wie man sagt, in Umtriebs=
sachen zur Leipziger Messe gereist; desgleichen Herr
Tzschoppe. Man hat in Leipzig auch einen Herrn von
Bülow gesucht, aber nicht gefunden. — Herr von Cölle
ist vor einigen Tagen gestorben. — Herr Graf von Goltz
berichtet aus Paris, die Herren Labourdonnaye und Cha=
teaubriand seien unzufrieden mit dem Ministerium und
mit den Ausnahmegesetzen, ihnen stimmten die meisten Roya=
listen in den Provinzen bei, sie seien auf dem Gipfel des
Ruhms und Einflusses bei ihrer Parthei; Herr Decazes
aber würde nächstens — man erwarte es jeden Tag —
wieder an des Herzogs von Richelieu Stelle treten. — Herr
Ancillon machte mir Nachmittags einen langen Besuch; er
glaubte in Frankreich würde es ruhig bleiben, der jetzige
Lärm sei die letzte Verzweiflung der Liberalen; der Ultra=
liberalen, setzte er bessernd hinzu, General Sebastiani habe
gesagt, nous sommes tellement battus qu'il ne nous reste
rien à faire que de jetter nos banquettes à la tête des
ministres. Das neue Wahlgesetz entspreche zwar den Ab=
sichten der Minister noch nicht, aber hätten sie erst eine
neue Kammer und sichre Majorität, so ließe sich das Andre
dann leicht nachholen. Er sprach von den ungewöhnlichen
Schwierigkeiten, mit denen heutigen Tages die Regierungen

zu ringen hätten, in den untern Klassen stocke Gewerb und
Nahrung, für die obern habe die Regierung nie genug
Aemter und Ehren, jeder Mensch ringe jetzt nach oben,
jeder wolle die ersten Stellen erreichen, wo das hinwolle?
Als ich fragte, ob denn das nicht schön sei? ob nicht jede
Regierung jedem Soldaten den Ehrgeiz sporne, daß er
General, jedem Beamten, daß er zu Höherem gelangen
könne, ob nicht der Kanzler diesen Grundsatz im Jahre
1807 festgestellt habe? gab er es wieder zu, und fand es
auch recht, und wollte keine Geburtsschranke anerkennen.
Gruner, behauptete er, habe alle Umtriebe verfolgt, mit
wahrem Hasse und großer Geschicklichkeit alles aufgespürt
und bestritten, kurz ein wahrer Ultra, doch kam das Wort
nicht vor. Es wird ein großes Revirement in den diplo=
matischen Posten vorgehen; Graf Goltz bleibt zuverlässig
nicht in Frankfurt, viel über diesen Platz, der Residenten=
posten in Frankfurt sei meiner nicht würdig, er sei zu un=
bedeutend. Herr von Plessen wird gelobt; Herr von Aretin
wegen seiner Fähigkeit. — Herr Ancillon war sehr ge=
sprächig und verbindlich. — Herr von Humboldt nach
Tegel.

Den 20. Mai 1820.

Man sagt, die Verbindung der Prinzessin Alexandrine
mit dem Erbgroßherzoge von Mecklenburg=Schwerin werde
rückgängig, eine ganze Parthei sei dagegen, und schiebe den
Prinzen Friedrich von Oranien vor, der der Prinzessin
schon früher gefallen habe. — Ueber die Verhältnisse des
Königs zu Frau von Dillon, Fräulein von Brandenstein,
Helmina ꝛc. Fürst Wittgenstein's Einfluß auf diese Dinge.
— Der Kanzler ist sehr in Zorn, daß man so laut von

seiner Krankheit gesprochen hat, und schimpft auf die Verbreiter. — Herr Graf von Bernstorff hat neuen Gichtanfall in Wien an Fuß und Hand, und wünscht es auch gerne zu verheimlichen, es ist aber schon bekannt. „Was haben wir denn schon andres von ihm gesehen", sagte jemand, „als Podagra und Reisen?" Der Graf hat viele Gegner, und es spinnt sich allerlei gegen ihn an. — Herr von Alopeus reist nach St. Petersburg; der französische Legationssekretair Herr von Cussy nach Paris. — Der schwedische Gesandte Herr von Taube ist abgegangen. — Verstimmung gegen den Herrn Geh. Rath von Rother; es sind mehr Anerkenntnisse gekauft worden, als vorhanden sind, Wucherart des Abbé d'Espagnac! — Man klagt ungemein über das Niederliegen aller Geschäfte im Departement der auswärtigen Angelegenheiten. In den andern Ministerien häufen sich die Bureaus. Herr Geh. Kabinetsrath Albrecht bekommt das ganze Jordan'sche Haus für sich und seine Bureaus, die bisherigen kommen in das Johannitergebäude, die daselbst befindlichen des Generalstabes ziehen in das obere Stockwerk; in Graf Bernstorff's Hause ist auch ein neuer Anbau für Bureaus; das Haus kostet über 120,000 Rthlr.

Den 22. Mai 1820.

Der Kanzler in Glinicke wenig sichtbar, man sagt krank; Fürst Wittgenstein soll beunruhigt geäußert haben, er sei mehrere Tage ohne Nachricht von ihm. — Der Justizminister hat an die Umtriebskommission, die bisher regelmäßig jede Woche an Jahn's Freilassung erinnerte, geschrieben, der Inquisit Jahn könne nicht aus der Haft entlassen werden; ohne weitere Anführung von Gründen;

die Kommission hat dem Justizminister protestirend geantwortet, will sich protestirend an den König wenden, und, wenn sie auch daher abschläglich beschieden wird, sich protestirend auflösen. — Herr Major von Martens sagte neulich, Graf Tauenzien mache ihm einen Querstrich, sonst habe er den Londoner Posten anzusprechen gedacht. Ruhmrederei bei Bonnay, Bernstorff habe ihn rufen lassen (schon über ein Jahr her). Die Tauenzien'sche Familie läugnet, daß der General in London bleibe, bleiben wolle, und bleiben könne, der Posten sei nicht groß genug für seinen Rang u. s. w. — Herr von Schilling, ein Russe, rühmt ganz ohne Hehl Napoleon als den größten Mann seiner Zeit, als den Heiland der Franzosen, lobt diese als achtbarste Nation, tadelt die Altfranken, die Hoffucht u. s. w. Dergleichen ist nicht unbedeutend, es denken Viele so, besonders Russen und Polen, und jetzt auch mehr Deutsche, als sonst. — Herr von Zepelin will bei Fürst Wittgenstein gehört haben, ich käme an Herrn Geh. Leg. Rath Himly Stelle.

Den 23. Mai 1820.

Herr von Plessen aus Wien hier angekommen; er spricht von den dortigen Beschlüssen nicht sehr eingenommen; die Kleinen würden schon ihre Sache machen, ob die Großen, das werde sich zeigen. — Artikel in der Renommée aus Wien über die würtembergische Opposition, wonach die Wiener Beschlüsse nicht selbstständig, sondern vom Bundestage ausgehen, über die Mainzer Kommission u. s. w. — Rußland mit Preußen gespannt, weil es dessen Hinneigung zu Oesterreich ungern sieht; der Kanzler beklagt sich, daß der russische Hof nichts mittheile, z. B. die für Preußen so wichtige Sache des Großfürsten Konstantin, all dergleichen müsse man aus Polen erfahren; General von Schöler ist vom Kaiser in Protektion niedergedrückt, er kann nicht mehr auftreten, nichts fordern, man ist zu gut bekannt, dabei hat er vom Kaiser ein prächtiges Service und 50,000 Rubel geschenkt erhalten, zur Entschädigung wegen des Balles für Prinzessin Charlotte. — Uebles Vernehmen mit Schweden; man vergißt, daß man Schweden einst gegen Rußland sehr bedürfen kann. Die schwedischen Stände hatten den Beschluß gefaßt, Falls der Prinz Oskar eine preußische Prinzessin heirathe und ohne männliche Nachfolger stürbe, einen preußischen Prinzen auf den Thron zu berufen; dies Anerbieten hatte Eindruck hier gemacht, besonders auch bei Fürst Wittgenstein; allein die Sache scheiterte gleichwohl; der Staatskanzler war nicht dafür, er kann sich noch nicht entschließen, den Bernadotte für voll anzusehen. — Reimer wurde vor seiner Abreise nach Leipzig einmal über Unerhebliches vom Polizeirath Keyser vernommen; der Befehl dazu war schon im Januar vom Kanzler unterzeichnet. Jede Behörde, der Kanzler selbst im Vertrauen, scherzt über die Umtriebssache, und sucht sich der Lächerlichkeit, die mit der Sache verbunden ist, dadurch zu entziehen, daß man sie selber heraushebt. Herr von Kamptz wird beschuldigt, die aus den Akten mitgetheilten Stellen nicht aufrichtig ausgezogen zu haben; im Zusammenhange sollen manche das Gegentheil sagen.

Den 25. Mai 1820.

Der märkische Adel hält hartnäckig an seinem landständischen Institut. Es fallen hartnäckige Reden darüber vor; man hört häufige Anregungen von verlorenen Privilegien, von gewaltsamer Unterdrückung u. s. w. — Der König soll sich auf Seiten der Opposition in den Steuersachen gestellt, eine neue Untersuchung angeordnet und fernere Ersparnisse anbefohlen haben, bevor er dem neuen Steuerentwurf Bestätigung gäbe. Der Kanzler soll hierüber sehr betreten sein. Er hatte früher an den Kronprinzen ausführlich geschrieben, um ihn über die Sache aufzuklären. Herr Ancillon hätte demnach einen Sieg errungen, der zu Weiterem führen kann. „Wenn man erst merkt, daß der König selbst unzufrieden ist, und auf die Opposition achtet, dann wird diese erst recht stark werden!" — Die Wechselschwindelei des Staats beträgt 9 vielleicht 11 Millionen, die wenigstens jährlich 10 Prozent kosten, alle jährlich wenigstens um ein Zehntheil vermehrt werden. Große Verlegenheit jetzt, und arger Ausbruch künftig! — Schreiben des Kanzlers an Dr. Benzenberg in der heutigen Zeitung; man glaubt ihm die schönen Worte nicht, man glaubt es anders schon zu wissen. — Herrn Grafen Joseph Westphalen gesprochen. Herr Geh. Rath Kohlrausch bei mir gewesen.

Den 27. Mai 1820.

Herr General von Pfuel bei mir; am Rhein alles unpreußisch, erwartet Krieg in Frankreich und daher gegen Frankreich. — In der Spener'schen Zeitung Nachricht von Sand's Hinrichtung; großer Eindruck; Verwunderung über die Zensur und die ungleiche Ausübung derselben; die andern Zeitungen geben nur ein paar Zeilen. Man sagt, die Studenten hätten vorgestern Nachts in der Hasenheide Sand's Todtenfeier begangen, mit Fackeln; es habe einer derselben eine Rede gehalten ꝛc. Gewiß ist, daß Herr von Alopeus die Sache in seinen Depeschen berichtet hat. —

Herrn Grafen von Egloffstein gesprochen. In Charlottenburg gewesen. — Gestern Herrn Geh. Rath Rother zweimal gesprochen. — Man sagt, Herr Graf von Pückler werde Fürst werden.

Den 30. Mai 1820.

Die hiesigen Ultra's sagen, der König von Spanien verdiene nicht auf dem Throne zu bleiben, es sei Schade wenn es nicht schlecht ginge, er hätte eher abbanken müssen, ehe die Konstitution annehmen. Dieselben Ultra's vertheidigen alle Schlechtigkeiten eines Diplomaten damit, daß er ja sonst in Gefahr gewesen seine Stelle zu verlieren! — Herr Geh. Rath. Rother hat viel Verdruß, die Vornehmen hassen ihn, und machen ihm das Leben sauer; er hat auch schon an Abschiednehmen gedacht. — Privatnachrichten über Sand; den Artikel in der Spener'schen Zeitung hat unbegreiflicher Weise Herr Geh. Rath Schöll geliefert, erst am folgenden Tage merkte man den Mißgriff, und verbot den Abdruck in der Voßischen Zeitung. — Die Akademie der Wissenschaften ist wieder zensurfrei; desto größer der Schimpf für die Universitäten. — Professor Thiersch in München widmet seinen übersetzten Pindarus dem Dr. Jahn. — Neuer Band des Hermes, über die badischen Stände. — Unsre heutige Staatszeitung! — Des Geh. Leg. Rath Hoffmann Abmachung wegen der Elbschiffahrt mit Herrn von Münnich soll ohne Noth Hunderttausende wegwerfen, die uns schon zugestanden waren; Herrn von Stralenheim's Bericht darüber nach Hannover. Der Handelsminister Graf von Bülow arbeitet unter der Hand, daß die Stadt Stettin dem Könige bei seiner Durchreise über diese Sache eine Beschwerdeschrift überreiche. —

Die Adlichen machen sich darüber lustig, daß Herr Ancillon den Vornehmen spiele; er ist nämlich jetzt wirklich Chef des auswärtigen Departements! Große Unzufriedenheit im Adel; er sei immer unabhängig gewesen, habe seine Rechte gehabt, der König könne ihm nichts nehmen ꝛc. — Herr von Otterstedt war von Darmstadt nach Mannheim gereist, und hat über Sand's Hinrichtung berichtet. — Herr Graf von Bernstorff in Wien krank.

Den 31. Mai 1820.

Der badensche Gesandte hat eine Beschwerde wegen des Spener'schen Artikels über Sand eingereicht, als ob die badensche Regierung sich vor einigen Studenten gefürchtet habe! Man schimpft auf den Zensor, der seine Schuldigkeit nicht gethan. — Herr von Stägemann reist mit Herrn Geh. Rath Rother nach Schlesien, und dann weiter nach Karlsbad. Sein Einfluß ist gar gering, und könnte sich durch seine Entfernung noch verringern. Er erzählt, im Widerspruche mit andern Nachrichten, der König habe über alle Opposition im Staatsrathe sich durch die Worte „Dummes Zeug, einfältiges Geschwätz" geäußert, und alle Vorschläge des Kanzlers unbedingt genehmigt. Das Wahre von der Sache wird sich bald aufhellen. — Der Kanzler will am 15. Juli nach Pyrmont reisen. Heute Geburtstagsfest in Glinicke. — Die letzten beunruhigenden Nachrichten aus Paris betreffen die Verschwörungen, die man sowohl gegen den Herzog von Angouleme, als auch gegen die Liberalen befürchtete, kurz, große Gährung. Herr Graf von Goltz berichtete zuletzt, das Wahlgesetz scheine nun doch nicht durchzugehen, man sei wegen der Mehrheit in der Deputirtenkammer zweifelhaft, und in der Pairskammer noch schlimmer als dies. Man ist daher sehr in Sorgen. — Herr Graf von Tauentzien ist aus London hier zurück; man hätte ihm den dortigen Gesandt= schaftsposten, heißt es, nicht reich genug dotiren wollen oder können. — Der König wollte die harte Antwort an den churmärkischen Adel wegen der Landschaft nicht unter= schreiben, der Kanzler bewog ihn dazu, indem er auf eine Stelle hinwies, wo der Adel in seiner Eingabe die Sou= verainität des Königs anzugreifen schien. — Man spricht schon mißfällig über die Gunst Spontini's, der erst wenig Tage hier ist; er hat Königliche Wagen zur Disposition, wird vom Generaladjutanten überall hingeführt u. s. w. — Uhland's Gedichte, zweite Auflage.

Den 2. Juni 1820.

Herr Graf Tauentzien hat für die Kosten seiner Reise nach Paris und London 30,000 Rthlr. erhalten. — Herr Minister von Schuckmann sagt, Jahn habe genug ver= brochen um Festungsstrafe zu erleiden, und er würde näch= stens dazu verurtheilt werden. — Fortwährender Eindruck wegen Sand's Hinrichtung, vielfache Nachrichten. Ein Ge= dicht auf seinen Tod wird unter den Studenten herum= gegeben. — Vor längerer Zeit ließ der Herzog Karl von Mecklenburg beim Parolebefehl bekannt machen: es sei unschicklich, wenn ein Gardeoffizier im Schauspiel anderswo als im ersten Rang, in öffentlichen Speisehäusern außer bei Jagor, unter den Linden mit Zivilisten in Arm ge= faßt erscheine. Man spricht noch jetzt von der Sache unter= weilen; die Offiziere selbst sind unzufrieden.

Den 4. Juni 1820.

Begräbniß des Konsistorialraths Bernhardi. — Man weiß, daß der König die Akten über Jahn verlangt, und sehr unzufrieden mit der ganzen Umtriebsuntersuchung, dessen Freilassung verfügt hat. — Gestern hat ein Gardehusarenoffizier einen Bürger auf der Straße verwundet, flüchtete, wurde aber wiedererkannt, und in der Behrenstraße berennt, das Volk wollte das Haus stürmen; er ist verhaftet. — Der Staatskanzler lobt sehr den Herrn Grafen von Bernstorff wegen Wien. — Aergerliche Geschichte im Hamburger Korrespondenten über den Herrn Grafen von Westphalen, dessen Söhnlein in der Schule: „hungriger Graf" genannt worden. Merkwürdig, merkwürdig! und die Erzählung!

Den 5. Juni 1820.

Herr Graf von Westphalen ist hier, um das gegen ihn erlassene Urtheil niederschlagen zu machen; er hat beim Kanzler dieser Tage gespeist, und bei dieser Gelegenheit geäußert, es sei doch recht ärgerlich, dazu erst der Gnade des Königs zu bedürfen! — Herr Graf von Bernstorff noch krank in Wien an fliegender Gicht. — Herrn von Humboldt hatte der König die letzten Male bei Radziwill's und Cumberland den Rücken gewendet; man sagt, Herrn von Humboldt seien mehrere Artikel in auswärtigen Blättern, die man ihm zuschreibe, übel genommen; er lehnte hierauf die Einladungen in den genannten Häusern ab; man findet, daß er den Muth doch sehr sinken lasse. — An Herrn Grafen von Goltz Stelle in Frankfurt nennt man jetzt den Herrn Grafen von Solms-Laubach. Die Oberpräsidenten sollen größtentheils eingehen, auch die Einziehung der Regierungen anfangen. — Herrn Minister von Brockhausen gesehen, Herrn Dr. Klindworth u. s. w. — Gestern Herrn Dr. Schleiermacher gesprochen, Prof. Buttmann u. s. w. — Vorigen Herbst erzählte die alte Gräfin Goloffkin bei der Gräfin Tauentzien Abends beim Spiel so obenhin, sie habe kurz vorher ein paar vornehme Besuche gehabt, erst sei der Graf Bernstorff gekommen, dagegen ist nichts zu sagen; „Nun und wer noch?" Der Graf Gneisenau! „Der auch vornehm?" Die Gräfin Tauentzien wendet sich mitleidig zu ihrem Nachbar und sagt: Ma foi! aprésent je m'apperçois que la vieille commence à radoter! — Hierher gehört, daß Gräfin Golz verächtlich von Humboldt's als von Parvenüs sprach, denen jetzt ein Graf Golz nachgesetzt würde.

Den 9. Juni 1820.

Nachrichten aus Paris, Debatten, Gährung. — Der würtembergische Gesandte Herr General von Phull ist abberufen, er schimpft über die Stände, die überall Ersparnisse bewirkten; er geht ungern zurück, und wird nicht ersetzt. Man glaubt, es würden noch mehrere Gesandtschaften der mittleren und kleinern Höfe eingehen. — Herr General Graf Tauentzien will den Posten in London nur annehmen, wenn er 60,000 Rthlr. Besoldung erhält. — Herr Graf Golz in Frankfurt hat für jeden Fall 14,000 Rthlr. Pension zugesichert. — Man schimpft auf den Herrn Präsidenten Rother, der verreist ist, er habe besonders Schuld an Jahn's früherer Begünstigung u. dgl. m. Die Umgebung des Kanzlers, Hoffmann, Schaumann, Koreff ꝛc. ziehen gegen Rother los. — Herr Graf von Bernstorff soll übermorgen eintreffen. — Herr Graf von Pückler spricht

den Gesandtschaftsposten in Madrid an. — Der König hat
nochmals eine Kommission zur Prüfung des Staatshaus=
halts ernannt, Altenstein, Lottum, Ancillon, Rother, Hoff=
mann, Ladenberg 2c., dieselbe Zusammensetzung und daher
wahrscheinlich dasselbe Ergebniß wie im Staatsrath. —
Hannover stimmt in unsre Nachgiebigkeit gegen Oesterreich
in Betreff der Elbschifffahrt nicht ein, und hilft uns noch
wieder über Hoffmann's Verstoß hinaus. — Geh. Leg. Rath
Balan abgereist.

Den 10. Juni 1820.

Geh. Rath Wolf erzählt mir, Jahn werde freikommen,
seine Besoldung von 1000 Rthlr. behalten, und vielleicht
in Erfurt auf russische Kosten alte Archive durcharbeiten,
Prof. Buchholz habe den Auftrag erhalten und ihn für
Jahn bestimmt. — Die Studenten sollen wirklich eine Art
Todtenfeier und Lobrede für Sand veranstaltet haben, Herr
Dr. Fichte bestätigt es. — Geh. Rath Koreff: „Nun in
Paris hat es tüchtige Püffe in den Straßen gegeben; es
waren einige Unruhstifter, das Volk aber hielt sich ruhig,
die Kerls sind gut abgeschmiert worden. Herr von Chau=
velin hat den Grafen Chatham spielen wollen und sich
krank in die Deputirtenkammer bringen lassen, aber das ist
ihm übel bekommen, wie er heraus kam, haben sie ihn aus
der Sänfte gerissen, krank wie er war, haben ihn gezwun=
gen vive le Roi zu schreien, und nur mit Mühe hat sich
der Kerl in einem Fiaker gerettet." Also die Royalisten
waren die Unruhstifter? ich dachte die Liberalen? „Nein,
die Royalisten haben die Andern prächtig durchgeprügelt,
und sie mußten jämmerlich die Flucht nehmen. Und wie
hat man es ihnen in der Kammer gesagt, was sie für

Lumpenpack wären, die zuletzt nur selber Herzoge und Grafen von Constant, von Lafitte ꝛc. werden wollten, sie sind gut abgeführt worden." Alles dies lachend, höhnisch, vornehm vorgetragen, der reine Abdruck der Gespräche im Umkreise des Kanzlers, denn Koreff denkt nicht so! Dabei gesteht man, daß man des Wahlgesetzes noch nicht sicher sei, nicht in der Deputirtenkammer, und noch weniger in der Pairskammer. Man erwartet Schlagen mit Waffen und Feuerbränden. — Großes Lob des Fürsten von Wittgenstein: man schreibt ihm mit größtem Vertrauen solche Dinge, wird gesagt, die man dem Kanzler nicht mittheilt. Heftiger Tadel Herrn Ancillon's, „geistlos, unkundig, anmaßend". — Großer Verdruß der Vornehmen über Spontini's Gunst, Ansehen und Gehalt; er wird sich auf 8000 Rthlr. stehen, und ein Haus machen. Herr Graf Brühl sein heimlicher Gegner. — Frau von Waldow zum Besuch. Herr von Arnim „Pitt". — Herr Major von Kleist-Loß (Tauentzien's Neffe) bei uns gewesen. — Kriegsminister Herr General von Hacke angekommen.

Den 11. Juni 1820.

Jahn soll freigelassen, aber nach Kolberg gebracht werden, und dort seine Pension verzehren. Er weigert sich, hierauf einzugehen, und will lieber hier bis zum Definitivurtheil im Gefängnisse bleiben. Die Akten sind nicht an das Oberlandesgericht in Breslau, sondern doch nach Mainz gegangen, woher schon Rückfragen gekommen sind. Jahn sollte zuerst wirklich nach Erfurt gehen, und drei Tage hier bleiben können; aber Herr von Kampz wandte ein: „Mein Gott, wie sollen wir da unsres Lebens sicher sein?" — Die Studenten Ulrich und von Wangenheim haben auf den Grund alter Duellsachen nun in gesetzlicher Form das Consilium abeundi bekommen. — „Ei Trützschler taugt auch gar nichts, der hat auch nur Rücksichten und Schwäche gezeigt, er gäbe gar viel darum, um ein braver Kerl zu sein." — Asverus ist der Haft entlassen gegen Bürgschaft von 500 Thalern, und zu seinen Aeltern nach Jena gegangen. — Lieber ist in Heidelberg abgewiesen worden, und nach Jena gegangen, wodurch er (nach dem Königl. Befehl) auf künftige Anstellung im Preußischen verzichtet. — Neue Umtriebe sollen im Lippischen entdeckt sein, und hier das Graue Kloster betreffen. — Ein Tertianer Wackernagel hatte eine Karikatur gezeichnet, der Teufel verschlingt als guten Bissen einen König, der Kanzler schickte die Sache an's Kammergericht, dies schrieb die Sache dem Schulrektor zu; worüber man dem Kammergericht neuerdings sehr ungehalten geworden. — Die kleinen Diätarien sollen alle eingehen, die Wartegelder herabgesetzt werden; dies wird, sagt man, blos die Unterbeamten treffen; wer 4000 bis 5000 Thlr. und drüber bekommt, der verliert nichts. — Graf Bernstorff Abends angekommen.

Den 12. Juni 1820.

Fürst von Hatzfeldt ist hier um den Londoner Posten anzusprechen, man glaubt, er wird ihn bekommen; im Haag soll er nicht mehr gut gelitten sein. — Herr von Greuhm möchte an Himly's Stelle nach Frankfurt, wenn Graf Solms Gesandter wird, einem Geringern, als diesem Reichsgrafen, möchte er aber nicht beigeordnet sein. Herr General von Wolzogen wird mit Mißtrauen angesehen, man hält ihn zu sehr mit Kaiser Alexander befreundet. — Der österreichische Gesandtschaftssekretair, Herr von Werner, reiste vor einiger Zeit von hier nach Wien: „Ich will mal nachsehen", sagte er, „ob, wenn nicht etwa in irgend einer Kinderstube ein Fürst oder Graf schon in der Wiege bereit liegt, ich nicht endlich auch eine ordentliche Anstellung, wie sie für meine Dienstlage sich gebührt, erlangen kann." — Fiévée's neuste Schrift wünsche ich von den Regierenden gelesen; „Ach das ist ganz umsonst, die Leute wollen und müssen zu Grunde gehen, ihnen ist gar nicht mehr zu helfen". — „Der Wurf ist schon geschehen, der Schicksalsweg gar nicht mehr zu unterbrechen, es wird alles drunter und drüber gehen, die Vornehmen sind mit Blindheit gestraft, nichts rettet sie vor dem Untergange, man kann nur zusehen, nicht helfen. Bald wird von vielen Dingen nicht mehr die Rede sein; alles, was gilt, Namen, Stand, Amt, Ehren 2c. wird auf eine ganz neue Stufe der Würdigung gestellt werden, und die ganze Gesellschaft sich zurecht rücken."

Den 14. Juni 1820.

Jahn gestern früh durch Eckard auf Königlichen Kabinetsbefehl wirklich nach Kolberg abgeführt; seine Familie mit ihm. — Schlimme Nachrichten aus Paris, die gestrigen Zeitungen durften nichts sagen. Stafette aus dem Haag, Moniteur vom 6. proklamirt das Kriegsgesetz. Verblendung unter den Staatsmännern in Beurtheilung der französischen Dinge; alle Andern sehen richtig, Kaufleute, Bürger, Gelehrte u. s. w. Herr Oberbürgermeister Deetz aus Königsberg, Herr Prof. Franceson, Herr von Chamisso, Geh. Rath Wolf, Herr Mendelssohn u. s. w. — Herrn Minister Grafen von Bülow gesprochen; er meint, Graf Tauentzien werde nach London gehen, auch mit wenigerm

Gelde. — Man glaubt, daß dem Kanzler mehrere Perso=
nen hier bei der mehrfach bestehenden Opposition sehr
unangenehm sind, Herr von Humboldt, Fürst von Hatz=
feldt, Graf von Goltz wenn er von Frankfurt kömmt
u. m. a. Er will erst am 5. August nach Pyrmont gehen. —
Die Umtriebskommission hat eine Eingabe gegen die Auf=
nahme von Aktenauszügen in die Staatszeitung bei dem
Ministerium abgereicht. — Der Herr Geh. Hofrath Heun
(Clauren) ist nun doch bei der Staatszeitung angestellt. —
Herrn Hofrath Karl Müller gesprochen, Geh. Rath Koreff
u. s. w. — Unter den Hofleuten wird gesagt, der Kanzler
bringe halbe Tage in völliger Abgestorbenheit und Er=
schöpfung hin. — Noch sagen die Hofleute, der König habe
in Strelitz nicht ohne Absicht die zweite Tochter der Fürstin
von Thurn und Taxis gesehen. — Die Wirthe im Inva=
lidenhause führen einen Entschädigungsprozeß mit der Ver=
waltung wegen Verbots ihrer Wirthschaft. — Vom Herrn
Grafen von Bernstorff sagt man, er wolle wahrscheinlich
besser seinen Titel verdienen, als Chateaubriand, qui avait
été ministre de l'intérieur pendant tout le tems qu'on
avait été dehors, er meine als Minister der auswärtigen
Angelegenheiten müsse er auch immer auswärts sein. —
Herr Dr. Meyer; Herr Geh. Rath Krull. — Erbärm=
lichkeit der gestrigen Staatszeitung.

Den 15. Juni 1820.

Nachrichten aus Paris in unsrer Zeitung. Nachrich=
ten aus England über die Ankunft der Königin und die
Anklageakte gegen sie; bedenkliche Aussichten. — Das Volk
äußert sich hier lebhaft über Jahn, besonders in den Ta=
bagieen; da könne man sehen, heißt es, daß er unschuldig

sei, man gebe ihm halbe Freiheit und 1000 Thlr. Gehalt;
ein Hochverräther zu sein wäre so übel nicht, um diesen
Preis würde sich Mancher melden; sonst wäre Einer wenig=
stens geköpft worden; „Jahn hat den Titel Hochverräther
bekommen, das ist alles". — „Er hat es immer ehrlich
gemeint mit dem Volke; wenn er gegen die Könige war,
so hat er Recht gehabt, wären wir sie nur erst alle los";
dergleichen und ähnliche viel härtere Reden werden von
Leuten aus dem Volke wiederholt. — Herr Schloßhaupt=
mann von Buch wünscht den Gesandtschaftsposten in Kassel.

Den 16. Juni 1820.

Der Graf Westphalen ist dem Könige nach Pommern
nachgereist; man hat vorgestellt, daß der Adel jetzt überall
verfolgt und gehaßt werde; daß daher auch der Gerichts=
hof aus der Lumperei eine große Sache gemacht habe
u. s. w. Kurz, der Graf, den Herr von Kircheisen abgewiesen
hatte, fand Gehör, seine Sache ist niedergeschlagen, und
ihm die Gefängnißstrafe erlassen, er bezahlt blos die
50 Thlr. Die hiesigen Rheinjustizbeamten sind außer sich
über diesen Ausgang, der in den Rheinländern einen be=
dauernswerthen Eindruck machen werde, der Graf riskire,
wenn er dorthin zurückkehre, todtgeschlagen zu werden.
„Welches Beispiel! die von der Justiz Freigesprochenen
behält man in Verhaft, die Verurtheilten — freilich ein
Graf — läßt man los!" — Der Kaiser von Rußland soll
an alle Höfe eine Note erlassen haben, worin die Noth=
wendigkeit vorgestellt wird, in Betreff Spaniens und
Frankreichs, die Sammlung militairischer Kräfte gegen
Westen zu disponiren. — Man findet, es sei für Preußen
schlimm, bei größern politischen Verwickelungen noch auf

keine Konstitution fußen zu können. Man werde im äußersten Falle, aber dann zu spät, dazu schreiten; niemand glaube mehr bloßen Verkündigungen. — Oesterreich zieht Truppen in Dalmatien zusammen. — „Oesterreich macht keinen Krieg gegen Frankreich, giebt den kleinen Napoleon, erhält Vortheile, und bleibt neutral, oder ist mit England gegen Rußland." — Nachrichten aus England, Sturmglocke. — Nachrichten aus Paris, bei Abgang des Kouriers hieß es, Marschall Oudinot sei in der Vorstadt St. Antoine verwundet worden. — Nachrichten aus St. Petersburg, Brand des kaiserlichen Palastes, man sagt, das Feuer sei angelegt gewesen; Herr General von Pirch versichert es. — Alle Leute preisen Spanien wegen des ruhigen Ganges und Sieges der Konstitutionellen, auch gegen den Klub Lorenzini. — Zeugniß von Civisme von Perthes und Konsorten in der Hamburger Zeitung für den Herrn Grafen von Westphalen; macht nur die Geschichte lauter und armseliger. — Herr Graf von Tauenzien soll doch nach London; Herr Graf von Bernstorff war gestern lange bei ihm, und suchte ihn zu bestimmen. — Die Universität Greifswalde hat den Herrn Minister von Altenstein beim Könige verklagt, er vernachlässige sie ganz, und begünstige blos Berlin. — In Baden geschieht durch die Regierung alles, was die Stände angeregt, während auf diese fortdauernd geschimpft wird! (Post, Frohnden, Leibeigenschaft u. s. w.) Herr Graf von Wintzingerode der Vater soll an General von Phull's Stelle als Gesandter kommen, weil er ohnehin schon eine große Pension bekömmt. — Professor der Rechte in Breslau ist Dr. Gans geworden, gegen Altenstein's Willen, und gegen des Kanzlers Willen. (Nicht gelungen.)

Den 18. Juni 1820.

Herrn Minister von Bülow besucht; Gespräche über Frankreich; „das jetzige Ministerium sei voll Karakter und Kraft, es setze seine Sache durch, und werde die Nation schon im Zaum erhalten". Ferner: „Wenn die Franzosen auch bunte Streiche machen, so ist doch für uns keine Gefahr, wir werden schon klug sein." Zuletzt gab der Herr Graf doch viele andre Sätze zu, die mit jenen beiden nicht übereinstimmen. Ueber die Kommission wegen des Staatshaushalts: „es sei davon nicht viel Neues zu erwarten, der Fehler sei von diesen Leuten nicht zu erreichen, alles sei stets der Kanzler, und immer der Kanzler." — Einlenken der Minister im englischen Parlamente; sie wenden die Deutung von Hochverrath ab. — Die Note des russischen Kaisers ist nur an die großen Höfe gerichtet, und spricht sehr hart von dem in Spanien durch die Soldateska gegebenen Aergerniß. Die Noten des Kaisers Alexander über die deutschen Angelegenheiten in Wien sehr absprechend; er habe geglaubt, man sei einiger, als sich nun zeigen wolle. — Herrn Minister von Brockhausen gesprochen; Graf Bernstorff sei immer krank, er werde es mit den Geschäften nicht lange machen können. — Große Ersparnisse werden beabsichtigt, sie werden die Untern, Ranglosen, Gunstlosen treffen, meint man. — Der Kriegsminister Herr General von Hacke arbeitet ganz angestrengt von früh bis spät, um kleiner Resultate willen, die das kleine Detail betreffen. — Unter den Linden, Abends Gesellschaft.

Den 19. Juni 1820.

Gerüchte aus Paris, die Tuilerien seien in Brand gesteckt, der König nicht zu finden; man widerspricht Mittags amtlich an der Börse diesen Gerüchten. — Der französische Gesandte Marquis de Bonnay schimpft entsetzlich auf Benjamin Constant, und trägt sich mit den plattesten Witzen; er sucht sich die Spanier hier heranzuziehen. — Im Publikum hier nimmt man ziemlich lebhaft für die Königin von England und gegen den König Theil. — Alberne Urtheile im Schwange in Betreff der Franzosen; „Was wollen die denn immer, können sie nie ruhig sein?" „Sie müssen mit eisernem Zepter regiert werden, die Bourbons sind zu gut; wäre man nur im Jahre 1815 strenger gewesen!" — Die Zensurpolizei will Sand's Aktenstücke verbieten, die doch von der badenschen Regierung zum Drucke gelassen werden. — Drei Regimenter am Rhein, zur Besetzung nach Torgau bestimmt, sollen vor der Hand am Rhein stehen bleiben. — Man spricht schlecht von dem künftigen würtembergischen Gesandten, und meint, es sei zu verwundern, daß der hiesige Hof sich ihn gefallen lasse.

Den 20. Juni 1820.

In der Staatszeitung und in der Spener'schen stehen heute mit Einmal — zum allgemeinen Erstaunen — halbliberale Artikel über die französischen Angelegenheiten; überhaupt Geständnisse zum Aufschreien, wie das aufhetzendste Blatt sie nur liefern könnte! Ist dies ein perfider Streich? Ist die Feder mit der Absicht durchgegangen, und andres geschrieben als man schreiben wollte? Ist es bloße Dummheit der Zensur? Bei der scharfen Aufsicht auf die Zeitungen, bei der Zensur, bei den bekannten Ansichten der Leute, ist die Sache ein gräulicher Skandal! Die ganze Stadt bemerkt und belacht es. — Herr Baron von Lagerbielke hier. — Frau von Alopeus ist auf ihrer Abreise nach den Bädern von den preußischen Zollbeamten ungemein belästigt worden; der Gatte hat hier Beschwerde geführt. — Gestern unter den Linden viele Leute gesprochen. — Heute Gesellschaft bei uns. — Herr Graf Meuron sagt, er wisse, daß der König ihm den Gesandtschaftsposten in der Schweiz geben wolle, er wisse aber nicht, ob der König seine Geneigtheit gegen die vielleicht entgegengesetzten Absichten der Minister geltend machen werde. — Die Teichmann'sche Konditorei nimmt sich sehr auf, weil man die französische Zeitung Renommée dort findet, die Kunden sagen es selbst, daß sie deshalb kommen. — Das französische Wahlgesetz ist in der Deputirtenkammer durchgegangen, aber es ist ein andres geworden, als das vorgelegte war.

Den 22. Juni 1820.

Herr Geh. Rath Schöll ist Verfasser des Haude- und Spener'schen Zeitungsartikels. — Die Wiener Schlußakte in den Zeitungen, die Instruktion wegen der Mediatisirten in der Gesetzsammlung; von der erstern sagt man, sie habe in ihrer Angst nur Widersprüche zusammengestellt. — Tumulte in Paris; man bewundert hier die Konsequenz und Energie der französischen Minister; der König soll sich in dieser Art geäußert haben. — In England mildert sich's.

Den 24. Juni 1820.

Herr von Haller hat seine Schrift gegen Konstitutionen dem Herrn General von Knesebeck gesandt. Andre Abdrücke sind noch nicht hier. — Fürst von Hatzfeldt soll Gesandter in England werden, man wünscht Herrn von Humboldt für die Bundesgesandtschaft gewinnen zu können. — Die Aristokratie in der Gesellschaft nimmt überhand, man behauptet, der Herr Marquis von Bonnay habe in diesen Ton ganz besonders hineingeführt, überhaupt aber die Diplomaten. — Ueberhandnahme des Schleichhandels auf allen unsern Gränzen; Herr Geh. Rath Semler spricht von der entsetzlichen Demoralisirung, die dadurch entstünde, der Staat gebe auf diese Weise einen Theil seiner Schul= und Kirchenkosten ganz vergebens aus. — Herrn Präsidenten Harscher von Almendingen kennen gelernt, ein Mann von liberaler Denkart; man muß ihn hören. — Herrn Minister von Brockhausen, General von Rühle rc. gesprochen.

Den 29. Juni 1820.

Fortdauernde Bewegung in Betreff der diplomatischen Posten. Herr Graf von Tauentzien durch Schulden hier im schrecklichsten Gedränge, wünscht nun nach England, aber mit vielem Gelde; darüber wird unterhandelt, es heißt 50,000 Thaler, 45,000, 42,000 u. s. w. seien genannt. — Es scheint, man wird Herrn von Humboldt gewinnen, Graf Gneisenau vermittelt zwischen ihm und Herrn Grafen von Bernstorff; dieser lud dieser Tage Herrn von Humboldt zu Mittag, und er kam von Tegel herein. — Herr Graf von Bernstorff sehr leidend, er fürchtet Brustwasser=

sucht, fühlt sich sehr unglücklich auf seinem Posten, ist den Arbeiten, Verdrüssen und Feinden nicht gewachsen. Er wollte Herrn von Hänlein von Kassel wegnehmen, unter dem Vorwande, derselbe sei dort nicht gern gesehen; der Kurfürst läßt widersprechen, und vielmehr Herrn General von Wolzogen, den man schicken wollte, ablehnen. — Tägliche Sitzungen des Staatsraths und der Staatshaushalts= kommission, sämmtliche Prinzen sind in dieser; es will alles wenig fruchten, die Arbeiten stocken, und nur die Schreibereien gehen vor sich. Die Ministerien erschöpfen ihre Kräfte in Berichten an den Kanzler, die dort in untergeordnete Hände fallen und immer neue Berichte nöthig machen. Allgemeine Unlust der Räthe. Der König sehr unzufrieden, will Beschleunigung. — Wegen des Blasenzinses kann man noch nicht in's Reine kommen. — Herr von Humboldt hatte als Minister des Innern mit einem Verwandten Hollwede einen Holzlieferungskontrakt geschlossen und 40,000 Thaler Vorschuß ertheilen lassen; der Kontrakt findet sich zum Nachtheil der Königlichen Forsten, der Vorschuß ohne Bürgschaft, die Sache kommt zur Sprache; zwei Räthe geben strenge Gutachten, Graf von Lottum beschwichtigt damit, es sei einmal geschehen, der Kanzler habe es damals gut geheißen, die Leute seien von Humboldt's Familie u. s. w. — Herr Major von Canitz schimpft barbarisch auf den Kanzler und die ganze Staatsverwaltung; ist ein entschiedener Ultra, und denkt doch an Verfassung, deren Namen er haßt. — Die Churmärkische Landschaft endlich gesprengt. — Herr Graf von Egloffstein wünscht sich nach Kassel.

Den 30. Juni 1820.

Der Fürst Staatskanzler soll äußerst gespannt sein mit Herrn Grafen von Bernstorff, der sich zur Opposition zu schlagen scheint, und hinter des Kanzlers Rücken Herrn von Humboldt heranzuziehen sucht; er scheint dem Könige unmittelbar davon gesprochen zu haben. Der Kanzler sagte schon, über Bernstorff's Fähigkeiten habe er sich nie Illusion gemacht, aber er habe ein beßres Benehmen von ihm erwartet. Auf diese Art dürfte sich eine neue Katastrophe bereiten. — Geh. Rath Koreff steht schlecht beim Kanzler, will nicht mit nach Pyrmont, sondern mit der Fürstin nach Warmbrunn. — Geh. Kämmerier Timm hatte doch vor einiger Zeit einen harten Stand, man hatte ihn beim Könige verklagt wegen Kassenführung, der König sagte es gleich Timm, konfrontirte ihn mit dem Angeber, und dieser bestand mit Schande; Timm zeigte sich in pünktlichster Ordnung, aber die Sache hat ihn gekränkt und den König auch. — Die Schulden, die auf dem an Weimar abgetretenen Theile von Erfurt und Blankenhein (Fulda) lasten, haben wir bis zu 2 Millionen mit abbezahlt, und zahlen noch jetzt jährlich über 50,000 Thaler Zinsen (seit 1815), trotz des Geschreis, das seit 1½ Jahren Herr Graf von Lottum führt, und worauf der Kanzler nicht antwortet; rein weggeworfnes Geld, bei unsrem Sparen und Borgen ganz unglaublich! — In den Kassen fehlt schon hin und wieder Geld; Herr von Rothschild hat bedeutende Zahlungen vor den Terminen zur Aushülfe geleistet. — Alle Behörden in Verwirrung, keine Arbeit hat freie Bahn, die Akten allein mehren sich, man weiß nicht, wohinaus das gehen soll. — Gescheute Staatsbeamte äußern große Besorgnisse für die Zukunft; es ist nicht abzusehen, welcher

Herakles den Stall des Augias reinigen soll; die ganze Maschine der Staatsverwaltung ist in gräuelhafter Zerrüttung, nirgends Licht und Ausweg, überall Anstoß, überall Persönlichkeiten, schonende Rücksichten. „La coterie administrative civile", sagt Fiévée. In einem Kreise — dem der Prälaten unter den Beamten, Schonung, Vortheil, — die armen Layenbrüder dagegen! — Herrn von Brockhausen im Thiergarten lange gesprochen, Herrn Geh. Rath Rother gesprochen. — Von der Wiener Schlußakte ist hier fast gar nicht die Rede. — Dumme Streiche des badenschen Ministeriums in Betreff Duttlinger's, Liebenstein's u. s. w. Starke Protestation der 30 Darmstädter Abgeordneten gegen die Grollmann'sche Verfassung. — Herrn von Fouqué ist in der Isis eine deutschderbe Ohrfeige geboten. — Der Herr Minister von Kircheisen hält die Königliche Niederschlagung des Urtheils gegen den Grafen Westphalen noch zurück, weil er die Sache zu arg findet. Die Adlichen vertheidigen den Grafen. — Pariser Budgetsdebatten; mancherlei Anwendung der dortigen Reden auf hiesige Dinge. — Der König nach Karlsbad am 2. Juli.

Den 2. Juli 1820.

Der Kanzler läugnet, daß mit Herrn von Humboldt unterhandelt werde, es sei gar nicht daran zu denken, nachdem er dreimal den Posten in Frankreich abgeschlagen habe. In der Stadt sieht man die Sache nichtsdestoweniger als gewiß an. Auch Herr von Beyme soll beim Herrn Grafen von Bernstorff gewesen sein. Es scheint, dieser will sich die Starken aneignen. Mit dem Kanzler soll er sehr schlecht stehen. — Mit Herrn Grafen von Tauentzien soll die Sache richtig sein, und er mit 45,000 Thalern nach London gehn. — In Darmstadt giebt die Regierung schleunig den Ständen nach, aus Furcht vor Einmischung des Landtages; so verkehrt wirken die Wiener Beschlüsse! — Man spricht von Verfassung.

Den 4. Juli 1820.

Artikel der Staatszeitung über Manso's Geschichte; alle Menschen sind empört über den gemeinen, dummen Artikel, der uns Preis giebt und selbst an Oesterreich unterschmiegt. Herr von Werther preiset den Aufsatz. Der Verblendeten sind zehn, der Einsichtigen tausend, die über jene die Achseln zucken. — Fernere gute Rezensionen in der Jen. A. L. Z. über die Voß=Stolberg'sche Sache. — Schilderung von Danzig; es will sich nicht erholen, die preußische Regierung wird dort drückend gefunden, der Handel flieht, das französische Enregistrement dauert fort. Klagen aller Art. Die Zinsen der Staatsschulden bleiben unbezahlt. Frau von Schopenhauer von dort jetzt hier auf der Durchreise nach Weimar. — In der Staatshaushaltungskommission hat Herr von Vincke gewagt offen hervorzutreten, und zu erklären, der preußische Staat stehe in einer falschen Aufgabe, der Fehler liege darin, daß er sich den ersten Mächten beizähle, welches er seinen Kräften nach nicht sein könne; wolle man aufrichtig sein, so müsse man heruntersteigen, und lieber der erste Staat unter denen des zweiten Ranges sein wollen, 50,000 Mann Truppen weniger halten u. s. w., dann würde gleich geholfen sein; auch in der Verwaltung sei unnützer Prunk und Last, z. B. die Stellen der Oberpräsidenten, die alle, die seinige mitgerechnet, überflüssig wären. — Der Geh. Staatsrath von Bülow Exzellenz geworden. — Der Oberpräsident

Sack berichtet, daß, wenn die Regierung in Köslin fortbestehen solle, er noch einen Rath mehr bedürfe, wenn sie aber einginge, er auch ein paar Räthe weniger brauche. — Schon viel Gerede von der Spaltung des Kanzlers mit dem Herrn Grafen von Bernstorff. — Abermals zwei österreichische Kouriere über Berlin nach St. Petersburg. Herr von Alopeus hat Befehl erhalten, nicht auf Urlaub nach Rußland zu kommen, sondern einstweilen in Berlin zu bleiben.

Den 6. Juli 1820.

Der Kriegsminister Herr von Hacke, weit entfernt das Kriegskommissariat, wie es hieß, eingehen zu lassen, will dasselbe erweitern; — "Natürlich! er ist selbst mehr Kriegskommissair als General!" — Der Artikel über Manso in der Staatszeitung hat dem Herrn von Minkwitz Anlaß gegeben, sich über den "sächsischen Schulmann" in einer Note bei Graf Bernstorff zu beschweren. — Herr Graf von Bernstorff ungeheuer beschäftigt, er sieht auch Herrn Greuhm fast gar nicht, in seinen Assembléen außer Herrn Ancillon keinen Bürgerlichen. Zur heutigen Assemblée ist Herr von Humboldt von Tegel in die Stadt gekommen. — Nachrichten aus Paris, General Berton soll in den Pyrenäen französische Guerrillas bilden. — Baden, Darmstadt. — Der König soll Manso's Geschichte in Händen gehabt und gelobt haben; auch für Manso eine Professur der Geschichte bestimmt haben; man ist begierig wie entgegengearbeitet werden wird. — In Buchholz Journal vortrefflicher Aufsatz gegen Pabstthum und Güterbesitz der Kirche (Juliheft). Wo blieb da die Zensur? — In der Legationskasse fehlt es an Geld; ich habe mein Quartal nur aus Gefälligkeit schon jetzt erhalten. In der Kasse des Kriegsdepartements ist ebenfalls Ebbe. — Der Artikel über Manso soll von Herrn von Stägemann im Karlsbade gemacht sein.

Den 8. Juli 1820.

Die wöchentlichen Kouriere nach Paris sind abgeschafft; sie kosteten jährlich 60,000 Thlr. Alle vier Wochen wird von nun an ein Kourierwechsel Statt finden. Die Wiener Kouriere während des letzten Kongresses kosteten gegen 50,000 Thlr. — Die Debatten in der Staatshaushalts=kommission dauern lebhaft fort. Herr Ancillon nebst den Prinzen in entschiedener Feindschaft gegen den Staats=kanzler; dieser ist wüthend auf Ancillon, läßt ihn aber ge=währen, und bereitet ihm beim Könige im voraus seinen Sturz. Ueber Herrn von Vincke sagt die Umgebung des Kanzlers, jetzt habe er auch den letzten Rest, den man ihm von Verstand und Einsicht noch zutraute, vollkommen zu Schanden gemacht; er habe gänzliche Unkunde und Ver=rücktheit bewiesen! (Weil er seine Ueberzeugung ausspricht, weil er auf die Sache geht, und nicht lauter Persönlich=keiten im Auge hat!!) — Des Staatskanzlers und Herrn Grafen von Bernstorff Spannung wird von beiden etwas verhehlt. Letzterer empfing seinen vorgelegten Departements=Etat aus des Kanzlers Bureau ganz umgearbeitet zurück; „Des Kanzlers Wille", sagte er zum Geh. Leg. Rath Phi=lipsborn, „ist mir Befehl". — Herr Geh. Leg. Rath Greuhm soll im Departement mit nur 3000 Thlr. angestellt werden; seine Vorgänger empfingen 4500 und 5000 Thlr., auch wohl gar noch freie Wohnung; er ist unzufrieden; man nimmt ihm übel, daß er eine Gouvernante in Philadelphia geheirathet hat. — Herr Graf Bernstorff hatte neulich das ganze diplomatische Korps zur Tafel, nur nicht den hamburgischen Residenten Dr. Lappenberg. — Für jeden abgeschlossenen Traktat erhält das auswärtige Departement 2000 Dukaten Kanzleigeschenk zur Vertheilung. — Von Herrn General von Clausewitz ist kaum noch die Rede. Herr Fürst von Hatzfeldt unwillig nach dem Haag zurückgegangen. Herr von Werther sagt zur Frau von Jordan, er sei außer sich, er halte es gar nicht mehr aus, wie man ihn herumziehe, „ich bin so wüthend", rief er, „und habe so alle Geduld verloren, daß man mir jetzt anbieten kann, was man will — ich nehm' es an!" — Herr von Jordan will hieher kommen, er hat große Absichten, sich hier wieder festzustellen, und hat allerlei dazu eingefädelt, und vieles Mögliche zur Benutzung im Auge. — Herr Dr. Förster hatte dem Kanzler ein Buch geschickt, dieser antwortete eigenhändig sehr gnädig, ließ ihn kommen, sagte ihm, er sei nicht der unrechte Mann u. s. w. captatio benevolentiae. Desgleichen ist Herr von Henning, nachdem er eine befriedigende Auskunft über seine Grundsätze eingereicht hat, nicht mehr verhindert, als Repetent bei der hiesigen Universität angestellt zu werden. — Herr von Humboldt schreibt an Herrn Geh. Rath Wolf aus Tegel, er möchte dem Gerüchte von seiner Wiederanstellung widersprechen, es sei nichts daran. — Herr Geh. Rath Rother klagt entsetzlich über den Gang der Dinge und die Unzulänglichkeit der Anstalten; Herr Geh. Rath Schulze sagt, daß er halbe Nächte an der Arbeit sitze, und doch voraus wisse, wie das Meiste vergeblich und unnütz sei; Herr Geh. Rath Semler spricht in ähnlichem Sinne, sein Traktat mit Rußland, sagt Chamisso, steht auf dem Papiere, aber sonst ist damit nicht mehr ausgerichtet, als wenn wir noch ein Sonett mehr in dem Almanach hätten drucken lassen. Minister Graf von Bülow, Herr von Humboldt und Herr von Beyme ohnehin, Herr Geh. Rath Krull, Herr Minister von Brockhausen, Generale u. s. w. sprechen überall dasselbe Bedauern aus, fragen wo das hin will, und zucken die Achseln. Alle unsere Gesandten klagen bitter, daß nichts geschehe und man sie stecken lasse, Herr Graf von Goltz in Frankfurt an der Spitze! — Schrift gegen de Wette gestern hier erschienen; man hält Herrn Geh. Rath Beckedorf für den Verfasser. (Er ist's.) Freimüthige Schrift in Düsseldorf erschienen von einem von der Leyen; er sagt das Kühnste; wo blieb die Zensur? — Sartorius über Deutschland. — Das Wahlgesetz in Frankreich ist schon sanktionirt. — Gestern Frau von Schopenhauer bei uns, und mehrere andere Personen. — Der Kanzler hat früherhin gesagt, die besten Depeschen, welche er erhielte, seien von Varnhagen und Bartholdy.

Den 11. Juli 1820.

Gestern Abends von 8 Uhr bis 11 Uhr heftige Schlägerei, zu der Herr General Graf von Tauentzien, General von Brauchitsch u. s. w. mit Truppen hineilten. In der Lappstraße hatten Landwehrmänner mit Neuchateller Gardejägern vor einiger Zeit Händel gehabt, von beiden Seiten stärkte man sich für künftige Erneuerung; gestern kam es dazu. Zur Landwehr gesellten sich alle Handwerksburschen, die Gardejäger wurden vertrieben, die Wache an der Brüderstraße, die sie aufnehmen wollte, gestürmt. Es sollen viele Verwundete weggebracht sein. Jeder solcher Auftritt, wo der gemeine Mann seine Kraft kennen lernt, und das Volk als solches erscheint, ist in unserer Zeit sehr bedenklich. — In der Stadt ignorirt man den Vorfall großentheils, man will von oben her absichtlich kein Gewicht darauf legen. — Herr von Gentz hat beim letzten Wiener Kongresse von jedem Hofe 300 Dukaten, von den Frankfurter Juden 5000 Dukaten, im Ganzen über 30,000 Thlr. erhalten. Man sieht ihn als das verderbteste und verderbenbringendste Prinzip in der neuern Politik an, falsch, lügnerisch, gleißnerisch, prahlerisch, gewaltthätig, bestechlich; solches Urtheil hörte ich heute unter den Linden von Unbekannten aussprechen, hinter denen ich ging; „Gentz ist derjenige", hieß es, „den Sand gemeint hat, und den er irrig in Kotzebue suchte!" — Wenn das der arme Gentz wüßte, wie würde es ihn grausen! — Ordensverleihungen, in Folge des Wiener Kongresses.

Den 12. Juli 1820.

Bei der vorgestrigen Schlägerei wurden die Generale Graf von Tauentzien und von Brauchitsch vom Volke mit Zischen und Pfeifen empfangen, ersterer beinahe vom Pferde gerissen, auch flogen schon Steine. Die Gendarmen konnten nichts ausrichten, Herr Präsident Lecoq schickte sie endlich fort, da sie den Tumult nur vermehrten, ließ sie aber in der Nähe halten. Das Volk verlief sich wirklich. Herr Präsident Lecoq und Herr von Bojanowski geriethen in Streit, ersterer schien dem Militair Schuld zu geben. Herr Graf von Tauentzien hat eine Klage gegen Lecoq an den König durch Stafette nach Karlsbad geschickt. Streit der Götter im Homer, wenn die Helden ihn schon ihrerseits abgethan haben! — Es heißt, die Ministerien der Finanzen, des Handels und des Schatzes würden wieder in eines verbunden, und die Herren Grafen von Bülow und von Klewitz würden abtreten. — Die Gräflich Bernstorff'sche Familie zum Besuch in Tegel bei Herrn von Humboldt. — Herr Graf von Bernstorff soll schwach und leidend sein, verdrießlich, von Geschäften erdrückt; äußert sich über nichts, weil er sich nach dem Kanzler richten muß. Das Verhältniß scheint sehr unangenehm zu stehn. — Fürst von Hatzfeldt hatte auch den Posten am Bundestage nachgesucht. — Herr von Bülow in London soll zu Herrn Grafen Flemming's Nachfolger in Rio Janeiro ausersehen werden. — Nachrichten aus Baden und Darmstadt. „Herr von Otterstedt", heißt es, „stehe doch in allgemeiner Mißachtung, er gelte unter den Diplomaten in Frankfurt nur als ein Lohnbedienter in der Politik." Herr von Berstett in Karlsruhe krank. — Streitigkeiten und Gewaltthätigkeiten an der polnisch-russischen Gränze und an der hannöverschen; die Russen haben uns beleidigt und trotzen.

Den 15. Juli 1820.

Vorgestern wurde der junge Maßmann, früher Student, jetzt Drechsler, auf des Kanzlers Befehl wieder verhaftet. Der Geh. Rath Tzschoppe wollte ihn nochmals vernehmen über die Wartburggeschichte, Maßmann berief sich auf die ausführlichen Aussagen, die er dieserhalb schon in Halle und Breslau zu Protokoll gegeben, und wollte sich nicht weiter einlassen, dies wurde als Trotz angesehen, und daher die Verhaftung. Ein sonst bescheidener und stiller Mensch. — Man spricht von der Spannung des Herrn Grafen von Bernstorff mit dem Kanzler; jener krank und verdrießlich. — Herr von Humboldt öfters in der Stadt. — In Karlsruhe giebt das Ministerium nun doch wieder nach, und die gefürchteten Deputirten werden einberufen! O der stupiden Tröpfe, die zu Rath sitzen, und in der Schule das ABC lernen sollten! — Berlin ist sehr leer; alles sucht das Weite. Herr Reimer reist nach Tyrol. — Schleiermacher will nach Preußen, Geh. Rath Wolf ist an den Rhein gereist.

Den 17. Juli 1820.

Maßmann ist bereits wieder frei. — Gleichfalls in Freiheit gesetzt ist der Dr. Jung, nachdem er ein Jahr lang verhaftet gewesen; er ist mit Herrn Reimer abgereist. — Die Kommission für den Staatshaushalt hat Sitzungen bis 5 Uhr Abends. Der Staatsrath verhandelt noch über den Blasenzins. Man weiß nicht, ob die Sachen zur Rückkehr des Königes wirklich fertig werden. — Herr von Humboldt reist auf die Güter im Erfurt'schen. — Herr von Beyme sehr niedergeschlagen. — Der Kronprinz zum Besuch auf dem Lande beim Herrn Staatsminister von Voß, der zur Opposition gegen den Kanzler gehört. — Herr von Goldbeck meint, man müsse die Leute nur wirthschaften lassen, sie würden schon erkennen, was sie angerichtet, „sie werden", wie ein Anderer sagte, „rücklings in die Stände fallen".

Den 18. Juli 1820.

Die Staatszeitung enthält zwei Artikel für Manso; der erste ist beinahe wörtlich die Verbalnote des Herrn von Minckwitz, der zweite ist von Herrn Friedrich von Raumer, der dem Kanzler denselben vorgelegt und die Gründe der nöthigen Vertheidigung mitgetheilt hatte; der Kanzler befahl den Abdruck in der Staatszeitung, die Freunde Stägemann's (denn von ihm leider ist die berüchtigte Rezenfion) verzögerten es, Raumer fragte an, da wurde der Staatskanzler böse und befahl sogleich den Abdruck, an Raumer aber schrieb er eigenhändig verbindlichst und gütigst für Manso, dem jener dieses Schreiben sogleich nach Breslau zugeschickt hat. Die Staatszeitung hat sich also selber tüchtig geohrfeigt, man lacht sehr darüber!

Den 22. Juli 1820.

Gestern hat die Staatshaushaltskommission ihre Arbeiten beendigt; die Ersparnisse, die Personalsteuer — wogegen andere Steuern eingehen sollen — decken das Defizit bei weitem nicht. Wegen des Blasenzinses ist im Staatsrath ein neuer Entwurf zu Stande gekommen, von dem man schon mehr fürchtet, als hofft; es sei darin, meint man, der Ruin der Branntweinbrenner. — Nachrichten aus Neapel, daß dort das Militair wie in Spanien eine Konstitution erzwinge. — Man sagt, Herr Graf von Flemming sei als Gesandter nach Madrid bestimmt. — Herr Graf von Bernstorff klagt dem Herrn von Taube, daß er der Last erliege; Herr Marquis von Bonnay äußert, jener würde kein Jahr mehr die Geschäfte führen können. — Die Unterbeamten in den Oberbureau's ungemein hochfahrend, Herr Geh. Rath Hoffmann bringt es darin besonders weit, er behandelte Herrn von Jordan im Winter hier wie ein hoher Vorgesetzter. Herr Geh. Rath Schaumann, Geh. Leg. Rath Philipsborn u. s. w. — Herr von Jordan klagt über stäte Händel, übelwillige Neckereien, Ungunst des Ministers, und ist entschlossen seinen Abschied zu fordern. — Herr Ancillon sagt nun, der Posten in Nordamerika würde unbesetzt bleiben. — Herr von Stägemann sollte heute aus Karlsbad kommen; er wird vielen

Verdruß haben, dazu kommt, daß seine Umstände so zerrüttet sind, er mußte die Nacht vor der Abreise durch Herrn von Rother's Vermittelung noch schleunigst 5000 Thlr. herbeischaffen. Er bekömmt außer seinem Gehalte noch 2000 Thlr. Wohnungsgeld. — Herr Geh. Rath Krull, Herr Geh. Rath Schaumann, äußern sich bedenklich über die Finanzlage des Staates, man wisse durchaus nicht, wohin das führen solle. — Herr Oberstlieutenant von Barnekow meint, unter dem Militair gebe es gar viele Demagogen, die Armee sei keineswegs mehr rein, aber an Quiroga's und Riego's sei doch wohl nicht zu denken, es gäbe wohl tapfere und verwegene Männer genug, die solche Unternehmung führen könnten, aber die seien wie er selbst, mehr Royalisten als Liberale. — Der Staatskanzler fuhr gestern im Thiergarten und Herr Geh. Rath Schöll saß neben ihm; im Publikum spricht man sehr stark verachtend von solcher Begleitung. — Von unsern eigenen Angelegenheiten ist es wenig laut, es ist wie eine stille Uebereinkunft, daß man glaubt, es gehe alles ziemlich schlecht. Sehr lebhaften Antheil nimmt man an der Königin von England, auch in den höhern Zirkeln, wo das Beispiel des Herzogs von Cumberland nicht ohne Einfluß ist, wenn man denselben auch nicht zugesteht. Man spricht mit Abscheu und Verachtung von der englischen Regierung. Man freut sich laut, daß die Zeugen gegen die Königin im Tower mißhandelt sind. — Urtheile über das preußische Militairwesen; neues Beurlaubungssystem angeordnet. Verfall der Truppen als Krieger; das Paradewesen; der Vorbeimarsch sei das Höchste; die Generale und höheren Offiziere legten sich blos auf Exerziren, Manövriren gehe ganz ab, und auch jenes gehe nicht einmal wie es sollte und könnte. — Spontini's bei uns gewesen. Herr Leg. Rath Scholtz.

Geh. Rath Koreff u. f. w. — Herr von Benzenberg ist hier, und möchte eine ihm bequem liegende Domaine ganz oder theilweise geschenkt erhalten, weshalb er auch seine Bücher für die Regierung hoch klingen lasse; der Zeitpunkt ist aber nicht günstig.

Den 23. Juli 1820.

Die Nachrichten aus Neapel bestätigen sich; der Marquis de Bonnay hat einen Kourier erhalten, daß in Neapel die Truppen den spanischen nachgeahmt; aber es scheinen noch andere Nachrichten dabei gewesen, denn er war gestern drei Stunden bei Herrn Grafen von Bernstorff, heute früh beim Kanzler und hat die ganze Nacht arbeiten lassen. — Es heißt, der Fürst von Metternich werde von den Geschäften abgehen; er soll in Karlsbad den Auftrag gehabt haben, unsern König abzulenken, daß er nicht nach Pest komme, wohin der russische Kaiser kommt. Großes Zusammenstecken der Köpfe und Betroffenheit über die damit verbindbaren Kombinationen u. s. w. — Ein dänischer Prätendent in Kopenhagen. — Als voriges Jahr Herr Leg. Rath Scholtz hieher kam, wartete er dem Herrn Grafen von Bernstorff auf, und äußerte den Wunsch nach Spanien geschickt zu werden, wohin damals nur ein Chargé d'Affaires bestimmt schien; man ließ sich seine Aeußerung gefallen. Inzwischen kam ein spanischer Gesandter Herr Graf von Vallejo hier an. Herr Leg. Rath Scholtz ging zum Minister und wurde sogleich vorgelassen, er begann seine Anrede damit: daß nun, da doch ein Gesandter wieder nach Madrid gehen müsse, so werde es mit seiner Anstellung wohl nichts sein u. s. w. Der Herr Graf von Bernstorff ließ ihn nicht ausreden, fing an wie ein Rasender zu toben, ob er meine, daß er nichts zu thun habe, daß er immer für ihn Zeit habe u. s. w. (Scholz war das zweite Mal in 14 Tagen bei ihm, und fragte verwundert, warum ihn denn der Minister annehme, wenn er keine Zeit habe?) Dann fuhr er wüthend fort, ob er nicht wisse, daß das erste Erforderniß zum Gesandten Geburt sei? u. s. w., er schrie so rasend und tobte so umher, daß man es im ganzen Hause hörte, um so mehr die Kanzelisten im Vorzimmer. Scholz ging schweigend mit Verbeugung ab, und jener schrie ihm noch tobend nach. Man muß die Bescheidenheit und Gelassenheit von Scholz kennen, um diesen Vorgang zu fassen. Scholz hat mir den Vorgang buchstäblich bestätigt! — Der Kanzler hat neulich dem Dr. Förster versprochen, er solle wieder angestellt werden.

Den 24. Juli 1820.

Die Opposition im Staatsrathe geht steigend fort; Herr Geh. Leg. Rath Ancillon nebst den Prinzen; der Kronprinz steht thätig da, man bewundert und preist seine Geduld, seine Begeisterung; er soll auf eine Verminderung von 15,000 Mann im Heere angetragen haben, Herr von Vincke ist milder geworden, Herr von Ladenberg herber; der Kanzler scheint einen Streich im Sinne zu haben. Herr Präsident Rother hat einen äußerst harten Stand. — Man spricht im Hofkreise davon, Prinzessin Alexandrine könne den König von England heirathen. — Herr Marquis de Bonnay soll, wie es heißt, durch den Herrn Grafen Lagarde aus München ersetzt werden. — Einige behaupten, Andere läugnen, daß der Handelsminister Herr Graf von Bülow Gesandter in Madrid werden solle. — Herr von Otterstedt soll nach Stuttgart kommen, Herr von Küster in's Departement, der Posten von Darmstadt mit dem von Kassel verbunden werden. — Große Bestürzung über Neapel, sehr lange Gesichter! Herr von Alopeus sagt, warum habe man dem Kaiser Alexander nicht gefolgt! Man fragt ihn dagegen, ob ein Bösethun aller Mächte gegen Spanien denn wohl das Ereigniß von Neapel im geringsten würde verhindert haben? — „Kein Diplomatiker darf mehr etwas zu schreiben wagen, die Nachrichten, die er meldet, werden ihm Schuld gegeben." Diese Aeußerung machten wir heute, zugleich ein höchst günstig gestellter Preuße von den unsrigen, und Herr Dr. Klindworth von den portugiesischen Diplomatikern, die gar nicht mehr nach Brasilien zu berichten wagten, wie's in Portugal aussieht. — Große Gesellschaft im Georges'schen Garten, Spontini's u. s. w. — Die neapolitanischen Nachrichten bekamen wir durch Herrn Bartholby, der einen durch Rom gehenden österreichischen Kourier benutzte.

Den 26. Juli 1820.

Gestern Diner bei Herrn Grafen von Bernstorff; Herr General von Knesebeck ruft Herrn Ancillon als Zeugen für die seines Bedünkens wohl zu beherzigende Thatsache auf, daß, als vor einiger Zeit ein Kourier aus Neapel hier eingetroffen, die hiesigen Carbonari, bevor sie gewußt, daß jener nur den Orden für den Herzog von Partanna überbringe, gleich gesagt hätten, in Neapel sei eine Revolution ausgebrochen; daraus gehe klar hervor, daß die Jakobiner überall zusammenhingen, und ihre Werke gemeinsam betrieben. Wenn dies so arg wäre, wie Herr von Knesebeck zu verstehen giebt, so könnte er und die Seinigen ja nur gleich alles niederlegen, denn dann vermöchte doch nichts

mehr zu helfen! — Die sämmtlichen Minister haben vom
Könige durch Stafette den Befehl erhalten, in Berlin zu
bleiben oder dahin zurückzukehren, man glaubt, es sei
etwas Bedeutendes im Werke. Jemand sagte schon, am
4. werde Parade sein, am 5. Konstitution. Viele Leute
glauben und versichern im Ernste, am Geburtstage des
Königs werde eine Konstitution proklamirt werden. —
Herr von Stägemann mit seiner Tochter und der Gräfin
Desfours in Karlsbad und Dresden; arges Gerede dar=
über. — „Unser Militair ist auch schon angesteckt, das
haben wir ja genug gesehen!" — „Nun giebt's ein Hep!
Hep! auf Konstitution durch die ganze Welt." — Herr
von Humboldt ist auf seine Dotation nach Schlesien, bei
Ottmachau, gereist. — Herr Geh. Rath Schöll fährt mit
dem Kanzler spazieren, man spricht davon. — „Was mich
ärgert, ist, daß nachher Knesebeck und Solche ganz so thun
werden, als seien sie immer für Konstitution, immer für
die Freiheit gewesen, niemand wird beide so hoch leben
lassen, als diese Leute!" — Und so kreuzen sich Aeuße=
rungen und Aeußerungen durcheinander!

Den 31. Juli 1820.

Fernere Nachrichten aus Neapel, Italien. Herr von
Niebuhr schreibt erbärmliche Depeschen aus Rom, Herr
von Bartholdy desto bessere! Die Truppen führen Fahnen
mit der Inschrift: Nationalheer der Carbonari. Man fürchtet
in Rom jeden Augenblick einen Ausbruch, und ist dann
für das Leben Consalvi's besorgt. In Benevent, in den
Legationen Unruhen. — Die Urtheile in Berlin sind sehr
verschieden. Viele Leute fürchten unsere Truppen; man
hört, und schon nicht mehr ganz heimlich die Namen Gnei=

senau, Grollmann, Pfuel, Clausewitz, Borstell, Barnekow, Plehwe u. s. w. nennen, als solcher, die neuer Dinge fähig wären; Boyen, Humboldt, Beyme, werden auch genannt. — Herr General von Krusemark hat in Karlsbad von hier den Befehl erhalten, sogleich nach Wien zurückzukehren. — Herr General von Clausewitz besteht auf der Londoner Gesandtschaft, er hat einen sehr starken Brief an Herrn Grafen von Bernstorff geschrieben, und soll mit diesem auch eine Erklärung gehabt haben, in der die Haltung des letztern sehr schwach, ja kindisch gewesen sein soll. Früher hatte der Herr Graf dem Könige, der ihn fragte, was denn nun in der Sache zu thun sei, sehr unbefriedigend geantwortet: er wisse es nicht! Dadurch soll er sehr beim Könige gesunken sein. Der Kanzler ist auf Clausewitzens Seite, die englische Regierung nicht gegen ihn, blos der Herzog Karl hatte gegen ihn gearbeitet, und Cumberland und Tauentzien dabei in's Spiel gebracht. — Gegen den Herrn Grafen von Bernstorff vereinigen sich immer mehr Gegner. — Der Kanzler würde ihn im eintretenden Falle nicht halten. — Herr Ancillon setzt seine Opposition im Staatsrathe fort; man sagt, er werde vom Kronprinzen getrennt werden. — Unsere Staatsbeamten sind so niederträchtig bemüthig gegen die fremden Gesandten, daß diese selbst verächtlich davon reden. Graf Bernstorff und Herr Ancillon werden der größten Deferenz beschuldigt, so daß die Würde des eigenen Staates darunter leide; nur gegen die Kleinern zeigt sich eben so unverhältnißmäßige Grobheit zuweilen. Dergleichen Bemerkungen sind lediglich aus dem diplomatischen Kreise selbst geschöpft. — Der König soll in Teplitz bei Gelegenheit der Ereignisse von Neapel geäußert haben, in solchem Falle bleibe einem Könige nichts übrig, als mit Ehren zu ster=

ben. — Der Herr Geh. Staatsrath von Stägemann erhält außer seinem Gehalte 2000 Thlr. Miethsentschädigung. — Geh. Rath Koreff scheint in seinem Einflusse ganz gelähmt; er äußert sich übel über Geh. Rath Schöll, und Geh. Rath Rother spricht wiederum ungünstig von Koreff. Herr Spontini gilt für einen Ultra, der alles an Schöll wiedersage. — Die Kouriere werden vermuthlich nach Paris wieder häufiger abgehen, Herr Graf von Goltz, von Herrn Geh. Rath Schöll, dem die Sache besonders wichtig, noch mehr angestiftet, soll besonders darauf bringen. — Die Arbeiten im Staatsrathe sollen bis zum September fortdauern; bäuerliche Verhältnisse, Gemeindeordnung u. s. w.

Den 2. August 1820.

Man will wissen, Oesterreich spüre mit großem Eifer und außerordentlichen Geldopfern einem vermutheten Vertrage zwischen dem russischen Kaiser und dem Pascha von Janina nach. — Es fehlt auch nicht an Vermuthungen, daß der russische Kaiser mit den Ereignissen von Neapel einverstanden sei, indem dadurch die österreichische Macht in Italien gebrochen würde; des Fürsten von Italinski Benehmen in Neapel soll mehr als zweideutig sein. — Die österreichischen Papiere sind etwas gesunken. — Der Kronprinz hat abermals im Staatsrathe die heftigste Opposition bewiesen; eine sehr bedenkliche Meinung ist, der König könne am Ende heimlich damit einverstanden sein, und den Staatskanzler, den er geradezu anzutasten scheue, gern auf diese Weise gedrängt sehn; dieser Meinung steht die andere entgegen, der König sei schon mit dem Kanzler einig, und werde Herrn Ancillon, und nöthigenfalls auch den Kronprinzen, zum Schweigen bringen. Daß Herr

Ancillon den König nach Teplitz begleiten soll, sagt jener selbst, allein er scheint nicht gerade Begünstigung darin zu sehen. Herr Geh. Rath Ladenberg ist nun ganz auf Seiten der Opposition, der Geh. Reg. Rath Hoffmann neigt sich immer mehr dahin. Der Kanzler kann auf wenige Personen rechnen. Die Geh. Räthe Beckedorff und Schöll — der letztere gilt jetzt alles — glaubt man ihm nicht treu ergeben, vielmehr der aristokratischen Gegenseite zugethan. Die Aristokratie äußert sich unverhohlen; der Kronprinz pflichtet ihr bei; sie möchte den Bauer wieder unter den Edelmann bringen; das würde gewiß Revolution fördern, die Herr Ancillon von neuer Steuer wohl zu ängstlich fürchten wollte. — Mit Herrn von Stägemann, Herrn Prof. Benzenberg, Herrn Schulz, Herrn Dr. Erhard u. A. aß ich heute im Thiergarten in der christlich=deutschen Gesellschaft zu Mittag. Ich hörte den Auftritt vortragen, den es gegeben hatte, als Herr Oberpräsident von Heidebreck vor Kurzem die churmärkische Landschaft endlich doch aufhob und die Kassen wegnahm. Die Sache wurde als lächerlich in ihren Einzelheiten geschildert, man lachte ungemein, allein im Ganzen schien mir der Vorgang ein trauriges Zeichen des Zustandes, in welchem der Staat sich befindet; ein Gewaltschritt mit gehässigem Hohn gegen das bisher gesetzlich Bestandene ausgeführt. Ich bin gewiß kein Freund eines überlebten Feudalinstituts, aber Herr von Heidebreck konnte in keinem Falle sagen, er kenne kein solches und wisse von seinen Beziehungen nichts; die Gewalt, mit der er die Bevollmächtigten, die nicht aufhörten zu protestiren, wegwies, und sich die Schlüssel aushändigen ließ, war hinreichend, und jede Beschönigung überflüssig. Herr von Stägemann sagte freilich, daß Herr von Heidebreck angewiesen gewesen, die sich als Bevollmächtigte der Landschaft darstellenden Personen anzunehmen und mit ihnen einzulassen, und daß derselbe nicht so habe verfahren sollen, wie er gethan. — Herr von Stägemann findet den Kanzler nicht so ganz wohlauf, sondern matt und abgelebt. Man glaubt, daß er heimlich darauf rechne, noch immer mit Erfolg die Liberalen wieder um sich sammeln, und an ihrer Spitze alle Gegner besiegen zu können. — Herr Dr. Erhard spricht zum Lobe der Turner und behauptet, Preußen habe durch das Turnen ganz Deutschland gewinnen können, aber freilich hätte es dazu das Turnen hegen und beherrschen müssen; durch seine Opposition gegen das Turnen habe es Preußen als Kraft ganz eingebüßt, dadurch, daß man sich mit einer Sache in Streit stelle, beherrsche man sie am wenigsten. Man scherzt über die angeblichen Carbonari in Berlin, über Herrn von Kampz, Herrn Geh. Rath Grano, der von Mainz zurückgekehrt, über Herrn Geh. Rath von Bülow u. s. w. — Herr Schulz versichert, alle Leute, selbst die gewöhnlichsten Philister, fingen nach und nach an, eine Konstitution zu wünschen, deren Verzögerung gefährlich zu finden u. dgl. m. Die Leute erwarten irgend eine Bekanntmachung deshalb in diesen Tagen. — Herr Prof. Benzenberg, wenig gesprächig, äußerte sich mehrmals entschieden für die konstitutionellen Dinge. — Herr von Winterfeld von der Wittwenkasse soll unschuldig befunden sein; sein Beamter — Friedrich, glaub' ich, heißt er, — ist in erster Instanz zur Festung verurtheilt, allein die Behörde kann seiner nicht entbehren, Herr Minister von Schuckmann ist ihm günstig, und man meint, er werde im Amte bleiben dürfen. — Herr Dr. Erhard ist auch der Meinung, daß die Freimaurerei sich auf indische Mysterien zurückführen lasse. Die Carbonari sind Freimaurer, beide in Italien gleichbedeutend.

Den 5. August 1820.

Der König von der Pfaueninsel, wo er seinen Geburtstag gefeiert, hier angekommen. Schlimme Nachricht aus Rußland, die Großfürstin Alexandra hat ein todtes Kind — von acht Monaten, aber unerkennbaren Geschlechts — geboren. Der König geht in drei Tagen wieder nach Teplitz. — Fürst von Wittgenstein hat Herrn Geh. Rath Greuhm geschrieben, er möge nach Teplitz kommen, dieser will mit Herrn Ancillon dahin abgehen. — Man sagt, alle Staatsverhandlungen blieben noch ferner ohne Ergebniß; es wird vor der Hand nichts entschieden, auch die Besetzung der diplomatischen Posten kommt noch nicht zur Sprache; man ist sehr verwundert über den allgemeinen Aufschub in den Dingen; das Defizit, meint man, ginge doch seinen Gang! Inzwischen scheint Herr Rother ganz munter, und auch der Kanzler scheint guter Dinge zu sein, man fragt, ob dies die Folge genügender Vorkehrungen oder äußerster Sorglosigkeit sei? — In Rom sollen schon Unruhen ausgebrochen sein; die Oesterreicher senden 85,000 Mann nach Italien, man glaubt, sie werden den Kirchenstaat besetzen. — Kaiser Alexander kommt auf sechs Wochen nach Warschau, Herr Graf Capodistrias ist schon dort. — Herr Graf von Bernstorff kann mit dem Kanzler über die Anordnung seines Ministeriums nicht fertig werden, erzählt der kurhessische Geschäftsträger Herr von Wilkens; die hiesigen Diplomaten äußern sich über den Herrn Grafen von Bernstorff auf eine Art, die zu erkennen giebt, daß sie ihm nicht viel Gewicht zutrauen. — Man ist befremdet durch die Ruhe, die noch in Frankreich stattfindet; wahr ist's, man hat so viel dazu gethan, daß es unruhig werden müßte, wenn es mit rechten Dingen

zuginge! — Der König ist sehr aufgebracht über die Klein=
heit des neuen Schauspielsaals, und über die Kosten des
ganzen Baues. — Der russische Gesandtschaftsrath Herr
von Kraft äußert sich mit einigem Spott über die Ver=
legenheiten, in denen Oesterreich sich befinden muß.

Den 8. August 1820.

Die Sache wegen des Blasenzinses soll zum Oktober
verschoben sein. — Die Klassensteuer hatte im Staatsrath
18 Stimmen gegen 13 und ging daher durch; ihre Ein=
führung ist deshalb noch nicht im Klaren. Allgemeines
Liegenbleiben aller Angelegenheiten. — Herr Oberpräsident
von Vincke ist nach München zurückgereist. Die Herren
Ancillon und Ladenberg nach Karlsbad und Teplitz! Der
König nach Dessau ꝛc. Der Kanzler morgen nach Pyr=
mont. Man spricht wieder von der Herzogswürde für den
Kanzler. — Herr Geh. Rath Koreff begleitet den Kanzler
nicht, aber Herr Geh. Rath Schöll; der Kanzler, obwohl
sonst nicht krank, soll bedeutend abnehmen; Herr Dehn
speiste heute bei ihm, und fand es sehr auffallend. —
„Voß und Stolberg", Schrift von Dr. Schott. — Neue
Dummheit der badenschen Regierung in Betreff der Sand'=
schen Akten, deren Druck längst erlaubt, dann doch plötzlich
auf badensche Requisition eingehalten, und nun nach der
würtembergischen Verfassung von Herrn von Cotta wohl
doch behauptet werden wird! — Herr Geh. Rath Schöll
sagt, das neueste Buch von Prabt (de l'affaire des élec-
tions) sei das jämmerlichste, das er geschrieben habe. Man
nimmt seine Rache durch bloßes Schimpfen! Die Neapo=
litaner heißen blos Gesindel. Nachrichten von dem Blut=
babe in Palermo im österreichischen Beobachter; beim

Kanzler erfuhr man die Sache durch einen der Gäste, auch die Zeitungen werden kaum noch beachtet! — Herr General von Schöler, der nicht nach Rußland zurückkehren soll, möchte nach London als Gesandter gehen. — Die Zeitungen sagen, der Fürst von Metternich habe den König in Karlsbad nach Pest eingeladen. — Die östreichischen Kouriere gehen meist über Berlin nach Rußland. — Der englische Gesandte Herr Rose ist wieder hier angekommen; der hannöversche Gesandte Herr von Ompteda hatte ihn lange gesprochen und als man ihn über mancherlei fragte, was gerade jetzt wichtig und anziehend ist aus England zu erfahren, rief er immer, ach, das ist mir recht unangenehm, das habe ich vergessen mit ihm zu besprechen! Ein Zeichen der Diplomatiker. Es interessirt sie nichts, als was sie in ihre Depeschen aufnehmen können, ihr Fressen und Wohlleben, und ihre sogenannten Ehren! — Herr von Ompteda schimpft gräßlich auf die Königin von England. — Herrn Ancillon's Billet an mich. — Die hiesige Regierung hatte Brockhaus' Litterarisches Wochenblatt verboten, wegen der Auszüge der Correspondance inédite; Brockhaus ließ das Blatt umdrucken, der Kanzler erlaubte es wieder, und nun ist es doch ganz verboten!

Den 11. August 1820.

Man erwartet morgen das Edikt wegen der Klassensteuer. — Wenn Herr General von Schöler nicht wieder nach St. Petersburg geht, so werde er, verlautet aus einer besondern Quelle, Minister der auswärtigen Angelegenheiten werden, der König habe ihn schon früher dazu ersehen gehabt, und wegen Bernstorff's sehe man doch immer mehr den Irrthum, den man begangen, ein. — Der König soll dem Kronprinzen in der letzten Zeit gewogener geworden sein. — Man wird eine Anleihe von 30 Millionen Thalern machen (schon inbegriffen im Schuldenetat von 180 Millionen). — Herr General von Zastrow berichtet aus München höchst bedenklich wegen der Erscheinung der hiesigen Umtrieber daselbst, Herrn Reimer's nämlich, der in seiner Begleitung den Herrn de Wette und Jung und Röbiger hat; in seinem Passe steht blos „mit Begleitung" und nun kann er wen er will und wie viel er will darauf mitnehmen. — Was machen die Umtriebe? Sollten sie nicht jetzt ärger sein als je? Wenn man doch jetzt einen Griff thun könnte! Werben sie unter den Studirenden? vielleicht unter dem Militair? Die Stille ist verdächtig, es ist nicht zu glauben, daß die Leute ruhig sind, nachdem die Regierung ihnen nichts anhaben gekonnt, und Spanien und Neapel neue Kühnheit erweckt haben müssen. Man sagt, die Freilassung der noch Verhafteten sei ganz nahe.

Den 15. August 1820.

Uebler Eindruck der erschienenen Steueredikte, besonders unter dem gemeinen Volke; in den obern Klassen hört man noch allenfalls günstigere Stimmen. — Der spanische Geschäftsträger Herr Zamorano empfing aus Madrid einen Aufsatz zur Rechtfertigung der Kortes gegen die in der Staatszeitung geschehenen Angriffe, und verlangt den Abdruck. Herr Graf von Bernstorff willigt ein, der Anfang des Aufsatzes erscheint wirklich in der Staatszeitung, aber das Meiste bleibt weg. Der Spanier will aber das Ganze gedruckt, wendet sich an Spener, und will die Einrückung nach Gebühr bezahlen, der Zensor, ungeachtet Graf Bernstorff's schriftlicher und mündlicher Versicherung, daß für den Druck kein Anstand sei, weist den Aufsatz ab, er sei zu lang (??), der Spanier wendet sich aufgebracht an Graf Bernstorff, der auszuweichen sucht. In keinem Fall ein Benehmen, das dem Fremden große Begriffe von unsrer Art und Weise giebt! — Herrn von Haller's Schrift gegen die Kortes ist erst dieser Tage, sehr verspätet, bei den hiesigen Buchhändlern angekommen, und ist dadurch in ihrer Wirkung, auch bei den Anhängern, sehr gebrochen. In Buchholzens Monatsschrift ging schon das bittre Sendschreiben an Herrn von Haller vorher. — Herr von Pradt spricht von der „vileté de Mr. d'Ompteda, et Mr. d'O. est noble et ministre!" dergleichen Redensarten kann man in gewissen Kreisen nicht gut vertragen! — Herr Geh. Staatsrath von Stägemann bei mir. — Herr Achim von Arnim versichert, die Zensur leide durchaus keine Mittheilungen im Druck, die Einzelnes und Thatsächliches der Verwaltung, des Zustandes u. s. w. beträfen, das Geringste dieser Art sei ihm gestrichen worden, dagegen dürfe man in's Blaue noch allenfalls kühn genug schreiben. Auch Herr Regimentsarzt Balz, der über die Verbesserung des Medizinalwesens geschrieben, sei schon zurückgesetzt deshalb. — Wegen der Umtriebssachen erwartet man in Kurzem nun doch eine völlige Erledigung und Lossprechung. — Man spricht viel von der neuen preußischen Anleihe, deren Bedingungen, Gefahren u. s. w.

Den 18. August 1820.

Unter einem großen Theil des diplomatischen Gelichters gilt Herr Ancillon als Konstitutionswüthiger, als

Begünstiger der Umtrieber u. s. w. und wird deshalb scheel
und mißtrauisch angesehen. Sie könnten diese Furcht sparen! so arg ist es mit jenem noch lange nicht, meinen
Andre. — Ein Regierungsrath aus der Provinz, harmlos
und unbefangen, äußerte sich hier in einem Kreise neuer
Bekannten, wo ihm zum Theil bedenklich widersprochen
wurde, ohne Scheu ganz gelassen dahin: „Konstitution
müsse der König geben, denn er habe es versprochen, und
wäre dies noch nicht, so müsse er's jetzt versprechen. Nach
Gesetzlichkeit und Ordnung verlange die ganze Welt, und
nur durch Volksvertretung seien jene zu erlangen. Das
Volk würde schon gute Vertreter wählen, und desto beßre,
je weniger die Regierung sich in die Wahl mischen würde.
Der König könne weder sein Wort zurücknehmen, noch
lange mit der Erfüllung zögern. Was im Gegentheil geschehen würde? Das würde man schon sehen! Das würde
sich zeigen! darauf möchte man es nicht ankommen lassen!
In den Provinzen sei man ganz anders als in der Hauptstadt, man sei dort sehr aufgeregt und thatkräftig!" —
Artikel in der Hamburger Zeitung über Reimer, de Wette,
Jung und den in der Isar ertrunkenen Mahler Zimmermann; die Polizei, die früher gar nicht dran gedacht hatte,
bekommt plötzlich den Einfall, hier bei Z.'s Wittwe alle
dessen Papiere unvermuthet wegzunehmen. Man spricht
davon als von einer Erbärmlichkeit. — Isis von Oken,
ziemlich munter, Börne schreibt auch wieder, Widemann's
Zeitschrift der Staatsbürger langt an. — Dr. Jung, Asverus, Dr. Baber werden von Privaten, die ihre Bekanntschaft gemacht, ungemein gelobt als edle junge Männer. —
Herr Geh. Staatsrath von Stägemann bei mir. — Viele
Gartenbesuche.

Den 19. August 1820.

An den Prinzen Heinrich von Preußen ist nach Neapel geschrieben worden er möge zurückkommen. — Nachrichten aus Wien; der Kaiser hatte die Nachrichten aus Neapel anfangs gar nicht glauben wollen; Fürst von Metternich ungemein erregt und bedrückt, die Großen schimpfen laut, man will die Aufrührer in Massen niedermachen u. s. w. Dabei großes Mißtrauen, ängstliche Vorsicht, viele Verhaftungen. Das österreichische Heer, sagt man in Wien allgemein, sei sehr depravirt, die Truppen gehen ungern nach Italien, die Offiziere äußern sich zum Theil sehr unangenehm. „Glauben Sie mir, was man auch sagen mag, wenn einmal der Gedanke an Ausbrüche nicht ganz zu verwerfen ist in dieser Beurtheilung der Dinge, so ist Oesterreich näher daran und reifer, als andre deutsche Länder." — Die Papiere des ertrunkenen Zimmermann sind blos durchsucht worden, es waren äußerst wenige, und keine Zeile darin verfänglich.

Den 22. August 1820.

Das Lager in Pest war zuerst darauf abgesehen, die ungarische Konstitution umzustoßen, eine Absicht, die jetzt wenigstens für jetzt aufgegeben ist. — Note des Kaisers Alexander an die hohen Mitverbündeten wegen Spanien in dem Hamburger Korrespondenten. In Wien nannte man den letzten Kongreß, wegen des überwiegenden Einflusses des Herrn von Zentner, den Zentner-Kongreß. Großes Aufsehen machte das Benehmen des Königs von Würtemberg. — In Ungarn soll es bedeutende Umtriebe geben. — Der portugiesische Gesandte Herr von Lobo ist von Rügen hieher zurückgekehrt, und fand in den Ortschaften, wo er sich unterwegs absichtlich mit den Leuten näher einließ, die Stimmung unzufrieden und von den neuern Ideen angesteckt. Der sächsische Gesandte Herr von Minckwitz sagt dasselbe von seinem Wege, besonders von den kleinen Städten, und setzt hinzu, am schlimmsten solle es am Rhein sein, wo auch das Militair bearbeitet werde, und Herr General von Pfuel verdächtig sei.

Den 25. August 1820.

Gerüchte von neuem Kongreß in Wien, von deutschem Komité in Wien, von europäischen Konferenzen in Paris, Arbeit in Fülle! Bundestag ohnehin in gleichzeitiger Thätigkeit, die aber durch jene Anstalten ganz verdunkelt wird. — Brief der Königin von England im Hamburger Korrespondenten. — Streit mit Behörden und Ungeschicklichkeit von Geh. Hofrath Heun in Betreff der Staatszeitung, Herr von Stägemann muß sich der Sache wieder besser annehmen; kein Mensch weiß, wie man das Ding anfangen und wem es vertrauen soll. Herr Regierungsrath von Hohenhausen erbietet sich zur Redaktion. — Stägemann und Benzenberg schimpfen selbst auf die jetzige Staatszeitung, es ist aber nicht zu helfen, so lange nicht Ein Mann dem Werke tüchtig vorsteht, und so lange jeder unter Autorität des Staatskanzlers hineinpfuschen kann. — Herr Prof. Benzenberg spricht laut und eifrig für die Gesetzgebung und Verwaltung des Kanzlers, er sagt, die Liberalen in Berlin wären solche Gimpel, daß sie albern genug an des Kanzlers Falle sich freuen möchten. Er spricht mit Verachtung und Hohn von den Umtriebsriechern, und meint, der Kanzler hätte mit scheinbarem Nachgeben die Sache am besten in Nichts aufgelöst. — Der Kanzler befindet sich in Pyrmont ziemlich wohl. — Der Herzog von Partanna hat Briefe aus Neapel, nach diesen haben die Oesterreicher den Vorgängen in Palermo absichtlich die schrecklichste Farbe gegeben, um rechte Gehässigkeit zu erwecken, es sei bei weitem nicht so arg, erklärt der Herzog, und die Uebertreibungen seien lächerlich. — Man spricht sehr übel von der neuen preußischen Anleihe, von dem Wuchergewinn der ersten Unternehmer u. s. w. Der Adel ist lebhaft aufgeregt gegen die Staatsverwaltung, es kommen die gehässigsten Aeußerungen vor, zwei dieser Herren sprachen heute bei Kämpfer in einem Sinne, der voraussetzte, im obern Staatsdienste seien nichts als Spitzbuben und Dummköpfe. Sie loben die mecklenburgischen Landeseinrichtungen, die Leibeigenschaft, beklagen diejenigen Tagelöhner, die bei Bauern arbeiten u. s. w., spotten der Juden. — Herr Prof. Benzenberg meint, der Herr Graf Bernstorff sei durch sein vorjähriges Zirkular und die Briefe im Konstitutionnel dagegen doch unwiederbringlich beschimpft, und alles Ansehens verlustig. — Der portugiesische Gesandte Herr Graf Lobo erfährt zu seinem nagendsten Verdrusse, daß Marialva in Paris, Mello in Rom, und andre Gesandte, nicht wie er für strenge Beherrschung Portugals von Brasilien aus, sondern für die vermittelnde Sendung des Kronprinzen und für liberale Institutionen geschrieben haben. Er hat alle Ehre seines Namens lediglich seinem gescheuten Sekretair zu danken, und hat nie eine Depesche geschrieben und kann keine schreiben; er fürchtet seine Beförderung zum Botschafter in London ganz entsetzlich, weil er dort portugiesische Legationsräthe bekäme, vor denen sein Sekretair nicht mehr die Blöße, in der er ist, zu decken vermöchte. Und das ist ein Gesandter, ein Diplomatiker, ein zum Pair und Grafen Beförderter!

Den 26. August 1820.

Mir wird erzählt, der Kanzler habe an seiner Tafel dem Herrn Prof. Buchholz gesagt, die Konstitution für Preußen reife sicher und gut, nach drei Jahren aber erst würde sie an's Licht treten können; der Professor habe darauf zu bemerken gegeben, nach drei Jahren würde den Leuten schwerlich genügen, was man jetzo für jene Zeit bereite! Buchholz läugnet die Sache. — Gerede über die Kongresse 2c. — Herr Geh. Rath Schöll hat geäußert, Berlin sei für ihn nur ein vorübergehender Aufenthalt, er werde nach einigen Jahren nach Paris zurückkehren. Er und Herr Ancillon sind sehr Feinde gegen einander. — Herr Graf von Bernstorff erliegt der Arbeit, er muß jetzt das Meiste selbst schreiben. — Nachrichten von einer Militairverschwörung in Paris. — Herr von Flavigny nach Rußland gesandt.

Den 29. August 1820.

Herr Graf von Brandenburg, Herr von Malachowski, Adjutant des Königs u. A. ziehen bei einer Mittagstafel ganz ohne Schonung gegen Rußland los, beschuldigen den Kaiser üblen Willens gegen Preußen u. s. w. Urtheile über Jomini's Herausgabe der Correspondance inédite de Napoléon. — Herr Graf von Bernstorff äußert gegen die Spanier seine Scheu und Besorgniß wegen des künftigen Gesandten Grafen von Toreno; sie rühmen ihm dagegen den Werth der spanischen Liberalen überhaupt, und den alten Adel Toreno's insbesondre, als welcher von den alten gothischen Königen stamme. — Des Fürsten von Metternich Note wegen der ständischen Freiheitsfortschritte in Baden. — Nachricht aus Holland und Bremen an hiesige Kaufleute von einem Aufstand in London, wobei Lord Castlereagh geblieben sein soll. — Madam Schröder gestern die Rolle der Johanna von Montfaucon gespielt. — „Gestern war schon allgemeine Freude in der Stadt, sagt ein gemeiner Mann zu mir, sie glaubten schon in Paris sei eine Revolution gelungen, aber nach den heutigen Zeitungen ist die Sache nicht so groß." — Am Rhein hatte ein Regimentskommandeur seinen Truppen unter andern gesagt: „Ihr seid nicht blos die Soldaten des Königs, ihr seid auch die Soldaten des Staats", die Offiziere zeigten dies an, und der Mann ist seitdem entlassen worden, wie Offiziere selbst erzählen. — Herr Graf von Kalkreuth aus Siegersdorf kam kürzlich von Hamburg und speiste beim Herrn Grafen von Bernstorff, er schimpfte heftig auf die Durchsuchung in Lenzen, und daß man sogar wie nach verbotenen Waaren nach englischen Zeitungen sorgfältig bei ihm geforscht; Herr Graf von Bernstorff erstaunt, wollte zweifeln, aber jener meinte, es möge ihm nicht bekannt sein, wie vieles andre, was geschehen, aber wahr sei die Sache, und er stehe dazu. Es hatten vor einiger Zeit harte und bittre Angriffe gegen den Kanzler in englischen Blättern gestanden.

Den 31. August 1820.

Herr General Graf Kalkreuth bestätigt die Aeußerungen, die sein Bruder gemacht hat, meint aber, derselbe habe wohl niederländische Blätter sagen sollen, denn nach

diesen — als verbotenen, würde man gesucht haben. —
Die Nachrichten aus London erweisen sich falsch, allein
bunt genug sieht es dort aus. — Armselig und jämmerlich
nennt man die Artikel fast allgemein, die der österreichische
Beobachter so dreist als albern über Neapel liefert; wie
aus Verabredung stoßen der Moniteur und der englische
Kourier in dasselbe Horn, selbst Spanien wird nur im
Vergleich gelobt. — Herr von Stägemann ist durch den
Staatskanzler aus Pyrmont von der Abfassung der Staats=
zeitung dispensirt worden; Herr Geh. Hofrath Heun wird
damit beauftragt, der Kanzler hält diesen, wie er selbst zu
Stägemann gesagt, für einen großen Schriftsteller; er ver=
steht aber gar nichts und wird tausend Versehen machen,
wenn ihn Herr Geh. Rath Schöll nicht hält und schützt,
der die ganze Sache mit der Staatszeitung so gewendet
hat, um sie in seine Hand oder unter seinen Einfluß zu
bekommen. Bisher ist die größte Unordnung gewesen; der
Herr Geh. Rath Schöll sendet einen von des Kanzlers
Hand durchbesserten Aufsatz aus Pyrmont ein, Herr von
Stägemann giebt ihn zum Druck, der Zensor Herr von
Raumer verändert ihn, der König in Töplitz ungehalten,
läßt fragen, wer den Aufsatz verfaßt und zum Druck ge=
geben habe? Ein andermal sendet Herr Schöll einen Auf=
satz, und Herr von Raumer streicht ihn ganz, nun erhebt
jener Lärm, und sagt, man achte des Kanzlers Willen
nicht. — Man will wissen, der Herr General Graf von
Tauentzien gehe nun gewiß als Gesandter nach London;
denn der Kanzler hat an den Präsidenten Herrn von der
Reck zu Frankfurt an der Oder geschrieben, der Herr Graf
sei zu einer Gesandtschaft bestimmt, und daher das gericht=
liche Verfahren gegen dessen Güter einzustellen, dieser er=
wiederte, es sei schon zu spät, das zu Verfügende sei schon

verfügt; den Brief des Kanzlers hat er ohne Scheu einer gemischten Gesellschaft gezeigt. — Man lobt in den Adelskreisen, daß der König die von den rheinischen Gerichten gegen den Herrn Grafen von Westphalen ausgesprochne Gefängnißstrafe in eine Geldstrafe von 200 Thaler geändert hat. — Der verstorbene von Cölle war Chef des sogenannten litterarischen Bureau's beim Kanzler und erhielt dafür 1800 Thaler Gehalt; außerdem war er als der Spion des Fürsten von Wittgenstein angestellt; Akten über ihn. Der Kanzler hatte dem Sohne den Posten des Vaters zu erhalten versprochen; er bekömmt inzwischen nur Unterstützungsgelder, und soll anderweit versorgt werden. — Der Prozeß der Königin von England in aller Aergerniß. — Unsre Prämienloose zur neuen Anleihe stehen schlecht. — Herrn General Grafen von Kalkreuth gesprochen, Herrn Geh. Ober=Finanzrath Paalzow, Geh. Rath Färber u. s. w. Abends Gesellschaft im Garten. — Herr Mahler Hensel.

Den 2. September 1820.

Der König gestern in Potsdam angekommen. — Die Staatszeitung erscheint zum erstenmale mit Heun's Namen. — Der englische Gesandte Herr Rose bezeigt Theilnahme für die Königin, meint, die Bill würde im Unterhause nicht durchgehen, und der „Schuft" Castlereagh aus dem Ministerium ausscheiden müssen. — Der sardinische Gesandte Graf Sales erklärt sich gegen den portugiesischen, Herrn Grafen Lobo, sehr liberal, vertheidigt die Kortes, und schimpft die vorige spanische Regierung, gegen die jeder rechtliche Mann sich habe verschwören dürfen, solche Regierungen verdienten ihr Loos, und die noch übrigen von dieser Art würden ihrer Strafe auch nicht entgehen. — Herr Graf Lobo meint, man müsse mit den spanischen Diplomaten jetzt gar keinen Umgang haben, sie allein stehen lassen und ihnen zeigen, daß man sie geringschätze. Die hiesigen Spanier machen ihn dagegen, ohne daß er es merkt, zum Gespötte. Den Einen fragte er, warum sie denn in ihrer Konstitution kein Oberhaus hätten? „Ei, wo denken Sie hin", war die Antwort, „unsre Granden sind ja gar nicht im Stande ein Oberhaus zu bilden, sie können fast alle weder lesen noch schreiben; aber die portugiesischen werden wohl besser sein." — Geheime Sitzungen der spanischen Kortes, Anschläge auf Portugal und auf die Küste von Afrika. Portugal liefert ängstlich, gegen seine Meinung und Interesse, die geflüchteten spanischen Kontrerevolutionairs aus. — Prozeß der Königin in England, alle Leute stimmen ein, daß dies Aergerniß ein Gnadenstoß für die Königliche Würde ist. — Herr Reimer ist wieder hier, und hat den Dr. Jung wieder mitgebracht; Herr Dr. Vaber, als Demagoge verhaftet gewesen, ist vorgestern auf freien Fuß gesetzt worden. — Arge Schmach für Lord Stewart in Wien, dessen öffentliche Erklärung, er habe die Zeugen gegen die Königin nicht beherbergt und besoldet, durch diese Zeugen selbst vor dem Hause der Lords öffentlich zur Lüge wird! — Wie man jetzt überall von der Verkehrtheit der Regierungen, von der Unfähigkeit der Minister, von ihren dummen Streichen und Unsinnigkeiten spricht, den Bankrott der Staaten und Fall der Stehenden voraussagt, das übersteigt allen Glauben. Die gränzenloseste Verachtung äußert sich ohne Scheu. Dazwischen kommt einmal ein gutmüthiger Oberkonsistorialrath Nolte mit gutem milden Vertrauen auf Weisheit und Ansehen, die er nicht nachweisen kann, oder ein wüthiger Graf Lobo, der außer sich ist, daß der Lateinlehrer seiner Kinder gesagt hat, es werde schlimm werden, wenn man die Konstitution nicht gebe. — Gestern Abend war Herr Prof. Benzenberg bei mir. Heute Abends, bei Stägemann's, Novelle gelesen.

Den 3. September 1820.

Ein französischer Kourier ist eingetroffen, und soll den Marquis de Bonnay von Töplitz hierher bescheiden, da er nicht nach Paris kommen, sondern hier auf seinem Posten bleiben soll. Man ist allgemein auf große diplomatische Thätigkeit erpicht. — Der Kaiser von Rußland soll jetzt den Besuch in Pest abgelehnt, dagegen eine Zusammenkunft später im Oktober an der polnischen Gränze vorgeschlagen haben. Ein russischer Kourier ist aus St. Petersburg zum Könige nach Potsdam geeilt. — Man ist sehr verwundert, daß unsre Zeitungen, die doch Befehl haben, die Verhandlungen von Ständen, Kammern u. s. w. nur summarisch mitzutheilen, nunmehr (selbst die Staatszeitung) die ärgerlichste Verhandlung vor dem Hause der Lords ausführlich mittheilen; man sieht darin eine große Folgelosigkeit des Benehmens. — Herr Geh. Rath Beckedorff erzählt die Geschichtchen wegen der Artikel in der Staatszeitung, der Zensor hat einen Verweis bekommen ꝛc. ꝛc. Er selbst, Mitglied der Ober=Zensur=Behörde und Hauptultra, schildert den Zustand sehr trostlos; ein Zensor wisse nicht, sagt er, woran er sei, und was er machen solle, man habe ja gar keine Grundsätze, von denen man ausgehe und an denen man halten könne; die Regierung habe gar kein System, heute sei dieses recht, morgen jenes, heute habe der Eine etwas

zu sagen, morgen der Andre, und alle stets im Namen des
Staats und der Regierung. — Herr von Jordan will in
einigen Tagen hierher kommen und seinen Abschied for=
dern; die Leute im Ministerium der auswärtigen Angelegen=
heiten ärgern ihn zu sehr, besonders der Geh. Rath Hoff=
mann (Statistiker), sonst sein demüthigster Untergebener. —
Man spricht viel vom Marschiren preußischer Truppen. —
Alle Leute sind voll von dem Prozesse der Königin von
England.

Den 5. September 1820.

Denkschrift von Anhalt=Köthen gegen Preußen; großes
Aufsehen unter den hiesigen Diplomatikern, Herr Graf
von Bernstorff sehr angetastet. Gewiß hat Adam Müller
in Leipzig das Seinige beigetragen; Aeußerungen desselben
gegen mich auf der Durchreise im vorigen Herbst. — Herr
Prof. Bekker aus London zurückgekehrt und bei mir ge=
wesen. — Baiern soll den Durchmarsch österreichischer
Truppen nicht gestatten wollen, man sagt, mit heimlicher
Zufriedenheit Oesterreichs, damit ihm dieselbe Weigerung
gegen Rußland erleichtert werde. — Rußland scheint in
Betreff Neapels nicht ganz den Wünschen Oesterreichs zu
entsprechen, und in Wien, Berlin, Paris und London gar
nicht dieselbe Sprache zu führen; Preußen soll in derselben
Sache eine Erklärung gegeben haben, die noch nicht viel sagt.

Den 6. September 1820.

Es will Jemand die Anhaltische Denkschrift dem Kron=
prinzen und dem Prinzen Wilhelm mittheilen, „damit",
wie dieser Jemand sagte, „diese Herren doch sehen, was

die Minister für Dinge treiben und was ihnen gesagt wird". — Der spanische Geschäftsträger, Herr Zamorano, bei mir gewesen, desgleichen Prof. Benzenberg. — Man sagt, der Geh. Rath Hoffmann habe die meiste Schuld, daß Herr Graf von Bernstorff, der sich ihm hingegeben, das Aergerniß mit der Anhaltischen Denkschrift zu tragen hat. — Man hat die deutsche Uebersetzung von Pradt's Schrift über Spanien hier weggenommen; das französische Original darf verkauft werden. — Herr Dr. Jung hat Berlin verlassen müssen.

Den 9. September 1820.

Herr Ancillon von Töplitz zurück, ist sehr mißgestimmt, sagt zu einem Bekannten von mir, der König sei verdrießlich, die Ereignisse bekümmerten ihn; schimpft auf die Neapolitaner, meint, sie seien das entartetste Volk, ohne Sitte und Ordnung — durch wessen Schuld denn sind sie das? doch nicht durch die Konstitution! Ewiger Fehlschluß! — Von Spanien redet man schon etwas milder; das Volk habe dort doch wenigstens einen Nationalkarakter. — Herr Graf von Bernstorff soll wieder nach Wien gehen, und hat nicht Lust. Dem Herrn Geh. Rath Hoffmann hat er die zweite Sektion abgenommen, weil er mit dessen Arbeiten unzufrieden ist. Zu dem kurhessischen Geschäftsträger Herrn von Wilkens hat Herr Graf von Bernstorff gesagt, wenn die kleinen Fürsten gegen die großen Mächte sich solche Sprache anmaßen wollten, wie Anhalt gegen Preußen gethan, so bliebe den großen Mächten nichts übrig, als die kleinen bei der ersten Gelegenheit zu mediatisiren. Diese Aeußerung machte im hiesigen diplomatischen Körper großes Aufsehen, man trägt sie gewaltig umher; „dergleichen zu thun, könne eines schlechten, doch starken

Ministers Sache sein", wurde geäußert, „dergleichen zu
sagen, sei die Sache eines Narren und eines Schwächlings".

Den 10. September 1820.

Herr Ancillon schimpft über die Königin von Eng=
land, spricht von Sittlichkeit, Tugend, Ehre auf dem
Throne u. s. w. Die Diplomaten sollten mit dergleichen
Worten vorsichtig sein; die Skandale der Sittenlosigkeit
sollten sie gewohnt sein; Katharina II. von Rußland, Marie
Antoinette, die Gräfin Lichtenau u. s. w., wer hat bei der
Macht je nach Sitte gefragt? — Hiesige Ultra's und auch
Gesandte tragen die tröstliche Meinung, die Anleihe von
30 Millionen Thaler sei nicht zur Deckung eines Defizits,
welches die Regierung nur vorgebe, ohne daß eines da
sei, sondern zum Schatze auf den Fall eines Revolutions=
krieges bestimmt, und werde unangetastet niedergelegt. Die
Prämienloose stehen inzwischen schlecht. — Oesterreichs
Absichten gegen Neapel zeigen sich deutlicher; merkwürdige
Aufschlüsse über die Vorgänge zu Neapel in einem Pariser
Briefe. — Fürst von Metternich's Note an Herrn von
Verstett in Keratry's Schrift. — Wegen der Elbschiffahrt
sagt man jetzt preußischer Seits, es sei wahr, die Kongreß=
akte sage, sie solle frei sein, aber es sei derselbe Fall hier
wie bei der Verfassung, auch eine solche sage die Bundes=
akte zu, allein das Wann und Wie bleibe vorbehalten.
„Da sehen Sie", rief Jemand aus, „wie weit man mit
dem Versprechen einer Verfassung reicht!" — Die Kaiser
wollen in Brünn zusammenkommen; auch der König wird
dahin gehen, sagt man. — Der Herzog von Anhalt ist
nach Frankfurt gereist, um seine Denkschrift besser zu
unterstützen.

Den 11. September 1820.

Die Diplomatiker trösten sich, es werde in Italien gut gehen; Herr General von Stockhorn hat es gesagt, und das führen Andere als Autorität an; auch sagen sie, Oesterreich pflege nie nachzugeben (??!!) — Ein angesehener hiesiger Staatsbeamter, von dem die Leute sich dergleichen nicht versehen, hilft einer Schrift, die er zu stark findet, die mildere Zensurbehörde statt der strengern suchen. — Der Hamburger Korrespondent meldet fälschlich Carnot's Entfernung von Magdeburg und vermuthliche Flucht nach Frankreich. — Man klagt über den Mangel unabhängiger Menschen im preußischen Staate, besonders in Berlin; alles habe Rücksichten, Anliegen, Hoffnungen, die Beamten dominiren, alles muß zu ihnen gehören und mit ihnen gutstehn. Herr von Arnim (Pitt) führte schon vorlängst diese Klage zu öftern Malen. Herr Reimer, Herr Dr. Meyer, sind ein paar unabhängige Männer, aber es giebt ihrer nicht viele. — Der mecklenburgische Gesandte Herr von Lützow wieder hier; ein arger Aristokratenträger. — Herr Geh. Rath Ancillon sagt, er könne versichern, es werde unausgesetzt an preußischer Verfassung gearbeitet; man bezweifelt, daß dies in dem Sinne, wie es das Publikum nehmen möchte, wahr sein könne. — Herr von Humboldt wieder hier. Der Kanzler kommt am 20. d.

Den 13. September 1820.

Herr von Jordan gestern hier angekommen; er hat in Dresden die Gelegenheit gehabt mit dem Könige manches zu sprechen, was nicht verloren sein wird. Er klagt über die Führung des Ministeriums in Herrn Grafen von Bernstorff's Händen, es löse sich alles auf, und werde nicht lange mehr so dauern können. Auch beim Kanzler in Pyrmont führe Herr Geh. Rath Schöll eine gräuliche Wirthschaft. — Herr Graf von Meuron (Major) ist zum Gesandten in der Schweiz endlich ernannt; großes Schreien darüber in der Stadt, weil er ohne Ansprüche und Verdienste sei, weil er wieder ein Militair in der Diplomatik ist, weil er gar nichts leisten werde u. s. w. — Man sagt allgemein, Herr von Kampz werde Gesandter in Kassel, es scheint aber nicht gegründet; in Karlsbad ist er sehr verachtet worden, erzählen Gäste von daher. — Aus Oesterreich will man wissen, der Pabst verweigere den Einmarsch fremder Truppen in seine Staaten, und Rußland mache auch Schwierigkeiten, den Oesterreichern ganz Italien ohne Sicherheit allein zu überlassen. Dagegen schreibt der portugiesische Gesandte in Rom, Herr Mello, an den Herrn Grafen von Oriola (Lobo) hieselbst, die Oesterreicher würden den ganzen Kirchenstaat besetzen, und an der Gränze von Piemont Truppen aufstellen; der König von Sardinien habe gegen Oesterreich die Verpflichtung übernommen, nichts Konstitutionelles in seinen Staaten vorzunehmen oder zu gestatten; es werde ein Kongreß der italienischen Souverains unter Oesterreichs Vorsitz gehalten werden, und eine (Mainzer) Kommission zur Untersuchung der Carbonari-Umtriebe eingesetzt; die deutschen Maßregeln also einfach nach Italien übertragen! — Herr Graf von Bernstorff meint, mit des Herrn Grafen von Tauenzien Sendung nach London habe es noch gute Wege. Man spricht sehr gegen erstern wegen der Anhalt-Köthenschen Sache; Herr Geh. Rath Semler, Herr Geh. Leg. Rath Philipsborn sagen, daß wir völlig im Unrecht wären, man wirft die Schuld auf den Herrn Geh. Rath Hoffmann, und meint im Grunde doch am liebsten den Minister selbst. — Herr von Gentz hat in Gastein Herrn Reimer selbst gesagt, daß er in München wegen des Durchzugs der Truppen abschlägige Antwort erhalten habe. — Abends im Schauspiel Armida. — Merkwürdiger Artikel über demagogische Umtriebe im Konversations-Lexikon, auch über die spanische Revolution, und das Buch, das gelesenste in Deutschland, ist nicht verboten; was hilft nun dabei die andere Zensurstrenge?

Den 14. September 1820.

Die Ultra's in Berlin, einheimische und fremde Vornehme, heißt es, seien seit Kurzem ungemein vergnügt, sie hätten einen geheimen Grund der Freude, vielleicht neue Nachrichten über die Anstalten gegen die Revolution. Man sagt, es würden die ungeheuersten Maßregeln genommen werden. Doch soll England jede unmittelbare thätige Mitwirkung gegen Neapel abgelehnt haben. Worin die ungeheuren Maßregeln bestehen, weiß niemand zu sagen; die Note des Fürsten Metternich an Herrn von Berstett macht keinen großen Begriff von dem Latein, das noch übrig ist. — Herr von Stockhorn, von Werther, Graf von Oriola, Herr von Senden u. s. w. — Herr Graf von Zichy hat jetzt häufig mit Herrn Grafen von Bernstorff ernstliche Geschäfte. — Herr von Haller in seinem vierten Bande giebt dem Görres Beifall und bestreitet Herrn Ancillon. — Ob Preußen jetzt oder Süddeutschland wichtiger sei?

Den 16. September 1820.

Die Freude der Ultra's bezieht sich auf Gerüchte von Unruhen in Spanien, von Gefahren der Kortes durch Riego's Truppen u. s. w. — Dies die Freude der Ultra's. Die Gräfin Driola hat einen Kanarienvogel, der Pepe heißt, der Graf, als er ihn neulich so rufen hörte, befahl mit ernstem Unwillen, dem Vogel sogleich einen andern Namen zu geben. Wenn dies die Maßregeln der Ultra's wären? — Die heutige Staatszeitung enthält das größte Lob der Kortes, ihrer Einigkeit und Mäßigung, des Grafen Toreno u. s. w., man fragt mit Erstaunen, wie so und wozu? Ist es Absicht oder Dummheit? — Beim Herrn Grafen von Bernstorff kam gestern nichts Neues über Spanien vor. — Herr Prof. Buchholz will von den Ultra's gar nichts mehr hören, sie müßten alle zu Grunde gehen, meint er, sie wären auf vollem Wege u. s. w. In seinen Druckschriften äußert er sich nicht so unumwunden. — Abends unvermuthet Herrn von Cogniard auf seiner Durchreise nach St. Petersburg im Schauspiel gesprochen. Schilderung der großen Unzufriedenheit der badenschen Stände, Falschheit der Regierung, Herr von Berstett war von den ständischen Geschäften entfernt worden, in Ettlingen krank gewesen; will nach Italien, ist allgemein verhaßt und verachtet. Nachdem die Stände bereitwillig alle Wünsche der Regierung erfüllt, entgegengekommen sind und nachgegeben haben, läßt man sie keine einzige andere Arbeit, nicht einmal die Gemeindeordnung, vollenden, und schickt sie gleich nach Hause! Ueble Stimmung deshalb, auch des Großherzogs wird häufig sehr übel gedacht; sein Militair ist ihm auch abgeneigt. — Herr von Jordan, des Herrn Grafen Bernstorff's entschiedener Gegner, hofft, nach Hoffmann's Zurücksetzung, nun doch noch ein Stück des Mini=

steriums zu erlangen und Präsident unter oder neben Bern=
storff zu werden, und würde also in diesem Falle sich ihm
anschließen. — Herr von Humboldt sagt, der Herr Geh.
Staatsrath Niebuhr habe vor sechs Monaten schon die
jetzigen Ereignisse von Italien angekündigt; hier hat man
das entweder nicht beachtet — da man überhaupt seinen
Depeschen keinen Werth beilegen will — oder erkennt es
ihm jetzt nicht an. — Herr Geh. Leg. Rath Klüber hier. —
Herr von Alopeus zieht auf den Herrn Grafen von Bern=
storff los, mit dem er sehr unzufrieden ist.

Den 17. September 1820.

Oesterreichs Vertrag mit allen italiänischen Staaten
wegen Erhaltung des gegenwärtigen Zustandes und wegen
Herstellung Neapels; auch der Pabst giebt also nach. Strenge
Schreckensmaßregeln in Oberitalien. Inzwischen die Adresse
der piemontesischen Truppen an den König von Sardi=
nien. — Man sagt heute, unser König würde nun doch nach
Pest reisen. Herr Graf Zichy hat heute einen Kourier nach
Wien geschickt. Oesterreich soll sehr starke Zumuthungen
an Preußen machen, Herr Graf von Bernstorff sagte es
einigen Gesandten, die darüber bemerkten, Preußen scheine
kein System zu haben, sondern ungewiß hin und her zu
schwanken. — Im diplomatischen Körper wird sehr über
den Mangel an Formen, über den vornehmen Stolz und
Dünkel des Bernstorff'schen Hauses geklagt, auch von den
ganz großen Gesandten. — Man hält strenge Aufsicht über
den Geist der preußischen Regimenter, und unterscheidet
schon gute und schlechte; man fördert durch diesen Unter=
schied eine Richtung, an die jetzt gewiß noch wenige Sol=
daten gedacht haben.

Den 19. September 1820.

Görres darf, wie seine Frau schreibt, frei zurückkehren. Von de Wette's Wiederherstellung wird auch gesprochen, aber wenig geglaubt. — Herr Jahn ist in Kolberg nicht frei, darf nur begleitet ausgehen, und niemanden sprechen. Sein Sachwalter hat den König um mehr Freiheit für ihn angesprochen, allein die Antwort ist dahin ausgefallen, es müsse bei den getroffenen Anordnungen bleiben, inzwischen solle das Endurtheil der Untersuchung beschleunigt werden. — Der König hatte den Herzog von Köthen und dessen Gemahlin diesen Sommer in Karlsbad eintreffen sehen, „Sind in Wien gewesen, haben sich blamirt", soll er gesagt haben. — Der König geht zur Monarchenzusammenkunft nach Troppau. — Herr Prof. Buchholz pflegt manche Aufsätze seiner Zeitschrift erst dem Fürsten von Wittgenstein zu zeigen. — Rede des russischen Kaisers in der heutigen Staatszeitung beim Reichstage an die Polen; man sagt witzig, halb habe Laharpe, halb die Krüdener sie geschrieben; hier hat die Rede höheren Orts eben nicht gefallen, noch weniger die Deutung, die ihr in Depeschen aus Warschau gegeben wird. — Görres Lebensbeschreibung in den Zeitgenossen; daß er als ein redlicher Mann geschildert und gelobt wird, ärgert gewisse Leute.

Den 20. September 1820.

Vom 24. August aus Töplitz soll die Königliche Kabinetsordre wegen Görres Rückkehr sein. — Gerede von einer in Portugal ausgebrochenen Revolution. — Herr Oberstlieutenant von Barnekow und einige andere preußische Offiziere haben den König um die Erlaubniß ersucht, den Krieg in Italien bei den Oesterreichern mitmachen zu dürfen; man weiß noch nicht, welche Antwort sie erhalten werden. — Bartholdy's Depeschen, sagte ich, würden nun wohl sehr interessant sein. — „Seine Depeschen", erwiederte Herr Leg. Rath und Major von Kleist ganz einfach, „nun wohl eben nicht, aber seine Privatbriefe, in jenen könne man doch das Rechte nie gehörig aussprechen." Bartholdy hat zuletzt geschrieben, die neapolitanische Regierung sei gar zu schwach, sonst hätte sie längst eine Gegenrevolution ausgeführt, denn das sei das Leichteste von der Welt. — Herr von Rother ist wieder hier. — Herr von Werther kann den Herrn Grafen von Meuron, seit dieser zum Gesandten ernannt ist, nicht mehr ansehen. — Herr Geh. Staatsrath Niebuhr äußert von Rom die — hier verlachte — Besorgniß ermordet zu werden.

Den 23. September 1820.

Die Nachrichten aus Portugal werden verarbeitet. — Herr Graf von Bernstorff sagt, er werde mit nach Troppau gehen; dagegen heißt es, der Kanzler wolle, ohne Berlin zu berühren, sogleich vom Hardenberg dorthin abreisen. — Herr von Jordan spricht gegen einen fremden Gesandten laut und stark über Herrn Grafen von Bernstorff, so daß jener verlegen wird. — Herr Graf von Pückler, eben angekommen, sagt, daß sechs seiner Dörfer die Herrendienste nicht mehr thun wollen, die Nachrichten in den Zeitungen wirkten so auf die Leute. — Hofgäste wegen der Verlobung. Große Oper Cortez, wozu der König 1000 Billets genommen, Truppenmusterung und Uebung. Ungeschlachter Artikel unserer heutigen Staatszeitung über die letzte Pa=

riser Verschwörung; Herr von Schöll Verfasser? — Völlige
Revolution in Portugal.

Den 24. September 1820.

Herr Graf von Bernstorff erwartet eine Mittheilung
vom Grafen Lobo, und schreibt, da Herrn Ancillon's An=
regungen nichts helfen, zweimal selbst deßhalb. — Der
Kanzler soll sehr hinfällig sein, Herr Oberpräsident von
Bülow ihn umgeben und leiten; Herr von Jordan sagt,
es sei eine fürchterliche Wirthschaft in Pyrmont. — Pie=
montesische Adresse im Hamburger Korrespondenten.

Den 27. September 1820.

Bei der letzten Kour hat der König die spanischen
Diplomaten huldreich angenommen; zum erstenmal seit
der Revolution. Der Kronprinz hat den Grafen Lobo
wegen seiner unangenehmen Nachrichten von Hause spöttisch
angeredet; mit der Gräfin Lobo weder getanzt noch ge=
sprochen. Herr Graf von Bernstorff und die Gräfin sollen
vom Könige, von allen Prinzessinnen und Prinzen ganz
besonders ausgezeichnet und geehrt worden sein. Herr von
Alopeus sprach heftig gegen Bernstorff und so laut, daß
dieser es hören mußte, Herrn Jordan, an den er seine
Rede richtete, hat er fast über alle Gebühr dadurch kom=
promittirt; er sagt, er reise nur nach Warschau des Grafen
Bernstorff wegen, und da dieser um seinetwillen nicht werde
abgesetzt werden, so wolle er den Kaiser um eine andere
Anstellung bitten. — Großer Eindruck, den die russische
Erklärung, die Herr von Anstett beim Bundestage ab=
gegeben hat, hier erregt. Der Kaiser hemmt also die

Oesterreicher. — Erst heute hat sich der portugiesische Gesandte entschlossen, den Herrn Grafen von Bernstorff zu besuchen. — Herr Geh. Kabinetsrath Albrecht sagt, der König habe sich mit Bernstorff wieder ganz versöhnt, und es sei alles ausgeglichen; also waren doch ernstliche Schwierigkeiten. — Revolution in Bahia. — Man hat sich das Wort gegeben, den Herrn Grafen von Bernstorff ganz ungemein zu rühmen, „die Ultra's möchten ihm gern ein rechtes Ansehen zuwege bringen, und denken es wird durch ihr Sagen". — Herr Ancillon sagt, die Revolutionen seien jetzt wie eine Seuche. Daß man nicht mehr durch sie überrascht werde, sei ein fürchterliches Zeichen der Zeit. Die Regierungen arbeiteten unabläßig an der Wohlfahrt der Völker, es sei entsetzlich, daß diese es nicht erkennen wollten. Alle Staaten würden am Ende zu Verfassungen gelangen, aber dann würden diejenigen, die auf falschem Wege darnach getrachtet und in's Unglück gerathen wären, es zu spät bereuen, wenn sie das Glück und den Segen derer betrachteten, die gewartet hätten. Die Kortes in Spanien seien ein Verein, bei dem keine Regierung Europa's ruhig bestehen könne. — Riego's Geschichte, die anfangs die Ultra's freute, ärgert sie nun. — Herr Schöll hat früherhin geäußert, sobald vom Könige die Rede sei, könne niemand von Recht sprechen, sondern nur von Gnade, und wer die Grundlagen der Monarchengewalt untersuchen wolle, sei Hochverräther oder ein Toller. — Nachtrag früherer Sachen: Herr Geh. Kabinetsrath Albrecht sagt, Herr von Ladenberg habe ihn einmal aufgefordert, gegen den Kanzler mitzuwirken, allein er habe erwiedert, dieser würde ihn gleich stürzen können; beide hassen den Kanzler und schimpfen auf seine Unordnung und heillose Wirthschaft. Herr von Ladenberg hat, da der Staatskanzler kein Resultat finden konnte, die Ausrechnung des Staatsschuldenbetrags übernehmen müssen, und sprach den König darüber mehrmals insbesondere. Herr Ancillon möchte Minister des Innern werden, sagt Albrecht, aber der König macht ihn nimmermehr dazu, er hält ihn für einen Phrasenmacher. Der König verweiset zweifelhafte Dinge gern an die Entscheidung des Kanzlers, dieser bemüht sich, die Neigungen des Königs auf die eine oder die andere Seite im voraus zu erforschen. Sobald der Generaladjutant von Witzleben zum Vortrage beim Könige eintritt, hört Herrn Albrecht's Vortrag sogleich auf, und er muß abbrechen und weggehen. — Der Kanzler hat Herrn von Humboldt großentheils dadurch gestürzt, daß er ihn als mehr litterarischen denn politischen Mann darstellte, seine gelehrten Arbeiten, seinen Fleiß, die Beschäftigungen mit griechischer Sprache und selbst Wolf's Bekanntschaft hervorhob, und von Vernachlässigung der Königlichen Geschäftsarbeiten sprach. Herr von Humboldt soll in der That zuletzt fast gar nicht gearbeitet haben; er soll langsam und wenig arbeiten, gegen die gewöhnliche Meinung! Die Geschäftsmänner loben ihn als Geschäftsmann gar nicht. — Der König sagte neulich, die Landkarte auf dem Tische betrachtend, mit verdrießlicher Lebhaftigkeit: „Müssen die ganze Küste haben, müssen Lübeck haben." — Der Staatskanzler ist heute in Glinike angekommen. — Man läugnet die Aechtheit der piemontesischen Adresse. — Der neapolitanische Gesandte, Fürst von Partanna, hatte seinen Abschied gefordert, man hat ihn deshalb aus Neapel unter der Hand eines Bessern belehrt, er bequemt sich nun zum konstitutionellen Gesandten. — Der Pabst, heißt es, würde nach Wien kommen. — Oesterreichische Papiere stehen schlecht. — Viele preußische Offiziere spotten über die

Oesterreicher, und meinen, sie würden tüchtig geschlagen werden, selbst von den neapolitanischen Truppen.

Den 29. September 1820.

Herr Geh. Leg. Rath Klüber sagt, der Herr Graf von Bernstorff habe gegen ihn geäußert, er habe auf seine Ankunft gerechnet, er habe sich in vielen Dingen festgefahren, und wenn jener ihm nicht heraushelfe, so werde es niemand! Klüber hat gar kein Hehl, daß er unsere Geschäfte in der schrecklichsten Unordnung finde, daß die wichtigsten Papiere, zum Theil solche, die er in Aachen selbst an Herrn von Bernstorff abgegeben, ganz fehlen, und oft mitten aus andern Aktenstücken heraus, daß niemand eine Uebersicht habe, daß alles nach Zufall und ohne Zusammenhang gehe, daß Bernstorff den Sachen nicht gewachsen sei u. s. w. In der Anhalt'schen Sache hätten wir früher die größten Blößen gegeben, und die unziemlichste Sprache geführt, und es sei nicht zu verwundern, daß die Klagschrift erschienen sei. Am Bundestage sänke unser Ansehen mit jedem Tage mehr, man verspotte und verachte uns, und allerdings seien unsere dortigen Arbeiten ganz unter der Kritik. — Herr von Klüber behauptet übrigens, im Widerspruche mit andern Nachrichten, der Kanzler sei in Pyrmont sehr wohl und kräftig gewesen, habe das beste Gedächtniß u. s. w. — Herr Geh. Kämmerier Timm will wissen, der Kanzler sei sehr eingefallen und heruntergekommen. — Herrn Geh. Rath Beckedorff gesprochen. — Man hat die Bemerkung gemacht, daß Berlin, seit dem inquisitorischen Druck der Karlsbader Beschlüsse, seit den Umtrieben, der Zensur u. s. w. beträchtlich an Geist und Leben verloren habe. Es ist nicht ohne Grund; jeder nimmt sich in Acht, hält sich zurück, und kehrt statt der gemeingeistigen, nun eigensüchtige Richtungen hervor; die gemeine Schlechtigkeit findet, als unschädlich, vor gewissen Augen zehnmal eher Gnade, als die freie Tugend, deren Gesinnung sich fürchten macht.

Den 30. September 1820.

In Portugal gewinnt die Parthei der Königlichen wieder einigen Halt, die alten Kortes sind berufen, das Volk scheint damit zum Theil beruhigt. — Herr Ancillon tadelt bitter, daß die französischen Minister die Kammern nicht auflösen; er nennt die Liberalen geradezu schlechte Kerle und Bösewichter, er tadelt Herrn von Schuckmann wegen des Verbots der deutschen Uebersetzung von Pradt's Schrift über Spanien. Er tadelt Herrn von Humboldt, daß er ihm nicht gefolgt habe, daß er mit der Mittelmäßigkeit sich nicht habe verhalten wollen, die doch so leicht zu kennen und zu durchsehen gewesen; übrigens hält er Herrn von Humboldt für einen neuerungssüchtigen Menschen, der seine Ideen nicht auf den Stillstand — doch wer könnte diesen wollen? fügte er einlenkend hinzu — nicht auf das Positivbeharrliche, sondern auf die Zukunft richte, der ganz ohne Tugend und menschliches Gefühl sei. — Herr von Held ist der vertraute Genosse von Herrn Geh. Kabinetsrath Albrecht; Herr von Jordan weiß das, und machte daher jenem gleich bei seiner Ankunft einen Besuch. Herr von Held sagt alles dem Herrn Prof. Buchholz wieder, anderes erfährt dieser durch einen andern hohen Beamten. — Herr von Jordan kam aus Glinike vom Kanzler, und sagte gestern, dieser würde nicht nach Troppau gehen, Herr Geh. Rath Schöll sagte ebenfalls gestern, der Kanzler würde

hingehen, und letzteres bestätigt heute Herr von Rother. —
Herr Geh. Rath Ladenberg soll Oberpräsident von Schlesien
werden; man glaubt aber, daß ein Bürgerlicher in dieser
Stelle nicht recht am Platze dünken dürfte, und daß Herr
Graf von Hardenberg den Vorzug erhalten könnte. — Der
König war äußerst unzufrieden mit dem Manöver, wo es
viele Unordnung gegeben, und er hat den Prinzen und
Generalen die härtesten Dinge gesagt, unter andern dem
Herzog Karl, und dem Herrn General von Brauchitsch. —
Dem Kammergerichtspräsidenten von Trütschler sind vor
einigen Tagen die Fenster eingeworfen worden (Donnerstags
Nachts). Man will nicht davon reden. — Viel Gerede
über Rußlands Politik, über Oesterreichs Erklärungen.

Den 1. Oktober 1820.

In Steglitz zu Mittag gegessen; Herrn von Boyen
dort gesehen, Herrn Geh. Rath Friccius und Andere. —
Herr Geh. Kabinetsrath Albrecht meint, dem Könige sei
das Konstitutionswesen entsetzlich zuwider, er sei sehr auf=
gebracht darüber, und halte es für einen argen Mißgriff,
daß der Kanzler die Verordnung vom 22. Mai 1815 zu=
wege gebracht, und es werde gewiß in diesem Sinne nicht
weitergegangen. — Herr Ancillon, heißt es, sei dem Könige
sehr langweilig und unangenehm, er werde es dadurch
immer mehr, daß er es sei, der zum Könige geschickt werde,
um die neuen politischen Ereignisse vorzutragen, nachdem
diese zuerst schriftlich dem Könige in Kürze angezeigt
worden. Er stehe sehr zweifelhaft, meint man, und würde
so auch in der Folge beim Kronprinzen stehen, denn der
denke im Grunde, besonders in Ansehung der Konstitu=
tionen, wie der König. — Herr von Jordan, sagt Herr

Albrecht, sei ein sehr gefährlicher Mensch, der hier besonders heillose Dinge vorhabe. — Herr Dr. Fichte bei mir gewesen; über die Verblendung und Unwissenheit der Regierungen und Minister, während Privatleute richtig sehen und wissen. — Preußische Offiziere vom Rhein her versichern, sie befänden sich dort wie in feindlichem Lande, als wenn sie eine Provinz als Feinde besetzt hätten, so gehaßt und abgesondert seien die Preußen. Auf diesem Punkte der Erbitterung, sagen Briefe aus Bonn, können die Sachen nicht lange mehr bleiben.

Den 2. Oktober 1820.

Nicht dem Kammergerichtspräsidenten von Trütschler, sondern dem Kammergerichtspräsidenten Wolbermann sind die Fenster eingeworfen worden, jenem aber drei Nächte hintereinander die Hausthüre verunreinigt: Kriminalrath H. erzählt mir's. — Herr Reimer hat Briefe von Frau Görres, sie schickte sich an, ihrem Manne nach Straßburg zu folgen, von seiner Rückkehr keine Silbe. — Schrift des Herrn Prof. Benzenberg über des Kanzlers Staatsverwaltung; die Schrift ist diesem vielleicht nachtheilig. — Ungeschicklichkeiten des Herrn Heun's mit der Staatszeitung; Benzenberg möchte eine Oppositionszeitung einrichten, um jene zu heben. — Die Ultra's, die Hofpartei u. s. w. fangen an gegen den Kanzler sich hart auszulassen, man meint, es gehe mit ihm abwärts. — Herr Hofrath Müller kam heute Abend zu Herrn Geh. Staatsrath von Stägemann, und sprach von dem allgemeinen Sinken aller Kurse, hinzufügend, die Leute sagten, des Kanzlers Ankunft bewirke das. — Herr General Graf Tauentzien sehr krank. — Der russische Kaiser sagte einmal zum Könige, er solle sich nicht

täuschen, er sei von lauter Spitzbuben umgeben, die sich
bestechen ließen, ihm selber gehe es nicht besser, auch habe
er schon viele wegzujagen versucht, allein es kämen immer
wieder eben solche, man könne es nicht ändern, und müsse
sich darein ergeben, und die Dinge so weiter gehen lassen. —
Der König ist dem Herrn von Jordan eigentlich doch böse,
daß er ihm zuletzt die Zusammenkunft mit dem Könige
von Sachsen zuwege gebracht; dem Könige war die Sache
verdrießlich und ungelegen; jener meint Wunder wie sehr
ihm sein Eifer zu danken sei.

Den 5. Oktober 1820.

Herr Geh. Rath Ladenberg sagt, er wisse, daß in
Leipzig die Zensur geheime Instruktion habe, alles gegen
Preußen Gerichtete möglichst zu schonen. — Der Staatskanzler und Herr Schöll haben gestern bei Herrn Grafen
von Bernstorff gegessen, Herr Ancillon, als dem Kanzler
unangenehm, war weggelassen. Herr von Jordan hat bei
Herrn Ancillon gespeist, der Kanzler fragte ihn, ob dieser
recht gnädig und herablassend gewesen? — Der König
sagte, als der Kaiser Alexander hieherkommen wollte,
der sei ein unruhiger Gast! Der König hält unverbrüchlich
mit größter Ehrerbietung an Alexander, und hält es für
sich und seine Nachfolger die beste und heilsamste Politik,
mit Rußland verbunden zu sein; seine Minister denken
ganz anders. — Der König ist sehr übel gegen den König
von England gestimmt, er hält die Regierung Englands
für die schlechteste. — Herr von Schöll ist ungemein leck
und anmaßend, er nimmt einen hohen Ton gegen Jordan,
Altenstein u. s. w., seine Ruhmredigkeit beleidigt Alle. —
Gegen den Kanzler erklärt man sich sehr laut, man sagt,

es könne nicht lange mehr so mit ihm dauern; die Ultra's lassen sich gegen ihn los, und doch stimmt er ihnen jetzt, heißt es, ganz und gar bei, und denkt an keine Aussöhnung mit den Liberalen. Noch steht seine Macht ganz; Herr Graf von Bernstorff muß bei ihm anfragen, wer aus dem Departement mit ihm, dem Minister, nach Troppau gehen solle? — Der Kanzler hat ganze Seiten in Benzenberg's Schrift selbst geschrieben, so wird bei Hofe gesagt. — Herr Geh. Rath Koreff schimpft gegen Schöll und Jordan; letzterer werde von jenem ganz gering behandelt und weggestoßen, das geschehe ihm ganz recht, er habe nie einen ordentlichen Menschen an den Kanzler herankommen lassen, jetzt sei jener seine Strafe. — Herr Geh. Leg. Rath Philipsborn sagt, Herr von Klüber könnte seinen Gehalt von 5000 Thlr. eher aus jedem andern Departement mit Grund beziehen, als aus dem ihrigen. — Herr von Humboldt ist Verfasser der vielen Aufsätze in englischen und französischen Blättern gegen den Kanzler; Herr Geh. Rath Wolf war sein Gehülfe; von diesem waren die mit der Sphinx gesiegelten Briefe, die Humboldt durch Herrn Leg. Rath Scholz Vermittelung geheimnißvoll nach England bezog, als er dort Gesandter war.

Den 6. Oktober 1820.

In Saarbrücken Unruhen wegen der neuen Steuer. Ueble Nachrichten aus andern Regierungsbezirken wegen derselben Sache. — Mißlicher Stand der neuesten Anleihe. — Der König sagt, Herr Graf von Bernstorff habe ganz Recht gegen Anhalt=Köthen; warum sie nach Wien gelaufen wären, um ihn dort zu verklagen? er ließe sich aus Wien nichts vorschreiben, und auch aus Frankfurt nicht; wenn es Krieg gäbe, müsse Preußen doch die Kleinen unter seine Flügel nehmen. — Herr Graf von Bernstorff hat eine Note an den portugiesischen Gesandten gegeben, wodurch Preußen die portugiesische Regierung bringend an England weist, sich von dort leiten zu lassen, der dortigen Denkart zu vertrauen. England scheint dies begehrt zu haben, und deshalb war der Graf so ungeduldig über das lange Schweigen des Herrn von Lobo, weil dadurch die Gelegenheit fehlte, dem englischen Verlangen willfährig zu sein. — Nachricht, daß England bereits einen äußerst vortheilhaften Vertrag mit der Junta von Lissabon (der Königlichen) abgeschlossen habe, und zur Waffeneinmischung berechtigt sei; der Herr Graf von Lobo, obwohl die Revolutionairs über alles hassend, ist doch wüthend über diesen Vertrag. — Nachricht aus Italien, der König von Neapel ist mit Oesterreich im Einverständniß, der Reichsverweser ist mit Rom in Verbindung gegen Oesterreich. — Der Kanzler war im Anfang ungewiß, wie die Sachen ständen, und ob die Hofparthei ihm nicht den Weg nach Troppau schon abgeschnitten habe. In Glinike fragte ihn Herr von Jordan, ob er nach Troppau reise? Der Kanzler wich aus, er habe den König noch nicht gesprochen, und begütigte die Sache mit ungewissen Worten. In Berlin fragte ihn Herr von Jordan wieder; der Kanzler war beim Könige gewesen, hatte den Boden wie sonst gefunden, und nun, seiner Sache gewiß, wollte er den frühern Eindruck auslöschen, indem er den Herrn von Jordan heftig anfuhr: „Gehör' ich etwa nicht dorten hin? Ich weiß nicht, wie Sie so fragen können! Ich weiß wohl, daß allerlei Kabalen umgehen, daß man sich mir in den Weg stellen möchte; aber zum Kongreß werd' ich doch vor Andern berufen sein! Freilich gehe ich hin u. s. w." — Herr Prof.

Benzenberg's Schrift macht Aufsehen. Herr von Bredow sprach etwas dagegen, ließ sich aber widersprechen; er lobte Herrn Geh. Rath Beckedorff, ließ sich aber auch widersprechen. Er sei gar nicht brauchbar in Geschäften, hieß es von letzterm, und beziehe seine Besoldung von 3000 Thlr. mit Sünden. Herr Oberpräsident von Vincke hatte hier öffentlich gesagt, mit solcher Summe, die man an jenen unnütz verschenke, könnten in Westphalen zwei Gymnasien in ordentlichen Stand gesetzt werden. — Mit Herrn von Stägemann im Thiergarten zu Mittag gegessen. Abends Gesellschaft.

Den 12. Oktober 1820.

Steigender Lärm wegen Herrn Prof. Benzenberg's Schrift. Anzeige des Kanzlers in der Zeitung, daß er keinen Theil daran habe, und den Verfasser nicht kenne. Große Entrüstung der Ultra's. — Im Oberzensurkollegium setzen Herr Ancillon, von Raumer und Geh. Rath Beckedorff durch, daß die Schrift verboten werde; der Kanzler sieht hierin doch eine Beleidigung, und durch Andere angeregt, hebt er das Verbot wieder auf. — Große Entrüstung der Ultra's auch durch Körte's Leben Carnot's; Körte war wegen seiner Schrift gegen Voß gelobt worden, jetzt wird er geschimpft. — Vollendung der Revolution in Portugal. — Herr Graf von Bernstorff reist morgen nach Troppau ab. — Fast jedermann, den man nur spricht, meint und sagt, es könne hier nicht lange so bleiben; es würde etwas brechen u. s. w. — Die Vornehmen sind sehr auf den Kanzler aufgebracht.

Den 13. Oktober 1820.

Des Herrn Prof. Buchholz Unzufriedenheit. Er steht sonst sehr gut angeschrieben, man bedarf seiner, er ist hier der einzige politische Schriftsteller von einigem Ansehn. — Der Fürst von Metternich verlangt die Unterdrückung aller Freimaurerei in den Bundesstaaten; große Bewegung hier dieserhalb. — Der König von Würtemberg hat einen neapolitanischen Offizier aus Stuttgart innerhalb 24 Stunden fortgehen heißen; er mußte es, die Gesandten Oesterreichs und Rußlands übergaben Noten an Winzingerode, sie würden sogleich Stuttgart verlassen, wenn man dort einen solchen Offizier dulde. Ihre Instruktionen berechtigten sie dazu, überall sollen dergleichen gegeben sein. Man will die Kleinen, und besonders die konstitutionellen Fürsten scharf halten. Rußland und Oesterreich sollen schon einig sein, daß man Neapel angreifen wolle, und in den ersten acht Tagen schon wird von Troppau der Kourier abgehen, der den Truppen in Italien zum Vorrücken Befehl bringt. — England ist dagegen sehr wegen Rußlands in Allarm, welches ganz Persien an sich zu bringen droht; der alte Schah krankt, ein Heer von 100,000 Russen steht an der persischen Gränze schlagfertig. — Die Ultra's sind entsetzlich bange, es möchte in Troppau nicht alles einig bleiben!

Den 15. Oktober 1820.

Von gewissen Seiten lobt man über die Maßen den Herrn Grafen von Bernstorff; ihm müsse der König jetzt hauptsächlich vertrauen, ihn bis zum letzten Augenblick bei sich behalten, und den Kanzler einstweilen allein nach

Troppau vorausreisen lassen; Herr von Greuhm wurde sogar ganz böse, als man sagte, Bernstorff würde schon abreisen, er meinte, derselbe würde erst mit dem Könige selbst gehen, dem er in der Zwischenzeit noch unentbehrlich sei; inzwischen war Bernstorff schon abgereist! Vom Kanzler spricht man sehr schlecht, in Hofkreisen wird häufig wiederholt, er sei ganz in fremden Händen, seine Umgebung mache mit ihm, was sie wolle, und dergleichen hinterlistige Reden mehr. — Der Kanzler sagt, er werde Preußen möglichst aus aller Verwicklung befreit halten. Er hat dieser Tage eine zweistündige Unterredung mit Herrn Prof. Buchholz gehabt, und ihn aufgefordert, die Verordnung über Verfassung in seiner Zeitschrift zu kommentiren. — Herr von Schöll rühmt sich, er halte dem Kanzler jetzt die meisten Leute ab, die ihn sonst überliefen, und immer nur störten; es ist wahr, daß es jetzt schwer hält, den Kanzler zu sprechen, und Schöll statt seiner fast alle Leute empfängt. — Seit den wenigen Tagen des Hierseins des Großfürsten Nikolas wird etwas lauter gegen die Oesterreicher gesprochen; man sagt, dem Könige sei das österreichische Wesen schon ganz zuwider, er sei sehr aufgebracht u. s. w. Auch heißt es jetzt wieder, Graf Capodistrias mache den Oesterreichern entsetzlich bange über die Folgen eines Kriegs mit Neapel, über die Gesinnungen der Völker u. s. w. Rußland wolle den Oesterreichern keinen Angriff gestatten, und derselbe werde unterbleiben. — Man läßt nicht unbemerkt, daß der König und sein Ministerium in völligem politischen Widerspruche stehen. Herr Graf von Bernstorff gilt als ganz Metternichisch.

Den 17. Oktober 1820.

Der Graf von Oriola (Lobo) hat eine Note übergeben, worin er Preußen auffordert mit dem revolutionairen Portugal alle Schifffahrt aufzuheben; ihm ist geantwortet worden, dies könne unmöglich ohne große Verwirrung geschehen, und in keinem Sinne anders, als wenn der König von Portugal sich anheischig mache, allen Verlust vollständig zu ersetzen, der preußischen Unterthanen dadurch zukäme. Herr Ancillon hat den Schritt des Grafen Lobo getadelt, aber ebenso die Aeußerung, die der Staatskanzler mündlich bei dem Befehl zur Abfassung der Antwort gemacht, daß eine so erbärmliche Regierung, wie die portugiesische, nichts besseres verdiene, als zu fallen, und was die sich noch erdreiste für Ansprüche zu machen? sie müßte froh sein, daß das portugiesische Volk noch einmal mit dem Hause Braganza zusammenstehen wolle! Uebrigens habe der Marquis Marialva wohl bei dem schwachen französischen Ministerium eine solche Maßregel erlangen können, aber hier sei nicht daran zu denken u. s. w. — Herrn Brougham's Vertheidigung für die Königin. — Der Kanzler hat Herrn von Jordan von Dresden nach Rogau beschieden, um ihn auf der Durchreise zu sprechen. — Der Kronprinz nach Troppau. — Die Polen in Warschau bewegt. — Aufstand in Brasilien bestätigt; der König hat eine englische Hülfsflotte verlangt. — Herr von Schuckmann hat das Verbot der Benzenberg'schen Schrift, worauf die Zensurbehörde angetragen, nicht ergehen lassen. Aeußerungen des Herrn Prof. Wilken. Herr von Schuckmann sagte neulich, hinter den Umtriebsgeschichten habe doch nichts Rechtes gesteckt, es sei die ganze Sache ein Mißgriff gewesen u. s. w. — Die Mainzer Kommission wird nächstens ihren Bericht abstatten; man glaubt, sie werde wenig zu sagen haben.

Den 19. Oktober 1820.

Heute große Parade im Regen, die Truppen mißvergnügt; man fragt, warum nicht gestern Parade war? (es war schönes Wetter) ob man sich des 18. schäme? — Der König hat sich aus Benzenberg's Schrift vorlesen lassen, und war sehr unzufrieden. Er soll sogar dem Kanzler etwas darüber haben sagen lassen; Herr General von Knesebeck hat den König gleich in gehässigem Sinne von der Schrift unterrichtet. Die Ultra's sprechen übel von dem Kanzler, und wirken auf allen Wegen zu seinem Sturze. — Der Kanzler noch hier; man sieht es als gelungene Schlauheit an, daß er den Herrn Grafen von Bernstorff vorausgeschickt hat, dieser muß nun jede Weisung befolgen, die jener sendet. Man sagt, der König wünsche gar nicht nach Troppau zu gehen. Gegen Oesterreichs Kriegsanstalten spricht man im Volke und am Hofe; man nennt sie voreilig, unbedacht, sie würden zu nichts führen u. s. w., man dürfe die Neapolitaner nicht angreifen, das hieße muthwillig Krieg anfangen u. s. w. — Es soll eine satyrische Adresse gegen Herrn Fürsten von Metternich in Umlauf sein. — Der Fürst von Wittgenstein lobt sehr den Herrn Ancillon; dieser soll jetzt ungemein fleißig sein. — Entlassungsrede des Kaisers Alexander an den polnischen Reichstag; sehr schmerzlich und beweglich.

Den 20. Oktober 1820.

„Darauf kann man sich verlassen, wenn hier etwas vorwärts kommt, so geschieht es immer mit Hülfe der

Konfusion", sagt Benzenberg. — Herr Prof. Buchholz hat Händel mit der Zensur, ein Aufsatz, wie man Revolutionen vorbeugt, mußte an die Oberzensurbehörde. — Aus sehr sicherer Quelle, der Kanzler habe zwar vielen Verdruß von Benzenberg's Schrift, aber er billige sie sehr, und halte ungemein auf ihren Inhalt und ihre Wirkung; er werde sie in keinem Falle verbieten lassen. — Der Kanzler ist heute endlich nach Troppau abgereist. — Ein hiesiger Butterhändler, Herr Schulze, ein vermögender Mann, ist plötzlich wegen Umtrieben verhaftet worden; man habe Briefe von Jahn gefunden, heißt es, u. dgl. m., Dolche, Arsenik u. s. w.

Den 22. Oktober 1820.

Man scherzt darüber, daß Graf Brühl am 18. die Oper „die Getäuschten" aufführen ließ; angekündigt war „der Jude". — Kaiser Alexander in Warschau vom Volke mit Koth beworfen. — Eröffnung des neapolitanischen Parlaments.

Den 26. Oktober 1820.

Der Butterhändler Schulze ist wieder freigelassen; es lag nur ein bösartiges Klatschen einiger Leute zum Grunde. — Herrn von Mühlenfels dürfen alle seine Freunde mittelst Einlaßkarten im Verhafte besuchen. — Die Sache des Handlungsdieners Michaelis, der in vertrauten Briefen über den Kanzler geschimpft hatte, verhaftet worden und eines Urtheils von dem Oberlandesgericht zu Breslau gewärtig war, ist vom Kanzler nunmehr an den natürlichen Richter, nämlich das hiesige Stadtgericht verwiesen worden.

Man sieht dies auch als eine Rückkehr zum Liberalen an. Das Breslauer Gericht war in seinem Urtheile gleichgetheilt, der Präsident, statt durch seine Stimme zu entscheiden, fragte an beim Minister, dieser beim Kanzler. — Prinz von Oranien hier; die französische Regierung hat den fremden Höfen eröffnet, der Prinz sei in die letzte Verschwörung nicht unverflochten geblieben. — Allerlei Gerede über Troppau; die Polen verlangen Danzig; ganz Polen soll hergestellt werden unter dem Großfürsten Nikolas u. s. w. — Herr Graf von Bernstorff liegt in Troppau an Fuß- und Handgicht ganz darnieder. — Die letzten Gerüchte, der Prozeß der Königin von England sei zurückgenommen, die Minister hätten ihren Abschied, bestätigen sich nicht; sie waren auch in höheren Kreisen in Umlauf und geglaubt. — Unser König ist unpäßlich. — Während der Kronprinz in Troppau gleich nach der Ankunft zum Kaiser Franz geeilt war, hatte Kaiser Alexander ihm schon selber den ersten Besuch gemacht. — Herr von Humboldt schimpft über das Benzenberg'sche Buch; er thut streng royalistisch und ultraisch, und möchte doch, wie er bekennt, als liberaler Minister genannt sein.

Den 28. Oktober 1820.

Die Geschichte des Butterhändler Schulze soll doch so sehr klar noch nicht sein; der König aber hat befohlen, daß nicht die Rede davon sein und das Ganze unterdrückt werden soll. — Die Mainzer Kommission schämt sich, dem Bundestage nichts berichten zu können; Herr Graf von Buol-Schauenstein hat in einer vertraulichen Sitzung den Vorschlag gemacht, der Bundestag solle nach abgestattetem Bericht erklären, er finde es bedenklich, jetzt bei so vielen noch waltenden Gährungstrieben den Bericht schon bekannt zu machen, und werde sich dieses noch vorbehalten; hiemit waren Alle einverstanden. — Der Kanzler hat auf der Reise in Schlesien den gewesenen Oberpräsidenten Herrn Merkel auf Herrn Präsidenten Rother's Veranlassung längere Zeit gesprochen. Der Prinz Wilhelm, Sohn des Königs, hatte in Breslau auf der Assemblée des Herrn Generals Grafen von Zieten den Herrn Merkel öffentlich angeredet: „Was sagen Sie denn zu unsern neuen dummen Gesetzen?" Herr Merkel vertheidigte die Gesetze aber sehr ernstlich; dies hatte man beim Kanzler geltend gemacht. — Man schimpft hier immer dreister über den Kanzler. Fürst von Wittgenstein will schon, wie er selbst geäußert, an Bildung eines ganz neuen Ministeriums denken. — Herr Graf von Alopeus sagt zu hiesigen Kollegen, es sei nur allzuwahr, daß die Diplomaten meist von der Art wären, daß man keine besondere Achtung vor ihnen haben könne. Sich selbst rechnet er natürlich als Ausnahme, und er war ja auch Gouverneur von Nancy! Die Kollegen nennen ihn den großsprechenden Parvenu. — Man spricht in den höhern Kreisen mit Verachtung von dem Prinzen von Oranien.

Den 29. Oktober 1820.

Herr Ancillon sagte mir heute über Herrn Geh. Raths Schöll Mitgehn nach Troppau: „Darüber läßt sich kein Wort sagen, darüber hat man sich schon verständigt, noch ehe man den Mund geöffnet." — Bei dem Großfürsten Nikolaus haben Offiziere die Ehrenwache; Herzog Karl hat befohlen, daß nur Abliche diesen Dienst versehen sollen. — Schweden ist der erste Staat nach Spanien, der die Anzeige der Veränderungen zu Neapel anerkennend und beglückwünschend beantwortet hat. — Herr Ancillon sagt, daß Herr Geh. Leg. Rath Himly aus dem Verhältnisse zu Herrn Grafen von Goltz wohl ausscheiden, aber Resident in Frankfurt bleiben würde. — Der König soll in vier Tagen nach Troppau abgehen.

Den 1. November 1820.

Der Fürst von Wittgenstein hat im tiefsten Vertrauen geäußert, einen solchen Kerl, wie den Butterhändler Schulze, hätte man ohne Weiteres heimlich wegblasen sollen, daß nie wieder etwas von ihm zum Vorschein gekommen wäre. — Große Bedenken wegen eines süddeutschen Bundes; Darmstadt wird schon als „süddeutscher Bundestag" bezeichnet. — England rüstet Schiffe für das mittelländische Meer. — Gerüchte, Rußland verlange Danzig von Preußen. — Große Unrichtigkeiten in der Postverwaltung; das Ministerium der auswärtigen Angelegenheiten hat von einer Rechnung von 27,000 Thlrn. sogleich 10,000 Thlr. gestrichen, und die Post wagte nicht zu klagen. Es gehen wieder alle 14 Tage die Pariser Kouriere; die Zwei monatlich sind jetzt nicht theurer, als bisher der Eine.

Den 2. November 1820.

Der König hat durch eine Kabinetsordre, die dem Kanzler erst zukommen wird, die Herstellung des Domkapitels von Brandenburg befohlen, d. h. die Beibehaltung des noch stattfindenden Zustandes, da bisher versäumt worden war, die Güter einzuziehen. Man sieht dies wie ein Zeichen an, daß der Kanzler, dessen System dies schnurstracks entgegen ist, anfängt Boden zu verlieren. — Es wird eine große Krisis geben! Die Freunde des Kanzlers fürchten, daß er sich schon selbst die Mittel genommen, um noch etwas auszurichten. Ohne die Durchsetzung einer Konstitution kann der Kanzler kaum noch seinen Gegnern Stand halten. Herr General von Witzleben sagt, wenn der Kanzler nur stets in gehöriger Fassung bleibe, und beim Könige nicht leidenschaftlich werde, könne er die Krisis noch gut überstehen. — Fürst von Wittgenstein ist gestern nach Troppau vorausgereist. Der König soll auf einen Brief der Kaiserin Mutter sich zur Abreise entschlossen haben; man glaubt, der Kanzler erwarte ihn gar nicht, oder doch nicht so bald. — Die Spener'sche Zeitung kündigt wie im Triumphe die Freisprechung des Darmstädtischen Lieutenants Schulz vor dem Kriegsgericht an. — Ruhiger Fortgang in Neapel. — Herr Geh. Staatsrath Niebuhr schreibt aus Rom, die milde päbstliche Regierung sei so schwach und trage Bedenken, die eingezogenen Carbonari foltern zu lassen.

Den 4. November 1820.

Der König, wird gesagt, hasse die Artillerie. — Herr General Graf von Schlieffen spricht in diplomatischer Gesellschaft mit höchster Unehrerbietung von dem Könige von Würtemberg, ein Schwabe werde nie klug, der tolle Jakobinerkönig mit seinem bettelgen Volke u. s. w. Redensarten, die am Hofe und im Hause des Herrn Grafen von Bernstorff häufig vorkommen. — Es wird von Herrn Geh. Rath Rother, der noch krank ist, viel Uebles gesprochen, als mache er sich Geld u. s. w. Man äußert die bedeutende Vermuthung, daß vieles dieser Art, auch das Meiste gegen den Kanzler Ausgestreute, von höheren Anleitungen ausgeht, von einer Art Polizei, die im Sinne der Ultra's wirkt, die gewöhnliche Polizei der Stadt in sich begreift, und sogar die unbedachten Liberalen zu ihren Zwecken gebraucht. Vor einem halben Jahre war gegen Rother auch etwas ausgestreut, woran kein wahres Wort war. Sie ärgern sich gewaltig über den Bürgerlichen! — In einer Gesellschaft war vor Kurzem die Rede, daß aus der Garde bald alle noch übrigen bürgerlichen Offiziere ausgemerzt werden sollten; Herr von Buddenbroeck trat an einen Bürgerlichen dieser Art heran, und sagte scherzend: „Mit Deiner Adjutantur wird's dann auch bald vorbei sein!" Aber „Das sagt ein infamer Hundsfott", war die Antwort, und darauf Duell auf Pistolen, und der Bürgerliche schoß seinen Adlichen todt. Ersterer soll ein Pächterssohn aus der Mark sein. — Das Manuskript aus Süddeutschland ist jetzt doch bei den hiesigen Buchhändlern weggenommen, die Abbrücke zu Herrn von Kamptz gebracht worden. — Der Fürst von Schwarzenberg soll in Leipzig sehr unzufriedene Reden geführt, und das ganze Haus und die Umgebung desselben in diesem Sinne gewesen sein; der hiesige Hof hat seinen Tod gern erfahren; als Demagogen hatte ihn Adam Müller in Briefen (wahrscheinlich an Beckedorff) geschildert. — Es heißt jetzt sogar, auch Preußen habe schon an den König von Neapel glückwünschend geantwortet. — Herr Geh. Leg. Rath Eichhorn scheint sich auf die Bernstorff'sche Seite zu schlagen. — Als Verfasser des Manuskripts aus Süddeutschland nennt man jetzt den Ritter von Lang. — Grävell's Schrift „Der Schriftsteller als Staatsbeamter" erschienen; hart gegen Minister Schuckmann. — Herr Ancillon meint, den Großherzog von Darmstadt müßten die Regierungen, nachdem er sich so sehr erniedrigt, ohne

Bedauern sehn zu Grunde gehn. — Der König heute
früh nach Troppau gereist.

Den 12. November 1820.

Neapolitanische Note vom 1. October an Metternich.
— Neuer Lärm in der Hamburger Zeitung wegen Um=
trieben in der Schweiz. — Artikel der Liste der Börsen=
halle über des Herrn Grafen Lobo hier gemachte Schritte;
dieser will bei Ancillon auf Untersuchung bringen, wer die
Mittheilung gemacht; letzterer beschwichtigt; Herr Dr. Lap=
penberg sagt mir, Herr Ancillon selbst sei an der Mit=
theilung Schuld, derselbe habe mehreren, und ihm selber,
die Sache erzählt. — Herr Ancillon verkündigt hier große
Veränderungen, Handlungen der Gerechtigkeit (für den
Adel), Rückkehr zum alten System der Verwaltung
u. s. w. — Herr Buchhändler Brockhaus nennt einen
andern Verfasser des Manuskripts. Er hat vier Stunden
mit Herrn von Kampz und zwei mit Herrn von Schuck=
mann gesprochen. Letzterer nennt das Manuskript meister=
haft aber bös. Das Litterarische Wochenblatt ist jetzt er=
laubt; im Conversations=Lexikon wird dafür der Artikel
„Umtriebe" gestrichen, und der „Schuckmann" verändert.
— Briefe und Nachrichten aus Wien und Paris. Großes
Aufsehen wegen der Dinge in Darmstadt, in Wien beson=
ders ist man aufgebracht.

Den 14. November 1820.

Dem jungen Grafen von Schlabrendorf sagte ein
Schulze auf seines Oheims Gütern in Betreff der neuen
Steuern: „Ja, wenn wir rechte Kerls wären, gingen wir

nach Berlin und schlügen die Minister todt." Der Graf ist in Koblenz angestellt, er meint, in Schlesien könne so gut eine Revolution anfangen, als am Rhein; von jedem Punkte Oberschlesiens könne die Unzufriedenheit sich aufrollen bis nach Berlin. Die Bauern wüßten sehr wohl, daß hauptsächlich sie von den Steuern getroffen würden, der Adel geschont. — J. H. Voß neue Schrift über die Stolberg'schen Umtriebe. — Herr Lieutnant von Forstner war mit Reimer gereist, und beide dann mit de Wette. Nach seiner Rückkehr fragten ihn die Offiziere des 2. Garderegiments, in dem er diente, ob er nicht wisse, daß de Wette wegen seiner Grundsätze abgesetzt worden? Jener meinte, er wisse es, aber er halte de Wette für einen Mann, der nach seinem eignen Bewußtsein sich nicht für schuldig halte. Darauf fragten die Gardeoffiziere, wie es heißt, 62 an der Zahl und auf Betrieb des Herzogs Karl, beim Könige schriftlich an, ob sie mit dem ꝛc. Forstner noch dienen könnten? Der König gab den Bescheid, man wolle Rücksicht nehmen auf Jugend und frühere Auszeichnung und den Forstner blos versetzen zum 22. Infanterieregiment. Heute kündigt derselbe seine schleunige Abreise zu diesem Regimente nach Neiße in der Zeitung an. — In Darmstadt haben sechs hochadliche Offiziere dem Großherzoge erklärt, sie könnten mit dem Herrn Lieutnant Schulz, der das Fragbüchlein geschrieben und freigesprochen worden, nicht mehr dienen. — Herr Ancillon sagt zu jemanden, es sei ein vornehmer Pole hier gewesen, der im Namen des Reichstages vom Könige die Stadt Danzig verlangt habe; er sei abgewiesen worden. Von Troppau sagt er, die Interessen seien äußerst divergent; lobt ungemein den Herrn Grafen von Bernstorff. — Preußen wird am Bundestage von Frau Görres verklagt werden wegen

Justizverweigerung, die Briefe des Kanzlers werden beigelegt werden; die ganze Sache ist Herrn Jassoy übergeben, und man verspricht sich „vielen Spaß" davon. — Herr Geh. Rath Wolf ist von seiner Reise zurückgekehrt; in Mainz hätten die Herren von der Zentralkommission gesagt, sie hätten Papiere die Menge, aber wenig Sachen, und waren in Verlegenheit, was sie schreiben sollten; Wolf schlug vor, sie sollten ihren Bericht aus dem Cicero nehmen; in dessen Briefen es einmal heiße, De quo scribebamus nihil est! nihil est! fügte er betonend hinzu! Sie meinten, das ginge nicht, sie müßten ausführlich sein; „Nun, dann lügt!" habe Wolf erwiedert. — In Wetzlar hat der eine verhaftete Umtrieber Sartorius seinem ihn bewachenden Gensd'armen im Gefängniß eine Rippe entzwei geturnt. Große Kosten der Umtriebssachen; die Regierung zu Koblenz hat schon an 20,000 Thaler dafür ausgezahlt.

Den 16. November 1820.

Auf Antrag der Mainzer Kommission ist von hier aus auf's neue eine Untersuchung gegen die Professoren Welcker und Arndt in Bonn, gegen letztern auch mit Suspendirung vom Lehramt, verfügt. — Nachlässigkeit in Betreff der für die Staatszeitung bestimmt gewesenen Aktenauszüge. — Die Staatszeitung brachte im ersten Jahre über 5000 Rthlr. Vortheil, den der Redakteur hinnahm, den etwanigen Ausfall würde die Regierung decken; Herr Geh. Rath Heun mag noch gegen 2000 Rthlr. im Jahre davon haben. — Urtheile über Herrn von Forstner's Geschichte; viele Offiziere, die unterschrieben haben, bezeugten ihm einzeln, sie gäben ihm vollkommen Recht. Die Hauptfrage, die ihm der Oberstlieutnant Herr von Quadt vorgelegt, war, ob er glaube, ein Offizier dürfe eine andre Meinung haben, als die des Königs? Er hatte geantwortet, Allerdings, und hätte nur die verschiedenen Konfessionen anführen dürfen. — Der verstorbene Herr von Cölle hat Memoiren hinterlassen nebst Belegen, größtentheils eigenhändige Briefe des Kanzlers und des Fürsten von Wittgenstein, die diese sorgfältig wieder an sich zu nehmen gehabt hätten; aber man versäumte, bei einem Manne, den man wie Cölle gebraucht hatte, auch nur nach Papieren bei seinem Ableben zu fragen. Jetzt bietet der Sohn das Ganze den Buchhändlern an, auch eine Konstitution, die sein Vater abgefaßt hatte. Herr Brockhaus kauft vielleicht die Memoiren an sich, in dem Gedanken, damit etwas in Händen zu haben, was ihm in der Folge beim Kanzler gelten könnte. — Den Krieg gegen Neapel sieht man als entschieden bevorstehend an. Der Kanzler, heißt es, sei dagegen, Herr Graf von Bernstorff aber dafür, und beide ganz entzweit. — „Das einzige konstitutionelle Element", sagte ein geistreicher Gelehrter, „das wir in Preußen haben, sind die 180 Millionen Schulden." — Wenn der Kanzler noch drei Jahre Kanzler bleibt, sagte ein Andrer, so bringt er uns eine Konstitution. — „Wenn der Kanzler", versetzte ein Dritter, „noch drei Jahre Kanzler bleiben will, so geschieht es nur mit Hülfe einer Konstitution." Er muß Stände schaffen, um Kanzler zu bleiben, nicht Kanzler bleiben kann er um jenes. — Die Schulden, hieß es ferner, bringen uns keine Stände, eher noch der Degen, obwohl diese Gefahr fern scheint. Wir sind allerdings auf dem Wege zu Ständen, aber die Regierung ist nicht auf dem Wege, sie zu geben;

die Regierung fühlt kein Bedürfniß, keine Verlegenheit, die Regierung ist ganz behaglich und bleibt es.

Den 17. November 1820.

Bei Herrn von Stägemann; Erläuterung über die Carbonari. Herr Prof. Buchholz ruft aus, er habe mit Schrecken entdeckt, daß er seit 18 Jahren, ohne es zu wissen, ein Carbonari sei. — Frau von Rambohr schreibt an Madame Crelinger hieher, die Zeitungen sagten ganz Falsches, in Neapel herrsche die tiefste Ruhe, die Sicherheit sei keinen Augenblick gestört worden, alles sei in größter Ordnung vorgegangen; übrigens fürchte man Krieg, sei aber entschlossen, sich auf den letzten Blutstropfen zu vertheidigen. Herr von Rambohr sieht seine Depeschen durch die Aufrichtigkeit seiner Frau beschämt! — Ueber die Maßregeln, die man gegen den Buchhandel im Sinne führt.

Den 18. November 1820.

In Darmstadt hatten, nach der Zeitung, nicht blos sechs, sondern sehr viele Offiziere, und selbst die Prinzen, die Adresse gegen den Lieutnant Schulz unterschrieben; aber auch 20 Offiziere eine Adresse für ihn. — Artikel in der Staatszeitung, der den Aufstand in Saarbrücken für Lüge erklärt, desgleichen was über Maßregeln gegen die Freimaurerei gesagt worden 2c. Deshalb, meinte Einer, könne es doch noch immer wahr sein, er würde sich gar nicht wundern, wenn vorn in der Staatszeitung die Sache geläugnet, und hinten ein Edikt in Bezug der Ausführung mitgetheilt würde! — Der König kehrt von Troppau am

26. hier wieder zurück. Der Kronprinz bleibt noch. Große Stille in Troppau. — Pepe (pp.) in Troppau! — Wahlen in Frankreich; die ersten sind ministeriell ausgefallen: Fiévée soll liberal geworden sein; das würde besonders hiesige Leute ärgern, die Herren von Gerlach ꝛc., die ihn beständig lobpreisen. — Der Offizier, der den Herrn von Buddenbrock geschossen, heißt Nikau.

Den 21. November 1820.

Die Königin von England so gut wie durchgedrungen; die Bill auf 6 Monate vertagt. — Gestern redete mich Herr von Kamptz an; er sagte, er sei den Grundsätzen und Ideen nach ein Republikaner; die Reden der ersten französischen Nationalversammlung enthielten die herrlichsten Sachen, die Konstitution von 1791 sei vortrefflich gewesen in abstracto, noch besser eigentlich die von 1793, aber die Dinge seien in der wirklichen Welt nicht anwendbar, so paßten auch die spanischen und neapolitanischen Konstitutionen gar nicht u. s. w. Ich sagte ihm, ich sei nach Grundsätzen und Neigungen ein Monarchist ꝛc. — Heute sagte mir Herr Minister von Kircheisen in Gesellschaft, das Volk in Italien überall sei so gedrückt, befinde sich in einem so elenden Zustande, daß es kein Wunder sei, wenn sich die armen Leute einmal Luft schafften; der Krieg gegen Neapel sei höchst ungerecht, es gebe nicht einmal den Schein eines Rechts, was wollen Fremde sich dort einmischen? Wir hätten die Früchte solchen Vorwitzes schon einmal in Frankreich erlebt ꝛc. Zu meinem größten Erstaunen hörte ich ihn sprechen.

Den 24. November 1820.

Nachrichten aus Troppau: England soll mit Oesterreich in geheimem Bündnisse stehen, und nöthigenfalls gegen Neapel Hülfe geben. Rußland hat Danzig und Posen verlangt, Entschädigung in Baden und Baiern am Rhein angedeutet; der Staatskanzler hat Standhaftigkeit dagegen bewiesen. (Herr Graf Capodistrias hatte früher zu Herrn Geh. Rath Semler in St. Petersburg, auf die Karte zeigend, gesagt: Mais Dantzick est un port qui appartient à la Pologne, voyez, c'est dans la nature des choses etc.) — Die stärksten Dinge sind gegen die kleinern deutschen Staaten beschlossen worden; eine Art Mediatisation im Anzuge, sie sollen nichts ohne Mitwirkung des Bundestags thun, sie sollen keine Verträge untereinander schließen, ohne Beistimmung der großen Mächte (keinen Handelsverein in Darmstadt u. s. w.). Große Bestürzung unter den Kleinen. Man kündigt einen süddeutschen Kongreß in Würzburg an. — Herr Minister von Brockhausen sagt mir, Herr von Humboldt habe sich zum Fürsten Wittgenstein vor dessen Abreise geschlichen, er habe ihn selbst dort gesehen, früher seien jene beiden Feinde gewesen. Fürst Wittgenstein hat verboten, daß sein Ankommen und Abreisen in den Zeitungen gemeldet werde. — Als Geheimniß wird erzählt — ich weiß es aus dem Kircheisen'schen Hause — daß in Troppau gegen den Kanzler ein Mordanschlag beabsichtigt gewesen. Herr Wiesel, Adam Müller's Freund in Leipzig, fragt begierig über die hiesige Ministerialkrisis an, und ob ein Wechsel zu erwarten sei? Metternich wünschte Bernstorff's Sieg und des Kanzlers Fall. — Gerücht allgemein in Berlin verbreitet, die österreichischen Truppen hätten sich geweigert zu marschiren. — Unruhen in Tyrol wegen

Abgaben. — Die Zeitungen sprechen nun von dem gewaltsamen Vorgang mit dem Semenoff'schen Garderegiment in St. Petersburg. — Die Kabinetsordren wegen Görres in den Zeitungen. — Die Elberfelder Zeitung ist verboten, es heißt wegen südbeutschen Artikeln. — Herr Geh. Rath Hoffmann tritt zu Ostern aus dem Departement der auswärtigen Angelegenheiten und wird wieder an der Universität thätig sein, bleibt aber im Staatsrath und Chef des statistischen Bureau's, behält seine freie Wohnung und 4000 Thaler Gehalt. Man war sehr unzufrieden mit ihm, er hatte alle Geschäfte verschoben und verstrickt; Andre sagen, Herr Graf von Bernstorff sei Schuld daran, und müsse Hoffmann's Austreten zum Deckmantel nehmen für eigne Fehler. — Das dritte Heft der Concordia ist erschienen. — Herr Regierungskommissair Rehfues zu Bonn stellte dem Herrn Prof. Arndt vor, er könne sich ja unpäßlich stellen, späterhin kämen die Ferien, und so könne seine Suspendirung vom Amte einstweilen ohne Aufsehen hingehen; allein dieser lehnte die Insinuation ab, und schlug am schwarzen Brett an, er höre auf zu lesen, weil er müsse. — Es heißt, der dritte Theil von Manso's Geschichtsbuche dürfe nicht herauskommen. — Im Publikum wünscht man allgemein, und größtentheils aus altem Preußensinn, den Oesterreichern schlechten Erfolg gegen Neapel.

Den 26. November 1820.

Es heißt, Herr von Otterstedt habe Darmstadt verlassen; der Großherzog habe den österreichischen und preußischen Abmahnungen zurückweisend geantwortet. — Würtemberg und Baiern wollen ihre Stände berufen. — Den

König von Neapel will man, heißt es, nach Troppau einladen. — Herrn Geh. Rath Niebuhr's vorjährige Depeschen aus Rom sind ein schreckliches Gemisch von Albernheit, Unschicklichkeit, Gleißnerei, Bosheit, Galle. Er spielt den verworfensten Ultra, rühmt die französischen Ultrablätter, schmeichelt aufs Plumpste, schimpft die Allgemeine Zeitung, dont l'existence est très funeste, schimpft auf Wessenberg, ministre inconsidéré et superficiel, schimpft auf den württembergischen Geschäftsträger Herrn Cölle, jacobin forcené etc. etc. etc. auf unglaubliche Weise! Geschichte von Illuminati Oktober 1819 in Rom. — Der König gestern von Troppau zurück.

Den 28. November 1820.

Umtriebe in Kopenhagen; Dr. Dampe. — Vor etwa 12 Tagen wurde ein Doktor Münter als verdächtig von hier fortgewiesen. — Der sardinische Gesandte Graf von Sales wird insgeheim als Carbonaro angesehen, und man will ihn wegschaffen. — Kongreß, der in Laybach stattfinden soll, wohin man den König von Neapel berufen; den Engländern ist von Triest nach Malta der geheime Auftrag zugefertigt worden, den König nöthigenfalls zu entführen. Nach Andern wird der Kongreß sogleich nach Wien verlegt, und auch der Kanzler bis im Januar dort auswärts bleiben. — Der Kanzler entfernt Herrn Geh. Rath Koreff von seiner Person, und weiset ihn wie auch Herrn Geh. Rath Beckedorff in das Kultusministerium. Aeußerungen Koreff's. — Man hat Nachricht, daß der König von Brasilien Englands Hülfe gegen Portugal anspricht. Ein Anschlag gegen des Königs Leben hat in Rio Janeiro stattgehabt, Herr Marquis Marialva freut sich, daß selbst in Paris die Sache glücklich unbekannt geblieben. — Herr Fürst von Wittgenstein spricht in einem Briefe von dem Gipfel des Skandals und Gräuels, das der Kanzler dadurch gegeben, daß er bei seinen Lebzeiten das Benzenberg'sche Buch habe drucken lassen. — Herr von Humboldt äußert gegen Freunde, es sei ihm Jeder lieber, als der Kanzler, an der obersten Stelle; „Wir können es nicht lange mehr mit ansehen", sagt einer von Herrn von Humboldt's Freunden. — Ein adlicher Minister sagt zu einem bürgerlichen Beamten, den er zu einem Schritte aufforderte, den dieser ablehnte, weil seine Ehre ihm nicht erlaubte in falschem Lichte zu erscheinen, „Ach, Ihre Ehre! Wissen Sie, worin Ihre Ehre besteht? in der, die ich Ihnen erzeige." Aus erster Quelle! — Der König hat bei der Tafel über die Zeitungsnachricht wegen Darmstadt gesprochen, es sei dummes Zeug, in Troppau sei von Darmstadt nicht mehr die Rede gewesen, als von der Catalani. — Herr Geh. Rath Heun sagt selbst, bei der Staatszeitung sei das „All", das „preußische" und das „Staats" zuviel, sie müßte blos heißen, die gemeine Zeitung. — Aufsatz in der Allgemeinen Zeitung gegen das Manuskript aus Süddeutschland, das dem Hauptmann Seibold zugeschrieben wird, man beweist, daß die Karlsbader Beschlüsse noch nicht streng genug sind. — Herr Oberstlieutnant von Barnekow tadelt den Geist der preußischen Armee, er sei nie so schlecht gewesen, die Gardeoffiziere seien Höflinge, ihr Schritt in Betreff Forstner's sei unsinnig und Augendienerei. — Empörte Stimmung in Neu-Vorpommern.

Den 5. Dezember 1820.

Herr Minister Graf von Bülow findet, daß unsre Diplomaten so gut wie gar nichts sind, er begreife nicht, wie es damit stehe. In den meisten Geschäften, wo sie nichts verdürben, seien sie unnütz: was sie trieben, sei ihm unerklärlich; höchstens jetzt einige Umtriebssachen, meinte ein Andrer. — Der Großfürst Nikolaus vor einigen Tagen nach Troppau abgereist. Der König am gestrigen Feste bei Herrn Alopeus sehr mürrisch und abgeschlossen, die Diplomaten klagen darüber. — Herr von Chateaubriand zum französischen Gesandten am hiesigen Hofe ernannt; in Schweden ist er abgelehnt worden. — Der badensche Gesandte Herr von Stockhorn ist abberufen. — Ein Kürassieroffizier Herr von Pannwitz soll wegen Umtriebssachen in Untersuchung gebracht sein. Die in Nassau verhafteten Umtrieber sind freigelassen, allein es soll keiner eine Anstellung erhalten. — Die Behörde hatte den Studenten verboten, am 21. November dem Herrn Dr. Schleiermacher ein Vivat zu bringen, und nachgeforscht, wer die Sache angeregt? — Das Oppositionsblatt auf Anfordern Preußens und Oesterreichs sofort verboten. — Bei einem Handwerker sah ein Bekannter das Büchlein Herrn Benzenberg's über den Kanzler. — Ein Mann vom Volke hörte, der Pabst wolle nun auch eine Konstitution machen, „Wenn er sie macht", sagte jener ganz unbefangen, „dann ist es ja keine!" Der Mann will also nichts Oktroyirtes! — Der König von Würtemberg steht ganz allein, seine Minister theilen seine Ansicht und Volksneigung nicht; die nächsten Stände werden ihm einen Gefallen zu erzeigen meinen, wenn sie seine Minister angreifen! — Bewegungen in Spanien, siegende Stellung der Cortes. — Nächstens Kammern in

Frankreich, in Baiern, Würtemberg und Darmstadt! — Die Moststeuer am Rhein ist wieder zurückgenommen; schon die Franzosen hatten den Versuch fehlschlagen gesehen; in Berlin wußte man das gar nicht; überhaupt klagt man am Rhein über die ärgste Sachunkunde in unsren Verfügungen und Verordnungen. — Gesellschaft zur Beförderung der Industrie. — Herr Ancillon äußert gegen Jemand das größte Lob meiner Fähigkeiten und zum Theil meiner Gesinnung; er habe mich nicht verkannt, aber wohl thäten es Andre, noch jetzt, ich habe viele Feinde hier, Herr von Jordan habe mir beim Kanzler geschadet, auch Herr Graf von Bernstorff habe üble Eindrücke empfangen, er arbeite an deren Auslöschung, aber das gehe langsam! Jener solle mir davon das Nöthige wiedersagen. — Der niederländische Gesandte Herr von Perponcher, dessen Hof sehr unzufrieden mit allem Gange der großen Verhältnisse ist, äußert sich feindlich und geringschätzend gegen die Ergebnisse und Maßregeln von Troppau.

Den 6. Dezember 1820.

Herr von Pannwitz hatte in Gesellschaft geäußert, in gewissen Fällen würde er dem Königlichen Befehle nicht unbedingt gehorchen, z. B. wenn es gegen das Volk gehen sollte; auch hatte er kleinen Briefwechsel mit gleichgesinnten Offizieren und Beamten in Berlin und Potsdam 2c. Der König hat befohlen, die Sache mit aller Strenge zu untersuchen. — Die hiesige Umtriebskommission hat auf des Herrn Dr. Follenius Freilassung angetragen. — Unser Kommissair in Mainz, Herr Geh. Rath Kaisenberg, hat selber von Mainz geschrieben, daß vermuthlich der baierische Kommissair, Herr Geh. Leg. Rath Hörmann der Verfasser des Manuskripts aus Süddeutschland sei. — Die Mainzer Kommission bleibt noch beisammen, sie will die leisen Spuren, die sie gefunden zu haben glaubt — besonders in Gießen, doch nur von Studentengesellschaften — aufmerksam verfolgen. Das Gutachten des Referenten enthält unter vielen Stellen von Gneisenau, Gruner, Barbeleben, Horn 2c. auch eine sehr unschuldige von mir aus einem Briefe an Reimer von Paris 1815. Wer Horn sei, ist nicht herausgebracht. Anfrage wegen der gesetzlosen Gesellschaft, die man in Mainz nicht kennt, und von der selbst Herr von Kamptz Mitglied ist. — Streit der Behörden unaufhörlich erneuert. Herr von Schuckmann beleidigt die hiesige Regierung. Herr Geh. Rath Schöll setzt in eine Antwort des Kanzlers den Ausdruck „gesetzwidriges Verfahren", worüber der Minister außer sich, eine lange Verantwortung an den Kanzler schreibt, so etwas sei ihm noch nicht geboten worden 2c. Die Sache betraf den Blasenzins 2c. — Herr von Schöll hatte in die Antwort auf den Antrag wegen Verbots der Benzenberg'schen Schrift an Herrn von Schuckmann geschrieben: „das Verbot würde unzweckmäßig sein", der Kanzler dies fein geändert: „jetzt nicht mehr zweckmäßig." — Es hieß, die Ortspolizei sei aufgehoben und den Magistraten zugetheilt; damit hat es folgende umgekehrte Bewandtniß: Den Zivilbehörden ist vorgeschrieben, bei jedem Auflaufe, der nicht sogleich gestillt sei, das Militair zu Hülfe zu rufen, der Kommandant ist angewiesen, auch nach eignem Gutdünken gegen jeden Auflauf (der demnach wie Feuerlärm sogleich seine Gegenwart erfordert) Militair zu gebrauchen; in jedem Falle hat, sobald das Militair erscheint, die Zivilbehörde nichts mehr zu sagen. Gegen diese Verfügung haben die Zivilbehörden Einrede gemacht, sind aber kurz abgewiesen worden. —

Man behauptet, alle Regiments- und Bataillons-Chef hätten geheime Befehle erhalten, auf ihre Offiziere ein wachsames Auge zu haben; auch neben den gewöhnlichen Konduitlisten noch besondre über politische Angelegenheiten insgeheim zu führen. — Der Kongreß von Troppau geht nun für's erste noch nicht nach Wien. — Herrn von Kampz auf der Straße gesprochen. Beim Geh. Rath Crelinger großes Diné, wobei die Fürstin von Hardenberg, Herr und Frau von Klewitz, Geh. Rath Koreff 2c. — Abends Gesellschaft.

Den 9. Dezember 1820.

Herr Ancillon sagt, Chateaubriand sei der einzige Franzose, der ein Schwärmer sei; „aber was für ein Schwärmer!" — fügt er hinzu, „ein göttlicher Schwärmer!" — Die Speyrer Zeitung hat einen Verweis empfangen, auf Oesterreichs und Preußens Anfordern. — Herr Geh. Rath Semler nimmt in der Elbschiffahrtssache Herrn Geh. Rath Hoffmann's Parthei, und beschuldigt Herrn von Jordan der größten Fehler und Pflichtwidrigkeiten; er habe gegen seine Instruktionen in Dresden gehandelt, und es sei ihm nichts daraus erfolgt. Die Angelegenheit ruht nun. — Das auswärtige Departement, heißt es, stehe bei allen Ministerien und Behörden in größter Verachtung. Alles löse sich auf, nirgends sei Einheit, als die scheinbare in der Person des Kanzlers, nichts rücke fort, als die Unordnung, die Schulden u. s. w. — Das Ersparungssystem, sagte mir ein angesehener Beamter, führe doch wieder zur Verschwendung; die Wartegelder würden reduzirt, nicht die Gehalte, es suche daher Jeder seine Begünstigten vom Wartegeld auf Gehalt zu bringen, und es gelinge vielfältig genug, um allen Vortheil, den man hoffte, für die Staatskasse wieder zu vernichten. — Herrn Prof. Buchholzens Monatsschrift ist ziemlich kühn, die Zensur hat ihm nur Einiges gestrichen. — Herr Dr. Förster hat Blücher's Leben herausgegeben, Herr Graf von Alopeus hat eine Klagenote dagegen eingereicht. — Frankreich, heißt es, thue Einspruch gegen Oesterreichs Vorhaben in Italien, und stehe Neapel schon bei. — Der König von Spanien hat kürzlich seines Bruders Don Carlos Gemahlin verführt; darüber ist wüthender Bruderhaß entstanden, und man fürchtet große und gefährliche Dinge daher. — Die badenschen Kammern kommen außerordentlich zusammen wegen der vom Bundestage geforderten Ausführung des Adelsediktes; auch ist im Budget ein Rechnungsfehler, und daher ein neues Defizit.

Den 10. Dezember 1820.

Diplomatische Nachricht, daß Buenos Ayres den Krieg an Brasilien erklärt hat, und die republikanischen Truppen schon über den Fluß Panama vorgerückt sind. — Aus Paris schreibt ein fremder Gesandter seinem hiesigen Kollegen, der Graf Goltz klage dort bitterlich, daß er keine, oder unzulängliche, schwankende und widersprechende Instruktion erhalte. Der mecklenburgische Gesandte Herr von Lützow spricht verächtlich von den hiesigen Ministerassembleen, man treffe dort Krethi und Plethi ꝛc., er äußert gegen einen andern Gesandten, ganz Preußen habe unter seinem Adel doch keine solche Familie aufzuweisen, wie die Bernstorff'sche ist, dagegen wären die preußischen Edelleute doch nur Lumpen u. s. w. — (Mit größter Wegwerfung und Anmaßung gesprochen, man muß den gemeinen Mann

kennen!) — Der dritte Theil von Manso's Geschichtsbuche.
Merkwürdiger Anhang von Friedrich von Raumer über
die Verfassung der Behörden in Preußen; zum größten
Erstaunen! So kühn und stark, als zeitgemäß und wirk=
sam! Was helfen alle Zensuranstalten? Ein solcher Auf=
satz bricht alle Anstalten durch. Man ist begierig, ob
Herrn von Raumer etwas Uebles zugefügt werden wird
für solches Auftreten; er vertheidigt republikanische Einrich=
tungen in der Monarchie; wie wird das aufgenommen?

Den 11. Dezember 1820.

Jemand sagt mir heute: „Wer weiß, ob Schöll nicht
vom französischen Ministerium bestochen ist? Nur gar zu
viele Umstände treffen überein, um die Sache glaubhaft
zu machen!" — Der Kanzler soll gegen Ende des Monats,
wie mir Herr von Brockhausen sagt, wieder hier sein. —
Der Kanzler will sich von seiner Gemahlin förmlich tren=
nen, Mlle. Hähnle soll dann in Schöll's Familie aufge=
nommen, oder diese in des Kanzlers Haus eingesetzt wer=
den. Guten Lärm wird das geben! — Herr Minister
von Klewitz hat den strengen Kabinetsbefehl erhalten, die
Maischsteuer vom 1. Januar an einzuführen; er zuckt die
Achseln, und meint, nun werde er es thun, möge auch
daraus werden, was da wolle. — Herr Geh. Leg. Rath
Klüber ist sehr unzufrieden mit unsrem auswärtigen De=
partement, er meint, Unwissenheit und Rathlosigkeit sei da
zu Hause; wer Kenntniß und Verstand, geschweige denn
Rechtschaffenheit besitze, der müsse sich als Gegner halten. —
Es soll Befehl gegeben sein, Breslau wieder zu befestigen,
und zwar für's erste die rechte Oberseite, „damit uns", sagt
man, „nicht jede Kosackenhorde in die Hauptstadt Schlesiens

einbrechen könne". — Ein Minister sagt mir heute, er habe Raumer's Abhandlung noch nicht gelesen, aber ein impertinenter Mensch sei Raumer von jeher gewesen. — Assemblée bei Herrn Minister Grafen von Bülow. Herrn Ancillon gesprochen, Herrn Grafen von Zichy, Herrn Zamorano u. s. w. — Herr Graf von Bülow meint, die Schmälerung der Wartegelder sei eine schreiende Ungerechtigkeit, im Prinzip habe man eben so gut die Gehalte streichen können, und erspart werde im Ganzen dadurch schwerlich etwas, es könne nicht dabei bleiben u. s. w.

Den 13. Dezember 1820.

Es heißt, Fürst von Metternich würde abtreten, und Erzherzog Rainer Premierminister werden. — England hat in Troppau erklärt, es würde sich in die innern Angelegenheiten Portugals nur mischen, wenn der Hof von Rio Janeiro es verlangte, und auch dann nur unter gewissen Bedingungen; es ergab sich, daß diese in der Zusage der Mitwirkung Brasiliens zur Beschränkung des nordamerikanischen Seewesens bestehen sollten. — Der Zensor läßt die Staatszeitung noch nicht Chateaubriand's Ernennung mittheilen; doch erklärt selbst Herr Ancillon schon gestern dieselbe als gewiß und offiziell. — Geschichte des Oekonomie-Kommissarius Fröhlich, den ein Königlicher Wagen überfährt und ihm das Bein zerbricht; er schreibt an den König, der König schickt ihm 2 Fried'dor, diese, da er meint, der König gebe ihm so wenig, weil ihm die Sache eine lügenhafte Bettelei dünke, schickt er mit Angabe des Grundes zurück. Fulminante Kabinetsordre an Kircheisen, den Verfasser des Schreibens als Beleidiger der Majestät zu verfolgen. — Aehnliche Untersuchung gegen

Herrn von Platen auf Rügen; wegen verweigerter Klassensteuer wird er — wie überhaupt alle Rügner, ausgepfändet; die Leute sagen ihm bescheiden, sie wollten ihn nicht belästigen und ihm nur das nehmen, was ihm entbehrlich sei; „So? nur was mir entbehrlich ist?" erwiedert er, „nun, dann gehen Sie hier in das nächste Zimmer, da finden Sie die Portraits vom König und Kronprinzen, die nehmen Sie nur gleich weg, die sind mir das aller Entbehrlichste und Unbrauchbarste." — Bei der Gräfin Redern war Gesellschaft, besonders Diplomaten. Eine Tasse mit den Bildnissen der drei Könige von Preußen und den Unterschriften fuit (Friedrich II.) est (Friedrich Wilhelm II.) und erit (Friedrich Wilhelm III.) erregt Aufmerksamkeit, niemand weiß die Schrift zu deuten; da drängt sich der niederländische Gesandte Herr von Perponcher vor, und will mit gutem Air an die Sache gehen; fuit, sagt er, sei altfranzösisch und soviel als fût, das Andre ... das Andre, meint er, das sei in einer ihm unbekannten Sprache, und setzt die Tasse beruhigt nieder; man ruft den darmstädtischen Gesandten, Herrn von Senden, der endlich als Pedant schülerhaft ausruft: erit ist das futurum vom Verbum sum! — Ein Gesandter hier, der nicht zwei Zeilen zu schreiben vermag, sagt vom Grafen von Zichy, es sei der dümmste Kerl in Berlin, er könne nicht zwei Zeilen schreiben! — Gegen Herrn Präsidenten Rother sinnt man harte Angriffe aus, man will im Staatsrath stark gegen ihn und den Kanzler losgehen. — Großer Aerger, daß Herr Geh. Rath Crelinger beim Grafen von Bülow in Assembleen erscheint.

Den 14. Dezember 1820.

Der König von Sardinien hat in Troppau erklären lassen, daß er seinen Landen eine Verfassung geben werde. Man sieht das österreichische Kabinet als gänzlich deroutirt und grausam geprellt an. — Der Fürst von Wittgenstein und Herr Graf von Bernstorff haben durch den Herrn Grafen von Goltz in Paris mit Herrn Pasquier die Ernennung Chateaubriand's betrieben, man wird ihn hier auf Händen tragen, der König freut sich auf ihn, und die Ultra's hoffen in ihm eine große Verstärkung; man glaubt, er werde Einfluß bekommen; auch Herr von Schöll hat die Hand dazu geboten, und verräth überhaupt in manchen Fällen den Kanzler gegen dessen Feinde. Dies aus guter Quelle! — Der König hat schon mehrmals eine Art Stände, wie Hannover oder Sachsen sie hat, gewähren wollen, aber der Kanzler — so lauten die Worte am Hofe — war immer zu eigensinnig, er will so etwas wie in Süddeutschland mit dem Volke, und das geht doch nicht! — Der König ist unzufrieden mit Herrn Ancillon, weil er sich in Alles mische, und die Prinzen so sehr zu politischen Rollen aufrege. — Der König, heißt es, wird des Kanzlers immer mehr überdrüssig, und man glaubt nicht, daß er noch lange am Ruder bleiben wird. — Die Spener'sche Zeitung liefert aus der Allgemeinen den Aufsatz gegen das Manuskript von Süddeutschland nach.

Den 18. Dezember 1820.

Revolution in Haïti, Christoph todt; Republik unter einem Präsidenten. — Die ehemalige Regentschaft von Portugal, deren Mitglieder größtentheils in London sind,

und unter englischer Verwendung die Erlaubniß zur Rück=
kehr suchen, haben die Schritte der Gesandten an den
Höfen von Paris, Wien und Berlin gegen Portugal aus=
drücklich und hart mißbilligt. Die Gesandten, darüber
aufgebracht, wollen jene Mitglieder in Rio Janeiro ver=
klagen. — Man lobt jetzt ungemein den Fürsten von Witt=
genstein, er habe immer die hiesigen Ultra's getadelt, die
Umtriebssachen mißbilligt, dem Kanzler in dieser unseligen
Richtung zu wehren gesucht. Desgleichen lobt man Herrn
Grafen von Bernstorff. — Herr von Schöll hat eine Recht=
fertigungsschrift wegen der Stourdza'schen Geschichte dem
russischen Kaiser in Troppau zugefertigt. Die Franzosen
haben entdeckt, daß Herr von Schöll gegen das frühere
Ministerium besonders thätig gewesen, und Herr Graf de
Caux schimpft laut und öffentlich auf ihn. Schöll hatte
eine Denkschrift gegen Decazes verfertigt, der Kanzler
unterschrieb sie, diese Unterschrift half die von Metternich
erlangen, Rußland und England widerstritten nicht; dem
König Ludwig wurde zu verstehen gegeben, wie das Ver=
trauen der Mächte mit Decazes unvereinbar sei, und dessen
Entfernung erfolgte. — Der neapolitanische Gesandte Fürst
von Partanna ändert ein wenig seine Sprache, er findet
Konstitution nothwendig. — In den Protokollen des vor=
jährigen Kongresses in Karlsbad hat Herr Graf von Bern=
storff die Gleichheit vor dem Gesetze als eine abscheuliche
Lehre verdammt, und zu ihrer Abschaffung aufgefordert;
in München ist gerade dieses Protokoll von baierischen
Staatsmännern arg kommentirt worden. — Herr Naselli
hat im neapolitanischen Parlamente gegen den Fürsten
von Metternich die ärgsten Persönlichkeiten ausgestoßen,
sein öffentliches und Privatleben angegriffen. Große Wuth
hierüber. — Kurz vor dem Troppauer Kongresse haben

die süddeutschen Mächte über diese bevorstehende Zusammenkunft unter einander geheime Noten gewechselt, in welchen bitter und sogar höhnend gegen die Anmaßnng der großen Mächte, besonders aber Oesterreichs, gesprochen wird. Diese Noten hat man jetzt in Troppau; Rußland und England legen keinen großen Werth darauf, Preußen ist weniger verletzt, Oesterreich aber auf's äußerste.

Den 19. Dezember 1820.

Artikel in der Staatszeitung über Troppau gegen die Voßische Zeitung; man glaubt den Versicherungen nicht, und sucht höchstens Wortlist dahinter. — Das Ereigniß von Haiti macht doch im Volke großen Eindruck. „Also die Schwarzen werden noch eher eine Konstitution haben, als die Preußen?" In den Bierhäusern fragt man so. — Herr Graf von Bernstorff nahm in Wien, weil er bei seinem Bruder wohnte, keine Diäten. Herr Graf von Goltz dagegen steht von der Zeit, da er Minister der auswärtigen Angelegenheiten war und die Kasse zur Disposition hatte, noch mit einem großen Rest als Schuldner der Legationskasse. Es geht so hin, kein Mensch fragt darnach; man läßt es gut sein. — Herr General von Knesebeck soll in den militairischen Geldern sehr freie Hand haben; es werden ungeheure Summen in tausendfachen Zahlungen extraordinair vergeudet, und er selbst vergißt sich nicht. — Der Fürst von Hatzfeldt im Haag hat 12,000 Thaler, er darf in Brüssel etablirt sein, weil er dort eher seine (katholischen) Töchter verheirathen kann. Herr Graf von Goltz in Paris hat 25,000 Thaler, der in Frankfurt eben so viel; alle diese Gesandten machen schimpfliche Auslagen-Rechnungen, mit offenbarem Profit an vie=

len Dingen. Herr Graf von Goltz in Paris z. B. setzt eine
zerbrochne Fensterscheibe im Königlichen Hotel an, das er
noch obenein umsonst bewohnt. Je vornehmer und je
besser bezahlt, sagte Jemand von unsren Gesandten, desto
knickeriger und schamloser.

Den 24. Dezember 1820.

Der König von Neapel wird nach Laibach kommen,
man will wissen, daß er gegen die Konstitution sei. —
Diplomatische Nachrichten aus Rom sagen, der Pabst habe
die neapolitanische Erklärung, wegen Einrückens fremder
Truppen in den Kirchenstaat, selbst verlangt. — Der König
von Preußen hat geäußert, die Regierung von Neapel sei
auch gar zu erbärmlich gewesen; den König Ferdinand VII.
verachtet er von lange her, Ludwig XVIII. hält er für
sehr klug und gescheut, aber die österreichische Regierung
für das Gegentheil. — Gerüchte von des Kanzlers Ab=
gehen, und Herrn von Humboldt's Eintreten; man sagt,
er arbeite in Tegel den Plan zu einer neuen Organisation
der Staatsverwaltung aus. Die Prinzen waren neulich
bei Tegel auf der Jagd, und besuchten ihn. — Die Ab=
sicht des Kanzlers, sich von seiner Gemahlin zu trennen,
macht unendliches Gerede; es heißt, er werde eine Fürstin
heirathen. Man schimpft auf Schöll; auch der König soll
auf diesen schlecht zu sprechen sein. — Der übergefahrne
Fröhlich wird wohl nicht weiter in Untersuchung kommen,
da kein andrer, als Verfasser des Schreibens gefunden
worden, so wird der König die Sache wohl fallen las=
sen. — Neulich fuhr in die Menge der Menschen, die
beim Brückenaufzug sich gehäuft hatten, sehr rasch ein
Königlicher Wagen hinein, Prinz Albrecht saß darin, der

Kutscher wurde von den Leuten bedroht, es wurden viele
Stöcke gegen ihn gehoben; und er fuhr langsamer seinen
Weg. Der König, dem die Sache erzählt wurde, erzürnte
sich sehr darüber, man suchte unter der Hand auszumitteln,
wer die Drohenden gewesen, es war aber keiner mehr zu
finden. — Es wird geklagt, daß die Leute sich mehr als
je an den König mit ihren Beschwerden und Forderungen
wenden, und weniger respektvoll und trotziger schreiben,
als je vorher. — Die Zeitungsberichte aus den Provinzen
lauten unter „Volksstimmung" fast immer gleichmäßig,
„sie sei der Regierung entgegen"; außer der Berliner
Regierung, die immer Gutes meldet. — Der in Untersuchung befindliche Herr von Pannwitz ist nur Lieutnant.
— Zwei Schriften gegen Herrn Prof. Benzenberg; die
eine, vom Herrn von Bülow auf Kummerow, sehr ultrai-
stisch, die andre liberal. — Nachrichten aus Paris. —
Die Zeitungen sprechen von dem Neapolitaner Marquis
Ripa in Stuttgart.

Den 26. Dezember 1820.

Der Kanzler ist am 24. von Troppau nach Wien abgegangen; heute schon ein Kourier von hier nach Wien
gerichtet. — Eine neue Instruktion für die Zeitungsheraus-
geber empfiehlt diesen unter andern für die französischen
Angelegenheiten das Journal des débats zur Richtschnur.
Man bemerkt scherzhaft, das Blatt könne mit Einmal in
die Hände einer andern Parthei kommen, und dann folgte
man noch immer dem Namen! — Die Schrift „Anti-
Benzenberg" schreibt man mir zu, auch Herrn von Stägemann. — Ein Gerücht sagt, so wird mir wiedererzählt,
ich sei zu der Hofparthei übergegangen. — Daß immer

Neapolitaner nach Stuttgart kommen, fällt sehr auf; es giebt Leute, die behaupten, der König von Würtemberg sei mit den Carbonari im Einverständniß; sein Aufenthalt in Genua wird angeführt, sein Geschäftsträger in Rom, der für einen Carbonaro gilt 2c. — Herrn von Wangenheim's Briefe an Herrn von Grollmann und Herrn von Otterstedt über den ihm angeschuldigten Einfluß auf die darmstädtischen Konstitutionssachen. — Der Oberpräsident von Bülow hat einen Anfall von Schlagfluß gehabt. — Die Elberfelder Zeitung darf wieder erscheinen. — Großer Zorn der Regierungen gegen die Schweiz; man fürchtet, es werde in Wien etwas in Betreff der Schweiz beschlossen werden.

Den 29. Dezember 1820.

Herr von Otterstedt ist von Darmstadt abgerufen, wegen Ueberschreitung seiner Instruktionen; „er hat das laugute Vernehmen, das zwischen den beiden Höfen bestand, gestört". Herr Graf von Bernstorff hielt schon länger nichts auf ihn, jetzt hat der Darmstädter Hof geklagt. Man sagt, Preußen gehorche dem leisesten Wink des kleinsten Hofes, und opfre seine Diplomaten der Reihe nach. Uebrigens gönnt man dem Otterstedt seinen Fall, er ist hier unter allen Bessern sehr gehaßt. — Der König wird am 6. k. M. nach Laibach reisen, Herr von Jordan, der seit mehrern Tagen hier ist, wird deshalb schon am 4. nach Dresden zurückkehren. — Denkschrift, wahrscheinlich von Herrn von Gentz, worin die Absichten gegen Neapel, und daß man den alten König in Laibach zur Protestation zu bewegen hofft, enthüllt sind. Zeitungsartikel von Gentz gegen den vrai Libéral, endigend mit dem Erstaunen, daß ein Korrespondent von der bestrittenen Art 24 Stunden in einer Stadt geduldet sein könne, wo der Sitz des Bundestags ist! — Herrn von Pradt's Aeußerung über Gentz in der Schrift sur la Belgique. — Wegen der Annahme des Herrn von Chateaubriand als französischen Gesandten hat der preußische Hof das zierlichste und freudigste Schreiben nach Paris erlassen. — Herr von Schöll hat den Kanzler binnen Jahresfrist aus seinem alten Bücherlager für 10,000 Rthlr. Bücher nach Neuhardenberg anschaffen lassen. — Der portugiesische Gesandte ersucht Herrn Ancillon, es möchten ihm alle Artikel über Portugal, die in die hiesigen Zeitungen kommen sollen, erst gezeigt werden; Herr Ancillon bewilligt es unbedenklich, doch soll es geheim bleiben; man fragt, ob auch in Wien gegen einen Gesandten solche ungebührliche Dienstfertigkeit möglich wäre. — Die Schrift des Herrn von Bülow auf Kummerow soll in Leipzig konfiszirt sein, hier ist sie nicht verboten. — Gerede von Frankreichs steigendem Ansehen; von Preußens sinkendem. Unbedeutende Eröffnungsrede der Kammern in Paris. — Widerruf in der Staatszeitung, daß Förster zum Historiographen ernannt sei; gleich im folgenden Stücke das Gleiche von Fr. von Raumer.

1821.

Den 2. Januar 1821.

Herr Dr. Follenius ist wieder in Verhaft auf der Stadtvoigtei, und man inquirirt auf's Neue über Dinge, die man schon hatte fallen lassen. — Daß die Prinzen den Herrn von Humboldt in Tegel besucht haben sollten, erweist sich als unbegründet. — Der baierische Hof hat sich in einer offiziellen Depesche unzufrieden gezeigt, daß er nicht zu den Konferenzen in Troppau gezogen worden; man hat ihm geantwortet, es seien dort keine deutschen Angelegenheiten zur Sprache gebracht; die Baiern glauben dies besser zu wissen. Herr Ancillon spricht herbe von Baiern, dies Kabinet sei immer antideutsch gewesen. — In Darmstadt ist die neue Konstitution vollendet und verkündet; großer Jubel des Volks. — Die Herren Villèle und Corbière wirklich französische Minister. — Herr Major von Martens hatte große Gesellschaft, Gräfin Bernstorff, Fürstin Partanna u. s. w. Herr von Spontini hatte die Einladung auch für seine Frau angenommen, als diese aber erschien, entstand Geflüster, und Herr von Martens entschuldigte sich bei den vornehmen Damen angelegentlichst, er habe Madame Spontini nicht geladen, er sei nicht Schuld u. s. w. Derbe Aeußerung von Herrn von

Flavigny gegen Frau von Martens, wobei der Gatte es
bewenden läßt. (Sie hatte gesagt, als Flavigny sich der
Madame Spontini annahm: Vous prenez un ton, Mon-
sieur . . . Mon Mari m'a déjà dit que vous prenez
quelquefois un ton qui ne convient pas . . . Er hatte
geantwortet: Je prends toujours le ton, Madame, qui
convient aux personnes à qui je parle.) — Trotz der
Verabredung des Herrn Grafen Lobo mit Herrn Ancillon
steht in der heutigen Staatszeitung ein Artikel über Portugal, der jenen schon im Hamburger Korrespondenten
aufs Aeußerste gebracht hatte. Es wird von den Aristokraten verächtlich gesprochen. — Beim Herrn Minister von
Bülow gestern wenig Leute. — Klage über das Ersterben
alles geselligen Reizes. — Auch Frau von Helwig giebt
ihre Sonnabendsgesellschaften wegen der politischen Spal-
tungen auf.

Den 6. Januar 1821.

Prinz Friedrich wird als Gouverneur nach Düsseldorf
bestimmt. — Herr General von Rühle soll Chef des Generalstabs werden, Herr General von Pfuel darüber mißvergnügt an Abschiednehmen denken. — Man erzählt, der
König sei sehr ungehalten, daß der Kanzler von Troppau
nicht heimgekehrt, sondern noch mit nach Wien gegangen,
hier sei er nöthig und alles werde versäumt durch seine
Abwesenheit, dort sei er entbehrlich, und Herr Graf von
Bernstorff schon genug. Nach zuverlässigerer Angabe hat
gerade der König es gewollt, daß der Kanzler, der zurückkommen wollte, noch nach Wien und Laibach ginge. —
Herr General Graf von Gneisenau angekommen; gleich
den ersten Tag machte er Besuche bei den Gesandten. —

Die Polizei hat den Buchhändlern angezeigt, daß eine französische Uebersetzung des Manuskripts von Süddeutschland kommen würde, die sogleich an die Behörde abzuliefern sei. Neuer Artikel gegen jene Schrift in der Allgemeinen Zeitung; auch Herr Graf von Benzel-Sternau wird als Verfasser angegeben. — Eine starke Klagschrift des Präsidenten Herrn Harscher von Almendingen ist gedruckt erschienen, aber verboten; man hat sie hier nicht. — Wie wird es eigentlich mit dem Offizierexamen gehalten? fragte jemand Herrn General von Witzleben in Gesellschaft; „Das will ich Ihnen sagen; wenn ein Adlicher sich zum Dienste meldet, so wird er zuerst auf 8 Tage Gemeiner und lernt exerziren auf seiner Stube, und dann zieht er dreimal auf die Wache; dann wird er vom Dienste dispensirt und nach einiger Zeit meldet er sich zum Examen, wo über die ersten Elemente der Mathematik ꝛc. examinirt wird, und in der Regel Keiner abgewiesen ist, und dann wird er Fähnrich, und ist so ehrlich wie zuvor, und kann sich sehen lassen." Vom Bürgerlichen schwieg er. — Man weiß noch nicht, wann der König reisen wird. — Herr von Chateaubriand kommt noch nicht; die hiesigen Franzosen freuen sich darüber sehr. — Der Justizkommissarius Helwig hat dem Kanzler wegen seiner Scheidungssache dringende Vorstellungen freimüthig geschrieben.

Den 11. Januar 1821.

Gerede, daß der Fürst von Metternich von dem Lord Stewart eine Ohrfeige bekommen; der österreichische Beobachter wiederholt aus englischen Blättern eine Abläugnung, die auf arge Händel eher anspielt. — Man sagt abermals, Herr von Humboldt werde bald in die Staatsgeschäfte wieder eintreten; auch Herr von Jordan glaubt es; Andre behaupten, ihm seien in der Konstitutionssache bedeutende Arbeiten angetragen worden, die er anfangs abgelehnt, dann aber auf Herrn von Beyme's Zureden übernommen habe. Herr Graf von Tauentzien ist nun förmlich bankrott, und das Haus in größter Zerstörung, ohne daß er es sich viel anfechten läßt. — Herr von Chateaubriand ist heute Abend hier angekommen. — Neue Umtriebsgesellschaft am Rhein (in Neit) entdeckt, der Verfasser revolutionairer Lieder verhaftet 2c. Herr von Kamptz studirt die juristische Materie vom conatus, und läßt sich von Herrn von Klüber darüber litterarische Nachweisungen geben; er denkt gegen Herrn Prof. Arndt damit etwas auszurichten. — Des Herrn Grafen Toreno Schrift ist in Dresden übersetzt erschienen. — Der Bundestag erstirbt in Elend und Noth; man hört wenigstens hier gar nichts von ihm. — Man will wissen, es würde eine Direktion des Buchhandels für ganz Deutschland wirklich errichtet werden. — Unser König ist noch immer hier.

Den 13. Januar 1821.

Man zweifelt nun, daß der König nach Laibach reisen wird. — Der König, heißt es, suche zu erfahren, ob der abgesetzte Herr Prof. Förster wirklich ein geheimes Gehalt vom Staatskanzler beziehe. Gegen das Leben Blücher's soll Herr Major Decker vom Generalstabe zu schreiben aufgefordert sein. — Nicht Herr General von Rühle, sondern Herr General von Müffling soll Chef des Generalstabs geworden sein: ersterer und Herr General von Pfuel — welche beide wechselseitig sich keinen Vorrang zugestehen, und lieber den Abschied nehmen wollten — sollen darüber

sehr ungehalten sein. — Alle Wochentage sind nun mit
Assembleen besetzt; diejenigen Häuser, wo am wenigsten
Bürgerliche erscheinen, werden sehr gepriesen, z. B. Witt=
genstein, Cumberland ꝛc. Auch Herr Ancillon beklagt sich,
daß man an manchen Orten soviel Leute sehe, die man
nicht kenne, nicht kennen wolle und dürfe, des gens de
l'autre monde, sans nom etc. Die Absonderung der
Vornehmen wird immer auffallender; die Bürgerlichen
trifft immer größere Verachtung.

Den 17. Januar 1821.

Herrn Präsidenten Harscher's von Almendingen Schrift
über die Anhalt=Bernburgische Sache ist wegen der heftigen
Ausfälle gegen Preußen hier weggenommen worden. —
Man sagt, der Oberpräsident Herr von Bülow habe Ver=
fassungsarbeiten gehabt; es ist aber gewiß nicht wahr. —
Herr Dr. Schleiermacher hat am Sonntage, wie versichert
wird, mit unglaublicher Kühnheit gepredigt; seine Freunde
waren ganz betreten. — Große Stille im Lebensverkehr
der Politik, alles liegt und stockt; keine Neuigkeit; auch im
Innern ruht alles einstweilen. — Fräulein Hähnle ist mit
Jahn's Frau erzogen; sie besucht dessen Mutter und ver=
schafft ihr vom Kanzler ansehnliche Unterstützung von ver=
bindlichen Schreiben begleitet; sie sagt, der Kanzler wisse
recht gut, daß er seine ärgsten Feinde im Adel habe. —
Herr Staatsminister von Voß hat beim Könige gespeist,
und ihm in Betreff der Finanzen harte Dinge gegen den
Kanzler gesagt. — Die Stuttgarter Hofzeitung wagt es,
den Marquis von Ripa gegen fremde Zeitungen in Be=
treff seines persönlichen Benehmens stark in Schutz zu

nehmen. — Herr Prof. Butenschön redigirt die Speyerer Zeitung nicht mehr.

Den 18. Januar 1821.

Ordensfest heute gefeiert. Wenig Zuschauer in der Kirche und beim Schlosse. — Großes Gerücht, daß der König von Spanien abgesetzt worden; die Nachricht soll von Dresden gekommen sein. Alle Leute theilen sich die Neuigkeit mit, Viele können ihre Freude kaum verbergen. — Es wird bemerkt, auch von den Diplomaten, daß seit einiger Zeit die Meinungen hier wieder viel lauter und dreister werden. Die Ereignisse wirken merkbarer auf die Gemüther. — Herr Prof. Buchholz hat einen ausführlichen Verweis, unterzeichnet von den Ministerien des Aeußern und Innern erhalten, er schreibe im revolutionairen Sinne, er feinde bei jeder Gelegenheit das katholische Christenthum an, er solle das künftig bleiben lassen, man habe bereits den Zensor strenger angewiesen, man werde ihm allenfalls sein Gehalt streichen ꝛc. Buchholz hat sich zu vertheidigen gesucht; alles sei die Zensur ja passirt, übrigens sei er in seiner Zeitschrift kein Vertheidiger, sondern nur ein Erklärer der Ereignisse von Neapel ꝛc. Man glaubt, die Sache komme von Troppau, aus Gentzens und Schöll's Anregungen. — Es heißt, der märkische Adel, gegen den Kanzler verschworen, habe nun förmliche Emissaire in die Provinzen gesandt, um Klagen gegen ihn zu erwecken, und ihm durch viele zusammentreffende Bewegungen recht üblen Handel zu machen. Der Adel thut liberal, als wolle er selbst nur Konstitution, aber der Kanzler wolle nicht.

Den 21. Januar 1821.

Die Gerüchte von Spanien erweisen sich grundlos. — Herr Graf von Zichy sagt mir zweifelnd, er wisse noch nicht, wann der König (den er begleiten soll) sich entschließen werde, nach Laibach abzureisen. — Durchreisende Russen, Obersten 2c. schimpfen gewaltig auf die Art, wie das russische Soldatenwesen getrieben wird, auf die sklavische Pedanterei, die, wie sie glauben, ihnen aus Preußen kommt, daher sie Preußen hassen, wo es doch, wie sie jetzt sehen, bei weitem nicht so schlimm ist; sie reden keck zu Gunsten Neapels, von den Rechten der Völker, von dem Bedürfnisse nach Konstitution, das auch in Rußland gefühlt werde, der Aufenthalt im Auslande habe auch den gemeinen Soldaten aufgeweckt 2c. Anekdote vom Obersten Schwarz, der sich auf die Erde legt, um genauer zu sehen, ob die Soldaten im Marschiren die Füße gleichmäßig heben, und der die dagegen Fehlenden aus dem Gliede hervortreten und anspeien läßt. — Alles ist hier mit dem großen Hofball, der am 27. sein soll, vollauf beschäftigt. — Gerüchte über Herrn von Humboldt's Wiederanstellung, sehr matt.

Den 2. Februar 1821.

Der Schluß der gestrigen Depesche des Herrn Grafen von Goltz aus Paris meldet die Explosion eines Pulverfäßchens, welches vor die Thüre des Schlafzimmers des Königs gebracht worden war. Man ist begierig auf nähere Aufschlüsse. — Der Fürst von Hardenberg soll aus Laibach den Wunsch bezeigt haben, bald nach Berlin zurückkehren zu können. — Ein angesehener Staatsbeamter, mit dem ich über die preußischen Arbeiten am Bundestage spreche, sagt mir: „Was haben wir denn da für Arbeiten? Wir stimmen und sprechen ja in omnibus wie Oesterreich?" — Herr Frege aus Leipzig versichert aus Italien kommend am Rhein, die Truppenrüstungen kosteten Oesterreich wöchentlich eine Million Gulden Konventionsgeld. — Hier prophezeit man den Oesterreichern wenig Gutes. — Herr Prof. Snell in Wetzlar soll über einen geheimen Bund, zu dem er gehört, endlich Aufschlüsse niedergeschrieben, aber an den König versiegelt haben; das Packet kam an den Kanzler, der es nicht erbrach, sondern an den König von Laibach aus einsandte, mit einem Schreiben, ursprünglich von Herrn von Schöll aufgesetzt, aber vom Kanzler durchgearbeitet, worin er, in der Voraussetzung, Snell könne ihn früherer Theilnahme bezüchtigen, diese erörtert, für ehemalige Verhältnisse rechtfertigt, für spätere aber weit wegstößt, mit Einem Worte, sich weiß zu brennen versucht. — Herr Delsner hat in seinem Neujahrschreiben an den Kanzler ein Kompliment einfließen lassen, als halte der Kanzler in Troppau von Ultradingen zurück, und stütze den Liberalismus. Das will der Kanzler, oder vielleicht Herr von Schöll, nicht auf sich kommen lassen, und antwortet in einem von Letzterem aufgesetzten Schreiben ganz bestimmt, sein Wirken sei eifrigst in jeder Thätigkeit gegen die ruchlose Gesinnung unserer Zeit zu finden, und überall, wo dieser, dem revolutionairen Schwindel der Völker ein Damm entgegengesetzt würde, da sei er mit allen Kräften dabei; il fait parade d'ultraisme, heißt es. — Aeußerungen eines Offiziers von Rang über die jetzige Stimmung und Art: „Wer im Kriege was taugt, wer Verdienst erworben hat, der wird jetzt nicht mehr angesehen die elendesten Kerle brüsten sich und sind beliebt; dem

Hofe ist jeder verhaßt, der etwas gethan hat, sein Anblick ist drückend und ein Vorwurf für die Verdienstlosen; eigene Gedanken, festen Karakter, starke Gesinnung können sie nicht vertragen; sie wollen elende Kerle, die sich dafür auch alles gefallen lassen; wer nicht von dieser Art ist, der wird ohne Gnade als revolutionairer Kopf, als gefährlicher Demagoge angeschrieben, und der Nachtheil davon bleibt ihm nicht aus, er haftet vielleicht noch lange an ihm, wenn die Sache selbst schon verschollen ist." — Die Oesterreicher sollen am 8. Februar über den Po gehen wollen.

Den 5. Februar 1821.

Die Schrift des Direktor Snell war nicht an den König, sondern an den Kanzler gerichtet; dieser hat hierauf das Ganze der hiesigen Kommission der Minister zugeschickt und Auskunft gegeben über den ihm beigemessenen Antheil; wahr sei, daß Gruner im Jahre 1815 ihm von Düsseldorf nach der Rückkehr Napoleon's von Verbindungen, die gute Sache und Preußens Vertheidigung betreffend, geschrieben und er die Sache gebilligt habe, (Hoffmann in Röbelheim eine Hauptperson dabei), allein unwahr, daß er die Tendenz, Preußen die Suprematie in Deutschland zu erringen, gutgeheißen habe. — Der neuliche Ministerialsturm gegen Herrn Prof. Buchholz kam nicht aus Troppau, sondern rührte von Beckedorff und Kampţ her. — Herr Prof. Arndt hat einen Ruf als Professor nach Leipzig erhalten; er will, heißt es, die Stelle annehmen, sobald seine Untersuchung geendigt ist. — Der König leidet an Podagra; seine Wagen sind zur Reise in Stand gesetzt, er erwartet aber nun Antwort vom Kanzler, ob es nicht

schon zu spät sei? — Herr Geh. Staatsrath von Stäge=
mann war zweimal nach Hof eingeladen, und der König
das eine Mal sehr gnädig, doch erhält er seit einiger Zeit
die Sachen, welche die Mainzer Kommission betreffen,
nicht mehr, weil man es gerathener findet, sie ohne
Zwischenperson an Herrn von Kamptz gehen zu lassen. —
Lärm der Ultrablätter über die Pulverexplosion in Paris.
— Schrift von Bignon über den Troppauer Kongreß. —
Eröffnung des Parlaments in England; merkwürdige Aeuße=
rungen über die Angelegenheiten Neapels, und Englands
aus dem Spiele Bleiben. — Der Fürst von Wittgenstein
war neulich zwei Stunden bei Herrn von Humboldt.
Auch war Herr von Humboldt bei der letzten Cour; man
will allerlei vermuthen.

Den 7. Februar 1821.

Die preußischen Liquidationskommissarien in Paris,
Herr Piautaz, Paris u. s. w. haben einen Ueberschuß von
40,000 Thlrn. in Kasse; sie haben bei ihrem Geschäfte be=
deutende Summen gewonnen, und sind durch große Ge=
halte und Tagegelder übermäßig vom Staate bezahlt worden;
trotz diesem, und während man hier auf die schreiendste
Art Ersparnisse an armen Beamten macht, und überall
Mangel an Geld beklagt, geht der Antrag durch, daß
jener Ueberschuß als außerordentliche Belohnung unter
jene Kommissarien vertheilt werde! Herrn von Schöll's
Gönnerschaft, oder, wie Viele glauben, Mitvortheil, wirkt
hier. — Die Ultra's schildern den Kanzler fortwährend
als eigentliches Haupt der Revolutionaire; der König aber
sagt von ihm, er sei doch ein edler Mann; diese Bezeichnung
„edler Mann" hat dadurch eine Art von Geltung für den

Kanzler bekommen, einige Hofleute und Herr General von Witzleben haben es nachgesprochen; im Ganzen glaubt man doch, daß der Kanzler dem Hasse der Ultra's, zu welchen die Hofleute und Militairs doch auch am liebsten gehören, schwer widerstehen werde.

Den 8. Februar 1821.

Es heißt, Herr von Ancillon werde den König nach Laibach begleiten, und Herr von Jordan von Dresden hieher kommen, um in der Zwischenzeit das auswärtige Departement zu versehen. — Unsere Oppositionsmänner sprechen sehr ungünstig jetzt vom Kronprinzen, als einem Aristokratenfreunde und Verfassungsfeinde; früher lobten sie ihn allgemein, weil er dem Kanzler entgegen trat. — Herr von Mühlenfels ist wieder strenger in seinem Verhafte gehalten, und niemand darf ihn besuchen; gestern noch war es erlaubt. Dieses Schwanken, und die ganze Verfahrungsart unserer Polizei (da z. B. Herr Dr. Follenius häufig seiner eigenen Bewachung überlassen wird), giebt zu vielen Aeußerungen Anlaß, die für die Regierung nicht günstig sind. — Mit den Prämienloosen will es nicht recht nach Wunsch gehen; ein Artikel zu ihrem Lobe in der Allgemeinen Zeitung ist dadurch geschwächt, daß darunter steht: „eingesandt".

Den 10. Februar 1821.

In unserer Zeitung die ständischen Bürgerschritte in Sachsen berichtet! Desgleichen auch aus Weimar über die Nothwendigkeit der Oeffentlichkeit! — Der Fürst Sulkowski, erst bonapartistischer General, jetzt preußischer

Pole, sagte neulich hier: „Man glaube nur nicht, daß wir Polen so sehr eine besondere Nation und durchaus Polen sein wollen, unsere Hauptforderung ist, daß wir Europäer sein wollen; denke man nur nicht, uns Landstände zu geben und uns in Posen berathen zu lassen, damit ist uns gar nicht gedient, aber Reichsstände wollen wir, und zu denen wollen wir nach Berlin unsere Deputirte schicken, und da sollen sie reden!" — Der Kanzler ist aufgebracht auf Herrn Regierungsrath Grävell; man möchte ihm gern etwas dafür anhaben, daß er sich an den Bundestag gewendet, welcher Schritt jedoch ganz bundesmäßig ist, und ihm nicht verwehrt werden konnte. — Ein preußischer Hauptmann Stahl ist in Neapel erschienen, um für die Volkssache mitzufechten. — Herr Staatsminister von Brockhausen behauptet wiederholt, wenn der König von Neapel in Laibach widerrufe, sei er ein Meineidiger. — Ein junger Russe, Herr von Schilling, schimpft in Gesellschaft auf die Fürsten, die sich herabwürdigten zu Schlächterhunden, und nennt die Sache des Volks von Neapel die gerechte Sache. — Herr Leg. Rath Jouffroy in Paris, ohne Geschäfte, ohne Dienst bei der Gesandtschaft, wohnt im Königlichen Hotel, verzehrt seinen Gehalt (nahe an 4000 Thlr.) und erhält 2000 Thlr. geschenkt zu seiner Einrichtung. (Herrn Scholz und mir, beide Minister-Residenten, gab man mit Noth 500 Thlr. zu diesem Behufe.) — Einweihung des neuen Schauspielhauses durch einen Ball auf Subskription, wo auch der Hof erschien.

Den 11. Februar 1821.

Der König erzählte gestern auf dem Balle den französischen Gesandtschaftspersonen die erhaltene Kouriernachricht, daß ein wegen der Explosion in Paris Verhafteter, ein Mensch aus der geringen Klasse, (ein agent de change) sich den Hals abgeschnitten habe, und nach wenig Minuten verschieden sei. Große Schrecknisse über die Stimmung des unteren Volkes! — Kourier aus Laibach. — Herr von Chamisso fand den Herrn von Chateaubriand sehr unbeholfen, schwer redend, gleichsam fremd und unsicher in allem; gar nicht schöne und fließende Phrasen, übertrieben höflich, aber mehr verlegen als heiter. Auch andere Personen finden den Mann tief unter seinem Ruf, besonders ohne den lebhaften und glänzenden Geist, den man ihm zutraute. — Der Fürst Alexander von Solms=Lich konnte sich nicht entschließen, den Kanzler „Ew. Durchlaucht" Votre Altesse, zu nennen; er sagte daher schlechtweg Elle, welches der Fürst als Altesse sich auslegen, er selbst aber im Sinne von Excellence geben konnte, daher Elle a bien dormi? Elle m'a fait l'honneur etc. — Unsere Prämienloose sind wieder gefallen; man sieht die Lage der Banquiers als höchst verdrießlich an. — Wüthende Angriffe gegen die beiden Brüder Schlegel in der neuen Berliner Monatsschrift (von Dr. Förster) vom Februar. — Erhard's neue politische Schrift über Alleinherrschaft, Bürger=, Ritter= und Mönchsthum. Stellt geheime Bünde als unlegalisirte Ritterorden auf. — Merkwürdiges Zirkular Großbritanniens gegen das Zirkular der Mächte in Laibach, namentlich Oesterreichs, feierliche Protestirung gegen dessen Grundsätze und gegen deren Anwendung; ein ungemeines Aufsehen wird dadurch erregt; und es steht auch gleich ausführlich im Hamburger Korrespondenten! — Verhandlungen im englischen Parlamente; Tierney's Ausfall gegen Castlereagh.

Den 12. Februar 1821.

Heute ist Herr Dr. Follenius durch den Polizeikommissair Herrn Eckardt wieder nach der Stadtvogtei gebracht und dort in strengen Gewahrsam gesetzt worden, nachdem er gegen zehn Wochen fast auf völlig freiem Fuß gewesen und mit Jedermann verkehren gekonnt. Jetzt darf sogar sein Defensor, Herr Justizkommissair Reinhard, nicht zu ihm. Man sagt in der Stadt, er sei wahrscheinlich wieder verhaftet, weil er seine Freiheit nicht besser benutzt habe, und nicht davongelaufen sei, was man wohl am meisten wünschte. Die Ministerialkommission hatte schon seit vier Wochen auf seine Wiederverhaftung angetragen, die Kammergerichtskommission aber verweigerte es durchaus, bis nun endlich der Befehl trotz dieses Weigerns doch ergangen ist. — Herr Graf Hugo von Hatzfeldt, erzählte mir einer seiner Freunde, ist noch immer, wie sehr auch sonst freidenkender Weltmensch, doch in katholischen Kirchensachen der größte Eiferer; mit Rom in fortwährender Korrespondenz ist er von allen Kirchenangelegenheiten immer am frühsten unterrichtet und mit größtem Antheil für das römische Interesse thätig; für Rom ist er noch immer der ehemalige Koadjutor von Mainz, und wird von dorther auch unerschütterlich so betrachtet. Man will seine stete Rückkehr nach Berlin, selbst seine ansehnlichen Einkünfte, die nicht ganz aus seinen Weltverhältnissen fließen können, aus Römischen Verhältnissen erklären.

Den 14. Februar 1821.

Die Kammergerichtskommission hat schon seit 14 Tagen ihre Entlassung eingereicht, aber noch keinen Bescheid erhalten. — Der König hat befohlen die Untersuchung gegen den Ueberfahrnen Fröhlich, der an ihn geschrieben hatte, fallen zu lassen, doch soll derselbe vom Justizminister einen herben Verweis erhalten. Der Ueberfahrne, der vom König ein Geschenk erwartete, nimmt sich die Sache sehr zu Herzen, und man glaubt, er wird sterben. — Der König hat gestern den Jagor'schen Saal besehen. — Der Kanzler ist von Laibach schon abgereist, geht erst nach Venedig, und kehrt über München, wo er noch einen Kourier finden will, nach Berlin zurück; er wird gegen den 4. oder 5. März, glaubt man, hier eintreffen. — Allgemeiner Spaß in der Stadt wegen der Anrede des Kaisers Franz an die Laibacher Professoren, in der Allgemeinen Zeitung mitgetheilt. Die Leute lesen's im österreichischen Dialekt, die ganze Stadt ergötzt sich daran. — Man sagt, Preußen werde eine ähnliche Erklärung in Betreff Neapels geben, wie die englische.

Den 16. Februar 1821.

Nachricht, daß die Oesterreicher über den Po gegangen. Das Publikum rechnet es hier dem Könige hoch an, daß er an dem Laibacher Kongresse nicht in Person Antheil genommen. — Bignon's Buch über den Kongreß von Troppau wird von Herrn Geh. Leg. Rath Klüber höchlich gerühmt; man will sich bemühen, es dem Könige zum Lesen in die Hände zu bringen. — Es war von Herrn Niebuhr die Rede; „Ach, der möchte jetzt selber am liebsten die Schmalzische Schrift, gegen die er ehemals aufgetreten ist, schreiben!" — Die sächsischen Regungen wegen Verbesserung der Landtagseinrichtungen, das Verlangen nach Oeffentlichkeit u. s. w. macht hier einen besondern

Eindruck; es giebt viele Leute, die dabei nicht gleichgültige Betrachtungen anstellen. — Ein einseitiges Gerücht verbreitete auf einen Augenblick die Nachricht, den Kanzler habe ein Schlagfluß betroffen. — Herr von Humboldt zeigt sich nun öfter in den höchsten Kreisen; „er spielt den Ultra", heißt es, „er spielt ihn nnr", meint Herr von Brockhausen, er täusche niemanden, übrigens vergebe er seiner Würde, daß er sich wieder so anbiedere, er hätte sich sollen suchen lassen. — Die Prämienloose sind im Parthiepreise zu 95 Proc. zu haben. Herr Prof. Benzenberg sagt, unser konstitutionelles Element sei jetzt ganz in Rother, d. h. in der Staatsschuld.

Den 18. Februar 1821.

Der Kanzler kommt, wie es jetzt heißt, nach seinen eigenen Nachrichten wohl erst zu Ende des künftigen Monats zurück. Daß die Berliner laut ihre Freude über das Nichtgehen des Königs nach Laibach geäußert haben, hat Herr Polizeipräsident Lecoq dem Könige selber gemeldet. Aus zuverlässigen Quellen ergiebt sich jedoch ziemlich sicher, daß der König nur aus Gründen, die in seiner Persönlichkeit liegen, nicht aus politischen, die Reise unterlassen hat. — In Oken's Isis steht eine sehr lobpreisende Rezension von Herrn Ancillon's Schrift über Staatswissenschaft, und wird derselbe als Liberaler und als Verfechter des repräsentativen Systems dargethan; Verfasser ist Herr Prof. Benzenberg, der dadurch einen neuen Schlag gethan hat, und überhaupt in dieser schweren Zeit recht wacker und eingreifend die konstitutionelle Sache verficht. — Fortgang der würtembergischen Stände; gute Aussichten in Baiern. — Ueber die Oesterreicher in Italien weiß man

noch nichts ganz Zuverlässiges, nur ist unbezweifelt, daß
sie über den Po gegangen sind. — Wegen der Pulver=
explosion in Paris werden, nach Privatbriefen, Marquis
und Marquisinnen verhaftet; den Selbstmord des verhaf=
teten Neveu vergleicht man mit Pichegru's zweideutiger
Entleibung.

Den 20. Februar 1821.

Kriegserklärung Oesterreichs gegen Neapel; seltsame
Hinweisung auf russischen Beistand, wenn die eigenen
Truppen geschlagen würden! — Die Schrift Anti=Benzen=
berg soll zuverlässig von dem hier lebenden Stadtrath
Poselger aus Elbing verfaßt sein. — Frau Ministerin
von Schuckmann sagte dem Amerikaner Bancroft, der da
meinte, vieles Goethische sei schon in's Englische übersetzt,
man sollte es nun doch auch im Amerikanischen versuchen
für seine Landsleute; er erwiederte nur, die Sprache der
letztern und der Engländer habe sehr große Aehnlichkeit!

Den 22. Februar 1821.

Das österreichische Manifest in unsern Blättern; man=
nigfache Urtheile; man findet es matt und falsch; Viele
äußern unverhohlen ihre Verachtung, und meinen, es sei
nur Lug und Trug. Der spanische Geschäftsträger Herr
Zamorano spricht heftig dagegen. Die Meisten lachen, und
meinen, als Preußen noch über die Oesterreicher lachen zu
können. — Neckarzeitung keck. — Der Kampf der Minister
in England dauert fort.

Den 23. Februar 1821.

Nachricht durch einen Kourier, daß die Neapolitaner mit Heeresmacht in's Römische eingebrochen sind, und den Oesterreichern entgegenziehen. Ein Theil der Leute ist über diese Nachricht sehr betreten, da das österreichische Manifest kaum Widerstand möglich glauben wollte; ein anderer Theil äußert laut seine Freude. Es giebt preußische Offiziere, die sich ungeheure Dinge zu sagen erlauben, selbst auf dem Casino; sie wünschen den Oesterreichern alles Unheil, denn sie verdienten es nicht weniger, als wir im Revolutionskriege in der Champagne, wo wir uns auch einem freien Volke als Unterdrücker ohne Fug und Recht entgegengestellt u. s. w. u. s. w.

Den 28. Februar 1821.

Der Kanzler reist auch nach Rom. — Die Nachricht von dem Ausbruche der Neapolitaner, obwohl der König sie hier mitgetheilt, will man nicht gelten lassen, und sucht sie zu schwächen. — Der Rede des Kaisers Franz an die Laibacher Professoren wird in öffentlichen Blättern die Glaubhaftigkeit abgestritten. — Heute Assemblée bei Herrn Grafen von Tauentzien. — Nachrichten aus Karlsruhe; der Preßzwang gemildert; Liebenstein Kammerherr und Geh. Referendair. — Die Nachrichten von dem Marsche der Neapolitaner scheinen allerdings bloß Nachrichten von Besorgnissen, die man dieserhalb in Rom durch Gerüchte gehabt, gewesen zu sein. — Ueber die Ehe des Priesters Koch in Wiesbaden sind die Katholiken höchst aufgebracht. — Herr Prof. Benzenberg sagt, Herr Reg. Rath Grävell bekenne sich in einem Briefe an Herrn von

Stägemann nun selbst als Verfasser des Anti=Benzenberg.

Den 2. März 1821.

Keine Nachrichten aus Italien! — Herr General Graf von Tauentzien ist wieder sehr krank geworden. Er hat bonis cedirt; man glaubt, seine Gläubiger werden noch gut davon kommen; ihm bleiben an 17,000 Thlr. jährlichen Gehalts, freie Wohnung und Holz u. s. w. — Der Kurfürst von Hessen gestorben. — Am Bundestage ist die Anhalt=Köthen'sche Klage gegen Preußen jetzt anhängig, und die Zeitungen sprechen davon. — Merkwürdige Sache des Herrn Prof. List in der würtembergischen Ständeversammlung. — Debatten in Frankreich; Fiévée's und Guizot's neue Schriften. Herr von Chateaubriand erklärt hier in Gesellschaften den Guizot für einen elenden Schriftsteller. — Herr von Ancillon meint gegen Herrn von Lagerheim, schwedischen Geschäftsträger, daß man allerdings auf ernsthaften Widerstand von Seiten der Neapolitaner zu rechnen habe. — Herr von Chateaubriand hat nach Paris geschrieben, Ultra's gebe es nur dort; hier sei alles voll Jakobiner, und dies Land für die gute Sache verloren! Die Leute nennen ihn hier „Schattenbrand".

Den 7. März 1821.

Von glaubwürdigen Personen wird die Behauptung, jedoch sehr insgeheim, aufgestellt, Preußen bezahle an Oesterreich wegen des Krieges gegen Neapel Subsidien, und zwar 6 Millionen Thaler. Früher sprach man, nach Pariser Quellen, von geheimen Subsidien, die Frankreich an Oester=

reich gebe. — Die Neapolitaner sollen wirklich in den Kirchenstaat eingerückt sein. — Englisches Parlament; was wird da alles gegen die Monarchen, ihren Bund, und ihre Minister gesagt.

Den 12. März 1821.

Herr Prof. Arndt hat einen sehr eindringlichen, schönen Brief an den Kanzler geschrieben; er protestirt gegen eine Untersuchung, die vom Jahre 1809 an beginnen soll, indem er damals noch kein preußischer Unterthan gewesen. — Herrn Prof. Jahn's Sache ruht ganz. — Herr Prof. Buchholz hat in das neueste Stück seines Journals einen Aufsatz von Herrn von Kamptz aufgenommen, welches man ihm sehr übel auslegt. — Herr Prof. Dahlmann in Kiel hat der Frankfurter Gesellschaft für deutsche Quellenausgaben ihr Diplom zurückgeschickt, mit einem Briefe, von dem er Abschriften verschickt, und worin er seine Meinung über die Dinge, wie sie seit den Karlsbader Beschlüssen in Deutschland sind, frei und stark ausspricht. — Der König hat den Herrn Staatsminister von Voß zu sich rufen lassen, wie Herr von Nother meint wegen der Gemeindeordnung. — Der Kanzler reist in Italien, man sagt, er geht nach Rom; vor Mitte Aprils glaubt man ihn nicht zurück. Man schüttelt sehr die Köpfe über seine Unbekümmertheit in Betreff der häuslichen Angelegenheiten Preußens, die durch sein Ausbleiben leiden. Einige glauben, er empfange von hier Briefe, die ihn über die Dringlichkeit seines Zurückkommens absichtlich einschläfern. Die Feinde benutzen den Spielraum, den er ihnen läßt. Der Fürst von Wittgenstein war von ihm ersucht worden, dem Könige seine Absicht nach Rom zu gehen, gehörig vorzubringen.

Den 13. März 1821.

Gerede von Preußens Subsidien an Oesterreich erhält sich, und üble Eindrücke davon. — Nachrichten aus Wien; der Herr General von Bianchi hat sich in Gesellschaft stark gegen den Krieg erklärt, und wörtlich gesagt, er müsse zur Ehre seines Kaisers annehmen, daß er nichts davon verstünde, wie die Sache sei. Allgemein spricht man in Wien gegen die Einmischung in Neapels Angelegenheiten; die Gesandten der mittleren Staaten äußern sehr ihre Unzufriedenheit. Des Fürsten von Metternich alte und neue Feinde sind wach; auch gegen Herrn von Gentz bricht der Unwillen aus. In den diplomatischen Geschäften muß letzterer großen Verdruß gehabt haben, es hieß schon, er werde die Protokollführung abgeben. Auf den Kaiser von Rußland wird in Wien sehr viel geschimpft. — Herr General von Natzmer berichtet hieher, die Neapolitaner hätten sich von Turin wieder zurückgezogen. — Herr Oberst von Mirbach hat sich erschossen; ihm an der Spitze seines Bataillons soll ganz vorzüglich die Entscheidung des Siegs bei Dennewitz zu verdanken gewesen sein; er nahm das Dorf aus eignem Trieb und nach eignem Ueberblick, und behauptete sich darin, obwohl er sechs schwere Wunden dabei erhielt. Zum Dienst untauglich, wurde er mit 600 Thlr. pensionirt. Er quälte sich hin, konnte nicht auskommen, fand nirgends Hülfe, und erschoß sich zuletzt aus Mißmuth.

Den 15. März 1821.

Kabinetsordre über das Verfahren bei Staatsvergehen in den Rheinprovinzen heute in der Gesetzsammlung; man

glaubt, diese Sache werde viel übles Gerede machen, und
die Rheinleute aufbringen; man tadelt die Abfassung als
ungeschickt, und fast — bei einem Gesetze! — leidenschaft=
liche Bitterkeit aussprechend. — Man sagt, sprechen könne
der Minister von Schuckmann, oder ein Anderer, den
König jeden Tag hier, aber schreiben müsse er ihm nun
über Rom, und über Rom auch die Antwort erwarten;
zwei Personen, die nicht über fünf Minuten auseinander
wohnen! — Die Hamburger Zeitungen liefern die neapo=
litanischen Proklamationen.

Den 17. März 1821.

Herr von Voß, ältester Sohn des Ministers, sagte an
öffentlicher Wirthstafel, er behalte keinen Tresorschein über
Nacht in Händen, man könne einer solchen Regierung, wie
die jetzige, keinen Tag trauen, nichts sei sicher. — Preußens
Verfall wird beklagt, der Adel sei vernichtet, sie seien jetzt
nur eine Art Bauern oder Fabrikanten u. s. w. Heftiges
Schimpfen gegen den Kanzler. — Preußen zahlt keine
Subsidien an Oesterreich, der Kanzler ist ausgewichen,
hat das Staatsschuldengesetz vorgeschoben; es ist nun
eine künftige neapolitanische Anleihe blos zwischen Oester=
reich und Rußland garantirt zum Ersatze der Kriegs=
kosten. — Der König von Schweden mahnt den norwegi=
schen Storthing durch eine Botschaft von dem Vorhaben
ab, den Adel abzuschaffen. — Es heißt, die Oester=
reicher hätten in Italien ein nachtheiliges Gefecht ge=
habt.

Den 24. März 1821.

Die Oesterreicher haben den General Pepe geschlagen; Herr Major von Meyerink bringt als Kourier von Herrn General von Natzmer die Nachricht gestern. (Schon früher günstiger Vorgang für die Oesterreicher bei Rieti.) Zugleich ging gestern die Sage von Unruhen in Piemont, und vom Marsche russischer Truppen, doch suchte man sie zu verheimlichen. Heute durch einen Kourier an Herrn von Chateaubriand ausführliche Nachricht von Turiner Revolution; der König abgedankt, sein Nachfolger von Modena erwartet, Prinz von Carignan als Regent eingesetzt. Die Depesche sagt, die Piemonteser seien in's Mailändische eingebrochen, wo auch Unruhen sein sollten; leider stünden in Turin alle Vornehmen mit an der Spitze. Der Kaiser Alexander läßt den General Yermoloff aus Volhynien mit 85,000 Mann nach Galizien und weiter vorrücken. Französische Renten und österreichische Papiere fallen stark. Besonders erregt der Marsch der Russen Bestürzung, man fürchtet nun allgemeinen Krieg! — Brasilien, heißt es, sei nun auch erklärt dem Mutterlande beigetreten. — Die Ultra's verlieren die Tramontana; sie verzagen und sie wüthen. Sie dachten sich des österreichischen Sieges so höhnisch zu freuen, und besonders die Hofmilitairs zeigten sich in vollem Lichte. Allein heute ist die Sache anders; doch sprechen Viele noch von blutiger Rache und Zerschmetterung der Aufrührer. — Das Aergste, findet Mancher, ist der Umstand, daß die neue Revolution trotz des Laibacher Kongresses, nachdem lange davon geredet worden, und nach der Deklaration der Monarchen ausgebrochen, daß also gar kein Schrecken bewirkt worden, und selbst Vorausgesehenes nicht zu hindern gewesen! —

Viele schimpfen nun auf die Langsamkeit und Erbärmlichkeit der österreichischen Maßregeln, auf die schlechten Staatsmänner, die nichts zu machen wüßten, und die gute Sache zu Grunde gehen ließen. So schimpften gestern Liberale auf die Neapolitaner und den General Pepe, weil sie ihnen den Verdruß gemacht haben, sich schlagen zu lassen!

Herr von Jordan, heißt es, ginge nach Kassel, Herr von Delssen wieder nach Dresden, und Herr Staatsrath Ribbentrop bekäme des Letztern bisherige Stelle.

Herr Major von Meyerink erzählt, der Staatskanzler sei sehr krank in Italien.

Die Jenaer Allgemeine Litteratur-Zeitung enthält eine lobpreisende Anzeige der Haller'schen Schrift über die spanische Konstitution; die Münchner Zeitung einen scharfen Tadel der Neapolitaner und der spanischen Konstitution, das Lob der Monarchen in ihrem Benehmen gegen Neapel; die Allgemeine Zeitung hat aus Paris und Madrid fast lauter Ultra-Korrespondenzen.

Der Lärm im englischen Parlamente über die österreichische Zirkularnote gründet sich zuletzt einzig und allein auf deren Abdruck im Hamburger Korrespondenten; es hat sich ergeben, daß Graf Grote, unser Gesandter in Hamburg, die Mittheilung an den Zeitungsschreiber verschuldet hat, und ihm ist deßfalls in sehr harten Ausdrücken von hier geschrieben worden.

Den 25. März 1821.

Herr Graf von Bernstorff ist erst kürzlich von Laibach abgereist, und war nicht schon in Wien, wie die Zeitungen fälschlich gesagt. Der Kanzler ist nicht krank, auch will es Herr von Meyerink nicht gesagt haben.

Großer Eindruck der Turiner Revolution. Sie sagen, die Sache sei in Paris gemacht!

Den 26. März 1821.

Die Gemeindeordnung ist noch nicht im Staatsrath; er berathet das Provinzial-Schuldenwesen. Der Kronprinz führt, sagt man, im Staatsrath die entschiedenste Sprache, fährt die andern Mitglieder stark an, und sagte neulich in gewissem Bezug ein Wort, das mit Ludwig's des Vierzehnten berühmtem: „L'état, c'est moi!" zusammengestellt wird. — Herr Reimer rühmt den König sehr eifrig, er sei gescheut und redlich, erkenne und wolle das Rechte; so auch wolle er wahrhaft und aufrichtig eine Konstitution, und fordere wiederholt, der Kanzler solle ihm einen Entwurf, ein vollständiges Ganze, vorlegen, dieser aber zögere, weiche aus, wolle immer vorher noch Vieles berichtigen, einleiten u. s. w. Auch Andre geben blos dem Kanzler Schuld, daß das Verfassungswerk liegt. Die Ultra's und sogenannten Liberalen vereinigen sich, alles Gehässige auf den Kanzler zu werfen.

Herr Geh. Staatsrath Niebuhr hat in Rom für die in der Nähe stehenden Oesterreicher die ausgebliebenen Gelder durch Wechsel auf die hiesige Seehandlung ersetzt, und einer großen Verlegenheit dadurch abgeholfen; man glaubt, er werde sehr belobt werden. — Herr Graf von Truchseß, unser Gesandter in Turin, schrieb noch im Februar von dort hieher, in Piemont sei nichts zu besorgen, es sei keine Revolution möglich, auf dieses treue Volk sei zu rechnen u. s. w. — Man zweifelt hier, daß die Oesterreicher bei Rieti wahrhaft gesiegt; man meint, Pepe habe sich nur zurückgezogen. — Fortgesetzter Eindruck der Turiner Nachrichten. „Jede Monarchie hängt von einem Bataillon Truppen jetzt ab." „Bald wird man, wie jetzt die französische, auch die spanische Konstitution vergebens anbieten, die Völker werden eine noch schärfere verlangen." „Jetzt kommen alle gegebenen Konstitutionen zu spät, man glaubt nicht, daß guter Wille sie gebe." — Herr Graf Bernstorff übermorgen hier erwartet, bringt die Forderung mit, daß Preußen 30,000 Mann in's Feld rücken lassen möge.

Herr von Ancillon gilt als Haupt der hiesigen Konstitutionsförderer jetzt.

Herrn von Bülow's zweites Heft der Schrift gegen Benzenberg, merkwürdig wegen dessen, was er zugesteht.

Unter den verdächtigen Generalen am Rhein nennt man auch die Herren von Thilemann und After.

Den 27. März 1821.

Unsre Zeitung spricht von den Turiner Sachen nur ganz unbedeutend. Der Eindruck im Publikum ist dagegen um so gewaltiger, besonders ist das Fallen der Papiere schrecklich, auch preußische fallen; es kommen häufige Stafetten, und immer schlimmere Nachrichten für die Kourse. Man möchte sich in den höheren Kreisen die Sache um jeden Preis verhehlen und läugnen, allein die Mienen verrathen, was die Worte verheimlichen. — Gerücht, daß in Triest und in Tyrol was vorgefallen sei.

Die Gießener Studentenschlägerei ist in der Neckarzeitung auf andre Weise erzählt, als in andern Blättern; der Vorfall ist nicht gering, er reizt das Blut.

Die St. Petersburger Zeitung, le Conservateur Impartial, läugnet, daß es ein Aktenstück, wie die im Hamburger Korrespondenten mitgetheilte Deklaration von Troppau, wirklich gegeben habe; dagegen hat der österreichische Beobachter sie bereits selber als authentisch mitgetheilt!

Den 28. März 1821.

Kouriere aus Italien mit der Nachricht vom Einzug der Oesterreicher in Neapel, ohne ferneren Schwertschlag; Regierung, Volk, Heer, Parlament, alles auf Gnade oder Ungnade den Oesterreichern unterworfen; der Kommandant von Gaeta, weil er sich vertheidigen wollte, von den eignen Truppen ermordet! Gränzenlose Bestürzung unter den Liberalen, Triumph und Jubel der Gegner. Die Russen sollen nun doch nach Italien kommen, sie könnten nach Spanien bestimmt sein, heißt es. Die österreichischen Papiere steigen plötzlich wieder. — Der Fürst von Partanna ist außer sich vor Freude, selbst den Ultra's macht er es zu arg; er spricht von ein Paar hundert Köpfen, die fallen müßten, und zählt die Leute her. — Die Spanier Herr Zamorano und Herr von Liagno so aufgebracht als betroffen. — Nachrichten, daß in Triest und Mantua Unruhen ausgebrochen, und sehr bedeutende in Griechenland; die jungen Griechen hier sind plötzlich zur Abreise entschlossen.

Nachrichten, daß Ludwig der Achtzehnte dem Herzoge Decazes die Bildung eines liberalen Ministeriums aufgetragen habe, Benjamin Constant, Manuel u. s. w. aber die Ministerstellen verweigert, und der König darauf ein ganz ultraistisches Ministerium genommen habe.

Den 29. März 1821.

Die gestrigen Nachrichten über Neapel alle wieder zweifelhaft! Die Zeitungen sagen heute nichts, blos die Voßische Zeitung sagt im Allgemeinen, der Krieg sei beendigt, die Staatszeitung giebt einen österreichischen Bericht aus dem Hauptquartier Ceprano vom 17., welcher Tag gestern als der Einzugstag in Neapel genannt wurde. Daß der Regent an den König nach Florenz einen Kourier geschickt habe, wird versichert. Vom Kanzler ist ein Kourier hier aus Rom, der nichts Erhebliches enthält, nur gute Hoffnungen für Oesterreich. Der gestrige Lärm gründet sich, wie mir Herr General von Schöler sagt, blos auf Nachrichten aus Laibach, die der Fürst Wolchonsky an seine Tante (hier bei der Großfürstin) geschrieben, Hoffnungen, Vermuthungen, Voraussetzungen, vom kritiklosen vornehmen Haufen Dienstags Abends beim Fürsten von Wittgenstein als Wahrheiten aufgenommen und leidenschaftlich ausgebreitet. Der Hof selbst, sagte Herr General von Schöler, habe aus den erwähnten Nachrichten gar nichts gemacht, und sie kaum beachtet. — Aus Turin nichts Neues.

Großer Volksauflauf vorgestern hier auf dem Dönhof'schen Platze, wo am hellen Tage drei Offiziere ein anständiges Frauenzimmer insultirt haben; das Volk wollte sie steinigen, sie waren zwar betrunken, aber zum Entkommen nüchtern genug. Die Polizei forscht nach ihren Namen, wie es heißt, ohne Erfolg, obwohl im Publikum

die Sache und die Namen hinlänglich bekannt gewor=
den. Herr von M. sagte, er kenne sie alle drei, wollte
sie aber nicht nennen; Andre nannten zwei Herren
von O. Verwandte des Kommandanten der Stadt Herrn
Generals von Brauchitsch, und einen Herrn von A.
Die Bürger schimpfen wüthend über den schändlichen
Exzeß.

Morgen wird das Denkmal auf dem Templower
Berge eingeweiht; es sind Truppen in Menge dazu be=
ordert, die Potsdamer Garnison und Deputationen aller
abwesenden Regimenter. Man fragte scherzend: „Ob mor=
gen bei dieser Gelegenheit die Truppen sich für die spa=
nische Konstitution erklären würden?"

Den 31. März 1821.

Französischer Kourier bei Herrn von Chateaubriand
eingetroffen (oder nur Depeschen für ihn mit dem preußi=
schen?), in Lyon und Grenoble Unruhen ausgebrochen,
des cris séditieux, un drapeau tricolor etc., aber durch
die Truppen, qui ont fait leur devoir, wieder gedämpft,
„il paraît, schreibt Herr von Cussy, qu'on ne craint plus
rien". Nach Privatbriefen hatte Herr von Serre im
Ministerrath die Suspendirung der Charte und Errichtung
von 36 Prevotalgerichten vorgeschlagen, aber Herr von
Villele selbst nebst Herrn Corbiere unterstützten ihn nicht.
Große Bewegung unter den Menschen in Paris, man
glaubt, die Regierung werde bald ein liberales System
einschlagen müssen. Hier in Berlin wollen gewisse Leute
die französischen Unruhen fortwährend als geringfügig an=
sehen und ausgeben. Die Renten sinken. Aber keine Nach=
richt aus Neapel und Turin; nur ein Privatschreiben des

Herrn Grafen von Bernstorff verheißt die baldige Dämpfung der piemontesischen Unruhen, die nur von Wenigen bewerkstelligt worden. Man bemüht sich, den Feind zu verachten und lächerlich zu machen.

Der König hat gestern nach der Einweihung des Denkmals einen Tagesbefehl erlassen, worin er Tapferkeit und Treue des Volks und Heeres rühmend anerkennt, und beide auffordert, darin zu beharren.

Aus Herrn von Niebuhr's Wechseln auf die Seehandlung wollte man das größte Geheimniß machen, und legte den vier nothwendig darum wissenden Beamten (Herrn Geh. Rath Krull u. s. w.) das tiefste Schweigen auf, Herr von Rother läugnete die Sache dem Herrn von Stägemann; allein das Publikum ist schon ganz davon unterrichtet, und jene Maßregel vergebens.

Die Zeitungen tragen nun aus fremden Blättern die am 28. hier im Umlaufe gewesenen Laibacher Nachrichten über Neapel nach; sie sind ganz unbeglaubigt. — Nach Zeitungsnachrichten war das österreichische Hauptquartier am 20. erst in San Germano. — Nachricht in öffentlichen Blättern, daß auch die russischen Garden von St. Petersburg aufbrechen sollen. Man glaubt an ein Vorhaben gegen Spanien, die Spanier denken schon an Zusammenziehung von Truppen bei Barcelona und Pampeluna. — Fortgang des portugiesischen Verfassungswerks; strengere Form noch als die spanische.

Den 4. April 1821.

Endlich Nachrichten aus Italien durch einen Kourier des Herrn Generals von Natzmer; die Oesterreicher nahe vor Neapel, das Parlament unterworfen ohne Amnestie, gar kein Widerstand. Die Diplomaten jubeln; gestern senkten sie noch die Häupter. — Jetzt ist auch die piemontesische Sache so gut wie auseinander, wird versichert. Die Russen sollen Gegenbefehl erhalten haben, und nicht kommen.

Herr Graf von Bernstorff vorgestern von Laibach wieder hier eingetroffen; es heißt, er ginge dorthin wieder zurück. — Herr von Gleichenstein aus Baden hier; Herr von Berstett hat seine Reisen unterlassen und ist nicht von Karlsruhe gewichen aus Furcht seine Stelle zu verlieren, selbst Herr Staatsrath Reinhard machte ihm Sorgen. Er spricht jetzt ganz liberal, gegen das Adelsedikt und die Laibacher Dinge, gegen die großen Mächte, zieht Herrn von Liebenstein an sich u. s. w. Allein im Wesentlichen ist nichts besser, und man fürchtet, Liebenstein werde am Ende der Getäuschte sein.

Den 5. April 1821.

Die gestrigen Nachrichten in der Zeitung. Allerdings scheint es mit den Neapolitanern schlecht zu stehen. — Die Spener'sche Zeitung will nicht zugeben, daß Gegenbefehl an die russischen Truppen ergangen sei. — Die Mainzer Zeitung spricht von schwarzen Brüdern, die unter den Handwerksburschen in Passau entdeckt worden. — Herr Dr. Börne in der Wage (zweiten Bandes drittem Hefte) persiflirt grausam die Mainzer Kommission. — Neue Weisung an die preußischen Zeitungsschreiber, italienische Nachrichten nur aus dem österreichischen Beobachter zu nehmen. — Der Kaiser von Rußland mißbilligt öffentlich den Aufstand der Griechen, und stößt den Fürsten Ypsilanti aus dem russischen Militairdienst. — Preußischen Offizie=

ren, die sich über das schlechte Kriegswesen der Neapolitaner lustig machten, wurde erwiedert: „Ja wohl, die Leute haben ihr Jena und Auerstädt jetzt!"

Den 8. April 1821.

Herr Graf von Truchseß erhält, auf des Kanzlers Antrag, Generalmajorskarakter.

Vermehrte Nachrichten aus Italien, die Oesterreicher wollen am 23. in Neapel einrücken, in Turin soll alles vorbei sein.

Herr General Robert Wilson, der öffentlich im Unterhause sich für einen eingeweihten Carbonaro erklärt hatte, fragt nun auch öffentlich über die Fortdauer von Napoleon's Gefangenschaft, die er für unrecht und schändlich erklärt.

Der Kanzler will noch immer am 25. April in Glinike eintreffen; es war verbreitet worden, er wolle noch bis Ende Mai's ausbleiben. Fortdauernde Verunglimpfungen gegen ihn unter den hiesigen Ultra's. Artikel in der Neckarzeitung über seinen Aufenthalt in Rom, beißend, auch durch die Angabe, er wolle den Minister von Stein dort wegen Verfassungssachen um Rath fragen. — Hier behaupten mehrere Personen, der Kanzler werde nach seiner Rückkehr ernstlicher zum Konstitutionswesen vorschreiten. Andre versichern, es sei daran nicht zu denken.

Herr von Binder flüchtet aus Turin.

Den 9. April 1821.

Die Oesterreicher sind am 24. März in Neapel eingerückt; das Parlament hat sich nicht unterworfen, sondern aufgelöst, und die letzten noch anwesenden Mitglieder erhielten Befehl sich zu entfernen. In den Unterhandlungen mit dem Könige war auf Erhaltung der Konstitution, Verlegung des Parlaments und Rückzug der Truppen in's Innere (wie in Frankreich im Jahre 1815, hinter die Loire) angetragen worden. — In Piemont hat der Prinz Carignan sich den Royalisten in Novara angeschlossen; die Junta in Alessandria aber die Freiheit Italiens und Krieg gegen Oesterreich ausgesprochen. — „On s'occupera sérieusement de l'Espagne, dont on fera tomber cette sotte constitution qui nous a déjà porté tant de malheur; il faut aller chercher le mal à sa source, pour l'éteindre. Les Libéraux français ont fait la révolution de Turin, il serait temps enfin de donner l'exemple d'une punition terrible contre ces révolutionnaires infatigables. Le Portugal fera comme Naples à la seule apparition d'un de ses princes. Les évènemens d'Italie montrent évidemment que ce ne sont que quelques militaires, étudians etc. qui veulent des révolutions, mais que les peuples sont tranquilles et plus contents qu'on ne voudrait le persuader." Worte aus dem hiesigen diplomatischen Kreise. — Man glaubt, Neapel werde in jedem Falle nicht ohne Repräsentativverfassung bleiben.

Der Kanzler war am 2. d. in Florenz.

Plänklerübung der Prinzen hier, wobei sie selbst und Generale und Offiziere als Gemeine erscheinen.

Gerücht von Generals Neipperg zu Parma geschehener Ermordung.

Den 10. April 1821.

Herr Graf von Bernstorff sagt, die Nachrichten aus Oberitalien seien leider gar nicht beruhigend, die Alliirten seien nicht stark genug, General Latour habe nur 8000 Mann zusammenbringen können, die Insurgenten hätten, nach Vereinigung der Genueser und Savoyer, 24,000 Mann; in Genua und Savoyen seien die Leute eifrig der Sache von Alessandria beigetreten.

Den 11. April 1821.

Herr Prof. Arndt's Verantwortung ist erschienen. — Wilhelm's von Schütz Buch gegen die Karlsbader Preßbeschränkung.

Der Kanzler hat von Rom her in einem Briefe geäußert, Konstitutionen seien jetzt die einzige Sicherheit der Monarchieen. — Herr von Schöll behauptet, der Herzog Decazes habe die Revolution in Piemont angestiftet, der Kanzler aber glaubt ihm nicht darin. — Hier in Berlin sind fast alle Leute höchst niedergeschlagen wegen des Unterliegens des Liberalismus; die Meisten geben alles verloren. Herr Prof. Buchholz sagt dagegen mit großer Heiterkeit, die allgemeine Bildung des Zeitalters vernichte alle noch so großen Siege der Ultra's unwiderstehlich. — Aus Holland wird geschrieben, der Graf von Nesselrode und der Marquis de la Ferronnaye seien in Paris angekommen in Aufträgen des Kaisers Alexander, der verlange, Frankreich solle sich aussprechen, und auch den Russen Durchzug nach Spanien gestatten. — Herr von Niebuhr hat schon, so heißt es, den österreichischen Orden erhalten; mit Herrn von Schöll war er in Rom in eifrigster und innigster

Freundschaft, seine hiesigen Freunde sind entrüstet über
sein Benehmen.

Den 12. April 1821.

Herr Staatsminister von Voß hat vorgestern, so wird
versichert, eine dreistündige Unterredung mit dem Könige
gehabt; auf Betrieb des Fürsten von Wittgenstein, wird
hinzugesetzt; es sei im Werke, Herrn von Voß an die
Stelle des Herrn von Klewitz in die Finanzen zu bringen,
und von da aus den Kanzler zu wippen.

Unsre Offiziere schimpfen gräßlich auf die Russen;
Viele loben sehr die Franzosen, und wünschen mit diesen
gegen jene zu stehen. Von Italien ist es hier merkwürdig
still, wie aus Schonung.

Den 14. April 1821.

Man führt an, daß der König mit niemanden, also
auch nicht mit Herrn von Voß, drei Stunden sich be-
spreche; eine Viertelstunde sei schon viel, besonders jetzt;
kein Vortrag daure je eine Stunde. — Herr Staatsminister
von Brockhausen sagt mir, um den König seien besonders
drei Personen, die Herrn von Voß in's Ministerium bringen, und den Kanzler stürzen möchten. „Wäre Voß im
Jahre 1812 oder 1813 Finanzminister geworden, so heißt
die Rede, dann hätten wir nicht die große Staatsschuld,
die uns zu Boden drückt." — Herr von Brockhausen sagt
auch, eine Konstitution möchte doch wohl nicht so entfernt
sein, der Kronprinz sei ganz dafür, so auch Ancillon und
Knesebeck, aber der König scheine nicht so entschieden damit einverstanden; „es versteht sich, daß keine Repräsen-

tation des Volks, sondern Stände, gesonderte Stände, ge=
meint sind".

Benzenberg's Schrift ist in Paris französisch erschie=
nen mit dem auffallend schreienden Titel: Du triomphe
inévitable et prochain des principes constitutionnels en
Prusse, par Mr. Koreff, Conseiller intime etc. mit Noten
von Benjamin Constant. Sie war schnell vergriffen.

Den 17. April 1821.

Herrn Geh. Raths Koreff Erklärung in den Zeitun=
gen, daß er nicht Verfasser jener Schrift sei. Zu dem
Irrthum glaubt man jedoch in ihm den ersten Anlaß vor=
aussetzen zu müssen. — Arndt's abgenöthigtes Wort ge=
lesen; es wirft starke Flecken auf die Oberbehörden, welche
die Umtriebssachen behandeln; unsre Gerichtsmänner spre=
chen mit Abscheu davon.

Keine Nachrichten aus Italien; in Turin scheinen die
Volksmänner die Oberhand zu haben; der Griechenauf=
stand scheint sehr ernsthaft und umfassend. Man sagt,
Herr Graf Zichy habe den hier studirenden Griechen, die
nach Hause reisen wollten, die Pässe durch Oesterreich
versagt.

Man sagt, Herr Geh. Rath Rother warte nur auf
des Kanzlers Rückkunft, um Herrn von Klewitz aus dem
Ministerium zu bringen; wenn er aber alsdann den Ein=
tritt des Herrn von Voß nicht verhindern könne, würde
es nur desto schlimmer sein. — Herr Graf von Bernstorff
hat dem Herrn Leg. Rath Scholz die Ausfertigung seiner
Bestimmung als Konsul nach Valencia zugesichert, mit dem
Beding, sie geheim zu halten, da man wegen Rußland
und Oesterreich Rücksichten nehmen müsse. — Ein Beam=

ter sagt heute, er habe von Vorfällen gehört, die im Königreich Preußen wegen Weigerung der neuen Steuerzahlung Statt gehabt, und es seien Dragoner beordert worden.

Den 18. April 1821.

Es wird sehr über Koreff losgezogen. „Also mit Constant, sagen sie, ist er in Verbindung? schön! da könnten wir ja auch auf einmal wissen, woher so mancher bösartige Artikel über Preußen von den Liberalen geschöpft ist!" So spricht man; die Diplomaten lassen es an Aufhebens nicht fehlen.

Herr von Chateaubriand geht nach Paris zur Taufe des Herzogs von Bordeaux, man zweifelt an seiner Wiederkunft.

Kourier vom 13. aus München vom Kanzler; Herr Geh. Rath Schaumann sagt in einer Nachschrift zu seinem Briefe an Stägemann, eben gehe aus Italien die Nachricht in München ein, daß General Bubna mit 20,000 Oesterreichern die Piemonteser, 18,000 Mann stark, gänzlich geschlagen habe, der Rest suche Alessandria zu gewinnen, einige Regimenter Piemonteser seien auf Bubna's Seite gestanden, und hätten mit gegen die andern gefochten. Herr Graf von Bernstorff aber zweifelt an der Wahrheit des ganzen Ereignisses, weil verabredet gewesen, die Ankunft der Russen für Piemont abzuwarten, weil diese mehr als die Oesterreicher — gegen welche der Haß auf's höchste gestiegen — zur ruhigen Unterwerfung des Landes geeignet seien. — Die Russen marschiren schon durch Ungarn.

Den 19. April 1821.

Die Zeitungen bringen die gestrigen piemontesischen Nachrichten als ziemlich zuverlässige. Das Interesse wendet sich jetzt besonders auf die Griechen, das Publikum ist nun einmal auf Revolution gespannt, und nachdem eine nach der andern erlöscht, hält es doch die letzte vorhandene mit Antheil fest.

Arndt's Wort zu seiner Vertheidigung ist nunmehr im Buchladen zu haben. — Heinrich Meisel's Denkwürdigkeiten über die Revolutionstage in Madrid, bei Brockhaus gedruckt; lauter Lob der neuen Sachen.

Den 20. April 1821.

Nachricht von der Einnahme Alessandria's durch die Oesterreicher.

Neue Studentenverbindung hier und in Breslau entdeckt, Namens Arminia, in die aber auch besonders die Polen eintreten!

Großer Skandal für die Pietisten hier; ihr Prediger Löffler, zu dem sich auch die Prinzessin Wilhelm hielt, und der sehr heilig that, hat seine Frau geprügelt, daß ihr Geschrei einen Auflauf vor dem Hause veranlaßte, und beide warfen sich im Streite vor allen Leuten einander die größte Sittenlosigkeit vor.

Die Prämienloose in größeren Parthieen sind nicht zu 90 Prozent zu verkaufen (zu 95 sind sie notirt), der Verlust der Unternehmer ist zum Theil scheinbar, denn viele, besonders Benecke, sind durch Gegenverpflichtungen der Regierung insgeheim gegen Schaden gesichert; daher Rother sehr betroffen ist über den schlechten Gang des

Geschäfts, dessen Nachtheil dem Staate am meisten zur Last fällt.

Herr Graf von Hardenberg und andre Vornehme sprachen über Piemont. „Ehe ich so was mit meinem Sohne erlebte", sagte jener, „wie der Graf St. Marsan mit dem seinigen, stieß ich lieber mit aller Gelassenheit ein Messer in's Herz!" Recht so, sagte ein Mann, dem man's erzählte, aber es hilft nichts, daß ein paar Adliche so reden, es kommt auf die Bürger an.

Den 22. April 1821.

Ein Bekannter hat eine neue Eingabe der Ministerial-Kommission über die demagogischen Umtriebe gesehen; sie war unterzeichnet von Wittgenstein, Kircheisen, Schuckmann, und tiefer unten Kamptz. Nachdem einiges Neuere über Mühlenfels und Follenius und über die Schwierigkeiten, die man hat, vorgebracht worden, schließt die Kommission, sie müsse auf ihren bereits gemachten Anträgen beharren, und hoffe durch das Mitgetheilte zu überzeugen, daß man den Sachen nicht eher auf den Grund kommen könne, als bis man ihre vorgeschlagenen weiteren Maßregeln gebilligt und ausgeführt. Hieraus geht hervor, daß man noch immer weiter geht. Welches aber jene Vorschläge sind, ist nicht bekannt.

Große Bestürzung in St. Petersburg bei der Kunde vom Aufbruche des russischen Heeres, und außerordentliches Sinken der Papiere.

Herr Präsident Rother sagt im Vertrauen, aber aus tiefster Ueberzeugung, einem Bekannten dieser Tage in Gesellschaft, es gebe für Preußen in Absicht der Finanzen und Steuern nur Ein Mittel: Stände! ohne diese würde Keiner, wer er auch sei, mit der Sache fertig werden.

Herrn Prof. Benzenberg's Friedrich-Wilhelmsbüchlein fängt an in's Publikum zu bringen.

Man fragt hin und wieder, ob es denn immer noch nichts werden wolle mit einer Konstitution für Preußen? Die Unterrichteten lächeln, im Bewußtsein wie weit die Absicht dazu unsern Gewaltigen entfernt sei. Und doch, meinen Andre, könne es schneller kommen, als man denke. — Man fragt, ob die Neapolitaner, die auf ihre Generale und Offiziere schießen, nicht den Preußen in Hameln 1806 etwas zu vergleichen seien? — Man spricht beinah allgemein gegen die Russen, auch in den höheren Kreisen, und vom Kaiser Alexander werden harte Ausdrücke gebraucht, selbst abseiten mancher Ultra's, denen sein Thun eigentlich gefallen müßte.

Man soll neue Umtrieber entdeckt haben, deren Zeichen F. W. R. ist, welches sie als Freiheit, Wahrheit und Recht deuten. (Friedrich Wilhelm Rex.) Es wird ein neuer Sturm gegen die Demagogen ausbrechen, heißt es allgemein.

Den 23. April 1821.

Ein hochgestellter Staatsbeamter behauptet als ganz zuverlässig, der Kanzler habe vor seiner Abreise nach Troppau dem Könige einen Aufsatz über Verfassung, auf des Königs Verlangen, eingereicht. Von dem Kronprinzen hat man sehr ungünstige Bemerkungen über die baierische Verfassung gelesen, woraus man abnehmen kann, daß er nur Provinzial- und Feudalstände billigen werde. Provinzialstände vorzüglich für den Adel bereitet, sollen wirklich im Vorschlage sein.

Der Kanzler schreibt, er habe sich seit langer Zeit nicht so wohl befunden, als in diesem Frühjahr, obwohl ihn die Leute in Berlin für todt ausgäben.

Die Meinung, daß wegen der neuen Steuern in Preußen militairisches Ansehen nöthig geworden, ist wohl aus falscher Auffassung nachstehender Thatsachen entstanden; in Löbau sollte ein katholisches Kloster aufgehoben werden, und die Einwohner verhinderten durch ihr Zusammenströmen und Lärmen den Kommissair an der amtlichen Verrichtung; es mußte eine Schwadron dahin beordert werden, und dann geschah die Sache in aller Ruhe; in Osterode dagegen strömten die Leute aus der Umgegend zusammen, und erklärten dem Amtmann, sie könnten und würden die Klassensteuer nicht bezahlen, und dabei blieb es, ohne weitere Unruhen.

Unsere Domainen, heißt es, tragen 7 Millionen, und könnten, bei besserer Verwaltung, 11 Millionen tragen.

Herr von Kampß, sagt man, ist eine Art Minister, ohne Portefeuille, aber mit größerem Gewicht, als mancher unserer Minister.

Herr Benjamin Constant hat bereits von freien Stücken im Constitutionnel, ehe er die Koreff'sche Erklärung hatte, die Möglichkeit eines Irrthums in Betreff der demselben zugeschriebenen Schrift zugegeben.

Herr von Otterstedt thut in Briefen nach Berlin sehr liberal, und möchte für den Lenker der darmstädtischen Sachen gelten, aber offiziell führt er eine ganz andere Sprache, und seufzt über die Konstitutionen.

Morgen ist abermals ein militairisches Offiziermanöver, im Grunewald, auf Veranlassung des Großfürsten Nikolaus, ein Theil zu Fuß, ein Theil zu Pferd; selbst viele der Mitspielenden zucken die Achsel und spotten über die Sache. Der Haß und Widerwille gegen die Russen giebt sich bei jeder Gelegenheit stark und unverhohlen kund.

Der Fürst Wittgenstein besucht öfters Frau von Jordan hier, man traut ihm keine unnützen Schritte zu, und fragt, was er damit meine?

In der Verordnung vom Januar 1820 über das Staatsschuldenwesen ist von Reichsständen die Rede; der König wollte, wie versichert wird, den Ausdruck nicht; allein er schien in anderer Beziehung wünschenswerth, und er blieb, gegen des Königs Willen, aus Versehen zum Druck stehen; als der Druck vollendet war, wandte man sich an den König und fragte, ob ein Umdruck gemacht werden solle? Die Sache war verdrießlich, sie war geschehen, und sie blieb, obwohl als Versehen erklärt (aber nicht öffentlich), für das Publikum als neue, höchst wichtige Verheißung stehen; mir wurde die schon bekannte Geschichte heute bestimmt versichert.*)

Ueber Arndt's Angelegenheit wird gesagt: „Man übt eine humane Quälerei, eine sanfte Inquisition, und wenn man die Menschen nicht mehr foltert, so foltert man desto schmählicher die Begriffe; die größte Unredlichkeit ist in dem Verfahren gegen Arndt aufgedeckt, die dümmste Verschmitztheit."

Den 24. April 1821.

Im Schauspiel die Quälgeister, Mad. Neumann aus Karlsruhe mit rauschendem Beifalle die Isabelle. Merk=

---

*) Spätere Anmerkung von Varnhagen. So erzählte mir sogar Stägemann, und sagte es auch so dem Kronprinzen, aber es ist ganz gewiß nicht wahr!

würdig war, besonders in einigen auffallenden Stellen und Zusätzen, die sich Herr Gern als Ortsrichter erlaubte, der starke Beifall des Publikums, das mehr noch die Anspielung als den Spaß beklatschte, wenn der Obrigkeit als einer schlechten gedacht wurde, ihre Selbstsucht und ihr Unrechthaben vorkam u. s. w. So lebhaft habe ich hier solche Beziehungen bisher nicht auffassen sehen.

Prof. Krug's Schrift über den Aufstand der Griechen, lobpreisend und ermunternd. — Herrn Geh. Raths Koreff Angelegenheit wegen der Schrift wird wohl glimpflich ablaufen.

Herr von Kamptz will verzweifeln, daß alle Entdeckungen in der Umtriebsgeschichte zu keinem großen Ergebnisse führen; dies nur erst gewonnen, so würde man, heißt es, gern für alles eine völlige Amnestie aussprechen. — Herr Dr. Bercht findet bei Kamptz und bei Schuckmann gutes Gehör in seiner Angelegenheit; beide bemühen sich, bei vorkommenden Anlässen zu zeigen, daß sie so schlimm nicht seien; Herr von Kamptz behauptete sogar, er sei ja gar nicht Jahn's Feind, er sei ihm vielmehr ganz gut, und wolle dessen Bestes.

Herr Staatsrath Scharnweber soll vor mehreren Tagen von einem Anfalle von Tollheit ergriffen worden sein. — Herr von Werther schmeichelt sich noch, er werde die Londoner Gesandtschaft erhalten. — Herrn General von Schöler, General von Rühle, Geh. Rath Wolf, Herrn von Werther, Herrn Grafen von Zichy u. v. A.

Die Nachrichten aus Frankreich durch Reisende und durch Privatbriefe lassen insgesammt eine nahe und furchtbare Erschütterung vorhersehen.

Der baierische Oberlieutenant Cella hat freisinnig über militairische Dinge geschrieben. Herrn Prof. Behr's in

Würzburg Vertheidigung des Konstitutionseides der Krieger
bei Gelegenheit einer akademischen Disputation. — Neues
Heft der Wage von Börne, starker Aufsatz über die Juden,
über Bürgerrecht und Freiheit.

Den 26. April 1821.

Herr Geh. Rath Koreff vorgestern plötzlich abgereist,
nach Pirna, das dortige Irrenhaus zu besehen, wozu er
längst Auftrag hatte; da er gerade den Augenblick vor der
Ankunft des Kanzlers zur Abreise wählte, so nennt man
es eine Flucht.

Herr Major von Martens wird nach Paris reisen.

Der König wird im Sommer die Rheinlande besuchen;
manchen Leuten hier ist das nicht lieb; „was der König
in der demokratischen Provinz wolle?" wird gefragt.

Unsere Offiziere hören nicht gern von den Militair=
spielen, die jetzt an der Tagesordnung sind.

Nachrichten in der Allgemeinen Zeitung, von wahr=
scheinlicher Besetzung Italiens auf vier Jahre durch russische
und österreichische Truppen; erstere werden im Juni in
Laibach eintreffen können.

Kabinetsordre des Königs, daß künftig der Ausdruck
„Protestanten" nicht mehr gebraucht, sondern dafür „Evan=
gelische" gesetzt werden soll. Mittheilung der Kabinets=
ordre an die Ober=Zensur=Behörde, um auch in Druck=
schriften darauf zu achten.

Der Kanzler in gutem Wohlsein eingetroffen.

Den 28. April 1821.

Der Kanzler, so heißt es, ist mehr als je oben auf;
er ist munter und stark, und bietet seinen Gegnern die

Spitze. Der König hat ihn höchst gnädig aufgenommen. Der Fürst von Wittgenstein bot sich zuerst seinem Willkomm dar, allein dieser war von Seiten des Kanzlers äußerst kalt, wie man bemerkt hat. Herr General Graf Gneisenau, der selbst, seit es in der Welt wieder Krieg giebt, etwas besser am Hofe angesehen wird, schließt sich dem Kanzler sehr an. Gestern große Tafel bei diesem; er lobte gegen Gneisenau die neueste Schrift Benzenberg's, die er in Leipzig bekommen, und unterwegs gelesen. — Herr Geh. Rath Koreff soll so gut wie exilirt sein, durch eine Art lettre de cachet des Kanzlers, daher seine schnelle Abreise, da er Ursache haben muß, solcher Weisung nicht zu widersprechen. In dem zweiten Hefte der histoire de la fille d'un roi (der Charte) wird Koreff's wiederum als eines Hauptliberalen, der den Kanzler von der ministeriellen Krankheit der amour du pouvoir absolu zu kuriren hat, gedacht, nicht zum Vortheil seiner Sache. Der Kanzler muß ihn nun von sich entfernen. — Der Kanzler ist mit seiner Gemahlin ausgesöhnt; Fräulein Hähnle wird einen Offizier heirathen.

Gerede von großen Truppenmärschen, 250,000 Russen und Oesterreicher, die sich an der französischen Gränze versammeln sollen; dann soll Frankreich mit Spanien unterhandeln, und erst, wenn diese Unterhandlung nicht gelingt, jenem Heere den Durchzug gestatten. Die Sache klingt den Meisten sehr glaubhaft.

Herr Geh. Staatsrath Niebuhr, Großkreuz des Leopoldordens, nebst Krusemark und Mocenigo.

Im hiesigen diplomatischen Kreise, namentlich von Herrn Grafen Bernstorff und mit hoher Betheurung von Herrn Grafen Caur, wird versichert, es sei kein Gedanke an Truppensendung nach Spanien; man setzt hinzu, der größte

Theil der Russen habe schon Gegenbefehl erhalten, und nur ein Korps rücke noch nach Piemont vor. — Der Kanzler hat auch eine Art Konkordat von Rom mitgebracht, man glaubt aber die Bewilligungen seien so groß, daß der König es nicht so schnell gutheißen werde.

Zustandebringung der Kriegsverfassung am Bundestage, mit großem Vortheil der Kleinen, und mit unvermutheter Verläugnung der Großen.

Strenge Maßregeln in Italien gegen Carbonari und Studenten u. s. w.

Den 1. Mai 1821.

Der Graf Meuron soll von Bern nach Turin abgehen, wo er bei dem Herzoge von Genevois akkreditirt ist; morgen wird an ihn ein Kourier deshalb gesandt. — Die widersprechendsten Gerüchte von der Bestimmung der russischen Truppen; Türkei und Spanien. — Außerordentliche Rüstungen in Oesterreich, selbst nach unsern heutigen Zeitungen. — Keckheit der Neckarzeitung in mehreren Artikeln. — Es denken viele Leute, daß auch die größten Erfolge der Verbündeten, selbst Frankreichs und Spaniens völlige Bezwingung, nichts helfen, wenn sie nicht Denkart und Meinung bezwingen; das Jahr 1816 war, wie sie wünschen konnten, und aus ihm entstanden 1817, 18, 19, 20 und 21, wie sollte aus dem zu 1816 zurückgeführten 1821 nicht wieder dieselbe Entwickelung fließen? Allein, so gut kommt es nicht einmal, nicht 17, 18 u. s. w., sondern 22, 23 u. s. w. werden erfolgen.

Herrn General von Rühle, Geh. Rath Semler, Geh. Rath Schulze, Dr. Fichte, Staatsrath Süvern, Geh. Rath Wolf, Geh. Leg. Rath Philipsborn u. s. w. gesprochen.

Die Russen schimpfen entsetzlich auf den Krieg, und wollen üble Nachrichten aus Rußland haben.

Herrn von Kleist, Herrn Geh. Rath Bitter u. s. w.

Der Zeitungsbericht einer preußischen Regierung in Westphalen enthielt kürzlich unter der Rubrik Volksstimmung die Anregung von der Nothwendigkeit einer Verfassung mit freien Grundlagen, Steuerbewilligung, Gleichheit vor dem Gesetze u. s. w. Der Kronprinz hatte, zum Umlauf bei den Ministern, eigenhändig beigeschrieben, das wären die schlechten Grundsätze von 1789, die man mit allen Mitteln der strengsten Gewalt unterdrücken und ausrotten müsse.

Den 2. Mai 1821.

Es sollen nur 25,000 Russen nach Piemont vorrücken, die übrigen gegen die türkische Gränze hin zurückkehren. Die Russen in Ungarn werden auf 85,000 Mann geschätzt, welche 33,000 Mann Nichtstreiter bei sich haben. — Die Schweden machen eine Demonstration gegen Norwegen, sie wollen einrücken und den Storthing zur Ordnung bringen. Der Kronprinz Oscar soll sehr krank sein.

Der Staatskanzler hat befohlen, daß Jeder, der ihn sprechen will, angenommen werde; man glaubt nicht, daß dies lange bestehen werde, überhaupt soll er, die nach und nach verschwindende Erregung der Reise abgerechnet, durchaus in demselben Geleise sein, wie vor seiner Abreise nach Troppau; seine Gesundheit scheint aber doch gestärkt.

Man glaubt, der Herr Graf von Bernstorff werde nächstens wieder zu einem Kongresse nach Florenz abgehen müssen.

Wann die Gemeindeordnung kommen, und die Einführung der Städteordnung in den neuen Provinzen geschehen werde, ist noch ganz unbestimmt, und wird von den Ministern selbst als sehr entfernt angesehen.

Herr Geh. Rath Grävell hat am Bundestage mit seiner Klage gegen Preußen unvermuthet guten Eingang gefunden, worüber manche Personen ganz entrüstet sind.

Die neue Oper Spontini's, Olympia, wird gegen 20,000 Thaler kosten, so klagt Graf von Brühl.

Den 3. Mai 1821.

Herr Buchhändler Brockhaus bereut Benzenberg's Friedrich-Wilhelmsbüchlein verlegt zu haben, und schreibt diesem, er wolle durch solch aristokratisch-ministeriellen Verlag nicht seinen guten Namen, sein Ansehen und seinen buchhändlerischen Gewerbsfortgang auf's Spiel setzen, sondern Benzenberg's fernere Aufsätze der Concordia zuweisen.

In Neapel scheint es für die Oesterreicher noch nicht allzu gut zu stehen. Gaeta ist, nach den Zeitungen, noch in den Händen des Generals Begani und der Carbonari.

Bauernunruhen in Mähren wegen Frohnden.

Herr Senator Smidt ist Bürgermeister in Bremen geworden.

Der König besucht fleißig die Proben der Oper Olympia. Auch Abends pflegt er wohl zwischen den Aufzügen die Bühne zu besuchen; neulich wäre, bei unvermuthetem Aufzuge des Vorhanges, der König beinahe dem Publikum sichtbar auf der Bühne geworden, und dem Emporschweben mit einem Dekorationsstücke, auf das er sich gesetzt hatte, entging er nur durch unsanftes Zugreifen des Theatermeisters. — Der Hof will sich hier auch eine Art Longchamp zum Vergnügen einrichten, und nächstens soll eine allgemeine Fahrt nach Charlottenburg, der sich jeder anschließen darf, Statt finden.

Es heißt, die Monarchen hätten von Laibach aus den Herzog von Wellington um seine Meinung wegen einer Unternehmung gegen Spanien befragen lassen, derselbe habe aber geantwortet, er rathe auf keine Weise dazu, selbst mit 200,000 Mann würde man nichts ausrichten.

Den 4. Mai 1821.

Der König hat den Herrn Minister von Schuckmann übel angelassen wegen schlechter Handhabung der Zensur, Mangel an Aufsicht u. s. w. bei Gelegenheit des „dummen Zeugs", das Benzenberg über den König habe drucken lassen.

Es ist alles voll davon, auch unter den Diplomaten, daß der Kanzler an Verfassung arbeite, und daß in ganz Kurzem, Provinzialstände fürerst, eine Konstitution erscheinen werde. Dieser Provinzialstände, heißt es, bedürfe man am meisten wegen des Ausfalls in den Abgaben und wegen der Schulden. Weder die neuen Steuern noch das Zollwesen sollen nach Erwarten einbringen, und dabei ist alles voller Klagen unter dem Landvolke.

In der Allgemeinen Zeitung ein Artikel von der Elbe über die Köthen'sche Klage, sehr bitter gegen Preußen. — In der Allgemeinen Zeitung gleichfalls ein Aufsatz von Gentz über die neapolitanischen Sachen, voll feurigen Grimmes.

Herr von Zamorano hat hier eine Note übergeben, die vorläufig sehr beruhigend beantwortet worden. — Herr

Graf Caur sagt nun, es zögen 50,000 Russen nach Italien, so wollen auch Andre wissen.

Man spottet über den Bundestag, der vor seiner letzten Vertagung wiederum zwei Monate Zeit bestimmt hat zur Einholung der fehlenden Instruktionen und der westphälischen Domainenkäufer, welche Sache nun schon viele Jahre hängt.

Der schwedische Kronprinz Oscar ist wieder außer Gefahr.

Wegen der letzten preußischen Anleihe, die in schlechten Umständen daliegt, werden allerlei Mittel ersonnen, um sie zu heben; die Verlegenheit giebt sich vielfach zu erkennen.

Den 6. Mai 1821.

Aus Neu-Hardenberg sind zwei Schreiben, an Herrn Geh. Rath Koreff und an Herrn Prof. Benzenberg, eingetroffen, die wahrscheinlich in genauem Bezuge stehen; das Schreiben an Ersteren ist ihm auf's Ungewisse nach Dresden nachgeschickt worden; das an Letztern enthielt von Herrn Geh. Rath Schöll im Namen des Kanzlers die Anfrage, ob Herr B. nähere Auskunft geben könne, wie es zugegangen sei, daß Herr Benjamin Constant die bekannte Schrift dem Geh. Rath Koreff beilege? Herr Benzenberg hat sogleich ausführlich geantwortet, wie sich die Sache verhält, daß er dem Herrn Koreff ein Exemplar zur Sendung an Constant zugestellt u. s. w. Sein Brief ist so eingerichtet, daß der Kanzler ihn dem Könige allenfalls zeigen kann. Man glaubt, der Anstoß zu dem Schritte des Kanzlers rühre höheren Ortes her.

Herr von Schuckmann hat den Zensor Lagarde, der sehr unglücklich darüber ist, deshalb abgesetzt, weil er die

Buchhändleranzeige vom Friedrich=Wilhelmsbüchlein in die Zeitung zugelassen hat; eine bestehende Vorschrift gebietet, von dem Könige in hiesigen Blättern nichts ohne höhere Genehmigung sagen zu lassen.

Der Kanzler sagte zu dem Herrn Präsidenten Rother auf dessen Frage wegen Koreff's Abreise, „er wundere sich, daß derselbe gerade in jener Zeit so schnell abgereist, und habe selber keinen Anlaß dazu gegeben".

Die Oper Olympia wegen Krankheit der Sängerin Schulz auf künftige Woche verschoben; der König, sagt man, hatte durch Kabinetsbefehl ihre Aufführung zum Donnerstag eingeschärft.

Den 8. Mai 1821.

Herr von Mühlenfels ist vorgestern aus seiner Haft entwichen. Er war lange au secret, und wollte oft verzweifeln, besonders als man ihm drei Monate hindurch keine Bücher erlaubte. Seine Freunde tadeln ihn, und meinen, er hätte es abwarten sollen; allein er hoffte wohl kein Ende der Sache zu erleben, und suchte endlich seine Freiheit. Es heißt, die Regierung wolle ihn nicht durch Steckbriefe verfolgen.

Die Königliche, nicht vorher durch den Staatsrath verhandelte, Festsetzung, daß nunmehr auch Pupillarverwaltung sich mit Staatsschuldscheinen befassen dürfe, erweckt viel Kopfschütteln, man sieht darin eine Hülfesuchung für die Schuldscheine, und gerade darum wird es nicht viel helfen.

Die Generale Grafen von Kleist und von York als Feldmarschälle in Ruhestand gesetzt.

Man schimpft gar arg gegen Benzenberg's letzte Schrift,

die Hofparthei möchte ihm das größte Verbrechen daraus machen, im diplomatischen Kreise wird alles gehörigst durchgesprochen.

Es weiß hier niemand zu sagen, was der König von Würtemberg in Weimar gewollt; man liebt seine Thätigkeit in gewissen Kreisen aber unbesehens durchaus nicht.

Oesterreichischer Beobachter zieht fürchterlich gegen die Liberalen los, bei Anlaß Constant's und Koreff's; erklärt Ersteren für einen Lügner u. s. w. Die Sache selbst werde sich noch aufklären.

Regung des Städtegemeindewesens, in einer Druckschrift Herrn Neigenfind's an die Stadtverordneten zu Schmiedeberg über ihre Kämmereisachen.

Mühlenfels hat einen Brief hinterlassen, worin er verspricht, sich jedem ordentlichen Gerichtshofe sogleich wieder zu stellen; nur der inquisitorischen und ungesetzlichen Gewalt des Herrn von Kamptz habe er nicht länger ausgesetzt sein wollen.

Den 10. Mai 1821.

Benzenberg's Brief im Journal des Debats vom 27. April, worin er gegen die Liberalen loszieht. „Wenn diese ihm so schlecht dünken", fragt man, „wie so huldigt er ihnen durch Zusendung seiner Schrift?" Die Aristokraten hingegen loben ihn hier schon in etwas, weil er sich auf die gute Seite wende.

Der Herzog von Anhalt-Köthen hat sich mit seinen Beschwerden gegen Preußen neuerdings nach Laibach gewandt. Preußen lehnt das Einschreiten des Bundestages ab, weil es keine Rechtssache, sondern nur die Ausgleichung verschiedener Interessen betreffe. Dies sagt auch Herr von

Ancillon, und fügt hinzu, der Herzog sei nichts als ein großer Schleichhändler, der selber Eigenthümer der angehaltenen Schiffe sei. Starke Aeußerungen des Konversationsblattes in dieser Sache gegen Preußen, der deutsche Bund sei eine societas leonina u. s. w.

Herr Geh. Rath Koreff gestern unerwartet wieder hier erschienen; Abends gleich öffentlich im Konzert, sehr guter Dinge.

Herr von Schuckmann hat auf Arndt's Eingabe eine Antwort an ihn ausfertigen lassen, worin er scharf bedeutet, zurechtgewiesen und herabgedrückt wird.

Der Kanzler wieder in der Stadt; man glaubt, er werde die geistlichen Angelegenheiten zum Vortrage bringen.

An Provinzialständen wird gearbeitet, das heißt in Gedanken; die Gemeindeordnung aber wird wohl noch unbestimmt verschoben bleiben, da sie, wie ein angesehenes Mitglied des Staatsraths mir sagte, „eine höchst gefährliche Sache, ein Feuerbrand zur Revolution wäre".

Gestern die Kouriernachricht eingetroffen, daß der Kaiser Alexander nun nach St. Petersburg zurückreist.

Man glaubt doch noch, daß gegen Spanien und gegen Portugal etwas versucht werden wird. Gegen letzteres Land soll England mitwirken.

Herr Sauerländer erklärt, der empörenden Verlästerungen müde, werde er die Aarauer Zeitung nunmehr aufgeben. — Es heißt, der Befehl sei gegeben, von Herrn Brockhaus' Verlag nichts mehr im Preußischen zu erlauben, wovon nicht vorher die Handschrift hier zensirt worden.

Ein Bauer, der von den Aufständen in Spanien und Italien reden hörte, meinte, „die müßten wohl noch nicht auseinandergesetzt sein", anspielend auf die hiesige Ablösung der bäuerlichen Verhältnisse.

Ein Minister sagte mir, der Kanzler werde durch das Ueberwiegen fremder Meinungen beim Könige nie gestürzt werden; denn er sei schlau genug, um früh zu merken, wenn eine Meinung anfängt Boden zu gewinnen, und sobald dies geschehe, bekenne er sich selbst zu ihr, und so sei es immer die seinige.

Koreff rühmt die Benzenberg'schen Schriften über alle Maßen, und erweckt bei Unkundigen sogar die Vermuthung, daß ihm allerdings Antheil an ihrer Abfassung gebühre.

Man erzählt, der Kanzler habe auf seiner Reise wohl die ehemaligen Minister Lucchesini und Haugwitz, aber nicht Stein gesehen, obwohl letzterer mit ihm zugleich in Rom war; aber Stein vermied den Kanzler, dem er sein Zustimmen zu den demagogischen Untersuchungen sehr zum Vorwurf rechnet, überhaupt spricht er von dieser ganzen Richtung mit großer Verachtung.

Den 11. Mai 1821.

Die Verwandten von Mühlenfels in Schweden zeigen in dortigen Zeitungen an, daß sie alle Akten über den Prozeß — sie behaupten dieselben zu haben — ihres Verwandten, der schon so lange in Berlin, ohne Recht erlangen zu können, verhaftet ist, öffentlich drucken lassen und seine Vertheidigung dadurch führen werden; die Hamburger Börsenhalle liefert den Artikel.

Es heißt, der Kanzler sei völlig ausgesöhnt mit seiner Gemahlin, aber unter der Bedingung, daß sie den Geh. Rath Koreff nicht wieder in's Haus kommen läßt. Verlobung der Mlle. Hähnle.

Herr Prediger Palmier (Freund Ancillon's) hatte das Programm zu den Prüfungen des Collège français —

enthaltend eine Lobrede auf den König und Bericht über
die Anstalt — dem Könige eingesandt, und alsbald nach
wenigen Stunden die gewöhnliche Dankantwort aus dem
Kabinet des Königs und von ihm unterzeichnet, ganz
kurz und deutsch abgefaßt, empfangen. Palmier hatte
jedoch in dem Berichte eine unzufriedene Aeußerung über
das Betragen der Schüler einiger Klassen mit abdrucken
lassen, eine Rüge, die Vielen an solchem Orte nicht ganz
passend dünkte; der König muß darauf sogleich in günstiger
Weise aufmerksam gemacht worden sein, denn kaum zwei
Stunden nach Empfang jener ersten Kabinetsordre kam
eine zweite, mit einem Privatschreiben des Herrn Geh.
Kabinetsraths Albrecht, der auf Befehl Sr. Majestät die
erste für ungültig erklärte, und die zweite ihm zustellte;
diese war französisch und von Ancillon's Hand geschrieben,
dankte für das Programm, und ließ sich dann zierlich und
ausführlich darauf ein, daß Se. Majestät mit Wohlgefallen
bemerkt hätten, wie Herr Palmier mit Strenge auf die
Disziplin der Schüler sehe, daß deren Betragen allerdings
nicht genug bewacht werden könnte, daß aus Mangel an
Schulstrenge in der Folge so viele junge Leute auch schlechte
Unterthanen würden u. s. w. mit großer Belobung und
Aufmunterung des wohlgesinnten Predigers.

Den 12. Mai 1821.

Die Zeitung zeigt an, daß Dr. Fenner hieselbst
seine angekündigten Vorlesungen über Oken's Natur=
philosophie nicht halten wird. — Die Staatszeitung ha
nun den ganzen Artikel des österreichischen Beobachters
über Benjamin Constant's triomphe inévitable et prochain etc.

Der Kanzler ist sehr mißgestimmt und verdrießlich; es scheint, er findet hier doch mehr Hindernisse, als er gedacht hatte. Der König ist noch immer höchst aufgebracht gegen Benzenberg's Schrift; auch des Letzteren Brief im Journal des Debats hat nicht Vielen gefallen, doch lobt ihn Schöll.

Herr von Niebuhr hat in Rom an des Kanzlers Tafel gesagt, wenn Decazes doch gebraten würde, so möchte er sich ein Stückchen davon ausbitten! Dies ist derselbe Niebuhr, der einmal zu Herrn Dehn voll Enthusiasmus für Stein sagte, wenn Stein ihm sage, er solle morden, so würde er ohne alles Zögern und Bedenken morden. — Herr von Stein gilt als gefährlicher Carbonaro, und die Umtriebsriecher haben ihn sehr auf dem Korne. Auch Herr von Schöll hält ihn für anrüchig.

Herr von Haller war seit langer Zeit des Fürsten Metternich Korrespondent in der Schweiz, machte ihm die Anzeige von dortigen Umtrieben, sandte ihm die Liste von Verdächtigen. Er soll das Projekt gehabt haben, die Schweiz unter einen österreichischen Erzherzog zu bringen. Das Vorort drang zur Genugthuung der verläumbeten Kantone Aargau, Chur, Waadt u. s. w., auf seine Verhaftung, da entfloh er nach Paris.

Nachrichten aus Paris; ein Bundesvertrag, zwischen Oesterreich, Rußland und Frankreich, zu Laibach geschlossen gegen Spanien, soll am 6. April zu Paris ratifizirt worden sein. Auffallend ist die Beschleunigung des deutschen Bundeskriegswesens in Frankfurt. In Spanien dagegen tritt nun auch rechte Strenge gegen die Antikonstitutionellen ein.

Herr von Savigny hängt im Staatsrathe den Mantel nach dem Winde, und stimmt im Pleno entgegengesetzt von dem, was er in den Abtheilungen gutgeheißen, bevor er gewußt, wie der Kronprinz stimmen würde. — Der Kronprinz hat im Staatsrathe darauf angetragen, das Provinzialschuldenwesen den künftigen Provinzialständen zu überlassen; man stellt sich diese als möglichst feudal vor.

Man spricht von einem occulten Kongresse der Ultra's von Europa in Paris.

Der König von Würtemberg soll bei seinem Besuche in Weimar die Absicht gehabt haben, dem Supremat der Großmächte in den Bundessachen, besonders in dem noch sehr streitigen Kriegswesen, entgegenzuwirken.

Den 14. Mai 1821.

Große Parade heute; es rückten gegen 20,000 Mann aus; die fremden Truppen bleiben im Ganzen, wie es heißt, 14 Tage hier. — Abends endlich die Oper Olympia.

Die neuen Steuern bringen für dies Jahr $3\frac{1}{2}$ Mill. Thlr. weniger, als man dachte; die Finanznoth wächst sichtbar, und man ist begierig, was geschehen wird. Man sagt, es werde daran gedacht, für 10 Millionen neues Papier zu kreiren, über die Art ist man noch nicht im Reinen. Man rechnet, daß Preußen seit 1815 gegen 100 Mill. Thlr. außerordentliche Einnahme gehabt; wo ist all das Geld hin! — „Wir kommen auf die schrecklichste Art zu Ständen, sagte jemand, im Augenblicke der völligsten Hülflosigkeit, und wo sie allein Rath zu schaffen haben." Früher sagte man immer, es ist noch nicht die Zeit dazu; ja wenn man warten will, bis gewisse Leute sagen, nun ist es Zeit, so ist es schon lange zu spät!

Den 15. Mai 1821.

Es heißt, daß eine Nationalbank, gleich der Wiener, errichtet werden soll, mit 15 Millionen Papier=Kreation. Vielfache Finanzprojekte zur Hebung der Verlegenheit, eines schlimmer und unzulänglicher als das andre.

Großer Beifall des Königs und des Hofes in der gestrigen Oper, Spontini hervorgerufen und bekränzt. Der König hat, Spontini'n danksagend und belobend, ihn eine Viertelstunde bei der Hand gehalten. Das Publikum ist nur zum Theil in dieser Richtung, der überwiegende Theil ist widerspenstig gegen den Geschmack des Königs, findet die Oper bloßen Lärm, Spontini'n ohne Verdienst, und beseufzt dessen Wirksamkeit, Ansehen und Besoldung.

Man sagt, Herr von Ladenberg werde an Herrn von Klewitzens Stelle Finanzminister werden; Herr von Jordan trachte an Herrn von Friesen's Stelle Staatssekretair zu werden.

Der Kanzler war gestern mit seiner Gemahlin und Herrn Schöll in der Oper, und im größten Staate.

Herr Graf von Meuron soll nicht bei dem Herzoge von Genevois, sondern bei dem alten Könige in Nizza akkreditirt worden sein, im Auftrag denselben zur Wieder=annahme der Krone bewegen zu helfen.

Es wird gesagt, Herr Benzenberg habe von Berlin weggewiesen werden sollen, allein man habe es nur des Aufsehens wegen nicht gethan.

Der Kanzler arbeitet viel, theilt rechts und links harte Sachen aus, und hat besonders den Herrn von Schuckmann, der einige Anordnungen aus eigenem An=sehen gemacht hatte, scharf zur Ordnung gewiesen.

Herr von Kamptz zieht stark gegen die Städteordnung

los, sie brächte eine Menge schlechte und gefährliche Leute in Ansehen, es seien jetzt viele Bürgermeister in Untersuchung. In der That fand sich vor einiger Zeit ein Bürgermeister in Meseritz Genosse einer Diebesbande. Den Bürgermeistern ist das Recht der Paßertheilung genommen.

Den 18. Mai 1821.

Der Kanzler gestern nach Neuhardenberg, um, wie er sagt, eine wichtige Arbeit dort zu machen, bei der er nicht gestört sein will, was hier der Fall wäre; Personen seiner Umgebung behaupten, diese Arbeit betreffe Verfassung, welcher Art aber und welchen weiteren Erfolges sie sein möchte, davon weiß niemand so leicht eine Vorstellung festzuhalten.

Heute ist durch die Polizei bei den Buchhändlern hier wirklich der Befehl wegen des Brockhaus'schen Verlages, daß keines seiner Bücher ohne vorherige besondre Zensur verkauft werden soll, „weil in den meisten in seinem Verlage erscheinenden Schriften eine sehr schlechte Gesinnung herrscht", angesagt worden. Die Bundesgesetzgebung über die Zensur ist dadurch, meinen Mehrere, wo nicht gebrochen, doch für unzulänglich erklärt, und in ihrer Wirkung bei Seite gesetzt.

„Herr von Jordan, sagte ein Staatsbeamter, könne nicht daran denken, Staatssekretair zu werden, ihm fehle alles dazu, und besonders das Vertrauen des Kanzlers, das er nie unbeschränkt besessen habe."

Mlle. Hähnle ist noch sehr mit Madame Schöll befreundet; sie war die Haupttriebfeder des Schöll'schen Emporkommens; Koreff führte sie beim Kanzler ein, heißt es, und lehrte sie mit Hülfe des Magnetismus dahin wirken, daß Jordan und Rother vom Kanzler, oder wenigstens aus seiner Intimität entfernt wurden, und Schöll dagegen berufen; die Fürstin war Anfangs einverstanden, und bot die Hände; als aber Schöll da war, und warm, verstand er sich mit der Hähnle, und beide bestritten nun die Fürstin und entfernten Koreff.

Herr Benzenberg ist mißmuthig über die schlechte Aufnahme seines Buchs, und den üblen Willen, der seine Absichten verkennt und entstellt. Er wird es wohl aufgeben, die undankbare Rolle, die er bisher als Schriftsteller geführt, noch länger zu führen.

Die Wiener Jahrbücher gehen ein, weil Herr von Collin von der Zensur zu viel Aergerniß erfährt, und die bisherige außerordentliche Zensur ihm nicht mehr bewilligt werden soll. — Herr Geh. Hofrath Heun hat eine Eingabe gemacht, worin er bittet, ihn entweder mit 3000 Thalern jährlich bei der Staatszeitung zu unterstützen, oder sie, um ihr mehr Absatz zu schaffen, von der Zensur zu befreien; sie hat jetzt nicht 1600 Exemplare.

Den 19. Mai 1821.

Der Verkauf des Brockhaus'schen Verlags ist den hiesigen Buchhändlern bei Verlust ihres Gewerbes verboten. — Der Staatszeitung ist schon vor einiger Zeit verboten worden, weiterhin Aufsätze von Benzenberg aufzunehmen, der Inhalt möge sein wie er wolle.

Der König will den Vertrag des Kanzlers mit dem römischen Hofe noch gar nicht genehmigen, und meint, es sei zu viel nachgegeben. Der König hat dem Herrn Minister von Altenstein befohlen, darüber sein Urtheil zu sagen; dieser befindet sich, sagt man, deshalb in äußerster Verlegenheit, weil er dem Sinne des Königs gemäß, aber auch nicht dem Kanzler entgegen sein möchte.

Der Fürst von Putbus, der übrigens nicht persönlich, sondern nur als Bild seiner Klasse dabei anzusehen ist, verkündigte hocherfreut, daß Koreff „gehaßt" sei!! Er hat nichts gegen letztern, er meint nicht besonders, aber — ab uno disce omnes.

Den 22. Mai 1821.

Großes Staunen über die Revolution in Rio de Janeiro. — Ermordung des Vinuesa in Madrid. — „Jetzt haben die Mächte in Italien gesiegt, jetzt kann man nicht sagen, daß Furcht und Schwäche sie treibe, jetzt wäre der wahre Augenblick, um Konstitution zu geben." So sprechen Vornehme und selbst Hofleute. Letztere mischen in ihre Ultraphrasen unbewußt manche konstitutionelle, ja sogar jakobinische Rede. In Beurtheilung der Fürsten ist niemand unverschämter. Bei Gelegenheit der Urtheile über den König von Spanien und den von Portugal, so wie bei Gelegenheit des Schimpfens über den Großherzog von Weimar und den König von Würtemberg kommt das merkwürdig zum Vorscheine. So stark ist die Macht des Zeitinhaltes! — Diplomaten sagten über Benzenberg's Friedrich=Wilhelms=Büchlein, es sei wohl wahr, der Verfasser habe die Absicht, den König und die Regierung zu loben, aber dagegen könne man nicht läugnen, daß er doch Konstitution wolle! Und somit bleibe er und seine Schrift zu verdammen.

Der König soll doch zuviel gefunden haben, daß das Orchester den Herrn Spontini, als er nach der Olympia herausgerufen wurde, mit einem Tusch empfangen hat;

auch im Publikum sagen viele Leute, dergleichen gebühre nur den höchsten Personen.

Der Kronprinz wird wegen seines Feuers, seiner Findigkeit und Geistesgegenwart beim letzten Manöver von seinen Umgebungen ungemein gerühmt. Es gehen allerlei Erzählungen im Schwange, man sagt, er sei recht, wie ein preußischer Prinz sein müsse u. s. w.

Herr Geh. Rath Beckedorff, während der österreichische Beobachter die Griechen als Rebellen behandelt, bezeigt den größten Antheil für ihre Sache, da es die der christlichen Religion sei, hofft auf den Beistand Alexander's für sie u. s. w. In diesem Sinne soll selbst der Großfürst Nikolaus hier sehr theilnehmend für die Griechen, und sehr bedauernd über das Schicksal der in Konstantinopel hingerichteten Bischöfe gesprochen haben. Das Wort „christliche Religion" hört man öfter, und selbst die Demagogen dürfen ihre Freude am griechischen Aufstande dahinter sichern. Viele glauben, der russische Kaiser lenke schon ein von seinen ersten Erklärungen.

In den Hofkreisen schwebt die Redensart umher, die Freiheit sei schön, aber nie dürften die Völker sie nehmen, dann folge nur Unglück, wie in Spanien u. s. w.

Herr von Segebarth pensionirt mit 8000 Rthlr. Die Postverwaltung soll Herr Nagler, zufolge alter Anwartschaft, als Präsident, als Minister aber Herr Graf von Bernstorff bekommen; große Geldvortheile bei diesem Zweige, der im Uebrigen aber etwas nach französischem Muster verändert werden soll.

Die Anhänger Löffler's sollen — die Frau sagt es in ihrem Grimme — Revolutionairs und Monarchenfeinde sein, Offiziere das Bild des Königs aus dem Porschischen Gesangbuche gerissen haben; Löffler die Charlotte Corday verflucht haben, als die Ursache der Hemmung alles Segens der französischen Revolution; überhaupt republikanische Tendenz voll terroristischen Stoffes und fanatischer Kraft.

Den 24. Mai 1821.

Es wird versichert, der König habe durch Kabinetsbefehl verboten, in die hiesigen Zeitungen tadelnde Rezensionen von Spontini's Olympia aufzunehmen. Das Publikum ist noch immer sehr getheilt über dieses Werk. — Herr Geh. Hofrath Heun, Redakteur der Staatszeitung, klagt bitter über die Anstalt der Zensur, die seinem Blatte, das ihr sonst buchstäblichen Lobpreis widmen muß, alles Aufkommen hindert.

Großes Aufsehen und sehr unangenehmes, macht es unter den hiesigen Alten und Beamten, daß die Post an den Minister des Auswärtigen kommen soll. Das Gerede ist sehr verbreitet, man nimmt die Sache höchst wichtig, als wenn von etwas Großem die Rede wäre; das Geldinteresse macht die Postsachen, wobei ungeheure Vortheile walten, hier seit langer Zeit bedeutend. Es heißt, die Absicht sei, des Herrn Grafen von Bernstorff's Vermögensumständen durch neues Einkommen etwas aufzuhelfen. Herr Geh. Leg. Rath Philipsborn soll Direktor des Postdepartements werden. Segebarth und Brese haben ihren Abschied verlangt, weil man, wie sie glauben, zu viele Schikanen gegen sie macht, und die alte Wirthschaft angreift, besonders haben Rother und Philipsborn dieses gethan. Der Fürst von Wittgenstein soll versuchen, Herrn von Segebarth noch zum Bleiben zu bewegen. Ein angesehener Staatsmann versichert, nicht Bernstorff, sondern Herr von Jordan werde das Postwesen bekommen, es sei dem Kanzler alles daran gelegen, die Korrespondenz in sichrer Hand zu seinem Gebrauche und Nutzen zu wissen, und da sei ihm niemand besser als Jordan. Ein Andrer versichert, Jordan bekomme die Post, und Nagler gehe statt seiner nach Dresden als Gesandter.

Herr Graf Bernstorff hat zu seinem Feste am Dienstage die Adlichen, Herrn Major und Leg. Rath von Kleist, Herrn Kammerherrn Schulz von Ascheraden und Herrn Leg. Rath von Bülow nicht eingeladen. Die hiesigen Adlichen klagen sehr über des Ministers Stolz und Vornehmheit, auch seine Untergebenen hält er sehr abgesondert; er soll geäußert haben, seine Vorgänger hätten sich nicht hoch genug gehalten und dadurch viel versehen.

Seit den letzten Nachrichten aus St. Petersburg bemerkt man über die griechischen Angelegenheiten etwas mehr griechische Aeußerungen; man glaubt, der Kaiser werde sich der Griechen nun doch annehmen.

Gaeta hält sich noch; die Sache Neapels scheint für die interessirten Theile allerlei Schwierigkeiten zu bieten.

„Sagen Sie mir nur nichts von Ständen, das ist blos lächerlich! wir kriegen keine, und wenn erst, das würde eine schöne Art von Ständen sein!" — „Der König ist weit entfernt von Konstitution, der Kronprinz heftig dagegen, die Minister wagen kein Wort zu reden, und das Volk ist stumm." — „Jeder gute Preuße sollte, statt an Konstitution, nur einzig daran denken, die Macht des Königs und das Ansehen seiner Behörden aufrecht zu erhalten." — „Unser Ministerium, der Kanzler an der Spitze, ist revolutionair, ehe diese Kerls geworfen, der Adel und Korporationen wiederhergestellt, und neue Unterschiede im Volk festgestellt sind, können uns Stände ja

„nichts helfen." — Alle diese verschiedenen Aeußerungen angehört.

Den 27. Mai 1821.

Im Gesellschafter (von Gubitz) steht eine angefangene Rezension der Oper Olympia, die sichtbar zum Tadel einlenkt; da, wo dieser entschiedener ausgesprochen sein mußte, finden sich aber Zensurlücken durch Striche bezeichnet, und am Schlusse wird bemerkt, die Fortsetzung des Aufsatzes bleibe, aus Gründen, noch aufgeschoben. Es scheint also bestätigt, was man von einem Verbote des Tadels der Spontini'schen Oper gesagt.

Herr von Maltitz als russischer Legationssekretair nach Nordamerika versetzt. — Herr Graf Alopeus wird Berlin, seinem früheren Wunsche gemäß, verlassen, und, wie es heißt, nach dem Haag gehen. — Herr Pinheiro Ferreira in Brasilien Minister der auswärtigen Angelegenheiten! — Marquis Marialva feierte in Paris glänzend das Fest seines Königs; durch die kurz vorher einlaufenden Nachrichten aus Brasilien bekam es den Schein, als feire er das Fest der Konstitution. — Herr Graf von Bernstorff versichert, es sei nicht wahr, daß ihm die Post zugetheilt werden solle. — Herr Geh. Rath Krull nach Hamburg abgereist; man versichert angelegentlichst, es sei nicht in Geschäften, wie man, in Gemäßheit früherer Geldanschaffungen glauben könnte. — Das Postpersonal ist in großer Gährung, sie setzen alles in Bewegung, um etwanige Neuerungen zu tadeln, das Bestehende zu preisen. Klöster, Stifter, Pfründen! Ein Hochverräther, wer Sinekuren angreift. — „In den Gentzischen Laibacher Schriften (Deklaration und Zirkulare) ist eine große Nachgiebigkeit gegen den Zeitgeist, wie man sie schon nicht mehr gewohnt war, es sind merkwürdige Zugeständnisse darin trotz alles Schimpfens." — Nachrichten, durch Gneisenau und Müffling erzählt, daß in Konstantinopel fast das ganze diplomatische Korps ermordet worden.

Den 29. Mai 1821.

Den Nachrichten von Ermordung der Gesandten in Konstantinopel wird widersprochen; Herr Graf von Zichy sagt, der neue Großvezier sei sogar wegen zu großer Strenge schon wieder abgesetzt.

Die Spener'sche Zeitung enthält heute einen feurigen Artikel über die Eröffnung des neuen Schauspielhauses und die dabei stattgehabten Vorgänge; unschuldige Augenzeugen versichern dagegen, es sei alles sehr kühl ausgefallen, und der Jubel in allem Bezuge sehr mäßig gewesen. Die Vossische Zeitung erhebt das neue Schauspielhaus in den Himmel; das Publikum nahm die gestrige dritte Vorstellung der Olympia ebenfalls sehr kühl auf, sogar die Sänger wurden wenig beklatscht.

Herr Graf von Pappenheim ist hier großentheils in Aufträgen wegen der beabsichtigten baierischen Heirath; er hat den Konsistorialrath Schmidt mitgebracht, der unsern Bischof Eylert gewinnen soll, als welcher viel Einfluß beim Könige hat. Der Kanzler wünscht sehr die Sache zu Stande zu bringen; man meint, die Prinzessin könnte ja späterhin hier in der Stille zu der evangelischen Kirche übertreten, nur nicht vor der Heirath, da die Kaiserin von Oesterreich und die Herzogin von Leuchtenberg, ihre Schwestern, so streng auf dem katholischen Glauben bestehen.

Proklamation des Generals Rossarol in Kalabrien gegen die Oesterreicher, in spanischen Zeitungen; Carbonaro ausgepeitscht in Neapel; regsam in den Abruzzo's; Italien schwierig, und keineswegs unterworfen.

Den 30. Mai 1821.

Die Regierungen von Berlin und Cleve sind aufgehoben worden, es sollen andre nachfolgen. — Ein höherer Befehl zur Abschaffung des Magnetismusverfahrens am Baquet u. s. w. soll unterwegs sein, als Folge des Wolfart'schen Aergernisses.

Des Buchhändlers Brockhaus Zirkulare an seine Kollegen wegen des ihn treffenden preußischen Verbots; er sagt darin, daß er mit Benzenberg allen Verkehr abgebrochen habe.

Herr Schleiermacher sagt über den preußischen Staat, derselbe sei auf solchem Wege, daß wenn er so weiter ginge, er nicht 10 Jahre mehr halten könne, binnen dieser Frist würde er solche Katastrophen erleiden, daß von einem preußischen Staate weiter keine Rede sein werde.

Artikel in der Allgemeinen Zeitung über die russischen Heere und ihren Stand; nach diesen, wie es scheint, amtlichen Mittheilungen, hätten noch keine Russen den österreichischen Boden betreten.

Herr Zamorano zieht sich hier ganz zurück, und besucht höchstens die Gesellschaften, wo er hingehen muß. Die Klagen über die Abnahme und Sonderung des hiesigen Gesellschaftslebens werden immer häufiger. Alles sei gleich ein Umtrieb, heißt es.

Der Kanzler feiert seinen Geburtstag ganz in der Stille zu Neuhardenberg; niemand darf ihm dorthin nachkommen, außer Graf Pappenheim; zugleich ist dort die Hochzeit der Mlle. Hähnle mit Herrn von Kimsky.

Den 1. Juni 1821.

Der Kanzler hatte wirklich den Herrn von Jordan für die Post dem Könige vorgeschlagen, dieser aber den Mann nicht gewollt. — Der Kanzler läßt nun die Sache so schweben, und Herr von Segebarth bleibt einstweilen noch; der König hatte zu ihm geschickt, ihm Früchte gesandt ꝛc. Herr von Jordan war zu keiner Zeit bei Hofe beliebt, auch Herr Ancillon ihm stets entgegen.

In St. Petersburg spricht sich die Stimmung für die Griechen sehr entschieden aus. Frau von Krüdener, die wieder dort ist, predigt den Kreuzzug gegen die Türken, und sagt, der Kaiser werde schon die Sache des Glaubens zu der seinigen machen, und Gottes Finger verehrend erkennen.

Herr Dr. und Syndikus Sieveking aus St. Petersburg auf der Durchreise nach Hamburg gestern hier angekommen.

Es wird wiederholt versichert, der Kanzler arbeite an Konstitution, aber ob er sie durchsetze, das sei eine andre Frage. — Der Kanzler äußert sich über Herrn Prof. Benzenberg so, daß man sieht, er sei ganz mit demselben zufrieden, und wünsche ihm Gefälligkeiten erzeigen zu können, er nimmt sich der Benzenberg'schen Sollizitation um ein Professorat in Bonn und um Anstellung bei dem Kataster lebhaft an, schiebt den zu machenden Antrag jedoch dem Herrn Minister von Altenstein zu.

Der General (jetzige Feldmarschall) Graf Kleist hat

seinen Rücktritt genommen, weil ihm der Kriegsminister Herr von Hacke zuviel zu schaffen machte.

Bemerkungen auswärtiger Diplomaten über den gänzlichen Verfall unsrer Politik, die elende und lächerliche Besetzung unsrer Posten, z. B. Goltz, Hatzfeldt, Küster, Grote, Zastrow, Otterstedt, Rambohr ꝛc. Die Unbeachtung der Posten von London, Madrid, Kopenhagen, Konstantinopel ꝛc. Es sehe aus, als ob Preußen auf alle auswärtige Politik verzichte, es sei völliger Bankrott, ein fürchterlicher Mangel an Talenten ꝛc. Dabei wird Graf Bernstorff als derjenige gerühmt, der seinerseits gern alles thäte, um diesen Jammer abzustellen.

Den 3. Juni 1821.

Großherzogliche Botschaft an die Kammer in Darmstadt, der Großherzog wünsche, sie möchten das Defizit nicht durch eine Gehalts= und Pensionssteuer (welche hohe Staats= und Hofbeamte und selbst Prinzen trifft), sondern durch eine Steuer auf Kaffee ꝛc. decken; großer Lärm hierüber, der kaum noch beigelegt worden. Hier aber schimpft man auf die unruhigen Köpfe, die wieder revolutionaire Streiche machten, anstatt daß man die heillose Unfähigkeit der darmstädtischen Minister beklagen sollte, die noch nicht die einfachsten Sachen des konstitutionellen Verfahrens kennen.

Fortgang der Griechen in Thessalien und Morea. — Aus Norddeutschland kein Manuskript, Schrift des Herrn von Heß, wie es heißt, gegen das Manuskript aus Süddeutschland; harte Vorwürfe darin gegen Preußen wegen Verzögerung der Konstitution, die Geduld habe ihre Gränzen u. dgl. m. — Wilhelm Meister's Wanderjahre preisen den Grundbesitz, um dann doch dem Beweglichen den bei weitem höchsten Vorzug zu geben.

Es geht hier stark die Rede von Errichtung einer Zettelbank.

Herr Graf von Brühl und Herr Geh. Rath Schinkel den rothen Adlerorden dritter Klasse.

Der Dr. Gans, ausgezeichneter junger Rechtsgelehrter, war schon im vorigen Sommer durch des Kanzlers Verfügung zum Privatdozenten an der Universität zu Breslau bestellt, von Herrn von Altenstein aber hartnäckig abgelehnt worden, weil derselbe noch ein Jude sei. Vergebens berief sich Gans auf die Königlichen Verordnungen, vergebens befahl der Kanzler, der Minister schien in seiner Weigerung durch höheres Ansehen — des Kronprinzen und Ancillon's glaubt man — versichert zu sein, und blieb dabei. Gans erklärte nun, er werde in's Ausland gehen und die Sache drucken lassen, damit seine Glaubensgenossen nicht gleich ihm im Vertrauen auf unbeobachtete Verordnungen das Spiel der Willkür würden. Altenstein ließ ihn nun rufen, mahnte ihn ab von seinem Vorsatze, und bot ihm an ihn viele Jahre auf Königliche Kosten reisen zu lassen. Gans lehnte dies Erbieten ab, und so liegt nun die Sache bis jetzt.

Den 5. Juni 1821.

Aufsatz in der Allgemeinen Zeitung zur Vertheidigung Preußens in dem Streite mit Köthen, unendlich schwach und ungeschickt abgefaßt! Er giebt die Blößen erst recht, statt sie zu bedecken. — Herr Geh. Rath Freiherr von Lindenau trägt den Gotha-Altenburgischen Ständen seinen Vorschlag zur Einführung von Volksvertretung in einer trefflichen Rede vor, worin er dem Adel alle Vorrechte abspricht; Stände und Fürst sind schon einverstanden; er spricht von 7 Millionen konstitutioneller Deutschen, von Nation u. s. w. — Herr Hofrath Behr erklärt in öffentlichen Blättern, er habe in seinen Vorträgen die spanische Konstitution nicht angepriesen; die Neckarzeitung fragt, ob dies verboten sei?

Den 7. Juni 1821.

Bei einem Oberförster in der Gegend von Marienwerder hat man den Entwurf eines Aufrufs an das preußische Heer und Volk gefunden, worin das Beispiel der spanischen Nation angepriesen wird zur Nachahmung; der Mann soll Ausreden gebrauchen von Proben, die er gegen die Treue und Zuverlässigkeit seiner Frau und Schwiegermutter durch dies Papier habe anstellen wollen, Ausreden, die man gelten zu lassen geneigt scheint.

Herr Graf von Bernstorff sagte zu Herrn Dr. Sieveking, der Geh. Legationsrath Rist sei der beste und fähigste Diplomat, den es jetzt in Dänemark gebe, und er wundere sich, daß man ihn nicht mehr gebrauche; es wäre früherhin, meinte er, ein Leichtes gewesen, ihn eine solche Karriere machen zu lassen, daß er späterhin ohne Anstand zu den größten Gesandtschaften hätte gebraucht werden können; d. h. man ihn zu rechter Zeit in den Adelstand erheben mögen!

Herr von Kamptz hat eine Liste eingereicht von solchen Personen, die, obwohl nicht in Untersuchung gekommen, doch sehr verdächtig geworden. — Herr Reimer ist neuerdings vernommen worden; man hat ihn gefragt, was Varnhagen in einem Briefe an ihn für Männer gemeint, die er sich gefreut in Berlin wiedergesehen zu haben (vom Jahr 1817), wie so er sich mit Niebuhr duze, wie so er mit Gneisenau's Pferden gefahren u. s. w. — Herr Geh. Rath Greuhm der Aeltere fragte scherzhaft, ob neulich in der großen Gesellschaft bei Herrn von Weyher, dem Chef der Demagogen, lauter solche Leute gewesen, und ob alle beisammen?

Der Kanzler wünscht Herrn von Jordan hieher zu bringen; hat mit Herrn von Schöll, der übrigens sein Leben redigirt, schon nicht mehr das vorige gute Vernehmen; ist auf Herrn Koreff, der ihm trotzend und prahlend sentimental geschrieben, sehr aufgebracht. — Herr Graf von Bernstorff hat, so wird gesagt, ein paarmal dem Könige unangenehme Divergenzen gezeigt, und soll weniger gut stehen. Ich glaube die Sache aber nicht recht.

Den 8. Juni 1821.

Die neue Bank, deren Einrichtung schon im Publikum mannigfach besprochen wird, soll ganz in Kurzem hervortreten. Das Vertrauen dazu ist bis jetzt sehr gering.

Es ist die Rede von Niedersetzung einer Kommission, die eine Untersuchung der ganzen Staatsverwaltung, nicht blos in Bezug auf Sparsamkeit, sondern besonders auch in Bezug auf Zweckmäßigkeit, beginnen soll. Man sagt sehr gut, diese Kommissarien, die in so manches Wespennest greifen sollen, müßten, um alles wagen zu dürfen, schon vorher Dotationen erhalten, denn wer könne und wer dürfe es wagen, die Blößen so vieler hundert Behörden, der Minister, und vor allen des Kanzlers selbst, aufzudecken?

Gerücht von Ermordung des Gesandten Barons Stroganoff in Konstantinopel und der ganzen russischen Gesandtschaft.

Es heißt nun, in die Geschichte des Oberförsters bei Danzig seien, nach des Oberpräsidenten Herrn von Schön Berichten, mehr als hundert Personen verwickelt. Die Diplomaten schreiben in diesem Sinne die Sache.

Den 9. Juni 1821.

Den Nachrichten aus Konstantinopel wird widersprochen. Einige sagen, sie würden nur noch verheimlicht, aber wahr seien sie. — Mit dem Oberförster, man nennt Herrn von Hedemann, der die spanische Verfassung ausrufen lassen wollte, sollen viele Edelleute verbunden, und der Verein sogar schon mit Waffenvorräthen versehen gewesen sein.

Herr Graf von Pappenheim hatte die ihm für 750,000 Thlr. überwiesenen Güter am Rhein für 1 Mill. verkauft, die Regierung, von dem Oberbergamte aufmerksam gemacht, zog die Güter zurück, und gab dem Grafen jene Summe, verkaufte darauf die Güter selbst um 1½ Mill. Der Graf fordert nun Entschädigung für den nichtgehabten Gewinn, und zwar 350,000 Thlr. Der Kanzler will in der Sache für seinen Schwiegersohn nicht entscheiden, der König die Summe nicht sogleich zugestehen, und so kommt die Sache an das Staatsministerium, dessen Senior, Herr von Altenstein, dem Grafen verspricht, die Sache schon so vorzutragen, daß die Mehrheit dafür wäre; er selbst sei dem Kanzler in der letzten Zeit wieder große Dankbarkeit schuldig geworden, und werde daher dessen Empfehlung sorgsamst beachten. Herr Graf von Pappenheim ist wieder abgereist; er glaubt, der König habe nur aus Scheu vor dem Kronprinzen die Summe nicht gleich bewilligen wollen. Man spricht von der Sache als von einer ganz natürlichen, gegen die nichts zu sagen ist; in einer Zeit, wo die Ersparnisse mit Härte gesucht werden, und allerdings mit Ernst zu suchen wären.

Herr von Hacke soll das Kriegsministerium verlassen, wozu sein Zwist mit dem Herrn General Grafen von Kleist sehr beigetragen haben möchte. — Der Fürst Metternich soll einen anonymen Drohbrief erhalten haben, der ihm Kotzebue's Schicksal ansagt, wenn er in seinem bisherigen Gange fortschritte. — Acht Personen sollen in der Sache des Herrn von Hedemann wirklich eingezogen sein, darunter zwei Husarenoffiziere; die Absicht ging dahin, sich Danzigs zu bemächtigen, und von dort aus das Weitere zu machen. Die Verschwornen wollten erst in Stargard, nach Verführung oder Verjagung der dortigen Schwadron, die Landwehrwaffen wegnehmen, und dann auf Danzig marschiren. Der eingezogenen Personen sollen gegen zwanzig sein; die spanische Konstitution sollte ausgerufen werden; einer der Leute ist Herr von Pannwitz, Unteroffizier bei den Husaren. Sie hatten dem Volke Steuerfreiheit versprochen.

In Leipzig ist ein schwedischer Edelmann, Lilienhöft, wegen Umtrieben verhaftet worden.

Der Fürst von Hatzfeldt ist preußischerseits nach London bestimmt, um der Krönung des Königs dort beizuwohnen. — Herr Staatsrath Nagler hat nun doch das Postwesen erhalten; dies meinte gewiß Herr von Altenstein, als er von neueren Verbindlichkeiten gegen den Kanzler zu Graf Pappenheim sprach.

Den 14. Juni 1821.

Der Drohbrief, den Fürst Metternich empfangen, führte den Poststempel von Magdeburg, man forschte nach, und entdeckte vor Kurzem durch die Handschrift die Verfasser; es sind drei Personen verhaftet, worunter ein Sekretair aus Halberstadt, Namens Heiligenstedt.

Gegen den Kanzler gerichtete Bitterkeiten in der Rezension des Benzenbergischen Hardenbergbüchleins im fünften Hefte der Isis. — Heftige Bemerkungen des Herrn Prof. Lebret zu der bei Cotta gedruckten Uebersetzung des Lebens Napoleon's; man ist begierig, ob er unangefochten bleibt, da lange nichts so Wüthendes vorgekommen.

Der König von Schweden, mit dem norwegischen Storthing in Streit, will eine neue Verfassung in Norwegen einführen, und läßt diese Absicht durch seine Gesandtschaften den Mächten von Rußland, Oesterreich, Preußen, Frankreich u. s. w. eröffnen, um deren Gutachten zu vernehmen. Mehrere Schweden glauben, dieser Schritt, durch den der König sich den Mächten demüthig in seiner Schwäche zeigt und die Schweden selbst erniedrigt, könne ihm die Krone kosten, weil die Mächte ihn nicht mehr fürchten, und die Schweden sich nicht ferner durch ihn erhoben sehen. Der Herr Graf von Bernstorff hat vorgestern die Eröffnung empfangen, und sie sich schriftlich ausgebeten pour réfléchir plus mûrement bei einer Sache von solcher importance für alle Staaten; Herr von Kanzow, schwedischer Geschäftsträger, sollte sie zwar nicht schriftlich geben, that es aber doch. Kurze Zeit vorher hatte der König ganz entgegengesetzte Regungen gehabt, und sich der schwedischen Nation gegen das drohende Protektorat der großen Mächte in die Arme werfen wollen.

Der Kanzler, sagt Herr Schöll, habe die Ausfertigung der Anstellung des Herrn Legationsraths Scholz als Konsuls in Valencia schon zur Unterschrift des Königs vorgelegt; Tags vorher aber seien die Nachrichten von der spanischen Konstitution in Westpreußen hier angelangt, und da habe der König nichts davon hören wollen, daß einer seiner Unterthanen nach Spanien begehre. — Herr von Altenstein hat gestern an des Kanzlers Tafel laut gegen die neue Verfassung Neapels gesprochen, wo die Volksvertreter nicht durch freie Wahl des Volkes hervorgingen. Der Kanzler nahm die ihm von Anwesenden entgegengebrachten Worte und Wünsche und Rühmungen von liberalen Grundsätzen u. s. w., auf denen der preußische Staat ruhe u. s. w. mit gnädigem Wohlgefallen an. — Der Großfürst Nikolaus war es, der, wie in der Förster'schen Berliner Monatsschrift angedeutet worden, vor seiner Abreise hier auf das Wohl der griechischen Sache getrunken hatte. Dasselbe hatte der russische General Fürst Labanoff gethan. Die Oesterreicher sprechen von den Griechen nur als von Rebellen.

Den 15. Juni 1821.

Herr von Schön hatte die westpreußische Verschwörung zuerst sehr leicht genommen; sein Bericht an Herrn Geh. Kabinetsrath Albrecht schien jedoch den König, wie der Kanzler meint, zu beruhigen, und es wurden genauere Untersuchungen anbefohlen. Man beobachtete bei dem Oberförster von Hedemann mehrere Zusammenkünfte, und überfiel Nachts jeden der Bemerkten einzeln in seiner Wohnung, wo sich denn viele Aufruhrzettel fanden, gar nicht ungeschickt abgefaßt. — Der König hatte, auf Bitte des Prinzen

Wilhelm, dessen Adjutanten, Herrn Oberstlieutenant von Hedemann, ein Husarenregiment in Schlesien geben wollen; Herr General von Witzleben legte die Ausfertigung dem Könige zur Unterschrift vor, der König aber riß das Blatt mitten durch.

Der Kanzler soll sehr mißvergnügt sein, daß ihm nicht gelungen ist, Herrn von Jordan das Postwesen zu geben; Herr Nagler, Postpräsident, ist sehr unzufrieden, daß ihm die Stelle des Herrn von Segebarth so sehr verringert zu Theil geworden; auch fürchtet er aus dem Bureau des Kanzlers viel unangenehme Verhältnisse. — Herr Graf von Goltz ist als Bundesgesandter endlich wieder bestätigt worden, nachdem die Abberufung mehr als zwei Jahre über ihn verhängt gewesen. — Herr Hofrath Cottel heirathet Mlle. Grünewald, Modehändlerin und Geliebte des Herrn Grafen Alopeus; Herr Graf von Bernstorff sagte dem Kanzler, er könne demselben nun nichts mehr anvertrauen, keine Depeschen u. s. w. und derselbe müsse aus dem Departement scheiden. Der Kanzler hat den Hofrath Cottel darauf als Expedienten zu Herrn Schöll gegeben, wo er, meint man, vielleicht noch wichtigere Sachen zu sehen bekommt. — Herr Fauche-Borel ist Generalkonsul in der Schweiz mit 3000 Thlr. Gehalt geworden, worüber Graf Bernstorff sehr unzufrieden und ärgerlich ist. — Der König soll in Betreff der Konstitutionssache geäußert haben, er sei über 50 Jahre alt und würde schon noch zurecht kommen, die Sache gehe weniger ihn an, als den Kronprinzen, und der habe dabei zu reden. Dies scheint dem Kanzler ungelegen. Die Gegner des Kanzlers regen sich überhaupt eifrigst, und suchen ihm zu schaffen zu machen. Der einzige Schauplatz des Wirkens ist jetzt der Hof, und in dessen ganzem Umkreise hat er keine Freunde. —

Der Kriegsminister, Herr von Hacke, hatte den König durch eine Kabinetsordre die Verwendung einer Summe von 500,000 Thlr. billigen lassen, die dadurch der General=kontrolle entzogen wurde; der Kanzler nahm Kunde von der Sache, überzeugte den König von dem unrichtigen Verfahren, und Herr von Hacke erhielt eine Kabinetsordre mit scharfem Verweise wegen seiner irreleitenden Darstellung der Sache. — Viele Besuche gemacht; auf dem Schlosse; bei Herrn Staatsrath Hufeland, Herrn von Canitz u. s. w. — Der Prediger Löffler ist nun wirklich vom Amte suspendirt, man glaubt wegen Schriften, durch die er Landgemeinden gegen ihre ordentlichen Prediger aufsässig gemacht, und an die sich andere Beschuldigungen knüpfen.

Den 18. Juni 1821.

Das erschienene Budget von 1821 erregt im Publikum nicht die geringste Aufmerksamkeit; man hält die Positionen insgesammt für willkürlich, imaginair oder trüglich. Selbst angesehene Beamte aus der Finanzparthie verläugnen diese Meinung nicht. „Wir haben doppelte Rechnung", heißt es, „einmal wie es wirklich ist, zweitens wie es nach dem Budget gestellt werden muß." — Der Freischütz, Oper von Maria von Weber, heute zum erstenmale hier gegeben, und mit größtem Jubel aufgenommen, der Komponist hervorgerufen, Blumen und Gedichte u. s. w. Die sichtbarste Opposition gegen Spontini und gegen die ihm gewogene Hofparthei. Das eine Gedicht sagt unter anderm, er, Weber, brauche keinen Elephanten. — Der Kaiser Alexander hat in Warschau zu einer Gräfin, ich glaube Potocka, gesagt, der Kongreß von Laibach werde der letzte in dieser Art gewesen sein, da schon hier das allgemeine

Einverständniß aller Staaten vermißt worden; es würde nun jeder Staat wieder auf das vorige System zurückkommen müssen, sein Interesse einzeln möglichst zu verfolgen. Es scheint, der Kaiser wolle die Eindrücke auslöschen, die er in Polen und Rußland über seine Rolle zu Laibach findet; sie wird ihm sehr übel genommen, man sieht ihn als von Metternich überlistet an. — Große Truppenmärsche in Rußland. Man spricht davon, daß Rußland und Oesterreich sich wegen der Türkei bereits in Spannung befinden. — Herr Graf von Goltz, preußischer Gesandter in Paris, strebt bei seiner jetzigen Anwesenheit in Berlin nach zweien Dingen, dem Botschaftertitel und einer Dotation; mit beiden soll es aber Schwierigkeiten haben. — Oesterreichische Truppen aus Neapel nach Sizilien übergeschifft, 8000 Mann. Strenge Maßregeln in Neapel. — Die Neckarzeitung meint, Oesterreich suche die protestantischen Fürsten zu überzeugen, daß alles politische Unheil seine Wurzel in der protestantischen Rebellion habe, und daß eine Rückkehr zur katholischen Kirche das einzige Gegenmittel sei. Herr von Haller spricht in seinem Zirkulare dasselbe aus. Die Sinnesart des Grafen von Bernstorff, sagt man, neige sehr dahin, und sie sei vielleicht der tiefere noch verborgene Beweggrund, der ihn auf seinen jetzigen Posten gebracht. — Die Heirath des Kronprinzen mit einer baierischen Prinzessin, die nicht evangelisch werden solle, werde ebenfalls aus solchen Gesinnungen eifrigst unterstützt u. s. w.

Den 19. Juni 1821.

Der in Leipzig verhaftete Schwede Lilienhoek, eigentlich ein Finnländer, in russischen Diensten gewesen, hat an dem Briefe Antheil, der an Metternich geschickt worden. Sie hatten ihn zur Beförderung hier an Graf Zichy gesandt, und dieser fand, als die Sache von Wien hierher gelangte, zufälligerweise das Couvert noch mit dem Stempel Magdeburg. Lilienhoek's Verhör soll viele Verhaftungen in Hannover zur Folge gehabt haben, man verschweigt aber die Namen sorgfältig. — Fürst von Wittgenstein hat vor seiner Abreise nach dem Rhein besonders die Universitäten und die katholischen Angelegenheiten sich zum Augenmerke genommen; es sollen viele pfäffische, fanatische Umtriebe in den Rheinlanden stattfinden, die der Regierung nicht gleichgültig sein können.

Den 22. Juni 1821.

Der Kanzler hat gesagt, in Hannover sei das Hauptnest der deutschen Carbonari entdeckt. — In Magdeburg sind noch viele Verhaftungen vorgefallen. — Die Verschwornen in Westpreußen werden hierher gebracht. — Die Verlagssachen von Brockhaus erlangen nach und nach den Eingangspaß der hiesigen Zensur; nur zwei Hefte der „Zeitgenossen" sind abgewiesen worden. — Unsere neueste Erklärung am Bundestage gegen dessen Einschreiten in der Köthen'schen Sache. — Die Verordnung über die Gemeinheitstheilungen wird sehr verschieden beurtheilt. — Man spricht von Wiedereinführung der ehemaligen Provinzial-Minister. — Urtheile im übrigen Deutschland über Preußen. Wir seien ganz zurück, unsere Regierung habe alle Haltung verloren, wir zeigten uns ungeschickt und albern, stolz und schwach, unsern eigenen Absichten nicht gewachsen u. s. w. Wir arbeiteten uns auf ein neues Jena und Auerstädt los, und es würde uns nicht ausbleiben u. s. w. — Die

Hedemann'sche Geschichte ärgert unsern Abel ungemein; der ganze Mythos von „Stütze des Throns" ist damit anbrüchig geworden. — Ueber die Griechen nur immer noch widersprechende, sehr ungewisse Nachrichten; der österreichische Beobachter ist gegen sie.

Den 26. Juni 1821.

Es sollen heute Nachrichten von großen Erfolgen Ypsilanti's angekommen sein. — Unser sogenanntes Budget ist fortwährend ein Gegenstand des Zweifels und Mißtrauens, ja sogar des Spottes. Das Defizit, das verstärkt wird, soll dieses Jahr, so behaupten manche, gegen 10 Millionen betragen. — Es heißt, die Engländer hätten einen Anschlag auf Alexandrien, und überhaupt auf Aegypten. — Debatten in der französischen Deputirtenkammer. — Herrn von Gagern's Rede in der Darmstädter Ständeversammlung, auch für die Sache der Griechen. — Es heißt, es werde an einem allgemeinen Uebereinkommen zu Maßregeln gegen die Revolutionaire und zu deren Auslieferung gearbeitet. — Schritte der Verbündeten in der Schweiz gegen die piemontesischen Flüchtlinge. — Unser Abel sehr bitter gegen den Kanzler gestimmt; es gehen die gehässigsten Aeußerungen um. — Unsere Offiziere voller Haß gegen Rußland. — Konstitution fangen auch die Philister schon an zu wünschen, es wird ihnen bange, und sie sehen darin einen Ableiter. Ich hörte dieser Tage mehrere Reden solcher Art. — Man spricht hier mit Abscheu und Empörung von der Art, wie Oesterreich sich in der griechischen Sache benimmt; daß die Flüchtigen, die sich vor den Türken in's Oesterreichische retten wollen, wieder zurückgetrieben werden sollen, nennt man schändlich und barbarisch. Selbst Personen, die nicht gern den Respekt vor den Regierungen vergessen, gebrauchen mit Heftigkeit jene Ausdrücke.

Den 27. Juni 1821.

Man sagt heute, die Engländer wären bereits im Zuge nach Aegypten, eine längst vorbereitete Kriegsflotte, von der es früher hieß, sie sei unter dem Vorwande eines Zuges nach dem Mittelmeer nach Portugal bestimmt, habe mit Landungstruppen jene Richtung genommen. — Herr Graf von Capodistrias soll bei dem Kaiser sehr gesunken sein; der ehemalige Machthaber Speranski den wichtigsten Einfluß erhalten haben. — Man macht die Bemerkung, daß von der Verschwörungsgeschichte in Westpreußen seit der langen Zeit noch kein öffentliches Wort erschollen ist, selbst nicht in auswärtigen Zeitungen. Ein Beweis, wie sehr der Verkehr dort stockt, und wie erfolgreich die Niederhaltung der öffentlichen Mittheilungen ist. — Herr Schulz von Ascheraden wird als Legationssekretair zu Herrn von Ramdohr nach Neapel gehen. — Die vom Kanzler in Rom getroffene Uebereinkunft mit dem päbstlichen Stuhle soll ganz liegen bleiben, heißt es, da von den nach Rom gesandten Abänderungsvorschlägen nichts zu hoffen sei; man wirft ihr vor, sie habe alles Wesentliche vergessen, die Annaten, das Pallium, die Dispensationen u. s. w. und außer der Dotation der Bisthümer würden gleich von Anfang noch Hunderttausende für jene Rubriken erfordert. Herr Geh. Rath Klüber hatte dem Kanzler über diese Sache eine Denkschrift nach Laibach schicken müssen; Herr Geh. Rath Schöll aber dieselbe keiner Berücksichtigung werth erachtet.

Den 28. Juni 1821.

Selbst die Staatszeitung enthält Nachrichten von Waffenerfolgen der Griechen. Es muß also doch, meint man, etwas daran sein. — Drei Janitscharen als Repräsentanten ihres Korps im Divan eingeführt; Beschluß des Divans, die türkischen Truppen insgesammt europäisch einzurichten. — Von dem Schweden Lilienhoek, der in Leipzig verhaftet worden, spricht nun auch die Berliner Zeitung, mit Anspielung auf den Brief an Metternich. — Der Herzog Karl von Mecklenburg steht in schlechtem Vernehmen mit dem Generaladjutanten von Witzleben; ihn heißt dieser spottweise „das Orakel". Der Herzog ist selbst bei Ultra-Offizieren wenig beliebt. — Die Korrespondenznachrichten des Dr. Pfeilschifter aus Madrid in der Allgemeinen Zeitung (mit + bezeichnet), werden ungemein gepriesen; der Mann habe richtige Ansicht und gute Denkungsart. — Von der Verschwörungsgeschichte in Westpreußen ist hier im Grunde nicht sehr die Rede; viele schweigen aus Aerger, die Meisten aus Furcht. Das freie und dreiste Sprechen verschwindet immer mehr, und Vorsicht und Stille treten an die Stelle. Die Beschränkung der Presse ist in ihren Wirkungen wohl fühlbar. — Man hat hiesiger Seits auf die Mittheilung des Königs von Schweden belobend und bestärkend geantwortet, und daß jeder Souverain daheim Herr sei u. s. w. — Herr von Jordan aus Dresden hier angekommen; man versichert, der Kanzler würde noch immer versuchen ihn hier zu behalten, und selbst für die Poststelle sei noch nicht alles aufgegeben.

Den 30. Juni 1821.

Herr von Hedemann soll bereits zum Tode verurtheilt sein, doch glaubt man, daß der König ihn vielleicht auf lebenslängliche Festungsstrafe begnadige. — Beunruhigende Nachrichten aus Spanien; die Kortes nahen sich ihrem Schlusse, und ohne außerordentliche Kortes, zu denen die jetzigen Mitglieder wieder wählbar sind, fürchten die Liberalen für die Konstitution. Eben deshalb fürchten die Royalisten gewaltsame Maßregeln, in denen das Ansehen und die Person des Königs gefährdet sein dürften. — Vor einiger Zeit haben die Adelichen der Grafschaft Mark sich versammelt, und beschlossen, einen Landtag zu halten; sich berufend auf die bei der Huldigung beschwornen Rechte, hat die aus sieben Gliedern bestehende Ritterschaft jenen Vorsatz durch ihren Direktor Herrn von Bodelschwingh-Plettenberg dem Kanzler anzeigen lassen, dieser hat zwar abgemahnt, aber man glaubt nicht, daß jene sich daran kehren werden; die Ritterschaft hat das Recht, die Städte zum Landtage zu berufen. — Man glaubt, daß im Bergischen der aus Italien zurückgekehrte Herr von Stein nebst Graf Nesselrode u. s. w. auch etwas Ständisches beginnen werden. — Manche Leute erwarten auf den 3. August eine Verordnung über Provinzialstände. Jemand sagte dagegen, er erwarte auf jenen Tag die Aufführung von Koreff's Oper Aucassie und Nicolette, (die allerdings gegeben werden soll).

Den 2. Juli 1821.

Londonderry's scharfe Aeußerungen im Parlamente gegen Laibach, bei Gelegenheit der von Stuart Wortley gemachten Motion über die Laibacher Deklaration. — Nachricht aus Kopenhagen, daß die russische Flotte von Kronstadt nach dem Mittelländischen Meere segeln soll. — Kabinetsordre des Königs aus Mainz, wegen neuer Ausputzung des Opernhauses. — Herr von Spontini nennt seine Gegner, namentlich Herrn Dr. Förster, der vom Elephanten schlecht gesprochen, unbedenklich Jakobiner. Und Manche glauben ihm. — Herrn von Schöll's Gunst beim Kanzler soll wirklich in Abnahme sein. Er stützt sich, wird versichert, hauptsächlich nur noch auf die Frau von Kimsky. Herr Staatsrath Scharnweber, der wieder hergestellt ist, möchte ihm den letzten Stoß geben, wenn sich die Gelegenheit böte. Schöll ist schlechthin Allen verhaßt, den Ultra's wie den Liberalen und den Partheilosen. — Die neue Kommission, scherzweise die Vereinfachungskommission genannt, weil sie die Staatsverwaltung vereinfachen soll, wird wechselsweise von den Ministern Altenstein und Schuckmann präsidirt werden. "Zum Anfange der Vereinfachung haben wir also Eine Behörde mehr." Die Unzufriedenen wissen überall ihren Stoff zum tadeln zu finden! — Unter den Diplomaten hier geht das Gerede, daß auch in dem Regierungsbezirk Gumbinnen gefährliche Umtriebe und Bewegungen entdeckt worden, und daß von Königsberg Truppen dahin aufgebrochen wären. Es ist wahrscheinlich nichts an der Sache, aber in die Depeschen kommt's.

Den 4. Juli 1821.

Der Kanzler soll jetzt dem Herrn Grafen Bernstorff beigetreten sein, daß Herr von Werther als Gesandter nach London gehe, Herr General von Clausewitz aber beseitigt werden soll. — Der Kanzler geht morgen in Begleitung der Schöll'schen und Kinsky'schen Familie auf zehn Tage nach Muskau, zu dem Grafen Pückler, seinem Schwiegersohne. — In Paris große Spannung wegen des Ministeriums. Der englische Gesandte spricht sehr freisinnig. — Ein Spottbrief über Bonaparte's Wünsche in Betreff seiner Umgebung, einzig auf jetzt geltende Namen, z. B. Pasquier, Latour-Maubourg u. s. w. gemünzt, ist aus der Hamburger in die Berliner Zeitung sans façon übergegangen, und die Zensur hat diese Satyre nicht abgewehrt! — Die russische Gesandtschaft hier ist es, die Nachrichten von einer in Ostpreußen ausgebrochenen Revolte haben will. — Heinrich Keßler in Stuttgart kündigt eine neue Zeitschrift „das Leben" an. — Auch Herr von Jordan zielte auf den Londoner Gesandtschaftsposten. Er ist aber dem Grafen Bernstorff höchst zuwider, auch dem Hofe überhaupt nicht angenehm.

Den 6. Juli 1821.

Der Kronprinz sprach mit dem Herrn Grafen Bethusy über die Revolutionen, und fragte ihn um seine Meinung. Der Graf sagte, in Preußen habe die Regierung von dem Volke, das lauter Treue und Anhänglichkeit sei, nichts zu fürchten; gefährlich seien nur die Demagogen, und die müsse man scharf verfolgen; ihr Hauptsitz sei leider in den Ministerien, nicht die Herren Minister — Gott bewahre! — aber alle ihre Räthe seien solche! — Der König hat den Theil des Konkordats, der die bischöflichen Sprengel betrifft, genehmigt, heißt es, und unter andern den Domdechanten Grafen von Spiegel zum Erzbischofe ernannt. — Herr von Fauche-Borel ist auch Legationsrath geworden. — Ein hiesiger Ultra tadelt sehr, daß der König die Dotationen der Generale nicht als Majorate gegeben, nur so könne der König würdigerweise schenken, nur so dürfe er es. Zugleich spricht er gegen die Aufhebung der kurmärkischen Landschaft, der märkische Adel sei älter als das Königliche Haus. — Die russische Flotte von Kronstadt nimmt auch Landtruppen ein. — Herr Präsident von Trütschler soll zur Untersuchung nach Marienwerder abgehen. Herr von Hedemann bezeigt die hartnäckigsten Gesinnungen, und ist trotzig und stolz auf seine Unternehmung, die er nicht ferner verläugnet. „Der König, soll er gesagt haben, möge es wissen, was wir gewollt, und was Andere nach uns mit glücklicherem Erfolge versuchen werden." — Der König ist am Abende vor der Abreise von Potsdam sehr ungehalten gewesen über die militairischen Sänger, durch deren unvermuthetes Gesanganheben ihn der Oberst von Röber angenehm hatte überraschen wollen. In dem Liede soll das Lob des Königs mit dem des treuen Volks vereint erklungen haben; beim Herrn Grafen von Tauenzien wurde erzählt, gerade über diese Stelle sei der König aufgebracht gewesen, und habe gerufen: „Schönes treues Volk! Verschwörung machen." — Herr von Ompteda versichert, schon im vorigen Sommer habe der König in Schlesien zu Jemanden gesagt, mit den demagogischen Umtrieben sei es nicht weit her; das Schlimmste sei, daß er sich nicht auf seine eigenen Räthe verlassen könne. — Die angebliche Geschichte von Gumbinnen soll blos eine Verwechselung mit Marienwerder sein, wie bei den Diplomaten so leicht geschieht.

Den 10. Juli 1821.

Gerücht, daß in Crossen unruhige Vorgänge stattgehabt. — Der Magistrat in Weißenfels macht im Wochenblatte bekannt, daß er zwar zu den Bürgern von selbst das Vertrauen hege, daß es von ihnen keiner gewesen sein könne, der die Ehrerbietung vor des Königs Majestät so weit aus den Augen gesetzt, um den Hut auf dem Kopfe behalten zu haben ꝛc., daß aber bei der Wiederdurchreise des Königs um so mehr ꝛc. Nach Privatbriefen soll der König über die Ungeschliffenheit der Weißenfelser seinen Unwillen stark ausgelassen haben. — Man versichert im diplomatischen Kreise, der russische Kaiser werde in Kurzem den Krieg gegen die Türken beginnen müssen; Herr Graf von Bernstorff will Nachrichten haben, daß die Stimmung in Rußland sich so mächtig für die Griechen erkläre, um schwerlich eine andere Wahl zu gestatten. Der Bericht des Gesandten Baron Stroganoff deutet auch ziemlich dahin, daß Beleidigungen durch die Waffen zu rächen sind ꝛc. — Betrachtungen über die unerwartete Nachgiebigkeit der englischen Minister in Betreff der Ackerpferde-Taxe. — Herrn von Vaublanc's Bericht über das Zensurgesetz und heftiger Angriff gegen die Minister; man zweifelt schon, daß sie sich halten werden. Die Berliner Zeitung spricht dem französischen Ultramunde das Verwerfen dieser Zensuranstalten nach! — Die Bücher von Brockhaus, auch das Konversationsblatt, in der hiesigen Zeitung bereits frei zum Verkauf angezeigt, die Zensur hat wenig versagt. — Einige Studenten sind von hier aus zu Ypsilanti abgereist. — Man sagt hier in größter Entrüstung gegen die Oesterreicher, sie würden am Ende noch ganz türkisch, um nur dem Zeitgeiste zu entfliehen, daß sie katholisch seien, reiche nicht mehr hin.

Den 12. Juli 1821.

Nachricht, daß Napoleon gestorben! Gebildete preußische Offiziere wollen kaum hinhören, weil ihnen und der Welt nichts gleichgültiger sei, als diese Nachricht! Ein Zeichen, daß ihr Grimm wegen Jena in ihrem eigenen Bewußtsein durch Belle-Alliance noch nicht begnügt zu sein habe. — Mißliche Nachrichten für die Griechen in den meisten Blättern. — Fluchendes Schimpfen von Seiten unsrer Ultra's gegen den Kanzler, wobei auch König und Hof manchen Tadel erfahren müssen. — Das Militair ist höchst trotzig und unternehmend, meint ein Bürger, und die Autorität des Königs schützt uns Gottlob mehr gegen diese Janitscharen-Aga's, als sie den König schützen. — Der Kanzler hat dem Herrn Geh. Rath Koreff auf seinen Brief geantwortet, es sei unter seiner Würde, dergleichen zu beachten, im Uebrigen verweise er ihn auf die Subordinationsverhältnisse, die von ihm zu seinem Vorgesetzten beständen. — Die Zeitungen sprechen von einem Uebungsmanöver der russischen Flotte von Kronstadt. Man wollte hier schon Nachricht haben, sie sei durch den Sund gesegelt. (Unrichtig.)

Den 15. Juli 1821.

Schreckliche Nachrichten aus Griechenland. Es geht schlimm für die Griechen; unglückliche Gefechte! Und der österreichische Beobachter triumphirt. — Neues Heft der Wage von Börne gegen Hohenlohe und Konkordia. —

Man hofft noch auf den russischen Kaiser; selbst in Wien glaubt man, er werde seine Truppen vorrücken lassen. Herr Ancillon meint hier, die Zensur könne alles zu Gunsten der Griechen gestatten, sie habe nur Acht zu halten, daß nichts dem russischen Kaiser unangenehm sei. Gegen Herrn Grafen Zichy führt er eine andere Sprache. Die Oesterreicher sind unglaublich gehaßt im Publikum. Man sagt, bei dieser Gelegenheit könnten wir einmal ihren ekelhaften Einfluß los werden. Der Kronprinz erklärt sich heftigst für die Griechen.

Den 18. Juli 1821.

Der König gestern in Potsdam eingetroffen, sehr zufrieden mit den Rheinprovinzen, wo ihn Freude und Antheil begleitet haben; Sr. Maj. hatte die Landwehr besonders gefallen. — Seeglück der Griechen. — Herr General von Krusemark in Wien gefährlich krank geworden. — Nachrichten aus dem übrigen Deutschland, unbegrenzte Mißstimmung gegen Preußen. Mißtrauen und Bedauern, es ist als ausgemachte Sache angenommen, daß es bei uns am Schlechtesten und Dunkelsten jetzt sei. Sachsen, Baiern, Würtemberg, Hessen sehen bemitleidend auf uns nieder. — Die Freiherren Stockhorn und von Berstett den großen rothen Adlerorden erhalten. — Der Kaiser Alexander soll sehr krank sein in St. Petersburg; die Leute denken, sonderbar genug, an die Möglichkeit von Gift, das er bekommen hätte. — Herr von Liebermann in St. Petersburg krank.

Den 19. Juli 1821.

Sonderbarer Artikel von der Weichsel in der Allgemeinen Zeitung, worin zuerst in deutschen Blättern der Hedemann'schen Geschichte erwähnt wird; auch viel Wunderliches, vielleicht Ironisches, über Verfassung 2c. in Preußen. — Herr von Nother aus Karlsbad zurück. — Der Kaiser Alexander wieder hergestellt. — Das Zensurgesetz in Frankreich nach dem Willen der Minister, trotz der Vaublanc'schen Opposition, verläugnet. — Nach den Zeitungen finden jetzt die flüchtigen Griechen unbewaffnet Zuflucht im Oesterreichischen, selbst Ypsilanti soll in Siebenbürgen angekommen sein. — In den meisten unsrer Linienregimenter fehlen eine Anzahl Subalternoffiziere; die jungen Leute wollen nicht Offiziere sein, selbst Bürgerliche, die es sogleich werden könnten, ziehen sich, nach ausgedienter Pflichtzeit, lieber zurück. An Unteroffizieren und alten Soldaten fehlt es durchaus in allen Waffengattungen. — Herr General von Natzmer aus Italien zurück; er rühmt die strenge Mannszucht der Oesterreicher, die Verfolgungen sind arg, doch noch nicht blutig, die Behandlung der Tausende von Gefangenen schmachvoll; General Frimont tritt sehr häufig als Beschützer und Vermittler auf, besonders für die verfolgten Militairs, die sich zahlreich an ihn wenden. Die neapolitanischen Gardeoffiziere waren sämmtlich auf Befehl des Königs Carbonari geworden, man hatte ihm dies als das beste Mittel, seine Garden zu behalten; vorgestellt, und er deshalb dem General Filangieri Auftrag gegeben; man kann ihnen daher nichts anhaben.

Den 24. Juli 1821.

Von der Vereinfachungs-Kommission hofft man viel Gutes. Man glaubt, sie werde die zweiten Abtheilungen der Regierungen abschaffen, und dafür, wie in Frankreich der Fall ist, Generaldirektionen der besonderen Zweige der Verwaltung in Berlin anordnen. — Der Kaiser Alexander soll eine harte Zuschrift an die Polen haben ergehen lassen, sie wären undankbar, sie ertrügen die Freiheit nicht, es müsse strenger mit ihnen verfahren werden ꝛc. Es scheint, daß viel Gährung und Widersetzlichkeit in dem Volke rege ist. — „Wenn die Polen, sagt ein hiesiger Edelmann, jetzt rebelliren gegen Rußland, so ist es ein beklagenswerthes Unglück. Die Sache ist jetzt durchaus voreilig und kann nicht gelingen. Eine Menge Leute, und zwar die Edelsten, würden bei solcher Gelegenheit unglücklich. Warten die Polen aber bis Oesterreich und Preußen einmal Krieg gegen Rußland führen, so kann ihre Sache glänzend gelingen." — „Welche Konstitution, fragt man scherzend, dürften die Polen denn proklamiren?" — „O mein Gott, welche Frage? Die spanische ist ja die allgemeinbeliebte jetzt." — Herr Prof. Benzenberg war auf den Gütern des Freiherrn von Eckardstein an der Oder und ist ganz entzückt von dem großen landwirthschaftlichen Betriebe, den er dort gesehen. Gedeihen der Edelleute, der Bauern; Zunahme der Bevölkerung, besserer Zustand; glückliche, anerkannte Folgen der neuern Gesetzgebung. Man erwartet viel Gutes von dem Gesetz über die Gemeinheitstheilung, dessen Abfassung jedoch sehr mangelhaft befunden wird. — Ankunft des Königs von Portugal in Lissabon und Bestätigung der Verfassung. — In Spanien außerordentliche Kortes berufen. — Gerede, der Herzog Eugen von Leuchtenberg solle König von Griechenland werden.

Den 27. Juli 1821.

Der russische Kaiser erklärt den Höfen, sie möchten ihren vereinten Einfluß bei der Pforte anwenden, um den Gräueln gegen die Griechen ein Ziel zu setzen, und das Schicksal dieser Nation auf eine billige Weise ordnen zu lassen, sonst würde der Kaiser am Ende sich genöthigt sehen, die ihm von Gott anvertrauten Mittel zu gebrauchen; und das zu thun, was Menschlichkeit, Religion und Kultus von ihm fordern. — Der russische Kaiser erklärt den Polen, da sie sich zur freien Verfassung und Selbstständigkeit so schlecht anließen, und ihm so vielen Verdruß machten, so werde er sie mit dem russischen Reiche vereinigen. — (Diese Polen werden Griechen, sagte Rahel.) — Die Garden in Petersburg forderten bei ihrem Abmarsche neue Mäntel; man sagte, sie müßten die alten noch tragen; sie ließen diese aus Trotz zurück, und marschirten ohne Mäntel ab. — Die Schweiz, heißt es, wird gegen Herrn von Fauche-Borel als Generalkonsul protestiren; seinen Freunden ist es einerlei, meint man, ob er abgeht oder bleibt, man wollte ihm blos den Titel und die 3000 Rthlr. Gehalt verschaffen. — Herrn Dr. Bercht's Reklamationen sind unfruchtbar geblieben; man bot ihm als Entschädigung erst 1200, dann 1800 Rthlr. und letztere hat er angenommen. Er geht nach Süden, in die Schweiz 2c. — Der Kanzler ist, wie man sagt, jetzt sehr oft verdrießlich, und es soll zuweilen sehr schwer sein, mit ihm in Geschäften zu arbeiten. Herr Graf von Bernstorff soll sehr unzufrieden sein. Jeder hat Macht zu hemmen,

Keiner zu wirken. — Herr von Stägemann aus Karlsbad zurück. — Herr Graf von Golz in Frankfurt hat die Anwesenheit des Königs benutzt, um seine Geschäfte zu machen. Er giebt sein Gut Würmb in Schlesien auf, erhält Bezahlung für alte Schulden, und gewinnt am Ende baar zwischen 60,000 und 80,000 Rthlr. — Am 24. Juni ist das Ultimatum von Petersburg nach Konstantinopel abgegangen, so sagt Herr General von Witzleben. — Herr Hofrath Bartholdy zum Geh. Leg. Rath ernannt; und jetzt erst sein Kreditiv als Geschäftsträger in Florenz erhalten.

Den 31. Juli 1821.

Herrn Geh. Rath Schöll's ganzer Einfluß beruht jetzt, so wird aus bedeutender Quelle versichert, lediglich auf dem Verhältnisse der Frau von Kimsky. — Der Kanzler ist sehr mißmuthig, er findet oft Hindernisse auf seinem Wege. Der König will unter andern, wie es heißt, die Errichtung der neuen Bank nicht genehmigen. — Stetes Sinken der österreichischen Papiere. Kriegerische Aussichten. — Die Leute erwarten mit fester Zuversicht am 3. August eine Verkündigung in Betreff der Konstitution; selbst Unterrichtete wollen sich davon nicht abbringen lassen. — Die Solly'sche Gemähldesammlung soll nun wirklich für 400,000 Rthlr. angekauft sein. Für den botanischen Garten ist eine Summe von 30,000 Rthlr. zur Erweiterung bewilligt. Schleiermacher sagt bei solchem Gerede und Anlaß: „Als Privatmann sei der Staat bei uns ganz erstaunlich reich."

Den 1. August 1821.

Die Solly'sche Gemähldesammlung ist noch nicht gekauft; der Kronprinz aber soll darauf bestehen, und Herr Prof. Hirt spricht eifrigst dafür. — Die in Magdeburg oder Halberstadt verhafteten Heiligenstedt und Horst, die den Brief an Metternich geschrieben haben, sind ein paar Kunden des Oberpräsidenten von Bülow, und machten früher Aussagen gegen Jahn ꝛc. So soll der jetzt an Preußen ausgelieferte Schwede Lilienhoek ein russischer Kundschafter sein. Man glaubt, Herr von Bülow könne wohl nach dem Vorbilde anderer Polizeien, die Sache selbst veranlaßt haben; die Werkzeuge aber dürften, da ihr Besitzer schlagrührig daliege, durch ein verdientes Unglück jetzt in dem Erdichteten und Selbstgemachten hängen bleiben. Die gegen Hannover gemachten Aussagen erweisen sich alle falsch; die angezeigten Leute existiren großentheils gar nicht. Herr von Bülow, mit Hannoveranern sehr verfeindet, dürfte es wohl damit gegen einzelne Leute, die er in Ungelegenheiten zu bringen meinte, gemünzt haben, und der Zugriff in die Papiere irgend eines Mannes konnte diesem leicht Mißlichkeiten erwecken. Nun ist das abgeblitzt. Herr von Ompteda hat hier für die Hannoveraner und ihre Umtriebslosigkeit sich vor den Riß gestellt, und mit dem Kanzler deshalb Briefe gewechselt.

Den 3. August 1821.

Nachricht im Hamburger Korrespondenten von Ermordung des Wunderthäters Fürsten von Hohenlohe zu Würzburg. Man zweifelt noch an der Wahrheit. — Der Erzherzog Ferdinand wird nach Berlin kommen. — Duell des Grafen von Armin-Boizenburg mit dem Studenten Herrn von Stoff wegen des Plätzestreits im Schauspiel.

Töplitz, den 14. August 1821.

In Töplitz am 7. angekommen. — Nachdem man über die Ermordung des Fürsten von Hohenlohe lange ungewiß gewesen, erzeigt sich der völlige Ungrund der Sache. — In Munkacz sitzen in unterirdischen Gefängnissen viele Staatsgefangene, sagt mir der österreichische Feldzeugmeister Graf St. Julien, worunter Carbonari, Studenten 2c. Aus Prag seien kürzlich erst einige Studenten verschwunden, von denen niemand wisse, wo sie hingebracht worden. In Leitmeritz sind vier Professoren plötzlich entlassen worden. Der Kaiser habe einen entsetzlichen Haß gegen Gelehrte und Studenten, wozu auch so viele Pfaffen, Advokaten, Aerzte? Die meisten gäben nur unruhige Köpfe ab. Der Kaiser wolle nicht verfolgen, aber wer sich nicht bedeuten lasse, den jage er fort, und wer sich unterfange mit ihm ringen zu wollen, den sperre er zeitlebens ein. O, in Oesterreich wisse man mit den Neuerern schon fertig zu werden! Ferner: Preußen müsse den Rest von Sachsen, Oesterreich dagegen Baiern erhalten. Oesterreich werde beim Türkenkriege die Rolle wieder spielen, die es im Jahre 1812 beim russischen Kriege gespielt; es werde ein Korps mitgehen lassen, Serbien festhalten, im Uebrigen nur zusehen und nicht viel thun, dann aber die erste Gelegenheit ergreifen, um mit England, und wolle Gott, mit Preußen gemeinschaftlich gegen die Russen zu gehen. Ein deutscher Souverain, der König von W., werde bei dieser Gelegenheit wohl die Zeche bezahlen, man habe Beweise, daß er mit den Carbonari in Italien Gemeinschaft habe, und mit Rußland halte er es ohnehin. Dann könne allenfalls Baden auch draufgehen. Mit den Kleinen und mit dem gesammten Bundestage sei es doch nichts; Oesterreich sei gescheut und stark, es werde schon zugreifen, sein Vortheil legitimire alles, denn es sei die erste Macht der Welt. Die Russen seien doch nur Barbaren und Sklaven, die Engländer Spitzbuben, die jene schon bestechen würden, damit sie den Vortheil behielten, England und Oesterreich aber seien die natürlichsten Alliirten. Im Oesterreichischen werden bereits Pferde für die Armee in Ungarn gekauft und die Regimenter haben Befehl sich zu konzentriren. — Man erwartet nächstens in Oesterreich ein allgemeines Konskriptionsgesetz, nach dem Muster des ehemaligen französischen, wonach gar keine Ausnahme statthaben soll. — Nachtrag aus Berlin. Ich aß am 4. beim Kanzler zu Mittag; der Fürst Radziwill, Herr Minister von Schuckmann 2c. waren dort. Der Kanzler sagte unter anderm: „Bei allem Respekt, den man vor einem gekrönten Haupte haben müsse, könne man doch nicht umhin, den König von Portugal in seiner schwachen Nachgiebigkeit gegen die Kortes höchst absurd zu finden." — Alle schwiegen, Mancher möchte wohl an heimische Möglichkeiten denken; im Jahre 1807 hatten die Leute darauf geschworen, der König lege lieber die Krone nieder, als daß er zum Rheinbunde träte; einige Jahre später sollizitirte Preußen diesen Zutritt vergebens. Kaiser Franz gab seine Tochter dem Feinde 2c. — Herr von Schuckmann meinte endlich, der König von Portugal hätte sogleich, als er die Bedingungen der Kortes vernommen, nach Brasilien umkehren oder nach Gibraltar gehen sollen.

Den 16. August 1821.

Herr von Baader sagte diesen Sommer zum Kronprinzen von Baiern, die Fürsten sollten nur besser buchstabiren, und nicht erschrocken für „Revolution" lesen, was sie gelassen als „Evolution" aussprechen könnten; die Kongresse machten das erst, wogegen sie gemeint wären. Vom Bundestage: „Ein todtgebornes Kind des Wiener Kongresses." — Man hat hier wenige Nachrichten von der türkischen Sache. Fürst Ypsilanti soll in Wien sein, und gut aufgenommen. — Herrn Prof. Krug's in Leipzig Aufruf an die Deutschen für die Griechen. — „Der Schlüssel zum österreichischen Staate und System, sagt ein hier anwesender Russe, ist der machiavellische Satz Divide et impera! Die Böhmen gegen die Ungarn, diese gegen jene u. s. w. in Spannung und Haß zu erhalten, jede Nationalität nur zu diesem Behufe, und nur bis zu diesem Grade zu erhalten, sei das sorgsamste Streben der Regierung, um jedes Vereinigen der Geister und Interessen zu verhüten, wodurch man der Revolution vorgebeugt zu haben glaubt. Aber sie selbst bereitet auf anderer Seite wieder Gefahren; Gentz ist ursprünglich ein Schriftsteller, das hängt ihm an; seit er dem Metternich endlich beigebracht, daß nicht blos Bayonette, daß auch die Federn eine Gewalt seien, soll nun auch geschrieben werden, man stiftete die Wiener Jahrbücher 2c. Jetzt ist Haller nach Wien berufen; es soll eine europäische Zeitschrift geschrieben werden, um gegen die Revolution zu wirken. Aber sie möge sich in Acht nehmen, die Sache kann ihnen leicht über den Kopf wachsen; einmal auf das intellektuelle Feld gekommen, und man ist nicht mehr Herr der Untersuchung, und wer weiß, wo die Flammen ausbrechen, über deren Decke

man wandelt! In Wien ist große Gährung der Geister;
Gedanken bringen durch alle Verwahrungen durch, und es
braucht nur ein intellektueller Funke zu zünden, um die
österreichischen Völker in eine Oppositionsmasse zu ver=
einigen, die späterhin freilich wieder sehr auseinandergehen
würde."

Den 22. August 1821.

Herr Graf von St. Julien sagte mir klagend, in der
österreichischen Artillerie seien keine Kavaliere, lauter Ple=
bejer; was daraus bei Revolution für Gefahr entstehen
könne, wenn diese alle gleich abfielen! Der Fürst Met=
ternich möchte es gern ändern, aber es sei schwer, wegen
der wissenschaftlichen Bildung, die der Adel schwer er=
werbe 2c. — Die Preußen hier in Töplitz sind alle außer
sich über die Stumpfheit und Leere, die sie hier finden.
Oesterreich ist ihnen das Land des Despotismus und der
Stupidität. — „Ich danke Gott, daß ich kein Oesterreicher
bin." „Nun, wir glauben, in Berlin sei man jetzt licht=
scheu, aber was ist das gegen hier!" „Unsre Berliner
Zeitung, die wir zu Hause verachten, ist hier ein Wunder
von Liberalität"; dergleichen Redensarten hört man. —
Herr Major von Kleist ist hier, Herr Oberst von Rohr,
Major von Röder, Herr Graf von Hohenthal, Graf von
Henkel. — Buch der Lady Morgan über Italien. Herr
Graf von Clary seufzt, daß Vieles darin nicht abzuläug=
nen sei; in Mailand könne ein Oesterreicher nicht als
Reisender ausbauern wegen des entsetzlichen Hasses, den
er finde.

Den 28. August 1821.

Herr von Kleist (nachher Graf Kleist von Loß) hat Nachrichten aus Berlin erhalten, zufolge denen die Frucht der Reise des Königs an den Rhein und der vom Fürsten Wittgenstein gemachten Anregungen dem Ausbruche nahe sein sollte; man sprach von Errichtung einer Oberministerstelle für den Herrn Staatsminister von Voß, über den andern Ministern, doch noch unter dem Kanzler, der aber, meinten Einige, vielleicht am Ende ganz austreten dürfte. — Bei dem zweiten Wiener Kongresse (1820) hat bekanntlich Baiern eine wichtige einhaltthuende Rolle gespielt; diese soll aber nicht sowohl dem allgemein dafür angesehenen Herrn von Zentner, als vielmehr dem Sekretair desselben, Herrn von Oberkamp zuzuschreiben sein. — Herr Graf von Hohenthal über Preußens Verwaltung, Bestand, Konstitution 2c., will volksvertretende Stände 2c. Er und Herr Graf von Henkel behaupten, der Haß und der Unmuth der Einwohner in ihren respektiven Provinzen sei auf den Gipfel gekommen, man verkenne sogar schon das viele Gute, das doch in der That die preußische Regierung auszeichne. — Tod der Königin von England.

Den 6. September 1821.

Der Pole Konarski aus Krakau, voll brennender, republikanischer Vaterlandsliebe, spricht gegen Große und Vornehme. Unter Polen und Russen viel verbissener Grimm. Man sagt, der Kaiser Alexander sei in großer Unruhe und Schwankung, er schlachte dem Kaiser Paul nach, und die Stimmung in Rußland sei ihm als gefährlich bekannt. — Von dem allgemeinen Hasse gegen Preußen

ist viel die Rede, von dem Steigen Süddeutschlands, den
Absichten des Königs von Würtemberg, von dessen Reisen
nach Weimar, um durch die Großfürstin fortwährend das
Verhältniß mit Kaiser Alexander zu pflegen. — Von den
Griechen wird weniger gesprochen. — Bei der Fürstin
Clary, den Fürsten Solms=Lich, den Grafen Mielzinski,
Graf Wolowitsch 2c. Wenig Nachrichten.

Den 14. September 1821.

Herr von Demidoff aus Paris. Freiherr von Eckard=
stein aus Spanien. — Stimmung der jungen Leute in
Frankreich ganz revolutionair, antimonarchisch, Haß gegen
die Könige 2c. — Herzogin von Berry und ein Adjutant
des ermordeten Herzogs in bestem Vernehmen. Schil=
derung des Hoflebens in Paris. — Dix années d'exil
von Frau von Staël, bittre Brocken! — Der Mahler
Ternite aus Mecklenburg hat in Paris den Grafen Schu=
lenburg, der sich nicht mit ihm schlagen wollte, im Palais
Royal mit Erfolg geprügelt, dieser geschändet, will nach
Amerika gehen. — Brief vom Fürsten Bentheim voll liberal=
loyaler Gesinnung. — Herr von Derzen aus Prag zurück;
man schimpft dort laut und allgemein auf den Kaiser,
spricht aber nicht öffentlich von Politik.

Den 27. September 1821.

Antheilnahme der Oesterreicher an den Griechen. Letz=
terer Sache will man als aufgegeben vorstellen. — Grimm
der Polen gegen Rußland und Oesterreich. In Oesterreich,
sagt die Gräfin Tarnowska, ist ein so schlaffes Volk, daß
es keine Revolution giebt, die nicht in Wien mit ein paar

tausend gebratener Händeln vom Kaiser gestillt würde. — Die Oesterreicher schimpfen auf Baiern, Würtemberg, Baden 2c. gleichsam, als ob diese Regierungen nur rebellische wären, und eigentlich von Wien aus Befehle erhalten müßten.

Dresden, den 3. Oktober 1821.

In Dresden angekommen. — Allgemeine Theilnahme in deutschen Schriften und Gesellschaften für die Griechen. Die Regierungen und Höfe selbst scheinen diese Theilnahme als eine rechtmäßige anzuerkennen und zu gestatten. Junge Leute ziehen in den Krieg, Aufruhr mancher Art. — Sonst ist hier in Dresden wenig politisches Leben, alles wickelt sich träge im Tagesleben ab. — Die Hamburger Zeitung spricht neuerdings von Aussichten zum Kriege der Russen gegen die Türken. — Der König von England, erzählte Herr Graf von Zichy auf der Durchreise in Töplitz, kommt nicht nach Berlin. — Vorfälle in Spanien. Riego's Anschläge und Verhaftung. — Großer Haß hier gegen Preußen; am Hofe noch Anhänglichkeit an das Napoleonische Wesen. — „Jämmerliche Diplomaten hier; kein einziger darunter, der im Publikum Achtung genießt." — Herr Prof. Görres hat herausgegeben: Europa und die Revolution. — Herr Prof. Oken geht von Paris nach Basel, um dort Vorlesungen zu halten. — L. Tieck, Maria von Weber, Graf Palffy, Prof. Hegel aus Berlin, Frau von Helwig, Herr von Eckardstein 2c. 2c.

Den 8. Oktober 1821.

Dresdener Wäßrigkeit. Liederkreis! Böttiger, Winkler ꝛc. — Herrn von Jordan's Klagen über die Berliner Geschäftsführung, keine Nachrichten, verkehrte Weisungen, Säumniß, Gleichgültigkeit, Erlöschung aller diplomatischen Interessen. Ueber die Elbschiffahrtssache, über Köthen. Gegen Herrn Grafen Bernstorff, gegen Herrn von Schöll und Koreff; wir sollen Stände errichten, meint er, zuvörderst Provinzialstände. — Merkwürdiger Antrag Badens zur Auflösung der Mainzer Kommission! Man sieht Liebenstein's Einwirkung! — Herr Prof. Troxler in Luzern abgesetzt wegen seiner Milton'schen Schrift. Herr Dr. de Wette als Professor nach Basel berufen. — Wahlen in Frankreich. — Portugal; Weggehen der Diplomaten von Lissabon ꝛc. Herr Pinheiro Ferreira. — Herr von Werther als preußischer Gesandter nach London abgereist. Man sieht dies als einen Sieg des Grafen Bernstorff über den Kanzler an. — Herr von Jordan sagt bestimmt, der Kanzler werde eher abtreten, als Herrn von Voß neben sich dulden. — Gute Postverordnungen in Preußen durch Herrn von Nagler. — Herrn von Schöll's Biographie in den Zeitgenossen. — Die Zensurschwierigkeiten gegen Brockhaus fallen im Einzelnen nach und nach wieder weg, und selbst das Verbotene (wie z. B. Graf Bülow's Leben) wird wieder erlaubt, nur muß die Anzeige in den Zeitungen unterbleiben. — Neapolitanische Parlamentsglieder (Poerio, Pepe ꝛc.) nach Brünn, Munkacz und Prag gebracht. — Sammlungen im russischen Reiche für die Griechen abseiten der Oberbehörden veranstaltet.

Den 14. Oktober 1821.

Mittags am Königl. Sächsischen Hofe vorgestellt; dem Könige, Prinzen Max und Anton, Friedrich, den Prinzessinnen Anton und Friedrich. — Art und Weise der Diplomaten zeigt sich auf's neue in bekanntem Glanze! Mangel an Haltung und Sitte, Gemeinheit und Plattheit der Rede nnd Geberden. — Bei Herrn von Jordan gespeist; Böttiger und Winkler dort; geistlose Gespräche, man sucht sich gelinde über Tieck aufzuhalten, ohne etwas dabei wagen zu wollen. — Zufolge der Berliner Zeitung ist ein furchtbarer Aufruhr in Palermo ausgebrochen, und müssen eiligst mehr österreichische Truppen nach Sizilien abgehen. — Die Sammlungen für die Griechen haben in Deutschland schlechten Fortgang, Krug ist kleinlaut; Thiersch wird bedeutet; Zeune erklärt in den Zeitungen, er könne den Landesgesetzen gemäß sich damit nicht befassen. — Herrn Kanonikus Tiedge gesprochen; er streitet lebhaft für Voß gegen Stolberg, sagt, die Welt sei voll solcher Umtriebe der Aristokraten und Pfaffen ꝛc. — Tieck meint, Burke habe nebst Pitt das Umsichgreifen der Revolution lange Zeit glücklich retardiren helfen, ich sage im Gegentheil, der Angriff hat die Revolution schleuniger in's Weite geführt, sie hätte unangegriffen lange, wie Schweiz und Holland, eine isolirte Erscheinung in Frankreich bilden können; desgleichen meint er, die Jesuiten hätten durch ihr längeres Bestehen den Ausbruch der Revolution retardirt. Tieck meint auch, Preußen gehe vielleicht einem neuen Jena entgegen.

Den 16. Oktober 1821.

Alles spricht einem hier in Dresden von der Verachtung, von dem verachtenden Hasse, der gegen Preußen allgemein herrsche. Wir seien, sagt man, in die größte Unbedeutendheit versunken, und haben, wir Kluge, uns den Dummen untergeordnet. Unsere Politik sei null, wir hätten elende Diplomaten, aber auch die besten könnten uns zu nichts dienen; was hülfe es einem Kaufmann, der regelmäßig und schnell die Kourse von London, Amsterdam u. s. w. erhalte, wenn er keine Geschäfte mache? Auch Herr von Jordan selbst sagt, daß wir am Bundestage von Tage zu Tage elender stehen, und einmal dort eine schreckliche Erfahrung machen würden. Dagegen sagen die Leute hier, Herr von Jordan sei hier nur beliebt, weil er dem sächsischen Hofe alles nachgebe, und wirklich habe er in vielen Dingen schon den Pas verloren, aber das Berliner Ministerium sei zufrieden, wenn das Dresdener ihn lobe. Herr von Jordan giebt uns in der Köthener Sache offen unrecht und bekennt dies auch gegen den hier anwesenden Köthen'schen Oberhofmeister Baron von Sternegg. Der Herr Minister Graf von Einsiedel sagte zu Herrn von Jordan über die neue Bignon'sche Schrift, Bignon sei wie Chateaubriand, er schreibe über alles, was nur der Parthei dienen könne, aber man müsse doch eingestehen, daß alles, was er sage, nicht ohne Geist und großentheils nicht ohne Wahrheit sei. — Herr von Campuzano, spanischer Gesandter, ist vielleicht der einzige seiner Art, der bei einem politisch rechtgläubigen Hofe nicht als Perhorreszirter lebt; er sucht vieles durch Scherz abzuwehren, und lebt auf gastfreie Art, das hilft in etwas. Von 12,000 Thlrn. ist er auf 8000 Thlr. herabgesetzt, darüber ist groß Geschrei

unter den Diplomaten, und man zeigt daran, was von
dem konstitutionellen Wesen für Unheil komme. — Frau
von Hünerbein hier, nebst ihrer Tochter. — Herr von
Schütz, der aus der Mark zurückkommt, sagt mir, der
Eintritt des Herrn Ministers von Voß in die Administra-
tion sei noch nicht entschieden, aber es hätten Annäherungen freundlicher Art zwischen ihm und dem
Kanzler stattgefunden, wozu dieser die ersten Schritte
gethan, wahrscheinlich weil ihm doch Voß lieber sei als
Humboldt, der ganz unversöhnlich in seiner Feindschaft
geworden.

Den 17. Oktober 1821.

Herr Graf von Bernstorff ist von Berlin auf 14 Tage
nach Holstein verreist; man fürchtet, dies werde die Absol-
virung der Elbschifffahrtssache ferner verzögern. Noch vor
acht Tagen erließ er an Köthen eine Note, deren Inhalt
höchst bitter und schwach sein soll. Ein Herr hier, dessen
Urtheil von Manchen hochgestellt wird, spricht höchst nachtheilig von Bernstorff und Wittgenstein. — Adresse von
Valladolid über Riego's Entlassung; die Unverletzlichkeit des
Königs sei nicht wie die der Alpen und Pyrenäen u. s. w. —
Die österreichischen Zeitungsnachrichten nehmen sichtbar,
und oft ganz empörend, Parthei gegen die Griechen, und
stellen deren Sache immer am nachtheiligsten vor. — Der
sächsische Hof ist ganz für Anhalt-Köthen gestimmt, hält
sich selbst an Oesterreich und Frankreich, wird auch von
Oesterreich wieder mit großer Schonung behandelt; so sagt
man hier. In Rücksicht der Preßfreiheit drückt Oesterreich
mehr auf Preußen, als auf Sachsen, weil es weiß, daß
hier der alte König in seinen gewohnten Maßen nicht gern

gestört sein will. — Fürst Metternich reist nach Hannover zu Georg IV.

Berlin, den 24. Oktober 1821.

Gestern in Berlin angekommen. — Der Kanzler umgeben von der Gräfin Pückler und Frau von Kimsky, Grafen Pückler und Herrn Schöll, die alle in bester Freundschaft leben; Herr Geh. Rath Rust als Arzt in diesem Kreise, wo Koreff jetzt verabscheut wird; der Kanzler nennt ihn nur den Franz Moor. — An des Kronprinzen Geburtstage erschien die ganze Gesellschaft geputzt im Theater, Frau von Kimsky mit der Gräfin Pückler und Fürstin Carolath in Reihe, der Kanzler mit Schöll und Herrn von Kimsky rückwärts. Man spricht mehr und mehr von Pückler's Erhebung in den Fürstenstand, die der König schon einmal abgeschlagen; aber Herr Geh. Rath Klüber, der zur Ausgleichung streitiger Verhältnisse nach Muskau geschickt worden, hat den Vergleich neuerdings darauf zu gründen gesucht, daß Pückler als Ersatz aufgegebener Gerechtsame jene Erhebung und 80,000 Thlr. ansprechen dürfte. Der Kanzler hat den Antrag Klüber's einer günstig gestimmten Kommission zur Prüfung übergeben. — Graf Pückler war indeß in Töplitz bei der Fürstin Hardenberg, um mit dieser zu unterhandeln; sie bleibt einstweilen in Dresden; sie und Koreff haben sich von dem Mephistopheles einreden lassen, er selbst habe auch ein Mißvergnügen an dem Aergerniß mit Frau von Kimsky, der die Gräfin sich ganz angeschmiegt, und deshalb sei er von Berlin weggegangen! Die Kabalen sind arg in des Kanzlers Umgebung, und das Publikum spricht mit Unwillen davon. Koreff hat einen zweijährigen Urlaub verlangt zu einer großen Reise; es scheint, er soll nicht hierher kommen; er ist in gänzlicher Verwirrung. — Der König hat die unter Leitung des Kanzlers ausgearbeitete Gemeindeordnung verworfen, und ihm mit der Aeußerung zurückgestellt, sie sei zu demokratisch für jetzige Zeit. Dagegen ist nun eine Kommission zum 5. November zusammenberufen, um eine Urkunde zur Einführung von Provinzialständen zu entwerfen; anfangs sollte sie der Kanzler präsidiren, allein Herr von Voß wollte dann nicht Mitglied sein; jetzt heißt es, der Kronprinz sei Präsident, und die Herren Fürst von Wittgenstein, von Voß, von Schuckmann, Ancillon und Albrecht Mitglieder. „Sie werden bald", sagte jemand, „mit ihrem Latein zu Ende sein; ob sie aber nun Griechisch wissen, das wird die Zeit lehren." — Daß der Fürst von Metternich nach Hannover reise, erfuhr man hier zuerst durch den Generalkonsul Herrn Baumgärtner in Leipzig, der die Durchreise meldete. Man meint, Oesterreich bezeuge auf alle Art, durch seine Nachlässigkeit gegen uns, daß es uns kaum rechne in der Politik. — Die Sendung Herrn von Werther's nach London wurde ohne des Kanzlers Wissen durchgesetzt. Herr Graf von Bernstorff soll einem fremden Gesandten die erste Kunde davon gegeben haben, mit dem Zusatze: si vous l'écrivez à votre cour, écrivez en chiffre, car sans cela votre dépêche pourrait être lue, et alors j'aurai de nouveaux embarras sur cette affaire. — Ueber die russische Politik in Betreff der Griechen ist man nicht im Klaren, jedoch ist merkwürdig, daß der Gesandte Herr von Alopeus gegen einen Artikel der Staatszeitung, worin Herr Geh. Rath Schöll einen früheren Artikel der Allgemeinen Zeitung im österreichischen Sinne (man glaubte anfangs Herr Geh. Rath Ancillon habe die Sache mit Herrn von Werner zusammen gemacht) widerlegte, und die russische Politik ganz in die der übrigen Mächte einschob, aus dem Grunde Beschwerden erhoben hat, weil er nicht dulden könne, daß ein durch seine Stelle offizieller Artikel den besonderen Verhältnissen Rußlands und den Entschließungen des Kaisers etwas vergebe und vorgreife. Darauf ist von hier ein Zirkular an alle Gesandtschaften erlassen worden, daß man jenen Artikel mißbillige. — Der König fragte neulich bei Tafel einige Anwesende, wie lange Herr Graf von Bernstorff ausbleiben würde. Sollte der Kanzler die Urlaub ertheilende Behörde gewesen sein? Der Graf wird am 4. wieder hier sein; Herr von Ancillon sagt, die Umstände beschleunigten dessen Rückkehr. — Mit dem Fürsten von Wittgenstein habe ich heute lange gesprochen. Er tadelte unsere Behörden, daß sie der Köthen'schen Streitsache, die uns so großen Verdruß und Schaden verursache, nicht vorgebeugt durch frühzeitige Unterhandlung. Er sprach sehr geringschätzend von dem Bundesgesandten, Herrn Grafen von Goltz, ebenso von dem Geh. Legationsrath Himly, als den Geschäften in keiner Art gewachsen. Auf meine Frage, ob wohl die ungünstigen Eindrücke, die gegen mich stattgehabt, bis zum Könige oder Kronprinzen gekommen, erwiederte er, daß er es nicht glaube, wenigstens habe er keine Spur davon je bemerkt. — Unsern innern Kampf unter den Staatsbehörden schildert man als beständig steigend; die Verwirrung wird immer wilder und unheilbarer, heißt es. — Herr Staatsrath Schulz tritt immer stärker gegen das Kultusministerium auf, und sucht sich als Nebenmacht gegen dasselbe aufzustellen; auch mit dem Universitätsrichter ringt er heftig, und sucht ihn zu verdrängen. Herr Geh. Rath Beckedorff im Ministerium scheint mit ihm einzustimmen, sagt man. — In den Umtriebssachen ist alles beim Alten, nichts gefunden, aber auch nichts aufgegeben. — Von einer Vermählung des Königs von England wird hier viel gesprochen; man nennt mehrere Prinzessinnen, die im Vorschlage sind. — Herrn Grafen Brühl's und Herrn von Spontini's Streit beschäftigt das Publikum noch lebhaft; ersterer soll 2000 Thlr. Zulage zur Entschädigung für die getheilte Autorität erhalten haben; Andere sagen, ihm sei die Oberjägermeisterstelle zugesagt. — Mit Herrn Geh. Rath Ancillon gesprochen.

Den 28. Oktober 1821.

Den Kanzler belästigt das Dasein und die Zusammensetzung der Konstitutionskommission doch sehr. Er äußerte sich darüber dieser Tage im Vertrauen. — Am 18. Oktober ist hier in der Hasenhaide, mit Wissen und unter Aufsicht der Polizei, geturnt und ein Freudenfeuer angezündet worden; ein Primaner und der junge Förster hielten Reden dabei, die ganz im Sinne der sogenannten demagogischen Umtriebe gewesen sein sollen. — In den Rheinlanden große Unzufriedenheit gegen Preußen. Die Leute erzählen beleidigende Histörchen vom König, Kanzler, Generalen, Ministern u. s. w. falsche, alberne Dinge, die aber Glauben finden. Herr Graf von Golz wird in Frankfurt allgemein als Zielscheibe des Witzes gebraucht, man macht sich öffentlich lustig über ihn. — Herr Geh. Rath Ancillon ist sehr ergrimmt gegen Herrn Schöll; schon sonst, und jetzt besonders wegen des Artikels über die Griechen in der Staatszeitung. — Den Fürsten von Hardenberg gesprochen, und den Minister von Brockhausen. — Man wundert sich, daß Preußen jetzt ohne französischen Gesandten sei, wenigstens hätte man in Paris nach Chateaubriand's Rücktritt einen andern schon

wieder ernennen sollen. Einige meinen, Frankreichs Hof
sei verletzt durch die militairische Feier aller der Sieges=
tage aus den letzten Kriegen; Andere behaupten, die Nul=
lität Preußens in der Politik sei die alleinige Ursache jener
Säumniß. — Der Einfluß des Kanzlers soll noch sehr
überwiegend sein; er werde ihn auch bis an sein Lebens=
ende behaupten, sagt man, und sich durch keine Verdrieß=
lichkeiten, die man ihm bereitet, zu einem Rücktritte be=
wegen lassen. — Herr Geh. Rath Rother ist noch wie
früher in kraftvoller Thätigkeit. — Herr von Maltitz lobt
den Fürsten Kosloffsky, gewesenen russischen Gesandten in
Stuttgart, dessen liberale Schilderung der süddeutschen
Ständeverhandlungen zog ihm einen Verweis zu, der ihn
veranlaßte, seinen Abschied zu fordern. Kosloffsky sprach
ganz gegen den Adel, man müßte ihn ganz abschaffen
u. s. w. — Die Zahl der Studenten vermehrt sich hier sehr.

Den 29. Oktober 1821.

Der Prof. Freudenfeld in Bonn, der die jungen Leute
für den katholischen Glauben zu gewinnen suchte, ist vor
einiger Zeit abgesetzt worden, doch hat er seinen Gehalt
behalten. — Der Hauptmann von Plehwe ist in Glogau
unter besonderer Aufsicht, der General von Dobschütz, der
da sagt, er wisse nur Löbliches von ihm, hat Befehl des=
halb. Auch in Schweidnitz wurde Plehwe belästigt, er
durfte z. B. die Herrnhuter in Gnadenfrei nicht besuchen,
und konnte die Ursache nicht erfahren. — Man will wissen,
der Krieg gegen die Türken sei so gut wie entschieden. —
Die englischen Blätter fangen an lebhaft für die Sache
der Griechen zu reden. — Von dem Oberförster von Hebe=
mann fängt man an mit bedeutenderen Worten zu reden.

Man legt ihm einstimmig große Energie, und zum Theil auch schon Talent bei; er soll selbst die Ausflucht, daß er wahnsinnig sei, auf das Kräftigste widerlegt haben, und nichts bereuen und bedauern, als das Mißlingen seines Vorhabens. Man meint, sein toller Einfall habe doch vielleicht am meisten dazu beigetragen, daß man hier ernstlicher an Konstitution denke. — Der König geht jetzt nicht zum Reformationsfeste nach Wittenberg.

Den 2. November 1821.

Der Kanzler hat heute bei dem Kronprinzen gespeist. Man schließt daraus auf stattfindende Annäherungen. Der Kanzler ist etwas unwohl. Frau von Kimsky ist nach Neu-Brandenburg abgereist. — Mißhelligkeiten zwischen dem Kurfürsten von Hessen und dem Könige von England wegen des Erstern Benehmen gegen den Herzog von Cambridge. — Herr Reimer hat nochmals über seine „Meinungen und Gesinnungen" vernommen werden sollen; Herr Kammergerichtsrath von Gerlach, der schon mehrmals Reimer'n verhört hatte ohne Zweck und Erfolg, weigerte sich die Sache abermals vorzunehmen. Nach vergeblichen Ministerialdrohungen, besonders vom Fürsten von Wittgenstein, der den alten Gehorsam — so äußert er in seinem Votum — zurückschaffen will, ist nunmehr eine Kabinetsordre erschienen, die dem von Gerlach befiehlt zu gehorchen, oder sofort aus dem Dienste entlassen zu werden droht, binnen drei Tagen soll er sich erklären. — Der König soll sehr aufgebracht sein, daß das Publikum bei dem Stücke von J. von Voß „Der Stralower Fischzug" gepocht, und bei der zweiten Vorstellung, wo das Pochen streng verboten war, keinen Beifall bezeigt hat. — Am Rhein soll das

Wesen mit geheimen Gesellschaften wieder im lebhaftesten Gange, und besonders im Militair ganz organisirt sein. — Man spricht von starken Adelsumtrieben in Schlesien; in der gestatteten Form einer landwirthschaftlichen Gesellschaft vereinigen sich die meisten adelichen Gutsbesitzer. — Man befürchtet starke katholische Umtriebe. — Man tadelt die Uebereinkunft mit dem Pabste sehr, als zu freigebig gegen die Geistlichkeit und dem preußischen Staatsinteresse entgegen. — Mit Unwillen und Abscheu spricht man über das Benehmen der Mächte in Hinsicht der griechischen Sache; „Sie werden die Griechen untergehen lassen, und nachher doch zum Kriege gezwungen sein; die unmenschliche Grausamkeit, die in ihrem gleichgültigen Zusehen liegt, wird ihnen nichts geholfen haben, und die Schande wird ihnen bleiben ohne den Vortheil". — Gedicht von Wilhelm Müller in Dessau gegen den österreichischen Beobachter.

Den 3. November 1821.

Herr Kammergerichtsrath von Gerlach hat sich der erhaltenen Kabinetsordre gefügt; an Herrn Reimer ist noch nichts gelangt. — Der Regierungsbevollmächtigte Herr Staatsrath Schulz will den Prof. Zeune wegen seines Aufrufes für die Griechen zur Kriminaluntersuchung ziehen lassen; man spricht mit Empörung von des Ersteren Verfolgungssucht und blindwüthender Beeiferung im Dienste der augenblicklichen Gewalt. — Gerücht, daß die Türken bereits die Feindseligkeiten gegen Rußland begonnen hätten. — Herr Geh. Rath Koreff gestern hier angekommen, er hat einen zweijährigen Reiseurlaub gefordert, weil er reisen soll, nicht weil er will. — Der König soll deswegen nicht nach Wittenberg gereist sein, weil die dortigen Geistlichen die Vereinigung nicht angenommen haben, sondern blos lutherisch bleiben wollen. — Hunt's Plan für die Radicals in England; die Sache hat ein ernstliches Ansehn und eine furchtbare Sprache. — Der Courier und der Moniteur reden etwas einlenkend von den Griechen. — Arbeiten der süddeutschen Handels- und Zoll-Kommission in Darmstadt; Ansichten und Wünsche kommen zur Sprache.

Den 4. November 1821.

Diesen Morgen sah ich bei Josty vier Polen, vornehme junge Leute dem Ansehen nach, die eifrig und ernst mit einander sprachen, halbleise und tiefbedeutend; ich dachte nicht weiter daran, heute Abend höre ich, es sei in Warschau ein Anschlag gegen das Leben des Großfürsten Konstantin und eine geheime Verbindung junger Leute, die sich auch auf deutsche Universitäten erstrecke, namentlich würden hier in Berlin Untersuchungen angestellt. — Großes Schimpfen gegen das Konkordat Preußens. — Der Oberförster von Hedemann soll zum Tode verurtheilt sein. Die Sache giebt zu vielem Reden, und mitunter zu sehr bedenklichem Reden, Anlaß. — In Spanien sind die Wahlen zu den Kortes sehr demokratisch ausgefallen, am Hofe hier ist davon mit Unwillen gesprochen worden.

Den 8. November 1821.

Gestern war die erste Sitzung der Konstitutions-Kommission. Von dem Inhalte verlautet nichts. Einige glauben, der Kanzler werde sie bald sprengen, da er unmöglich eine solche Kommission, in der er selbst gar nichts hat, lange dulden könne. — Herrn von Vincke, Hippel und Delius aus Trier in Gesellschaft gesehen. Herr Präsident Hippel soll hier sehr gegen den Oberpräsidenten von Schön arbeiten. — In der Hedemann'schen Sache soll ein Baukonducteur Günther sich als einer der gefährlichsten Mitverschwornen ausweisen. — Der König ist nicht nach Wittenberg gegangen, sagt Herr Geh. Rath Albrecht, weil dort keine für ihn passende Rolle zu spielen gewesen wäre. Einige meinen, man habe dem Könige vorgestellt, die Sache würde die Katholiken sehr kränken; an katholischen Umtrieben soll es jetzt gar nicht fehlen, das Konkordat hat viele Regsamkeit erweckt. — Der Kronprinz, heißt es nun, sei einer Konstitution gar nicht so abgeneigt, nur dürfe es keine nach liberalem Zuschnitt werden. — Der Moniteur giebt die Mißbilligung unsers Schöll'schen Artikels in der Staatszeitung; die Leute wissen hier gar nicht, was sie daraus machen sollen, da unsere diplomatische Mißbilligung wenig bekannt geworden. — Der Anschlag gegen den Großfürsten Konstantin soll schon älter sein, jetzt aber hier die Untersuchung neu in Gang gebracht worden. — Polnischer Aufruf, Steuern zu zahlen, damit die Nationalexistenz gesichert bleibe! Der Kaiser hat gedroht, Polen mit Rußland einzuverleiben, wenn jenes nicht die nöthigen Summen aufbringen wolle. — Wegen der Griechen nichts Neues; die Türken rüsten, die Russen auch; die Franzosen vermehren ihr Heer, das System des Herzogs von Richelieu (für Rußland) behält die Oberhand. — Aufsatz in der Allgemeinen Zeitung aus Tschirner's Schrift gegen Haller; die härtesten Schläge gegen Gentz, Ad. Müller, Fr. Schlegel, Werner u. s. w. — Gegen den Wunderthäter Fürsten von Hohenlohe ziehen alle Tagesblätter los. — Die Neckarzeitung erhebt den Ton merklich.

Den 10. November 1821.

Herr Parish, hier von Hamburg durchreisend nach Oesterreich, bestätigt die Vermuthung, der Graf Liverpool werde seinen Abschied nehmen, weil der König ihm gram sei wegen der Weigerung, die Kosten der Reise auf dem Festlande auf die Schatzkammer anzuweisen. Dagegen schenken die Minister in Hannover dem Könige 10,000 Georgsd'or, und tragen alle Ausgaben für seine Anwesenheit auf die Landeskassen über. Wie können sie ihm schenken, was entweder ihm schon gehört, oder ihnen wenigstens nicht? — Der Bundestag kommt in diesem Jahre nicht mehr zusammen. — Oesterreichische Note wegen der Griechen die deutschen Regierungen werden aufgefordert, das Waffnen und Sammeln für jene Insurgenten zu hindern, und die Frechheit der Schriftsteller zu zügeln. — Der Courier ist neuerdings entschieden feindlich gegen die Griechen. — Die Nachricht im Constitutionnel, daß Persien den Krieg gegen die Türken erklärt, bestätigt sich nicht.

Den 12. November 1821.

Man behauptet, die Konstitutionskommission habe noch keine Sitzung gehalten; namentlich sei Herr von Voß am 7. d. noch nicht vom Lande herein gewesen, jetzt sei er hier, aber auch nicht um zu bleiben. — In der Hedemann'schen Geschichte wird auch ein Herr von Puttkammer genannt. — Arge Beschreibung, die von Oesterreich gemacht wird; fremde Reisende und Einheimische stimmen überein, daß die Polizei dort von schreiendem Drucke sei, daß alles in Dumpfheit und Elendigkeit ersterbe, daß man gar nicht mehr zu reden wage, alle geistige und mensch=

liche Theilnahme erlösche u. s. w. Vexationen der Polizei in Wien, der Fremde muß des Banquiers Bescheinigung bringen, daß er eine Summe Geldes habe, um davon zu leben, er muß angeben, weshalb er in Wien sei, wie lange er bleibe, an wen er empfohlen sei u. s. w., und wenn etwas mißfällt, so wird er weggeschafft. — Hier hat die Polizei Herrn Reimer's Bedienten in Sold nehmen wollen, dieser aber hat die Sache nicht angenommen, sondern seinem Herrn entdeckt. — Bittere Rezension des Stralower Fischzuges in der Vossischen Zeitung; man wundert sich, daß sie gedruckt werden durfte, da das Stück sich hoher Protektion erfreut. Man sprach schon sehr laut und unwillig davon, daß der Tadel verboten sei. — Herrn von Burgsdorf gesprochen; er ist ein Aristokrat, Anhänger des Ministers von Voß, und lobt ungemein die neueste Schrift von Görres! Daran kann man vieles erkennen! Adam Müller'n, hieß es, müsse die Schrift gefallen. — Herr Präsident von Schönberg ist aus Merseburg, angeblich in Konstitutionssachen, hieher berufen; er hat eine Stolberg zur Frau, daher Bernstorffen für sich u. s. w.

Den 15. November 1821.

In der Eröffnungsrede der französischen Kammern gedenkt der König der Gräuel im Orient; aber zugleich der Friedenshoffnungen. — Von österreichischer Seite beharrt man in der Freundschaft für die Türken. Man müsse die Griechen ihrem Schicksal überlassen, heißt es. — Der Kanzler ist auf acht Tage nach Neu-Hardenberg; Graf Pückler mit ihm; die Gräfin Pückler nach Muskau. — Fouqué's Stiefsöhne, zwei Herren von Rochow, ganz auf Adelsthum versessen und damit beschäftigt, haben herausgebracht, daß eigentlich nur zwei Familien in der Mark recht adelich sind, sie und die Quitzow's, mit den andern sehe es zweifelhaft aus; dagegen ist ihre Schwester, Klara von Rochow, die in ein Stift aufgenommen werden wollte, nicht stiftsfähig befunden worden. — In der neulichen Dienstagsgesellschaft bei Wittgenstein waren unter mehr als hundert Personen nur sechs Damen, und zwei von diesen die Bürgerlichen, Mad. Renfner und Mad. Benecke. Unwiderstehlich muß das Verhältniß der Zeit sich doch geltend machen, wenn selbst jene Gesellschaft es nicht von sich abwehrt! — Das verbotene Buch „Fürst und Volk", wegen dessen Dr. Troxler sein Lehramt in Luzern verloren hat, ist hier angekommen und zu haben. — Frau von Woltmann aus Prag hier. — Spottgedicht von Stägemann gegen Schlegel's Gedicht „Unsere Zeit" in der Concordia. — Herr Reimer ist wieder verhört worden durch Herrn von Gerlach. Es soll nichts Bedeutendes vorgekommen sein.

Den 20. November 1821.

Herr Graf von Bernstorff ist zurückgekommen vor einigen Tagen. — Ein polnischer Kammerherr von Radonski (?) aus Warschau hier angekommen, logirt im Gasthof unter Polizeiaufsicht. — Die Solly'sche Gemähldesammlung ist nun wirklich angekauft, um 500,000 Thlr. Gold. — Fremde Blätter, und selbst amtliche Artikel, wiederholen jetzt öfters, Preußen sei nur eine Macht dritten Ranges, die Portugiesen z. B. wollen auch nach Berlin blos einen Geschäftsträger senden u. s. w., das macht doch hier einige Leute unangenehm stutzen. Wer ist an unserm Verfall Schuld? wird gefragt. Einige nennen Schöll,

Manche Bernstorff, Andere den Kanzler, aber Schöll ist übel
angesehen von den Meisten. — Unglaublich! Gubitz hat
im Gesellschafter bei einer Anzeige der Müller'schen Griechen-
lieder das Gedicht an den österreichischen Beobachter wieder
abdrucken lassen. Und das läßt die Karlsbader Zensur geschehen! — Görres neuestes Buch ist nun auch hier verboten, die Exemplare werden aber nicht weggenommen,
sondern zurückgesandt. — Herrn von Beyme gesprochen;
er scheint sehr gebeugt.

Den 26. November 1821.

Fürstbischof Hohenzollern hier aus Ermeland; eifriger
Katholik, spricht mit Liebe von Werner, Schlegel u. s. w.,
mit Entzücken von den Redemtoristen. Rühmt, wie herrlich
und erfolgreich jetzt von Wien aus gewirkt werde, von dort
komme uns viel Heil, durch Schrift und Rede; Lamartine,
Silbert, Delzweige u. s. w. Lehrer der Theologie seien
dort aus der Ligoristen-Gesellschaft schon an die dreißig ausgegangen. Gegen die preußische Regierung ist er eingenommen, spöttisch, bitter; Oppositionsmann, aber sachte. —
Herrn Grafen Pückler und Herrn Grafen Flemming gesprochen; beide hacken bitter auf Schöll ein.

Den 29. November 1821.

Artikel in der Spener'schen Zeitung von Vertreibung
aller fremden Erzieher aus Oesterreich und von Kießling's
Monument für Kaiser Franz. Ganz Berlin erlustigt sich
daran, man ruft die Rede des Kaisers an die Laibacher
Professoren in's Gedächtniß zurück u. s. w. Eine Entrüstung zugleich und Verlachung, die allgemein ist. Wie

schimpft man auf Oesterreich! — Die Zeitungen bemerken, daß seit der Anwesenheit des Fürsten Metternich in Frankfurt die dortigen Blätter der Griechen wenig mehr, oder wenigstens nicht mit Gunst, gedenken. — Zweikampf zwischen zwei jüdischen Studenten hier; der eine hat sich aufgerannt. — Vorfall in Paderborn, wo der Graf Schlippenbach die Schwester des Oberlandesgerichts-Assessors Humann beleidigt, vom Bruder gefordert und selbst fordernd am andern Morgen auf dem Platze mit mehreren Offizieren erscheint, dort mit höhnischen Schimpfreden erklärt, er habe sich eines Besseren besonnen, und auch seine Kameraden seien der Meinung, er brauche sich mit einem Bürgerlichen nicht zu schlagen. Da Humann auf ihn eindringt, zieht der Graf eine Pistole aus dem Busen und schießt jenem in den Arm, dieser aber sticht ihn nieder, und flüchtet nach München. Schlippenbach hatte sich die nichtswürdigsten, gröbsten Schimpfreden erlaubt. — Die Nachricht, die der Constitutionnel hatte, dann selbst widerrief, daß die Perser gegen die Türken Krieg angefangen, wird nun auch von Konstantinopel gemeldet. Der österreichische Beobachter zweifelt noch. Vortheile der Griechen zur See und zu Lande; Tripolitza genommen, desgleichen Arta, die Thermopylen vertheidigt. — Die russischen Garden marschiren weiter nach Süden. — Man glaubt hier jetzt allgemein an Krieg. — Das Oberlandesgericht zu Breslau, beauftragt mit dem Endurtheil über die demagogischen Umtriebe, ist durch Kabinetsordre angewiesen, die Vota der Räthe einzeln und mit unterschriebenen Namen einzusenden, welches sonst nicht Statt findet. Also Furcht und weltliche Rücksicht soll Einfluß auf ihre Meinung haben? fragt man. — Von Konstitutionsarbeiten ist es still. — Furchtbare Klagen von Gerichtsbeamten über Justizverfall. Das

Ober=Tribunal ist im Rückstand und kann seine Geschäfte nicht mehr zwingen. Am Ende würde noch völliges Stocken eintreten. — Anfang mehrerer Winterassembleen. Morgen Ball beim Könige. — Jammer im Kultusministerium. Herr von Altenstein ohne Karakter, fügsam und höfisch, sehr verachtet deshalb. — Der Oberstlieutnant von Hedemann hat nun dennoch das schwarze Husarenregiment erhalten. Durch Witzleben's Fürsprache. — Herr Graf von Bernstorff ist fortwährend gichtkrank.

Den 1. Dezember 1821.

Herrn Präsidenten Hippel, Geh. Rath Kähler, Staatsrath Süvern, Geh. Rath Schulze ꝛc. gesprochen. Alle sehr entrüstet über die Paderborn'sche Geschichte. — Unsere Beamten, als solche, sind demokratisch. — Herr Graf von Flemming bei uns; er hat Edles in sich, aber auch Lässiges; die Wogen des Herrschenden tragen ihn, und er läßt es sich gern so gefallen. Er hält sich hier sehr an Humboldt, diesen und Lobo, sagt er, besucht er fast allein, in die Uebrigen könne er sich nicht recht finden, er sei eigentlich den hiesigen Leuten fremd. Seinen ganzen Vorrath von Theilnahme und Mitleid nimmt Lobo hinweg, er hört nicht auf, diesen, und gerade nur diesen, zu bedauern. — Der König hat eine Kabinetsordre unterzeichnet, nach welcher nun das ehemalige Schwedisch=Pommern, welches zufolge des Abtretungsvertrags seine eigne Verwaltung und Steuersatzung behalten sollte, mit den übrigen Provinzen ohne Weiteres gleichbehandelt werden wird. Die dortigen Schreier wollte der Kanzler durch ein Schreiben zur Ruhe verweisen. Der König aber befahl, sie einzuberufen, damit sie ihre Beschwerden hier anbringen könnten. Sie werden nun wohl kommen, aber inzwischen wird jene Kabinetsordre stracks ausgeführt, und die Beschwerden werden wie andre fruchtlos verhallen. — Herrn Dr. Troxler's Schrift „Fürst und Volk" im Hamburger Korrespondenten offen angekündigt; bei Perthes 2c. zu haben. — In St. Petersburg vier Professoren suspendirt und in Untersuchung wegen ihrer Vorträge. — Herr von Klüber reist auf einige Monate nach Frankfurt a. M., man glaubt, um unter andern die Anhalt-Köthen'sche Sache in Ordnung zu bringen.

Den 4. Dezember 1821.

Die Konstitutionskommission hat wöchentlich ein paar mal ihre Konferenzen beim Kronprinzen, dieser hat noch besondere Konferenzen mit Herrn Minister von Voß und Herrn Ancillon. — Die Vereinfachungskommission soll ihre Arbeiten nächstens schließen. Ihretwegen waren besonders mehrere der hier anwesenden Präsidenten einberufen, nicht wegen der Ständesache, diese kam höchstens nebenher vor. — Am Hofe hier glaubt man den Krieg unvermeidlich. — Der König äußerte vor einiger Zeit über den König von Spanien, ob denn der Mann gar nicht zu sterben wisse? — Herr General von Witzleben hat den außerordentlichsten Einfluß beim Könige; er widerspricht dem Könige nie, geht auf alle Ideen ein, ist von dem ungemeinsten Respekt und bezeigt dies auf alle Weise; gegen andre Menschen soll er dagegen sehr hochfahrend sein. — Der Herzog Karl von Mecklenburg pflegt Abends beim Könige vorzulesen; wenn nicht gerade etwas Militairisches vorhanden ist, so helfen Geschichten aus Almanachen aus 2c. — Herr Graf von Flemming versichert, es könne hier niemand eine Vorstellung davon haben, wie elend, nichtswürdig und toll die Regierung in Portugal und Brasilien gewesen sei, die Revolution habe kommen müssen unter allen Umständen. Daneben spricht er aber doch, als wenn alle diejenigen, die damit zu thun haben, daran Schuld wären, gleichsam als hätte das Volk sie verhindern sollen, während die Regierung sie unvermeidlich machte. — „An der Art, wie die Leute jetzt in Spanien und Portugal die Freiheit betrieben, kann man erkennen, in welchem Zustande der Knechtschaft sie bisher gewesen." — Mische sich eine auswärtige Macht in Portugals Sachen, so sagt ferner Flemming, so erfolge sogleich die Vereinigung mit Spanien, wofür ohnehin eine starke Parthei schon jetzt stimme. Der König sei elend, schon nach wenig Wochen an seine neue Stellung ganz gewöhnt gewesen; Ferdinand VII. dagegen intriguire noch. Die Abreise des Königs von Rio Janeiro habe keinem Auge auch nur eine Thräne entlockt 2c.

Den 6. Dezember 1821.

Zur Konstitutionskommission soll nunmehr auch Oberpräsident von Vincke gezogen worden sein; nicht zu seiner Freude, heißt es. Sie sollen nicht fertig werden können. Herr Minister von Voß wird schon ein verwirrter Aristokrat, Herr von Ancillon ein redseliger Systematiker genannt. Es sagte Jemand: „Was auch die Herren machen werden, immer wird sich viel dagegen sagen lassen, und dies wird genug sein, um jede Ausführung zu hemmen." — An der Paderborn'schen Geschichte von Graf Schlippenbach und Homann soll kein wahres Wort sein, sondern ein Unbekannter, man weiß noch nicht aus was für Gründen, unsern Gesandten auf diese Art geäfft haben. Nicht einmal ein Streit soll zwischen den Benannten stattgehabt haben. — Der Kronprinz hat erst kürzlich gesagt, daß die Türken aus Europa verjagt werden müssen, sei der einzige Punkt, in dem er mit den Kriegsansichten des Generals von Wolzogen übereinstimme. Der General gab ehemals dem Kronprinzen militairische Lehrstunden, in denen er aber kein Glück machte. Er seinerseits beklagte sich, daß der Boden durch Ancillon für ihn so schwierig gemacht worden; dieser habe auch unter andern dem Kronprinzen einen so entschiedenen Haß gegen Friedrich den Großen beigebracht. (?) — Herr Dombechant Graf Spiegel will nur bedingungsweise Erzbischof werden, wenn er nämlich nichts mit Herrn von Altenstein zu thun hat, und seine jetzige Staatspension (5000 Rthlr. mit Wohnung und andern Nutzbarkeiten aber gegen 7000 Rthlr.) noch außer dem erzbischöflichen Gehalte behält. Letzteres würde man wohl, so heißt es, zugestehen. — Offiziere sagen, es sei schon seit drei Wochen an alle Regimenter der Befehl ergangen, alles in Bereitschaft zu haben, um marschiren zu können. Zunächst scheint wenigstens die Artillerie irgend Befehle solcher Deutung fähig empfangen zu haben. — Der Kanzler geht morgen auf sechs Tage nach Glinike. — Herr Graf von Bernstorff ist fortwährend krank.

Den 8. Dezember 1821.

Herr Graf von Pückler sprach bei dem Kanzler nach Tische heftig gegen diejenigen, welche den Kanzler befeindeten oder gar sich über ihn lustig machten; er habe im kleinen Finger mehr Verstand, als jene zusammen. Er

sagte dies in Bezug auf den Fürsten Wittgenstein, der
eben hinausgegangen war, und bei Tische die Taubheit
des Kanzlers etwas bespöttelt hatte. Der Fürstbischof von
Hohenzollern, selber Gast, hat die Sache mit angesehen,
und erzählt. — Herr Graf von Pappenheim seinerseits
war an einem dritten Orte neulich ganz aufgebracht in
demselben Sinne, und brauste auf: Der Kanzler sei mit
Intriguen umgeben, man suche ihn zu hemmen und zu
stürzen, aber er werde seinen Gegnern schon zeigen, wer
er sei, er werde nächstens zum Könige gehen, und jene
Leute schon zu treffen wissen. Diese Aeußerungen lassen
allerdings vermuthen, daß der Kanzler einen Schlag zu
thun gedenkt. Aber es ist ihm nun sehr schwer geworden,
etwas auszurichten. — Die Handwerks=Kompagnie der Ar=
tillerie, deren Arbeiten aus Mangel an Fonds sehr nach=
gelassen hatten, haben vor mehreren Wochen mit neuen
Geldanweisungen wieder frische Thätigkeit bekommen. Da=
her das Gerücht von Fertighaltung zum Marschiren. —
Es heißt, Herr von Zastrow werde von München abberufen
werden. Herr von Küster möchte Stuttgart mit München
oder Dresden vertauschen, allein Herr von Jordan, der in
letzterem Falle nach München sollte, entfernt sich nicht gern
so weit von Berlin. Vor allen Dingen wird man, heißt
es, Herrn Grafen Flemming auf eine ihm angenehme
Weise unterbringen wollen. — Oesterreichische Vornehme
äußern: „Des Herrn von Gentz Einfluß bei Metternich
rühre am meisten davon her, daß beide zusammen Geld=
vortheile hätten, und Gentz in dieser Hinsicht ein ver=
trauter Mittelsmann sei; dies bilde eine Art unauflös=
licher Ehe zwischen beiden, sonst sei Metternich an und für
sich viel freisinniger und milder, als er jetzt unter dem
Einflusse jenes feigen Schuftes erscheine." — Herr von

Haller nach Wien berufen, man sagt, um Gentzen zu er=
setzen falls der stürbe! Herr Dr. Pfeilschifter gleichfalls
nach Wien berufen, wegen seiner gefälligen Briefe aus
Spanien in der Allgemeinen Zeitung.

Den 10. Dezember 1821.

Adresse der französischen Deputirtenkammer vom Kö=
nige sehr übel aufgenommen. — Des Fürsten von Met=
ternich Reise nach Hannover war zunächst von Herrn
Canning veranlaßt, der gefunden hatte, daß England und
Oesterreich fest verbunden sein müßten. Oesterreich be=
kommt nun Frist für seine Schuld an England und im
Falle eines Kriegs neue Subsidien, dagegen verspricht es,
mit ganzer Macht gegen Rußlands Absichten in der Tür=
kei zu wirken, falls sie auf mehr gingen, als bloße Satis=
faktion und Geldentschädigung, die etwa für Kriegskosten
oder Handelsschäden gefordert werden könnten. — Hiesiger=
seits hat Herr von Ancillon eine Denkschrift an den rus=
sischen Hof verfaßt, die in St. Petersburg einen Augenblick
aufgefallen ist, indem sie die griechischen Angelegenheiten
ganz nach den Insinuationen des Wiener Hofes behan=
delt. Das jetzige Ministerium, aber nicht der König, ist
ganz für die österreichische Politik. — Der Fürst von
Wittgenstein, Ancillon, Herr von Schuckmann, Albrecht 2c.
sind ganz entschieden gegen den Kanzler, sprechen mit Haß
und Verachtung von ihm, suchen ihn in Allem zu lähmen
und wider ihn zu handeln. Herr von Humboldt soll da=
bei sehr thätig sein, und sich selbst überbieten in Ultra=
gesinnungen. Man spricht seit Kurzem in gewissen Kreisen
wieder lobend von seinem Scharfsinn. — In der Konsti=
tutionskommission wird ein Ancillon'scher Entwurf ver=

arbeitet, im Februar soll alles dem Könige vorgelegt werden. Außer Provinzialständen werden auch Reichsstände errichtet. Es heißt nun, blos der Kanzler sei Schuld, daß Preußen noch keine Verfassung habe, statt deren habe es demagogische Umtriebe entstehen lassen. Auch mit seinem Staatsschuldenwesen sei es schlecht bestellt, eine neue Anleihe werde unvermeidlich sein u. s. w. — Herrn Generals von Witzleben Einfluß steigt zu ungemeiner Größe. Außer ihm sind Wittgenstein und Ancillon — beide sehr verbunden — jetzt die bedeutendsten.

Herr Graf von Flemming sagt, der Kanzler müsse jetzt viel Unannehmlichkeiten haben; es trete ihm allerlei entgegen; die Konstitutionskommission z. B. müsse ihn doch sehr kränken u. s. w. — Gegen Herrn Geh. Rath Schöll ist alles hier aufgebracht, die Ultra's am meisten. — Herr Dr. Klindworth im preußischen Dienst angestellt; der Herr Graf Oriola wird nach Mannheim ziehen. — Der Oberförster Hedemann soll als wahnsinnig vom Könige begnadigt worden sein, und hier (?) im Irrenhause aufbewahrt werden. Merkwürdiger Artikel in der Allgemeinen Zeitung aus Preußen über Hedemann und über die Konstitutionskommission; Nennung der Mitglieder; stolze Phrasen, doch liegt manche unwillkommene Gedankenverbindung hinter den Worten. — Herr Graf von Nesselrode soll in Rußland seinen Abschied eingereicht haben. Graf Capodistrias steht im alten Ansehen. — Ermordung eines neapolitanischen Bischofs durch einen Carbonaro, der ergriffen und hingerichtet wird.

Den 12. Dezember 1821.

Herr Minister von Voß hat Jemanden gesagt, der Kanzler habe ihn schon zweimal zu Mittag bitten lassen, ohne daß er hingegangen sei. — Der König hat eine Kabinetsordre an den Kanzler geschickt, daß künftig im Monat nur Ein Kourier nach Paris gehen und gar nichts Frembes mitnehmen solle. Es waren Sachen für den König zurückgeblieben und kaufmännische befördert worden. Der Kanzler schickte zum Grafen Bernstorff und ließ ihm sagen, er hoffe, er werde mit ihm vereint gegen diesen Befehl, der doch nicht recht gehörig sei, Einwendungen machen. Der Graf erwiederte, er werde dieses nicht thun, und der Kanzler möge, wenn er es wolle, nur allein seine Sache machen. Bei dieser Gelegenheit sagte Graf Bernstorff zum Herrn Geh. Rath Philipsborn, es scheine, der König wolle wenig mehr von dem, was ihm der Kanzler vorlege, vollziehen. — Im vergangenen Sommer wollte der Darmstädtische Gesandte, im Auftrag des Erbgroßherzogs, die Abberufung des Herrn von Otterstedt von Darmstadt bewirken. Man lobte Herrn von Otterstedt zwar als emsigen und wohlgesinnten Diener, erklärte aber gegen Herrn von Senden sich doch bereit, ihn abzuberufen, falls nur der Großherzog selbst fallen lasse, daß jener ihm persönlich nicht angenehm sei. Dies unterblieb noch. Senden sagte unendlich viel Schlechtes von Otterstedt, unter andern, er stifte Entzweiung in der großherzoglichen Familie u. dgl. m. — Ueber den Oberförster Hedemann soll noch kein Urtheil gesprochen sein. — In Hannover sollen gegen 500,000 Rthlr. vom Könige zu Schenkungen an Adliche verwendet und auf die Staatskasse angewiesen worden sein. Keine Zeitung erzählt dergleichen! — Man denkt

hier an Wiederherstelluug der Zünfte, Aufhebung der Ge=
werbefreiheit 2c., man tadelt die Hardenberg'sche Gesetz=
gebung, er habe aus Altem und Neuem eine Ruine
gemacht, den preußischen Adel in die größte Gefahr ge=
bracht 2c. — Herr von Küster ist hier, aber nicht in
Stuttgart, sehr gut angeschrieben.

Den 13. Dezember 1821.

Der Kanzler ist in Glinike etwas unpäßlich. — Frau
von Kimsky muß gestern Abend dort eingetroffen sein. —
Herr Präsident Rother meint, der Kanzler habe zwar zu
kämpfen, auch sei er äußerst rücksichtsvoll und suche sich,
bevor er etwas dem Könige vortrage, erst die Meinung
von Andern zu sichern, aber er werde doch seine Sache bis
auf einen gewissen Punkt fortsetzen, und manche Arbeiten
zu Ende führen, bei denen ihm auch der König nicht
fehlen werde, diese Geschäfte erfüllten aber wenigstens noch
ein halbes Jahr; von da an freilich könne eine Katastrophe
mit jedem Tage eintreten. Die Konstitutionskommission
sei inzwischen eine bedeutende Sache für das Verhältniß
des Kanzlers, der ganz dabei aus dem Spiele geblieben
und davon geärgert sei. Herr von Humboldt halte es
jetzt vielleicht mehr mit dem Kanzler, als mit dessen Geg=
nern. Herr von Jordan und Herr von Schöll hätten dem
Kanzler sehr geschadet, dieser sich aber am meisten selbst,
durch Vernachlässigung und Zweideutigkeit. — Herr von
Schöll rühmt sich öffentlich der Freundschaft Albrecht's,
dieser schimpft gewaltig auf ihn, und doch sagt man wie=
der, beide seien fortdauernd innigst vertraut! — Herr von
Kampt äußert im Vertrauen die heftigsten und gewaltsam=
sten Gesinnungen. Man macht Plane, die Staatszeitung

dem Kanzler zu entreißen, alle andern Blätter unter strengere Zucht zu bringen, die Buchhändler strengerer Aufsicht zu unterwerfen. — Fortgesetzte Studentenuntersuchungen, besonders in Breslau, Beobachtung der Polen; Zeichen N. o. W. in der Abendzeitung ist verdächtig erschienen, weil von Warschau her Anzeige gemacht worden. Auf allen Universitäten sollen zu Spähern der Polizei auch Studenten selbst angestellt sein. — Der Kanzler hat in Glinike über das Provinzialschuldenwesen gearbeitet.

Den 14. Dezember 1821.

Herr Präsident Hippel versichert, das Urtheil über Hedemann sei noch nicht gefällt; erst neuerlich seien die Beweisstücke, welche von der Mutter über seine frühern Geistesverwirrungen gesammelt worden, von hier abgegangen, und diese gehörten noch zu seiner Defension. — In Danzig große Bankrotte, Töniges ꝛc. — Man sagt, Herr von Humboldt sei nicht mit Fürst Wittgenstein einig, und stehe allein. — Der König hat eine starke Erklärung gegen den Bundestag in der Köthen'schen Sache gebilligt; sie ist abgegangen; Herr Geh. Rath Eichhorn hat sie verfaßt, Graf Bernstorff unterschrieben; so greift dieser selbst den mit seiner Hülfe in Wien gestärkten Bundestag wieder an! — Herr General von Witzleben hält sich über die Konstitutionskommission auf; es sei lächerlich, und werde nichts dabei herauskommen, man habe den Kronprinzen nur kompromittirt durch die ihm gegebene Rolle ꝛc. — Heute Abend waren der Kronprinz, Herr von Humboldt und der Fürstbischof von Ermeland bei dem Herzoge von Cumberland; zum Abendessen waren nur diese vier beisammen. Alles, was Herr von Humboldt sagte, wurde bewundert und gepriesen, man schmeichelte ihm ordentlich; er seinerseits bezeigte dem Kronprinzen die unbedingteste Huldigung. Beobachtung eines Unbefangenen! — Herrn Präsidenten von Hippel, Generalmajor Prinz von Solms=Lich, Herrn von Ancillon 2c. — Gerücht, die Russen seien über den Pruth gegangen. — Herr von Yrkull in geheimer Sendung von St. Petersburg hier. Capodistrias läßt den Herrn Grafen Alopeus hier etwas beobachten, mit des Kaisers Wissen. Gegen Ende Septembers ist in St. Petersburg eine Verschwörung des hohen Adels gegen den Kaiser entdeckt worden, die regierende Kaiserin sollte auf den Thron erhoben werden, Speranski machte die erste Entdeckung und Anzeige. Der Kaiser ist seiner Großen nicht mehr Herr, und seines Lebens nicht sicher. Es heißt, er wolle nun den Bojarenadel ganz vernichten, und nur Verdienstadel bestehen lassen. Der Kaiser ist auf der Rückreise von Witepks unterwegs mit Steinwürfen angegriffen worden. — Herr Graf von Bernstorff und Herr von Ancillon wollen alle Militairs, mit Ausnahme des Grafen Golz in Paris, aus der Diplomatik entfernen; sie wären nur durch Mißbrauch und sehr zum Nachtheil in solchen Posten. Geradezu dürfen sie das dem Könige aber nicht sagen. — Mit dem Brieföffnen auf der Post ist hauptsächlich der Postsekretair Lanz beauftragt, ein Andrer heißt König. Ihre Berichte gehen an Kamptz, der sie an Wittgenstein bringt. Herr Präsident Nagler macht jede Nacht einen Bericht noch an den Kanzler besonders. — Frau von Crayen, wird versichert, sei Herrn von Schuckmann's besoldeter Spion, sie bekomme förmlich Geld für ihre Zuträgereien. Herr Graf Hugo Hatzfeldt ist dem Fürsten Wittgenstein ein Zuträger.

Den 16. Dezember 1821.

Herr Ancillon meint, der neuliche Artikel über Preußen in der Allgemeinen Zeitung komme aus dem Bureau des Kanzlers; solche Pfeile, ehemals gefährlich, vermöchten aber jetzt nicht mehr zu schaden; der Artikel sei im schlechtesten Geiste, er wolle eigentlich blos sagen, die Hedemann'sche Verschwörung sei Ursache der jetzigen Konstitutionsarbeit; diese aber werde besser und reifer ausfallen, als der Kanzler denke, man habe die Idee nie aufgegeben, und sei unabläßig damit beschäftigt gewesen. Der Kanzler, nachdem er den König durch vielfache Reden und Verkündigungen an das Volk und durch förmliche Versprechungen blos kompromittirt, hätte noch ferner die Sache so hinzögern wollen, allein der König sei nun entschlossen, keine solchen Worte mehr an das Volk zu richten, sondern zu handeln. — Der Fürst Wittgenstein sagt, in einigen Monaten würde vieles anders sein; Herr Ancillon sagt, in sechs Monaten; dies, mit Herrn Rother's Aeußerungen zusammengehalten, bringt fast auf die Vermuthung, der Kanzler habe sich schon zum Rücktritt entschlossen, und nur die Vollendung mancher Geschäfte, vielleicht gar die Mitunterzeichnung und Proklamation der Verfassungsurkunde vom Könige erbeten, wozu jene Zeit angesetzt sein mag. In diesem sehr möglichen Falle hätten die Gegner nun wenig Ursache, den Kanzler mit Gewalt zu bestürmen, sondern könnten gelassen die nahe Aenderung erwarten, und sich desto reifer vorbereiten auf die bevorstehende Rolle. In dieser Zwischenzeit wäre also gleichsam ein Waffenstillstand, und wer ihn bräche, könnte das Opfer davon werden. Der Kanzler war vorgestern und gestern, so heißt es, beim Könige; und in der letzten, schon täglich

ablaufenden Gunstzeit könnte ihm noch vieles gleichsam
Ehrenhalber bewilligt werden. Ob der Kanzler durch sein
Versprechen, nach sechs Monaten abzutreten, seine Gegner
ausdrücklich beruhigt haben mag? — Rahel sagt von
Humboldt, er sei nur etwas, solange wie er nichts sei,
so wie er etwas werde, sei er gleich nichts. — Herr An=
cillon sagt von Rahel, sie habe wie Humboldt einen zer=
störenden Scharfsinn; beide seien wie für einander geschaffen!
Von mir sagt er, ich schriebe mit großer Eleganz. — Den
Kammerherrn Grafen von Luchesini, von Wien hier an=
wesend, gesprochen.

Den 19. Dezember 1821.

Handelsstafetten aus Wien vom 13. melden aus Kon=
stantinopel, der Sultan und der ganze Divan seien von
den Janitscharen ermordet, die nicht leiden wollten, daß,
um den Persern besser begegnen zu können, das russische
Ultimatum angenommen würde. Auch Patrasso in Morea
sollte in Händen der Griechen sein. Die österreichischen
Papiere fielen. — Diesen Nachrichten wird schon Abends
widersprochen. Sie sollen durch den Banus von Kroatien
aus Belgrad einberichtet, aber gleich als unzuverlässig
angekündet sein. — Die Zeitungen sprechen fortwährend
von Vortheilen der Griechen. Rußland neigt sich immer
deutlicher zum Kriege. — Herr Regierungsrath Krause ist
an Brassert's Stelle hier Universitätsrichter geworden.
Herr Geh. Rath Schöll hat dies vergeblich zu hindern
gesucht. — Man will hier ein strenges Auge auf die
preußischen Provinzialblätter haben; auch die Staatszeitung
in andre Hände geben; das heißt, sie dem Kanzler ent=
winden. — Herr Präsident Rother reist nach Danzig, um

mit 300,000 Rthlr. dort weiteren Bankrotten vorzubeugen. — Neues Reglement für die Post in Betreff der Zeitungen, besonders der auswärtigen. — Verlängerter Jnbult für die ostpreußischen Pfandbriefe. Wichtigeres scheint der Kanzler in Glinike doch nicht gemacht zu haben. — Man sagt, der Kanzler habe in Glinike vor acht Tagen eine anonyme Warnung erhalten, die ihm die Absichten seiner Gegner enthülle. — Frau von Kimsky ist hier angekommen. — Die Vereinfachungskommission hat ihre Arbeiten geschlossen. Herr Präsident von Hippel denkt an die Abreise. — Ein Herr vom Hofe, sonst aus guter Quelle unterrichtet, läugnet, daß es auf Reichsstände abgesehen sei; die Kabinetsordre trage der Kommission nur auf, die alten ständischen Verhältnisse, die man erneuern oder abändern wolle, zu bearbeiten. Andre behaupten, es sei gleichwohl eine förmliche Konstitution im Werke. — Niemand erräth hier den Verfasser des Artikels in Nr. 339 der Allgemeinen Zeitung. Es muß der Dr. Friedr. Cramer sein. — Brockhaus und Cotta, heißt es, verschweigen die Namen ihrer Korrespondenten nicht, wenn die preußische Regierung darum anfrage. Als Verfasser mehrerer Einsendungen an die Allgemeine Zeitung wird Dr. Heinrich Meiyer genannt. — Die Konstitutionskommission, wird erzählt, soll so starke Spannung mit dem Kanzler verursachen, daß es in wenigen Tagen zum offnen Bruche kommen müsse. — Krieg der französischen Deputirtenkammer gegen die Minister; Rechte und Linke vereint. — Unruhen in Irland steigen noch immer. — Adressen der Provinzen und Städte in Spanien gegen die Minister. — Fortgang der Konstitutionsarbeit in Portugal. — Unabhängigkeit und Staatsbildung im spanischen und portugiesischen Amerika. — Berufung der baierischen und hannöverschen

Stände im Januar und Februar. — Ein Baron von Wimmer ist vor einigen Tagen hier wegen allzu freier politischer Aeußerungen verhaftet worden.

Den 22. Dezember 1821.

Ein neues Ministerium in Frankreich. Der König willfahrt den Ultra's, die er wenige Tage vorher geschmäht. Die Renten sind sogleich etwas gefallen. In Frankreich sind die Bonapartisten die stärkste Parthei. — Neuer Zank Spontini's mit dem Herzog Karl von Mecklenburg. — Fürst Wittgenstein äußert, die gewöhnlichen Gesetze reichten bei politischen Verbrechen und Umtrieben nicht hin; andere Verbrechen, wenn vollführt, blieben noch immer zu bestrafen, diese aber, wenn gelungen, hörten auf als Verbrechen dazustehen, und blieben straflos. Sehr scharfsichtig! — Herr von Kampz ist nach Strelitz gereist. — Der Fürst von Hardenberg hat vor nicht langer Zeit seine Gemahlin auffordern lassen, ihm keine Briefe von Wichtigkeit durch die Post zu senden.

Den 24. Dezember 1821.

Herr von Humboldt sagte heute zu Chamisso, es sei zu bedauern, daß in Frankreich die Ultra's in das Ministerium gekommen, es werde nun schlimm gehen, und könne sehr arg werden; er sprach mitleidsvoll über Montmorency, doch sei es noch gut, meinte er, daß Chateaubriand nicht Minister geworden. Von unserer Konstitutionskommission sprach er mit Achselzucken, meinte, es sei doch zu erwarten, daß unter acht Personen wenigstens Einer wissen werde, was alle Kinder auf der Straße wüßten, d. h. er meinte eigentlich, Keiner werde es wissen. Er glaubte indeß doch an Provinzialstände, und bemerkte nur, er sehe nicht wie sich eine Schwierigkeit dadurch heben lasse, daß man sie in mehrere Theile theile. Er spielte ganz den Liberalen, und so gut, daß Chamisso ihm glaubte. — Von anderer Seite wird versichert, es werde an zwei Kammern gedacht, aber vorher sollten Provinzialstände eingerichtet werden, die zugleich zu Wahlkollegien dienen könnten; die Reichs= stände würden ein Jahr später, also erst im Jahre 1824 eingeführt werden. — Selbst in unserer letzten Zeitung stand nun, die Mainzer Kommission wolle sich aus Mangel an Stoff auflösen. — Man spricht immer allgemeiner, in den verschiedensten Kreisen, so oft Vertrauen und Gelegen= heit solche Gegenstände herbeirufen, von den bedenklichen Bewegungen unserer Zeit, von der großen Krisis Europa's, von dem Feuer, das alles Jetzige zu verzehren droht, um Raum für Neues zu schaffen. Der Untergang von Staaten und Regierungen sind geläufige Vorstellungen; man er= wartet überall Revolution, und möchte sich gern darauf bereiten, um in der allgemeinen Unsicherheit irgend Mög= lichkeiten der Sicherheit zu gewinnen. — Weihnachtsfest ist inzwischen in allen seinen Rechten erschienen, man schenkt und wird beschenkt. Nur die Könige und Völker schenken sich gegenseitig nichts mehr! — Herr Geh. Rath Ladenberg, General=Kontrolleur, sucht auf Umwegen zu erfahren, ob der Kanzler wegen der Danziger Schuldscheine und deren Zinsen etwas Bestimmtes beschließen will, oder beschlossen hat! Er wendet sich deshalb an einen fremden jungen Mann! — Herr Präsident Rother ist auch zur Untersuchung eines Kassendefekts von 200,000 Rthlr. nach Königsberg gereist. — Die Prinzessin Wilhelm machte vor Kurzem einen Besuch bei Madame Beer im Thiergarten.

Diese war erst aus Italien zurückgekehrt, und hatte die Prinzessin, der sie als Luisendame aufwarten wollte, nicht zu Hause getroffen. — Der hiesige Hof, wird von Personen des Hofes selbst behauptet, sei jetzt äußerst medisant und beinahe nichts anders; die Prinzen wüßten und thäten nichts, als Spöttereien und Scherze innerhalb der Koterie der Hofgesellschaft wiederholen und verarbeiten. Eine andere Seite ist die Frömmelei, (z. B. der Herzogin von Cumberland), die sich dicht neben der oft höchst ungebildeten Weltlichkeit gefalle und befriedige.

Den 26. Dezember 1821.

Ueber Herrn von Yrkull's hiesige Anwesenheit erfahre ich Nachfolgendes. Speranski, Capodistrias und Diboff sind vereinigt die Seele des russischen Kabinets. Seit langer Zeit fällt ihnen auf, daß Alopeus in allen seinen Depeschen den hiesigen Hof als gut russisch gesinnt schildert, während von allen andern Seiten her das Gegentheil versichert wird, besonders Herr von Anstett macht von Frankfurt her darauf aufmerksam, daß Preußen in allen Stücken sich an Oesterreich halte. Man sendet Herrn von Yrkull, um die Sache genauer zu erforschen. Er kommt mit einem Briefe des Großfürsten Konstantin an den Prinzen August hieher, mit Briefen an die Prinzessin Wilhelm, an Herrn von Schilden. Fürst Wittgenstein stellt ihn dem Könige vor, Alopeus führt ihn in alle Gesellschaften ein. Es fehlt ihm nicht an Nachrichten; Prinz August, ein sehr Unzufriedener, ist sehr offen gegen ihn, es scheint sogar eine Möglichkeit aufzudämmern, der Russe (reich und vornehm) könne Fräulein von Walbenburg heirathen, an die ihn sein Oheim, Fürst Putiatine bei Dresden einen besondern Empfehlungsbrief gegeben. Was er erfährt, berichtet er an Speranski, Capodistrias und Diboff; die Briefe werden durch seine eigenen Leute an Putiatine gebracht, der krank ist, und dadurch den öfteren Sendungen einen guten Schein giebt; von Dresden werden die Nachrichten nach Warschau befördert. Alopeus muß die Sache zum Theil wissen, aber er hält sich klug. Es scheint, er habe absichtlich das hiesige Kabinet fortwährend als gut russisch geschildert, um sich persönlich hier seine Stellung nicht zu verderben, und mißliche Aufträge abzuhalten. Herr von Yrkull hat hier viel Geld zur Verfügung. — Es heißt, Rußland wolle entschieden den Krieg, die Perser seien von Rußland in's Feld getrieben, und mit deren raschen Fortschritten wolle es England und Oesterreich imponiren. Moldau und Wallachei sollen russisch werden, England und Oesterreich sollen auch, wenn sie sich fügen, einigen Gewinn haben, Griechenland unter gemeinsamer Aufsicht einen besondern Staat bilden. „Bei der künftigen Ausgleichung der Interessen dürfte Preußens Eifersucht auf's Aeußerste erregt werden", d. h. Preußen soll leer ausgehen, und man möchte gern erforschen, wie es sich das gefallen lassen dürfte? Auch Frankreich bleibt unbeachtet und aus dem Spiele. Man fürchtet nur, daß die Anarchie Spaniens den Gang der Angelegenheit im Osten störend aufhalten und Alexander's Thätigkeit vorzugsweise beschäftigen könnte; man wünscht daher, die Dinge möchten dort nicht zu rasch gehen. — Herr von Yrkull scheint, wenn er in munterer Gesellschaft getrunken, seiner Zunge nicht ganz sicher zu sein; aus ihm entfallenen halben Worten, zusammengehalten mit Anderweitigem, ist Obiges kombinirt. — Gestern Abend soll eine Stafette mit der Bestätigung der Nachricht gekommen sein, daß der Sultan ermordet sei und Konstantinopel in Flammen stehe. Der österreichische Beobachter führt noch seine alte Sprache. — Herr Major von Esebeck ist Polizei=Präsident von Berlin geworden; man sagt, nicht nach des Kanzlers Wahl.

Den 27. Dezember 1821.

Die Herren Minister von Altenstein und von Kircheisen hatten gesäumt, zur Ersetzung des Universitätsrichters Brassert einen andern Mann vorzuschlagen. Auf einmal wird durch Kabinetsordre, ohne jene Minister und ohne den Kanzler zu Rathe gezogen zu haben, Herr Krause als Universitätsrichter bestellt. Herr von Kamptz, Herr Regierungsbevollmächtigter Schulz, Herr Tschoppe u. s. w. hatten den Mann gefördert. Er gilt für einen guten Späher. Er wird mit Herrn Schulz gegen den Minister Altenstein arbeiten, über den man sehr klagt. — „Sie haben eine neue Straße zum König jetzt in Gang gebracht, die neue wird immer häufiger betreten werden, die alte immer weniger." Ueber den Einfluß des Kanzlers: „auf seinem Wege wird bald Gras wachsen". — Der Kronprinz soll vom Kanzler mehrmals den harten Ausdruck gebraucht haben: „der alte taube Hund". — Von Neuem wird versichert, es seien blos Provinzialstände im Werke, Ritterschaften u. s. w. Schon das sei dem Könige zuwider, gegen Reichsstände, gegen Konstitutionen, wie Baiern, Würtemberg sie haben, herrsche die entschiedenste Abneigung. Man hat kürzlich im Archive vergebens nach Akten über den letzten märkischen Landtag geforscht (er war unter dem großen Kurfürsten). — Man spricht wiederholt davon, daß die Unzufriedenheit in unsern Provinzen ungemein groß ist; die Beamten sind großentheils Urheber des Lärms, seltener Gegenstand, diesen sucht man oben in den Ministerien, in der Staatskanzlei.

Den 29. Dezember 1821.

Herr Minister von Klewitz befiehlt die Einziehung der Kreiskassen, Herr Minister von Schuckmann befiehlt diesem Befehl nicht Folge zu leisten. Der Kanzler weiß von Beiden nichts. Beschwerde beim Könige bringt erst die Sache zur Sprache. — Artikel im Constitutionnel über Preußen, Defizit, Anleihe, Konstitution. — Berliner Zeitung spricht von der Köthen'schen Sache, der Bundestag habe sie vertagt, ungeachtet der Einsprache des Köthen'schen Bevollmächtigten, der den Thatsachen, die Buol und Goltz anführten (Ratifikation der Elbschifffahrtsakte u. s. w.) widersprach. — "Apropos, von Bestechen!" sagte dieser Tage Rahel ganz naiv, "was macht denn Gentz?" — Herr Geh. Rath Hermbstädt erzählt mir, ein Bekannter von ihm habe vor einigen Tagen in einem Seidenladen Einiges gekauft, ein Mann, der ein Handwerker schien, sei hereingetreten, und habe zu einem Andern gesagt: "Nun, den König von Spanien haben sie endlich aus dem Lande hinausgejagt! Wenn's doch bei uns auch erst so weit wäre!" — Arger Zustand in Spanien. Mina in Galizien übt eigene Herrschaft aus, organisirt, waffnet, besteuert. Die Höfe von Rußland, England, Oesterreich, Frankreich haben schon eingewirkt, und ihre Noten haben für den Augenblick bewirkt, daß die Deputation der Kortes noch die Minister und die gegenwärtige Verfassung zu halten sucht. Es scheint die Absicht der Verbündeten, den König Ferdinand fallen zu lassen, seinen Fall zu benutzen, um Frankreich zum Einmarsch zu bewegen, welches zu dieser Rolle schon durch Ehrgeiz aufgefordert sein müsse, und dann ungehindert im Osten zu verfahren nach ihren besondern Zwecken. Das gegenwärtige französische Ministerium soll ganz nach dem Sinne der Verbündeten sein und ihnen dienen wollen. Oesterreich ist die Erhaltung der Ruhe in Italien und Süddeutschland aufgetragen. — In Oesterreich sollen nun ohne Ausnahme alle fremde Zeitungen verboten werden. — Man lobt die Kirchenanstalten, die geistlichen Erzieher, die Jesuiten. Die Revolutionairs sind nur eine kleine Rotte in Europa. Man wird schon mit ihnen fertig werden. Neapel ist das Beispiel für Spanien. Die Regierungen selber müssen nur keine Fehler machen, und nicht selbst revolutioniren, wie leider der Kanzler gethan. Zünfte, Korporationen, keine Gewerbefreiheit, keine allgemeine Soldatenpflichtigkeit! — Herr Major von Canitz wird an Hedemann's Stelle Adjutant bei Prinz Wilhelm, ein, wie Herr Dr. Stuhr sagt, verknöcherter Aristokrat. Aber gebildeter und ehrenwerther Mann. — Herrn von Esebeck's Ernennung zum Polizeipräsidenten macht viel Geschrei; der bisherige Intendant Rück fühlt sich zurückgesetzt und gekränkt, der Magistrat hat Einwendungen versucht. Esebeck ist verwandt mit Herrn von Raumer, ein stattlicher Mann, vom Grafen Bernstorff protegirt. Man hat schon ein Spottlied auf ihn gemacht. — Herr Mendelssohn sagte mir, das alte Bankinstitut hier sei ganz verdorben, eine neue Bank sollte schon längst errichtet werden, aber man warte immer bis zur äußersten Noth. Eine Umschreibebank übrigens sei hier nicht zu errichten, bis man mehr Zutrauen zur Regierung habe; kein Kaufmann wolle sein Geld der Regierung zu verwahren geben, oder sie auch nur wissen lassen, wo es sich angehäuft befinde. Eine Umschreibebank wäre hier dringend nöthig, wegen der schlechten Beschaffenheit und Vielartigkeit der Münzen, durch die beinahe bei jeder Zahlung ein Verlust drohe, wenn man nicht genau nachzähle, was bei großen Summen unmöglich. Der sehr stark ausgedrückte Mangel an Vertrauen war sehr auffallend.

www.ingramcontent.com/pod-product-compliance
Lightning Source LLC
Chambersburg PA
CBHW030430300426
44112CB00009B/932